田汉在名城丛书

主编 郭超

田汉在长沙

◎主 编 王自洋 龙耀华

◎副主编 魏海燕 邹瑜

中国戏剧出版社
CHINA THEATRE PRESS

图书在版编目（CIP）数据

田汉在长沙 / 王自洋，龙耀华主编．
北京 ：中国戏剧出版社，2020.8
（田汉在名城丛书 / 郭超主编）
ISBN 978-7-104-04985-2

Ⅰ．①田… Ⅱ．①王… ②龙…
Ⅲ．①田汉（1898-1968）－生平事迹 Ⅳ．①K825.6

中国版本图书馆 CIP 数据核字（2020）第 144309 号

田汉在长沙

责任编辑：郭　峰
责任印制：冯志强

出版发行：中国戏剧出版社
出 版 人：樊国宾
社　　址：北京市西城区天宁寺前街 2 号国家音乐产业基地 L 座
邮　　编：100055
网　　址：www.theatrebook.cn
电　　话：010-63385980（总编室）
传　　真：010-63383910（发行部）

读者服务：010-63381560
邮购地址：北京市西城区天宁寺前街 2 号国家音乐产业基地 L 座

印　　刷：保定市中鉴印刷有限公司
开　　本：787mm×1092mm　1/16
印　　张：18.25
字　　数：280 千
版　　次：2020 年 8 月　北京第 1 版第 1 次印刷
书　　号：ISBN 978-7-104-04985-2
定　　价：98.00 元

田汉与长沙相关的照片

1920 年代的田汉

田汉与母亲易克勤

田汉的舅父易象，字梅臣，号梅园，同盟会会员，早年追随孙中山投身民主革命

田汉第一位妻子易漱瑜在日本留学初期留影

抗日战线上的戏剧部队：田汉，中国新戏剧运动的领导者

1939 年 1 月 16 日田汉在长沙与“战时歌剧训练班湘剧队”合影

1939 年 1 月 16 日，田汉在长沙与“战时歌剧训练班湘剧队”合影

1952 年 10 月，田汉在北京与参加全国第一届戏曲观摩演出大会的部分湘剧演员合影

1948 年，长沙黄金大戏院同人欢迎田汉先生留影

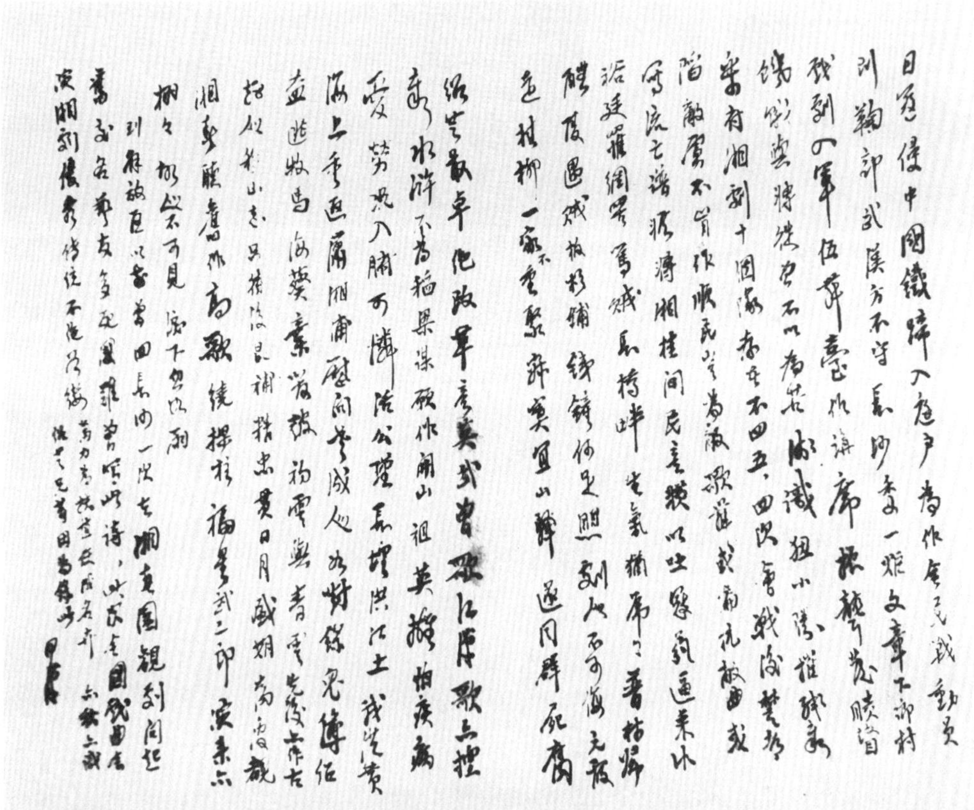

1952 年 10 月，田汉在第一届全国戏曲观摩演出大会后，为感怀湘剧优秀传统艺术，特为熟识吴绍芝等湘剧名艺人的著名京剧导演郑亦秋手书。1948 年 6 月，回湘探亲时所作五言叙事诗《湘剧忆事》之手迹

1955 年 9 月，田汉与在京学习的湘剧演员合影

1956 年 5 月，田汉在长沙视察戏改工作，于南城墙天心阁留影

1956 年 5 月，田汉在长沙视察戏改工作时，举行“湘剧老艺人天心阁听雨之会”并留影

1957 年，田汉陪同董必武、贺龙接见湖南省木偶皮影剧团演员留影

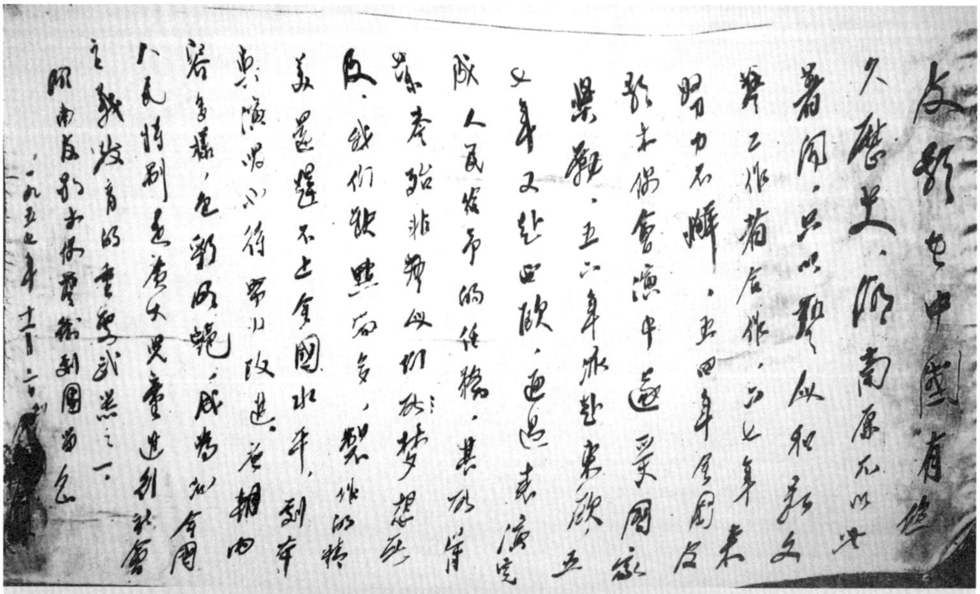

1957 年 11 月，田汉为湖南省皮影木偶艺术剧院题词手迹

1960 年 11 月，田汉为湖南省话剧团演出《赤胆红心》题诗手迹

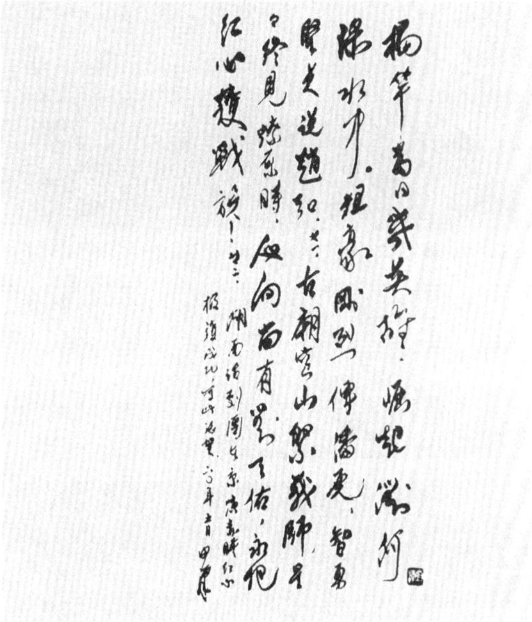

1962 年 12 月，田汉为湖南省博物馆题写“长沙大火”后诗词手迹

1962 年 11 月，田汉与友人同访船山学社留影

1962 年 12 月，田汉与友人在岳麓山爱晚亭留影

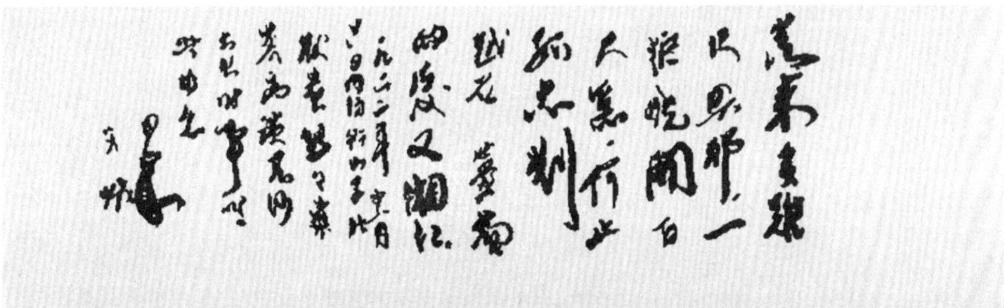

一九六二年十一月，田汉来湘参加湖南省文艺工作者第三次代表大会期间，曾去船山学社参观，因与陪行者谈及当年长沙文夕大火一事，故写此诗：从来多难兆兴邦，一炬烧开百尺窗，何止孤忠刘越石，姜斋而后又湘江。诗中所云刘越石即晋代闻鸡起舞之刘琨，姜斋即王夫之（船山），湘江即指毛泽东曾于船山学社创办《湘江评论》。

1962 年 12 月，田汉在长沙参加省三次文代会，观看省湘剧院演出后，与演员合影

1962 年 12 月，田汉在长沙观看省花鼓戏院演出《谢瑶环》后，与演员合影

1962 年 12 月，田汉在长沙参加省三次文代会期间，与花鼓戏剧团演职人员合影

丛书总序

田汉是20世纪中国历史进程中不可或缺的一位重要历史人物——中华人民共和国国歌《义勇军进行曲》的词作者和中国新文艺运动的先驱者，享有广泛国际声誉的文化巨匠。

田汉的一生，是爱国爱民、为国为民、忧国忧民、报国敬民的一生。田汉的人生经历丰富多彩、宏伟悲壮。田汉的一生，从事的都是进步的事业——他为中华民族的解放事业和建设有中国精神、中国气派的新文艺事业建立了不朽的功绩——他是五四时期极力主张批判地继承传统戏曲文化遗产、坚决反对全盘否定传统戏曲文化遗产价值的历史虚无主义，成为戏曲改革的先驱者和领导者；他是中国话剧运动和左翼戏剧运动的组织者和领导者；他是中国现代戏剧和国家戏曲艺术教育的奠基人；他是中国早期进步电影和革命音乐运动的杰出组织者和领导者。

田汉的一生，为祖国和人民留下了丰厚的精神遗产——他创作诗歌2000余首，其中被谱写成歌曲的有近两百首；他作词的《义勇军进行曲》，成为中华民族的解放号角和民族精神的象征，成为第二次世界大战期间世界反法西斯阵营的民族解放战歌，成为中华人民共和国国歌，是中国人民贡献给世界人民和载入世界文化史册的不朽诗章；他创作话剧、戏曲、歌剧、电影剧本130余部；他的诗、剧，真实地记录了历史，彰显了时代精神，喊出了人民的心声。因此他被誉为“时代歌手”“历史的速记”“人民的代言人”，堪与杜甫和关汉卿媲美。

田汉是风骨独具的文化巨匠。他一生为人真诚坦荡，结交朋友无数——有政界和军界高层的朋友，有文学界的朋友，有戏剧界的朋友，有电影界的朋友，有音乐界的朋友，有新闻出版界的朋友，有教育界的朋友，有宗教界的朋友、有科学界的朋友、有外交界的朋友、有文艺批评界的朋友……他一生始终保持着自强不息的奋斗精神，用于从事社会活动的时间，超过了他创作的时间，他所居住过的城市，都留有他创作的作品和他从事社会活动的不凡的事迹……

田汉在一生中，到过许多城市，特别是在长沙、东京、上海、南京、苏州、杭州、广州、武汉、桂林、重庆、昆明、贵阳、北京等多座历史文化名城留下了生活、创作和奋斗的足迹。田汉著作编辑委员会编辑出版《田汉在名城》丛书，旨在通过历史文献、文艺作品、历史照片、报刊、书信、档案以及若干历史当事人的相关论述，来呈现田汉在这些名城的生活、学习、工作、创作和从事社会活动的真实经历，为研究田汉和这些名城的有关历史，提供不可或缺的重要资料。

我们认为，以丛书的形式客观系统地记录和阐述田汉在诸多历史文化名城所创造的业绩和所从事的社会活动，还有助于中国现代史、中国新文艺史，特别是有助于戏曲、话剧、诗歌、电影、音乐、出版、艺术教育、左翼文艺运动、抗战文艺等文艺专门史和统一战线、抗日战争、"文化大革命"等政治专门史的研究。这项工作可以说是开展田学研究不可或缺的一个重要组成部分。

我们认为，所谓历史文化名城正是由于千百年来不断地注入人文因素而形成的。田汉著作编辑委员会愿意为田汉研究者、历史研究者和名城研究者，尤其愿意为广大关注名城文化的读者，编辑出版《田汉在名城》这套丛书，希望与这些名城的相关的宣传和文化机构达成共识——委托他们或有关著名学者作为各名城卷的主编，以便更好地梳理和阐述各名城的文化脉动。希望这套丛书，能为城市文化研究者提供一个"文化名人与城市文化的关系及其影响"的研究视角，藉此能为新时期文化名城的规划与建设提供参考。

田汉著作编辑委员会期待着获得长沙、上海、南京、苏州、杭州、广州、武汉、桂林、重庆、昆明、贵阳、北京等名城的宣传和文化机构以及有关著名学者的支持与合作，争取让《田汉在名城》丛书早日与广大读者见面！

丛书主编

目　录

Contents

目　录

Contents

前　言

有这么一首歌，创作于民族危难的旋涡。
有这么一首歌，抒写着群情激愤的磅礴。
有这么一首歌，唱响于冒着敌人的炮火。
有这么一首歌，激励四万万人保家卫国。
有这么一首歌，历经数十载亦波澜壮阔。
有这么一首歌，14 亿人铿锵有力跟着和。

它激昂澎湃，它雄伟气魄，它的名字叫作《义勇军进行曲》。在中华人民共和国成立之初，《义勇军进行曲》即被确定为国歌。而国歌的词作者，是生于长沙、长于长沙、魂系长沙的田汉先生。

田汉，1898 年 3 月 12 日出生于长沙县东乡（现果园镇）田家塅茅坪，一生共创作了话剧 63 部、戏曲 27 部、电影 30 多部、歌剧 2 部，新旧体诗 2000 余首，是五四新文化运动后不断成长起来的一位文艺巨匠：他是中国话剧运动的重要奠基人、戏曲改革的开拓者，他的一生就是一部中国话剧发展史；他是卓越的剧作家、诗人和歌词作家，他的诗词才情四溢、经久流传；他是杰出的无产阶级文化战士，是中国早期革命音乐和电影事业的优秀组织者和领导人。

田汉的作品灿若星河、熠熠生辉，但其一生却跌宕起伏、命运多舛，最终以悲惨结局收场。他曾是南国艺术运动的发起人和领导人、左翼文化运动的发起人和领导人、中国新文艺领袖、中国剧协主席、中国文联副主席，也曾几度身陷囹圄，被关押在南京国民党监狱中疾病缠身不得自由，被发配到北京顺义牛栏山进行劳动改造，被揪回文联大院和文化部大院轮番批斗、游街而惨不忍睹，被关押在秦城监狱受尽折磨虐待，1968 年 12 月 10 日，一个代号为“李伍”的人与世长辞，一代文艺巨匠，就这样在无声无息中黯然陨落，甚至连家人也不曾知道，连骨灰也没有留下。

幸而，1979 年春，中共中央为田汉同志平反昭雪，同年 4 月 25 日在八宝山革命公墓举行“田汉同志追悼会”，宋庆龄、邓颖超、胡耀邦、赵紫阳、王震等党和国家领导人、全国各界代表及田汉故交逾千人出席。茅盾致悼词，高度评价了田汉一生对民族、对国家、对革命文艺事业所做出的卓越贡献，“田汉同志的一生，是革命的一生，战斗的一生，不断追求光明与真理的一生。”田汉作为“戏剧界的先驱者”和“文化界的先驱者”，为建设中国新文化事业探索、奋斗、创造了半个多世纪，为后人留下了宝贵的艺术遗产，他的精神风骨和爱国情怀也将一代一代永世流传。

长沙是田汉的故乡，田汉是长沙的骄傲。家乡的各级领导高度重视田汉爱国精神和艺术遗产的传承，修复田汉故居，高规格建设田汉文化园，制作拍摄田汉纪念电影《国歌》，创作湘剧《田老大》，每逢田汉的诞辰日，通过座谈会、报告会、学术研讨会、专场演出、图片展览等形式举办丰富多彩的纪念活动。

中国田汉研究会一直希望田汉的家乡能够成为田汉研究的一个重要基地，希望田汉家乡能够切实支持中国田汉研究会建立“田汉研究文献史料数据库”的工作，同时亦希望长沙市图书馆能够建立“田汉研究文献史料数据库”分库，并于 2018 年向长沙市图书馆捐赠了近千张田汉照片。2019 年，在 中华人民共和国成立 70 周年之际，中国田汉研究会、田汉基金会、长沙市文化旅游广电局联合举办了“不朽的人生——田汉生平事迹图片展”暨“田汉在长沙”学术研讨会，通过直观的展示、深入的研讨，让更多的人了解田汉、走近田汉、学习田汉、研究田汉，进一步弘扬田汉先生的精神风骨和爱国情怀。

在整理“田汉在长沙”学术研讨会成果和田汉有关长沙的作品，以及长沙纪念田汉系列活动宣传稿的基础上，中国田汉研究会主持编写《田汉在长沙》，此书是《田汉在名城》丛书的第一本。《田汉在长沙》一书首创性地以长沙为坐标、以田汉为核心、以时间演进为顺序，较为全面地汇集编撰了田汉在长沙成长、生活、工作、创作和社会活动的方方面面。本书分为三辑：第一辑介绍田汉长沙经历；第二辑收录了田汉与长沙相关的作品；第三辑选录了长沙纪念田汉的活动；《田汉在长沙》一书辑录了 120 多年来，文化名人田汉与文化名城长沙的深情典故，是一部使读者了解田汉与历史名城长沙现代文化故事的专辑。

而今，中国特色社会主义进入新时代，我辈当以高度的文化自信，切实担负起新的文化使命，学习和弘扬田汉崇高的爱国精神、炽热的人民情怀、自觉的时代担当和坚定的艺术追求，为实现中华民族伟大复兴的中国梦做出新的更大贡献。

本书主编

第一辑　田汉长沙经历

第一章 田汉长沙求学

1898 年 3 月 12 日，田汉出生于长沙县东乡茅坪田家塅一户普通农家。田汉七岁入乡间家塾"发蒙"，九岁丧父，在母亲易克勤的支持下又读了一年多私塾，随后就读于清源庵初等小学。

1910 年，田汉考入长沙选升学校，自此开始了在长沙城里的求学之旅——接受新思想并开始接触京剧。

1911 年，当时湖南学生对满清政府很不满，许多学生对选升校风也不满。田汉与柳之俊、陈剑五、张伯陵三位改名投考修业中学并被录取。

辛亥革命爆发后，因武汉军事紧急，十三岁的田汉参加了焦都督号召组织的学生军。当学生军凡三个月，因军人看戏不要钱，田汉此期间便常去看三庆班演的京剧。离开学生军后，田汉根据京剧《三娘教子》改编了一个京剧剧本《新教子》，并刊登于《长沙日报》。

1912 年 2 月，田汉考入长沙师范学校，在这里"才算走上了一点读书的门路"。在长沙师范时，他负责编辑《青年报》月刊。后来，他还编了《祖鞭报》。徐特立校长和姜济寰校长发现他很有文学才华，特别注意培养他的专长。

1916 年，田汉自长沙师范毕业。同年 8 月，田汉在当时任职湖南留日学生经理员的三舅父易梅臣的支持帮助下远赴日本留学。

本章内容除最后两部分选自田申著《我的父亲田汉》和董健著《田汉评传》之外，其余部分均选自田汉著《母亲的话》，田汉以其母亲的口吻讲述了他在长沙难忘的求学经历。

乡间求学（一）："家塾"

我决心让孩子念书（节选）

寿昌的性情还算纯顺。他四五岁时，寿康晚上发烧，我常叫他起来给我提着灯笼到鸡窝里取鸡蛋，用蛋白给他弟弟烫头、胸和肚皮，他总是很听话。冬天，他祖父在舂米的房里打草鞋时，他也搬一个小条凳坐下学着打草鞋，静静地一声不响。那时他还不曾上学，可是已经认识几个字，常常用红泥在尿桶边的墙壁上写斗大的"福"字。这孩子对戏剧从小也有很深的爱好。我们农村里流行一种影子戏，八嫂子的姨父向福生就是唱影子戏的。附近农村遇了年节、吉庆，总是他领班子来唱戏。寿昌看完影子戏回来，老是学着唱呀唱的，身子也学着"影戏菩萨"的走路姿势。有时偷我做鞋底的布壳子学着剪影戏中的人物。向姨爷来我家时，寿昌老问他讨"影戏菩萨"和"玻璃脸子"，又用竹纸糊起架子，在青油灯下自己唱着玩。我们那边看大戏（湘戏）只有三个地方：一个是隔三字墙屋不远的花果园，一个是在赤石河附近的金龙寺，一个是隔茅坪较近的洪山庙。我在家当姑娘的时候，每年也常到花果园去看戏，自到田家就没有这工夫了。但田家的叔叔们都欢喜看戏，又都欢喜寿昌。每逢看戏，叔叔们总爱带寿昌去。我也给了些钱让他去买东西吃。他一到庙里，因为人小怕挤，老是靠柱头站着呆看，偶然也由叔叔们抱他坐高凳。回家来时他仍把钱交给我，一个也没有用掉。若问他今天看了些什么戏，他能说出戏的情节来。有时还把衣角展动模仿舞台上演员的动作。我见这孩子资质不算差，又很沉静，想让他读书的心思更加坚定了。家里也没有人一定要他去放牛。那时王家姑爷茂发二哥的染坊开得很红火，从荞麦湾那边搬到枞榕树脚下（小地名）。因为他家里人口多，小孩子也多，就在新屋里办起了一个学堂，请了一位先生也姓王，叫王益谦。这位老先生是一个不第的秀才，脾气古怪，所以浑名叫"王五憨子"，但教书却异常认真。我决心把孩子寄在他那里。寿昌那时已七岁，应该"发蒙"了。

"孩子，今天公公送你到王姑爷家里念书去，你去吗？"我问他。

"我要去，妈妈。"寿昌显然非常高兴。

我放心了，给他穿上新衣。

祖父在祖宗神龛前点起香烛，要寿昌拜过祖宗。但正要领他去的时候，这孩子忽然不肯去了。

"孩子，别淘气！你是最听妈妈的话的，快跟公公上学去吧。"我说。

但他还是不去。没有法子我只得骂这孩子。祖母正坐在伙房里吸旱烟，我满望她老人家能说说好话，劝劝他，但她老人家出乎意外地敲着铜烟袋脑壳说：

"这么点点大的小孩让他去念什么书？白糟塌钱！"

我心里更加难过了。其实寿昌已经不小了，梅臣弟四岁就在桐门大公那儿上学，七岁的孩子还能老让他在家里玩吗？我只得再耐心地劝寿昌，结果他才答应去了。我远远望着老祖父牵着穿新衣背书包的孩子过三培桥的影子，心里又是高兴，又是担忧。

“这对我恐怕是一个很重的担子吧。”我自言自语地说。

寿昌自那天上学以后就不再闹别扭了，每天比我们还要经心，不管晴雨从没有告过一天假。有一天他肚子痛，我说：

“孩子，你今天可以不去上学了。”

但他还是去了。每天早晨去，到晌午回家来，吃过午饭再去。从茅坪到枞榕树要经过三培桥，到了春天，小港里水涨了，石桥常被淹没。我们和王家两代亲戚，他们也很爱护这孩子，担心他会掉在水里，要留他吃午饭，孩子不愿意。茂兴三伯说：

“你公公把了钱给我，要你在我家搭伙食哩。”

但寿昌还是不肯。因为路不算远，我也就随这孩子的意思。

有一次春水涨了，王家不想让他独自回来。王先生也留他一道吃饭，寿昌仍固执不肯。先生生气了，随手用对联上的木档子打他，但他还是回来了。先生平日是非常严厉的，王家的那些同学们常常被他打得鬼哭神嚎，可是从没打过寿昌，因为他功课做的好。于今却为着不肯吃饭打他，为的是怕这小学生回家掉在水里，才急得这样的。

寿昌没有掉在水里，可是有一次几乎断送在风里。原来茂发二哥出身贫寒，但很有才干。他学染坊，出师后就在我们茅坪那屋里开业。我们那时人少，腾了一边屋子给他。他弄了几口缸，几块石头，买了几石土靛就开张了。慢慢地业务发达起来，茂发二哥成了一个“脚色”，后来由我公公说媒娶了陨楼三伯的二姑娘。过门之后家道日兴，租了荞麦湾王雨廷大公的房子大做起来，生意也更加兴隆，“王复兴”三字的招牌慢慢地城乡皆知，接着就开始发行庄票。虽则是“乡票”，但因信用好，“王复兴”的票子可以进城提盐。这样他就买了枞榕树下的几十亩田和那一栋大屋。这产业原是我们本家跛子七叔的。七叔的父亲照庆大公原来做过牛贩子，在咸同年间很发了点财，因此他娶了一位南京太太。但后来慢慢地衰落了，偌大的祖业只剩了几十亩田，结果落入了这位新兴的染坊老板之手。房里经重新修葺，三字墙加高了，墙上还请高手匠人画了许多“八仙飘海”“刘海戏蟾”之类的壁画，大门上有“三槐余荫”四个大字。两边是红地添上黑字的对联，写的是“春秋多佳日，山水有清音”，笔致颇为遒健，给寿昌的印象很深，他时常学着写。但下联这五个字并不写实，因为我们那儿是一片平阳之地，两三里以内是没有什么山水的，每到春二三月刮起大风来无法遮拦。王家这三字墙是从旧墙上加高的，基础就不大牢。有一天刮起了可怕的大风，枞榕树的枝叶刮得满天飞，屋上的瓦也给吹得掉下来。那时他们正在学堂里读书，课堂在西边书房，靠近左边那三字墙。风越刮越大，三字墙也有些摇撼了。突然一阵狂风吹来，只听哗啦一响，王先生倒也非常机警，一把拉起寿昌往他教书的那张桐木桌子底下一躲，接着那三字墙有一半全塌下来了，满屋子的砖瓦灰烟，看不见人。没有来得及躲的同学们多负了伤，王六哥受伤最重，头都给砸破了，寿昌亏着王先生之力，一点没有伤着。姑妈们赶忙过来探问，派人送寿昌回家。我们住的屋子后面正对着枞榕树屋场，远远望得见。公公听说三字墙倒了，马上派人去看，路上接着寿昌，这样就停了几天学。

寿昌读完了第一年，成绩很好。那年由于家里人口多，我们分两处种田。祖父母、六叔、八叔住在茅坪老屋。我、七叔、九叔搬到陈家冲。因为没有分家，叔叔们实际上是两边住的，哪一边农忙就到哪一边去。陈家冲隔茅坪有八九里，我到陈家冲，寿昌因为上学仍留在茅坪，但改到大园里殷家读书。先生也姓王，是一个老八股。有的学生品德不好，教寿昌画白虎，偷丝团子。于是塅里纷纷传说："寿昌不听话，读书不用功。"我听了非常着急。我相信孩子不会学坏，但相隔太远，无人管教，实在不放心。我不等那一节完，就把寿昌带到陈家冲。

陈家新屋的前面就是杨怀周八先生家里。他家那时正起一堂学。先生也姓王，号绍羲，上杉市人，是一位饱学先生，教的都是年龄较大的学生。我通过杨八先生的介绍想把寿昌托付王先生。王先生要看看孩子。一天他外祖父来了，我就请他老人家领寿昌去见王先生。王先生当场命寿昌属对，并做简单的文字。这试验算通过了。

在王先生的熏陶之下不过数月，寿昌的进步非常之快，不仅文字教育方面有了一点长进，精神教育方面也受到不少启发。有一天，先生讲到某些民族英雄的事迹。

"假使你们也遇到他们那样的境遇时，该怎么样？"先生问寿昌。

"我们做人处世应该要有气节。"

先生对于寿昌的回答颇为满意。他拉着这孩子的手反复地嘉勉他。有时他对大一点的学生讲书，问旁听的寿昌懂不懂，寿昌也能答出一个大概，有些学生还埋怨先生偏心寿昌。

有一次，寿昌肚子坏了。恰逢杨泗庙的杨泗将军行香，我们邻近成佛庵的僧众也去会合，也动员他的信众和他会合，旌旗数里，鞭炮声不断，寿昌想去看热闹，只告诉了王先生就随同大队一道走了，到晚边才和菩萨的轿子同回。我知道这孩子有病，很替他担心。回来一问才知他一直到了春华山。他第一次出远门，高兴得把肚子痛都忘了。

易德福四爹在杨泗庙开了一个杂货铺兼屠行，生意非常好。他的家就住在我家附近，收拾得非常精细。有一回他找寿昌写了一副对联，对人家说是八岁孩子写的，别人听了，颇为惊奇。因此以后来找寿昌写字的人不少。

寿昌好像与和尚、道人有缘。成佛庵有一位彭道人也和寿昌谈得来。寿昌常到他那儿坐，每年春秋两季庵里也演大戏，寿昌当然是最热心的观众。有次唱《火烧铁头和尚》，用一根绳子捆着一个假和尚，吊在檐边一个弹葫芦上，火光一闪，把那和尚从天空往台下一丢，随即又收上去。这却把寿昌吓了一跳，回家后还有点后怕。

虎臣满弟学了一阵手艺之后，安排到雨生满叔处读书。我父亲说：

"何不要寿昌也去那儿上学，舅甥们也有个招扶。"

寿昌九岁那年便同他外祖父、满舅一道从三字墙屋动身，到黄狮渡李五姑奶奶家做了满叔外公的学生。

雨生满叔原与梅臣弟在城南书院同过学。满婶也是个很端淑聪慧的人，我也愿意孩子去。梅臣回家时到陈家冲来看我，送了我十几元，我拿一部分做了孩子的学费，另由家里打了三石六斗米，算一年的伙食，外加油盐钱全年六串。这在当时也算不小的负担了。寿昌在这里读书、作文算"成了篇"，满叔常向我爹爹夸奖他。满婶的学问也不错，满叔不在家的时候常由她代课。她待寿昌也好。满叔家就在黄狮渡旁边，风景非常清丽，是个读书的好地方。同学们也都是些纯朴的少年，比起大园里那些顽童们好得多了。寿昌和满舅在一起读书，他们年龄差不太多，志趣也相投，但并不完全相同。满弟呢，形貌轩昂，言语朗爽，善于交际，是一个“打口岸”的人物。他到黄狮渡不到一两个月，附近的村庄、商店的老老少少都熟识了。每天放了学，常领着寿昌到别人家喝茶吃点心。寿昌呢，也许是家境的关系吧，就比较沉静一些，不大和人家说话。他和满舅在一起，性格上倒是很好的调剂。

新塘桥与汤家冲（节选）

那时我最担心的还是孩子的教育，我决心要让孩子读书。恰好梅臣弟回家来了，他同我谈起寿昌的事，说应该替他找一个好学堂。当时他就给了我 12 元，那时候 12 元也是很顶事的。我拿了这钱送寿昌到新塘桥张鼎新家去读书。那儿请的就是在陈家冲杨怀周八公家里教过书的王绍羲先生。王先生是教过寿昌的，孩子自然也非常欢喜。同学都是大学生，像张家兄弟、谭梓章君们又都是富家子弟。但王先生很器重寿昌，同学们也非常友爱。谭梓章和寿昌特别契好。张家住在新塘桥一个大茶园里，两头有木栅。新塘桥是个茶业巨镇，每年新茶上市时，成千成百的乡村妇女到这里来“拣茶”。熏茶、制茶、装箱等工作也在这里日夜进行。寿昌初次接触到城镇大企业经营管理的规模和工人的集体劳动生活，使他感到很大的兴趣。

因为这里是湘北一个重要乡镇，曾有外国传教士叫人挑起大量的“圣书”到这儿来传道。寿昌第一次见到外国人，也首次嗅到洋纸书籍特有的一种石油气味。他也得到过几本《马可福音》之类的书，使他晓得了除他所读的经书之外，世间还有另一些教条在传播。

槐树屋与栖凤庐（节选）

槐树屋隔田家塅相当远。从武家埠进冲，适当有名的仙姑殿山下。槐树屋是因为屋门口有两株合抱的大槐树而得名的。我们去的时候正当槐花盛开，清香扑鼻。我们很欢喜这地方。

梁家以前也是望族，人口众多，广有田产，但现在已经衰落了。梁三公是个秀才，早已去世，遗有夫人和三个儿女，住在槐树屋附近仙姑殿下面的栖凤庐。

我们在槐树屋住了两三个月。梁三娭毑常常到我们那儿，她满口大姑奶奶地称呼我，与我谈得很投机。她那时不过四十几岁，那些妯娌们都同她合不来，说她脾气古怪，其实她是个贤慧热心的人。当我要从槐树屋搬到她那儿的时候，梁六娭毑曾告诉我她那位三伯妈不好对付，说：“大姑奶奶啊，你去三天不要起早了，起早了就得吵架。”但我后来在她家里住了将近三年，彼此也没有红过脸。她生平最爱读书人，以前嫁过一个姓秦的读书人，生过一个孩子，姓秦的死了之后，她便改嫁给梁三公做继室，也为的三公是读书人。

梁三娭毑知书识字，能读才子书，尤其爱读《西厢》，书中精彩的句子都能背诵。寿昌去了，她常和他漫谈《西厢》。寿昌以前跟几位先生读的都是“四书”“五经”之类，直到见了这位风雅的老太太之后，才接触到这些中国古典文学，使他大开眼界，仿佛看到另一重天地。梁三娭毑对我说，槐树屋人家太多，太吵闹了，不宜于孩子们读书，而她独自住着一栋房子，还空着半边没有人住，何不搬去同她作伴呢。我想也好，第二年春上我们就搬到栖凤庐去了。

这栖凤庐正在仙姑殿山下的一个坡里，地方非常幽邃。三娭毑的名字有一个“凤”字，梁三公在时特为她起了这所房子。屋子里收拾得非常雅洁，进门去有一个两三丈见方的院子，种着好几株茶花和天竺。下雨的时候，听着窗外的雨声，和着仙姑殿庙里传来的钟声，望着那飘坠的茶花瓣和给新雨冲洗得更加红艳的天竺子，烧着林间拣起来的松叶，喝着山里人家自制的清茶，谈经说史，读文学名作，也实在别有风味。

寿昌从新塘桥回来了，同来的有谭梓章等几位同学，我很热情地招待了他们。但因没有钱，寿昌不能再去新塘桥上学，只好在家里自修。寿康、寿麟每日到山里打柴，寿昌尽可能教教他们识字，一家生计只靠我十指来支持。

乡间求学（二）：“洋学”

为着几个孩子的前途（节选）

为着孩子们读书的事，我经常着急得晚上睡觉都合不上眼。为寿昌上学，我专门去拜会过张四娭毑和王先生。张四娭毑留我吃午饭，她家的腊八豆做得极好，透鲜的。王先生原是很器重寿昌的，他一度想把女儿许给寿昌。他家住在上杉市，寿昌从新塘桥回来之后，有一次老远的到上杉市去看王先生，恰逢他不在家。先生娘子早已故去，是王小姐出来接待的，因此寿昌也见过这位小姐，他们也谈得来。但王先生要去问菩萨，菩萨的签上不主张这桩婚姻，先生只好作罢。后来这位王小姐嫁的丈夫也早死了，王先生在城里的绳武学校教书的时候，我们也住在城里，去看王先生的时候，还见过这位王小姐。但不久就听说她也死了。

寿昌在栖凤庐的时候找不到学堂。梁三娭毑见我着急，曾主张让寿昌在家里起馆，教附近的孩子们。我知道这不是个办法，寿昌自己也还是个孩子啊。再说，我若贪这样的近功也不让他读书了，宁可让他种田或是学生意去。

寿昌那时虽未满十岁，但长得颇为高大，不像个小孩。因他曾拜寄在观音菩萨名下，没有赎名，不能蓄头发，别人常取笑他是和尚。他从上杉市回来也不知受了什么刺激，坚决要留头发。我只好带他到金龙寺和真人庙去赎名。但寿昌的辫子没有蓄成就给他自己铰去了，因为没有两年湖南就反正了。

那时乡下也提倡办新学，改庙宇为学校。枫林港的清源庵办起了一堂所谓洋学——初等小学。教员有陈勤初、陈希贤诸先生，很是整齐。勤初大公是周家塅陈家的，与我家有亲谊。我父亲极力主张寿昌进那个小学，并且带寿昌去见勤初大公亲加拜托。入学手续很快就办妥了。寿昌住读，每星期日回家一次。那时寿昌的同学有陈家、叶家的弟兄们，他们都是所谓书香子弟，但寿昌在读书上也不落人后。勤初大公教国文，他学识渊博，教法也好，给孩子的影响很大。因为是小学，除文言文之外还有地理、历史、算术等普通科学，陈希贤先生教算术、地理也极热心，孩子开始片断地接受一些现代知识。清末的小学在某些方面比现在的同等学校程度还要高一些。

孩子时常带些铅笔粉条回家，那时他对这些新鲜事物是多么的感兴趣啊。到处可以看见他用铅笔粉条写的字，作的画，有时他也会练新式体操给我看。

当时湖南的一些急进的人士多有毁庙宇打菩萨之风。清源庵小学虽然是庙宇改的，却还维持着与和尚们和平共居的局面。这庙的住持叫传灯和尚，还带有一个徒弟。寿昌老是与和尚道人们谈得来。但这位老和尚却似乎不是什么清高有德的人，他虽然吃斋保素，却养猪、做生意，徒弟们也就可想而知了。孩子课余没事也帮小和尚们击鼓撞钟。住读的学生中不少顽皮的家伙，晚上偷着打牌，先生来了赶忙把灯吹熄装睡觉。寿昌幸亏在这方面胆子小怕受罚，而且家里清贫，当他一想到自己幼年丧父，求学的艰难，一个苦命的娘日夜张着眼睛望着他成材，就不敢跟着学坏样。

清源庵是个大庙，春秋两季接城里戏班子下乡演戏。名伶陈绍益又恰是枫林港的人，演的戏非常认真。寿昌从小对戏剧感到入迷，这对他兴趣的启发上无疑是有益的。

城里求学（一）：选升学校

小乡巴佬进城

寿昌在清源庵读了一年，湘澄先生[1]看这孩子成绩还好，主张他进城去升学。湘澄先生在当时算是一个新富，省城教育界里熟人甚多。他很亲切地写了几封介绍信给王憬和、张道南先生[2]托他们带寿昌去考有名的选升学校。寿昌从没有进过城，心里又是欢喜，又是害怕。动身那天，寿昌问我要衣换，我那时恰把他的衣服浸到水里去了。他问我：

“我的衣服呢，妈妈？”

“浸了。”

“好的，妈妈，您放心，我这次一定‘进’了。”

[1] 湘澄先生，即黄湘澄，为当时在清源庵办的一所“洋学”（即初等小学）里的老师。

[2] 张道南，时任选升学校学监。

孩子从我的回答里得到一个好的彩头，很高兴地进城去了。

寿昌那次进城是同九叔和裁缝八叔一道去的。走的是崩嘞那条路，到望仙桥打中伙。当时湖南米价便宜，旅客们吃饭可以管饱，饭铺里盛饭有特殊技术，都是堆得像尖山似的，高出碗面四五寸。但斯文客人可以例外，仍是照普通那样平平的盛。那次寿昌叫伙计平平的盛饭，裁缝八叔恭维这孩子有品格。

他们走近小吴门的时候，裁缝八叔哄这孩子说："寿昌，第一次进城的人都得拜城，你该叩头了。"

寿昌却没有上他的当。但当他走近那"长毛"都没能攻破的一尺多厚的大铁门，进入那又深又黑只远远望见一线天光的古老的城门洞的时候，的确产生一种紧张和新奇的感觉。城里的事物也引起了孩子很大的兴趣。裁缝八叔笑他"乡里人进了城，两眼望不停"，其实这孩子的心情和普通乡下孩子进城并不完全相同。

第二天，九叔就带他去见王憬和先生。他住在北正街一所小学里。他们去得早，王先生刚起床。看过湘澄先生的信，赶忙就带孩子到选升学校去。那是一个大学堂，在贡院坪附近，门口挂有慈禧太后的上谕。从大门到学校办事处要经过很长的通道，孩子恭谨地跟着王先生走。憬和先生一直把寿昌带到那时任学监的张道南先生房里，拿出湘澄先生的信，介绍了，张先生寒暄了几句，立即将寿昌交给一位先生去考试。这位先生出了一个题目，叫他写一篇文章，写完看过后又交给张先生过了目，张先生说："通过。"便立即发了文具和教科书，叫人带寿昌去上课。

九叔和寿昌都没有想到进省城考学堂会这样快，而且能立即上课，倒给愣住了。九叔再三感谢了王、张两位先生，又嘱咐了寿昌几句话就回来了。

在写考卷的时候，寿昌看见窗子外面走过的都是些衣冠楚楚时派十足的学生，虽说是高小，但年纪有的比他大一倍。当他走进教室，只见黑压压的挤满一堂，高据讲台上的是一位弥勒佛似的地理教师，后来才知道是曹石渠先生[1]。因为正在上课，教室门一开，许多同学都回过头来望着这土里土气的乡下孩子，寿昌有些窘了。但毕竟石渠先生讲课精彩生动，同学们又都被他谆谆的教诲所吸引了。

城里的学校比起清源庵的小学来毕竟气派不同，教室是那样多，那样高大，讲台上有椅子，黑板可以上下推动，先生用颜色粉条在上面写的字、画的地图美丽夺目，寿昌几乎不忍见先生随手擦去。下课的时候，人们都一群群地谈话玩耍去了，寿昌仍呆呆地站在黑板前留连不走。还有一件高兴的事，就是在同学中发现了他的表兄王凤阶。凤阶原是他七岁时的同学，现在又同班，他怎能不喜欢呢？

那时的学制，高小相当于今日的初中，所以选升学校的老师们的学问都是很好的。除前面

[1] 曹石渠，时任选升学校地理教师。

说的教地理的曹石渠先生外，教历史的是曹秋庸先生[1]（曹伯韩[2]的令尊），教经学、国文和数学的是黄漱泉先生，教音乐图画的是黄晓东先生，教格致的是李曙云先生，教兵式操的是一位曹先生，教游戏的是陆启佩先生，教英文的是一位在抚署做译官的。都是所谓"一时之选"。

有一次黄漱泉先生上课，寿昌因在乡下上学随便惯了，不大懂得教室里的规矩，在起身吐痰的时候顺口唱起来了，黄先生忙止住他，说：

"喂，怎么啦？上课的时候可不能随便唱的啊。"

同学们都笑了，寿昌窘红了脸。有些顽皮的同学想乘此欺负他。但在第二个礼拜，黄先生发作文本子的时候，却出乎同学们的意外。那时国文先生发卷子的次序是按着分数多少而定的。当黄先生抱着一大摞作文本子上讲堂的时候，同学们都紧张地望着老师的脸。及至他第一个叫到寿昌的名字，许多同学都不免惊异起来，从此大家对这小乡巴佬也就另眼相看了。

当时湖南的学风

那时候长沙的中学都各有一些不同的风气。比如说"明德少爷""善化国民""修业叫化""长沙冲突""选升吆喝"，这些诨名常常听得寿昌的同学们说起。原因是明德学堂的学生多富家子弟，穿着相当漂亮，所以人家叫他们"明德少爷"。那时徐特立[3]先生办善化小学和中学，学风刻苦而进步，徐先生是请开国会时慷慨陈辞当场断指的名人，学生也有喜谈国事的风气，所以叫作"善化国民"。修业学校是彭国钧[4]先生创办的，彭先生那时也是提倡刻苦的，学生布衣草鞋，不修边幅，恰与明德相反，所以叫"修业叫化"。长沙中小学学生欢喜起哄，很多教员都被他们"冲"走了，所以人家叫"长沙冲突"。这选升学校原是余子昭先生的堂长，但他很少到校。学生们欢喜闹，常常一站队就来一个吆喝，所以叫他们"选升吆喝"。寿昌是个贫家孩子，在他们中间自然显得非常蹩扭。

尽管有这么许多不同之处，但当时湖南的学生却朝着一个方向走。他们对满清政府很不满，想要把中国改革一下。我在乡下纺纱选丝的时候，已经听得人家念陈天华的《猛回头》了。梅臣弟是甲辰年进学的，那次据说是最后一次科举，乙巳年黄兴先生便在长沙北门创立明德学堂宣传革命。他失败了以后，丙午、丁未那几年几乎年年都闹乱子，常常听说城里杀革命党。庚戌年，三四月青黄不接的时候米卖到百文钱一升，省城里饥民闹事把岑抚台都赶跑了，把巡警道赖子佩吊在柳树上打，这些消息乡里也传遍了。乡里人喜附会夸张，说饥民中间有侠客领头，提起一桶桶的洋油在屋上行走如飞，要烧那里，那里就起火。寿昌原想去看看这些热闹，但等

[1] 曹秋庸，时任选升学校历史教师。湖南长沙人，当代著名语言学家曹伯韩之父。

[2] 曹伯韩（1897—1959），湖南长沙人，当代著名语言学家。

[3] 徐特立（1877—1968），又名徐立华，原名懋恂，字师陶，中国革命家和教育家，湖南善化（今长沙县江背镇）人。他是毛泽东和田汉等著名人士的老师，被尊为"延安五老"之一。

[4] 彭国钧（1877—1952），原名深梁，号贤访、潜舫、泉航，后更号全方。湖南安化人，当代杰出教育家，曾创办修业学校并担任校长。

他到城里的时候乱子已经平息好久了，抚台换了余诚格。

然而火种依然在那儿燃烧着。选升的先生们差不多都是有新思想的，像教音乐的黄晓东先生，把《民报》上的许多文章收集起来，私下里传给学生看。学校里除有《长沙日报》等本地报纸之外，还订了一份上海的《时报》。《时报》的附刊是《滑稽时报》，时常登载一些讽刺时政的文字和图画，像讽刺庆亲王奕劻的昏庸误国，和废科举兴学校以后仍旧保留着科举的实质，等等。那时比寿昌高一班的同学像彭梦南、曹典琦、黄芝冈、黄世琨们便模仿这《时报》，用作算术本子的四开稿纸编成一份《学生报》，照样有时论，有新闻，有文艺，有插画，在同学中传观，虽是半游戏的东西，但在当时也起了一些作用。而且小时喜欢干什么的，长大了也多半向那方面发展。如曹典琦（曹伯韩）、黄芝冈[1]、黄世琨（黄醒）等，以后都致力于文艺或新闻工作。

戊戌前梁启超在湖南办时务学堂南学会，对当时的学生界影响似乎不太大。但是他办的《新民丛报》和《国风报》是可以公开看的，学生中模仿他的文体的可是不少。如选升早两班的学生周元龙及寿昌的同班同学杨荦等，对梁启超很崇拜，他们的文章里面常引用他的话，写着“梁启超曰”。

寿昌在选升上学的时候，社会上闹得最厉害的是反对铁路国有的风潮。政府要人受攻击最厉害的是邮传部大臣盛宣怀，湖南方面挨唾骂的中心是曹子谷。当时各学校学生代表，曾在长邑中学的寄宿舍为发起反对铁路国有运动召开过会议，其实寄宿舍的后面就是省警道衙门，他们也不敢来破坏，由此也可见当时民气的高涨了。那次选升的代表用纸扎了一个盛宣怀的头挂在墙壁上，同学们拿起石子朝着他头上打。而最出色的是开会时同学吕恢猷君慷慨激昂的演说。当时《长沙日报》曾有一段记载：“长沙吕恢猷君，年十一岁，登台演说，声泪俱下……”实在的，吕君的话在学生中引起了很大的震动。会后同学们立即行动起来，草鞋赤脚自愿到小吴门外帮助铁路当局修完一段未完成的路。

寿昌当然也是很兴奋的，他也起来说过话。但他毕竟是乡下人，讲完了话不懂得怎样下来，窘在台上好一些时候才给同学们“救”下来了。

吕恢猷君是吕苾寿先生的侄孙，兄弟俩都跟寿昌同学。吕君性情温柔，长得像个弱不禁风的好女子，他平日在家里也是丫头服侍他的，就和贾宝玉一样，但他口才最好，正义感极强，说到对时局慷慨之处依旧是“湖南辣子”的性格。他与黄芝冈兄弟、曹典琦和寿昌最相契好，后来梅臣弟也非常器重他。可惜他像颜子似的薄命，到了十九岁上就病死了，真是一个损失。

寿昌当时的同学中除了吕家、曹家、黄家的兄弟之外还有两组李家兄弟，一组是李曙云先生的两位令郎李翼谋[2]、李富春[3]，另一组是李景生、李冬生和李觉。

此外有杨荦、柳之俊、陈剑五、张伯陵、曹政敬、罗瑞琪诸位。杨荦君入学的时候据说学

[1] 黄芝冈（1895—1971），原名德修，又名衍仁、素、伯钧，湖南长沙人。近现代戏曲史家、民俗学家，为“左联”最早成员之一。

[2] 李翼谋，字友贤，李曙云长子。

[3] 李富春（1900—1975），字任之，出生于湖南长沙。曾任国务院副总理兼国家计委主任、中央书记处书记、中央政治局常委等职。

监张道南先生点名误把他的名字念成杨牢，因而俏皮的同学胡诌了几句诗，什么“五十先生学问高，分明杨荦叫杨牢”。其实中国人的名字古怪的很多，念错也是常有的事。陈剑五是寿昌在清源庵小学时代的老同学，周家坝的人。张伯陵是东乡钱塘湾张四娘的儿子，就是现在北平辅仁大学的张怀博士[1]。曹政敬那时候还是一个脖颈上戴着银圈子的小哥儿，后来成了长身玉立的曹礼吾先生[2]，在抗战中去世了。罗瑞琪君长得甚为韶秀，教体操的陆先生总是喊罗瑞琪出来示范，后来又和寿昌在长沙师范同学，但现在不知在哪里了。

城里求学（二）：修业中学

“英雄怀汉”

那时候高小毕业算是进学，中学毕业算是中举，乡下人真有送报条和做酒庆贺的，但到了后来大家的兴趣都不在这里了。寿昌只穿过一次满清的袍褂，那是全体同学到优级师范那边举行一个什么仪式的时候。整队回来后，大家都很不屑地把那些衣冠脱下来，乱扔在操场上了。

选升的学生因为多半是本城的，所以除路远的以外，住校的少。寿昌是暑假后从乡里进城的，学校里因为搬寝室把他的被窝帐子全给搬丢了。他又不愿到亲戚家去住，只好睡在学校会客室的大炕床上。因为是大热天，到了半晚上蚊子多得实在熬不住，寿昌只得把炕床上的两个大椅垫子盖在身上。但蚊子还是向头上脚上不断的咬，寿昌气起来把炕床打得一片响。工役室里一个同乡的工役听得不过意，起来到会客室叫寿昌：

“啊呀！这么多蚊子没帐子怎么能睡呢？到我那边睡吧！我那儿有两个铺。”

这样才算救了他。他疲倦极了，在工役室里呼呼地直睡到天亮。寿昌因此总很尊重工人。他常说：“只有穷人才懂得穷人的苦楚。”

有一段时间，寿昌和他的表兄王凤阶同住在学堂对面的聚贤客栈。那时寿昌是乡下孩子初次进城，对城里生活不熟悉，有一天晚边，凤阶给了钱和瓶子要寿昌去打洋油。寿昌出门不知往哪里去才好，他走到一家米店，向老板打油。老板笑着说：

“对不起，我们这儿的洋油卖起了。”

意思是卖完了。最后才经人指点，得向槽房去打。还有一次寿昌借了凤阶的钢笔学写英文字，因为不会用，把钢笔头弄断了。他着急得很，赶忙摆在原处，生怕他表兄要骂他。但第二天一看，钢笔依然完好如旧。他奇怪得很，疑心他并没有弄坏，不知道是换了个钢笔头了。

[1] 张怀（1896—1987），字百龄，湖南长沙人。毕业于湖南长沙第一师范，民革成员。

[2] 曹礼吾（1901—1966），湖南长沙人，早年执教长沙协均中学，后至杭州文澜阁任馆员，移砚沪上后，任暨南、大夏、同济等大学古典文学教授，1949 年后任同济中学首任校长，后调任上海师专，并任图书馆馆长之职。

那时反抗满清的潮流很高，学生们只找那些革命空气更浓厚的地方去。许多同学对选升的校风也不满意，有的同学劝寿昌去考修业中学，说那所学校办得怎样有精神。当时入学考试已过，但还补招新生，寿昌便和柳之俊、陈剑五、张伯陵三位改了名字去投考。张伯陵改名怀，陈剑五改名雄，柳之俊改名英，寿昌改名汉。事有凑巧，他们四人都被录取了。寿昌第一，伯陵第二，剑五第三，之俊第四，倒过来念，恰巧是"英雄怀汉"。当时同学们以为是他们预先商量这样改名的，其实并非如此，但却与当时青年人的心情不谋而合，也是巧事一桩。选升学校当局知道他们报考了别的学校，很不高兴，说他们"见异思迁"，加以除名，他们就正式搬入修业学校。那时"见异思迁"的不止他们四人，像曹典琦便到了长邑中学。

修业学校当时的思想和风气确实比较活跃、进步。教历史的先生特别注重讲近代史。在谈到甲午战争时，先生指出我国在政治军事上的失败经验，用非常动人的语言鼓励学生们雪耻救国。教兵式操的是蒋葆山先生，他的教学方法也非常巧妙，能使每个学生像触了电似的被他吸引。他对学生们民族意识的灌输是有功的，除了教大家唱"请看那印度波兰……"一类激昂雄壮的军歌之外，又常带学生们去打野外。到了小吴门城外的旷野荒山中，他就对学生们慷慨陈词，说起中国国耻的由来，改革的必要，常常使这些热血青年们感动得流眼泪，回来的时候跑步特别起劲，因为都想趁此机会锻炼好体格，将来为国效力。因为蒋先生深得学生的信任，后来学生军成立，大家都拥戴他做管带。

学生军

辛亥年二月，从各地到省城里来的人很多，情况已有点紧张。到了三月底大批革命党攻打广东的督署，牺牲了不少人，报纸上登载的那些"供词"，学生们都争相传诵，少年的热血都被鼓动起来了。铰辫子的、穿草鞋的人一天天多了。十月十日湖北武昌起义，十月二十二日湖南四十九标、五十标的新军手臂上缠着白布开进了小吴门和北门，杀了巡防统领黄忠浩[1]和长沙县知县沈瀛[2]。

那天上午寿昌去铜铺巷找他的同学杨荦，杨君谈起欧美的议会政治与中国的将来，当然也谈到报上所载湖北起义的情况和那几天大家所听到的消息。

"你看这次起义怎么样？"

"这次一定会成功的，只希望干得彻底些。"

"不过中国太古老了，腐败的东西太多了，革命决不是短时间内所能成功的。"

两人谈得非常兴奋，从谘议局出来的时候，街上已经闹嚷嚷地传开了：

---

[1]　黄忠浩（1859—1911），字泽生，湖南黔阳人。曾任湖南全省矿务总公司西路总理，湖南教育总会会长，四川兵备、教练两处总办、提督。

[2]　沈瀛，字士登。江苏吴县人。以劳保知县。曾从湖南巡抚吴大澄出关备战抗日，主持转运。先后署武陵、长沙知县，升知府。宣统二年，抚平长沙米贵风潮。辛亥革命爆发，不屈被起义新军杀死。

“革命党进城了！”

“余抚台挖墙洞逃走了！”

“湖南反正了！”

他们朝议会东街走，劈头就碰到一些人蜂涌而来，为首的肩着一块木牌，上面贴着革命军安民的告示，年号是黄帝四千六百零九年，他们欢喜得跳起来，疑心是在做梦。怎么这样快！而且这样容易就成功了，他们又觉得有些担心。

但无论怎样这是再好不过的事，街上的人碰见了，不管认识不认识都彼此望着笑。看见手臂上缠着白布的革命军人都想把他们抱起来。人们实在一时难以表达出自己心中快活的心情。那天革命军就在谘议局开会，推举焦达峰[1]为都督，陈作新[2]为副都督。

这时听说清廷派遣的北洋兵已经逼近汉口了，湖南军政府即派王隆中[3]带四十九标援鄂。在荆州附近打了一个胜仗，军政府得了消息发起祝捷大会，教育会坪里搭了三个戏台唱戏，名伶陈绍益[4]主演《血战荆州》，他扮演一个革命军官，看戏的人山人海。那晚各学校还参加军民提灯游行大会，千千万万的青年男女唱着：

五千年来，
专制恶毒，
一旦扫而空……

各处游行队伍就像无数条火龙一般汇集一处，开进平时老百姓轻易不敢走进去的抚台衙门——此时变成了湖南军政府。焦都督身穿黄色军服和长统马靴，站在桌子上对大众说话，在灯笼火把光焰的照耀下显得很是英武而忠恳的样子。那天晚上群众热烈欢腾的气氛和场面是空前未有的。大家觉得真是革命了，中国从此有救了。

据说焦都督是当时革命党派来领导起义的，他上任以后很想做点革命事业，一来就免除了一些苛政，出榜文请老百姓都来献策。因为武汉军事紧急，他想动员更多的民众武装去支援湖北的起义军，便号召组织学生军，预备训练好了去援鄂。但没有想到湖南的封建势力和影响还大得很，他们是革命的死对头，不久焦陈两都督就被这伙封建军阀制造阴谋，枉加罪名给暗害了。后来虽然又给他们铸了铜像，可是因为基石没弄好，那铜像一直横搁在烈士祠前面的泥地里没有竖起来。

---

[1] 焦达峰（1886—1911），字鞠荪，湖南浏阳龙伏人。辛亥革命烈士。早年入浏阳高等小学、长沙高等普通学堂预备科学习。1909年先后在武汉、长沙设立共进会机关部开展革命活动。

[2] 陈作新（1870—1911），湖南浏阳人，中国近代民主革命家。1902年入湖南弁目学堂学习军事，毕业后任新军二十五混成协炮兵营排长。武昌起义成功后，积极筹划响应，被推为副都督。1911年10月31日新军管带梅馨发动兵变，陈作新与焦达峰同时被刺牺牲。

[3] 王隆中，名文慰，字接星，号怀宣（槐轩），1874年出生于湖南省武冈县（今洞口县）石下江镇穿石村。

[4] 陈绍益（1882—1944），长沙东乡枫林港人，湘剧演员。1938年，参加田汉组织的抗敌宣传第二队，积极从事抗日救亡演出活动。1944年，在流离中被日军抓去服苦役，气恼折磨，含恨去世。

当时学生军共招了一营人。当连长的都是读过书的军人，也有在学校里教过兵式操的。营管带后来根据大家的推举，由蒋葆山先生担任。营本部设在法政学校的旧址。寿昌在兵营的时候，曾在仓库里发现许多印得很精致的法政讲义。

弟兄们都是当时几个中学或高等学校的学生。起先招募学生军的宗旨是真正想让大家到前方去作战，寿昌和他的几个同学也都是抱着决死的志愿去参加这个队伍的。那时候寿昌才是个刚满十三岁的孩子，因长得高大，仗着一股救国的热情也去当兵。学生军的训练除术科之外，也在教室里上学科。时常请些从前方下来的军官来谈实际作战的经验，大家听了都恨不得立刻开到汉阳前线，把敌人赶出武胜关去！

最泄气的事是教练的时候久久不发给真枪。也许是枪少吧，在都督换了之后，表面上为了爱惜这些青年学生，不让他们真正拿枪上前线，但实际上是想保存自己的实力。

当省城发生革命之后，乡下谣言很多。有的说焦都督把余抚台赶走，他自己却又被人家当土匪杀了。又说选升学堂也被人捣毁了。又说，湖北的仗火打得很剧烈，四十九标损失很大，阵亡了好几位官长，省城教育会坪正开追悼会，战马的头上扎白球，等等。寿昌已好久没有信来，我住在栖凤庐那样的深山穷谷之中，消息闭塞，心里着急得不得了。梁三娭毑平日是最喜欢寿昌的，也同样为他担心，不知这孩子究竟到哪里去了？是不是遇了什么危险？我急得没法就到山上仙姑殿去找王道人，请他替我敬敬菩萨，保佑孩子平安无事，早些回来。

“大姑奶奶，不用您拜托，我早已天天替寿昌在敬菩萨啦。想必吉人天相，不要紧的。”

王道人是那样恳切地安慰我，他也是非常关心寿昌，几乎逢人就问起他的事。

有进城去的人，我总拜托他们打听寿昌的消息。他们到贡院西街“老利生”去问过，胡家一伯娘子说：

“寿昌吗？不久以前来过一次。我说：‘你公公，祖母，妈妈都望你回去，你就早点回去一下，让他们放心吧。’他笑了一笑又走了。”

这样我总算知道了孩子没有遇到什么危险。后来他来了一封信，才知道他参加了学生军。我决定要进城去看他一下。

恰好那时我的侄女莲姑娘要出嫁。新郎是省城落盘桥开炭行的潘海涛君，家里没有适当的人去送亲，因为别的婶婶们不是没有进过城，就是没有行头，这样就让我进城去送亲。

潘家的招待很热情，但他家的女眷少，只有一位姑妈。我吃过三样菜就起身作辞，但挡不住潘家苦苦留我，便在他家住了两晚才到理问街二舅家。一个礼拜之后，我到贡院西街胡家，寿昌得了信赶来了。他头发铰短了，穿着学生军的制服、皮鞋，打着绑腿，精神抖抖的，俨然是个小军人了。

“怎么不早告诉我？”我责备他。

“因为怕您老人家不让去。”

“真要去打仗吗？”

“当兵自然是要打仗的。”他爽脆地回答。

接着他告诉我学生军里的情形。又说除供伙食之外每月还发几块钱零用。他很高兴地将他第一次所得的薪饷交给我，要我买东西吃，我要他自己留下买书看。他问起两个弟弟，盼望他们快快长大起来，好同他一道工作。他认真地准备离开家庭去干他理想的事业。他那时写了一个新平剧叫《新教子》，登在《长沙日报》上，是写一位母亲鼓励她儿子到汉阳前线参加革命。那分明也是动员我这做母亲的送子参军。但不久南北议和，宣统退位，时局在妥协的空气中平静下来了。这支由知识青年组成的学生军终于被解散了，自然使寿昌感到很失望。

城里求学（三）：长沙师范学校

艰难求学

那次我在城里住了好些时候，家里还没来接我回去。一直到年底，九叔才打了一张土车子进城来接我。

这时寿昌已经出营了，随我回家。车子太重了，九叔又不是太有气力的。寿昌就把一根绳子绑在车子的前头拉着走,果然快得多了。我们很顺利地到了望仙桥附近,走到一户人家的塘边，车轮子碰了一块石头，九叔叫寿昌使劲拉一把，但他太使劲了，九叔架不住，车子扑通一声整个翻到水塘里去了。那时正当寒冬腊月，幸亏塘边水还浅，我伸手叫九叔来扯。九叔慌了，和寿昌赶忙把我拉上来，我已经冻得簌簌地发抖，跟王嫂子借的一件蓝缎子皮袄打的透湿了。还好那天我头上戴了网子，所有借来的首饰都没有掉，不然真赔不起。还是寿昌的损失大，他遣散时发的薪饷买的一双皮鞋，掉了一只到水里，再也寻不着。路边那家人家看见有人掉在塘里了，都出来救护。一位年轻的嫂子很亲切地扶我到他们火房里，赶忙烧起柴来烘衣裳。那晚就在那家人家歇了。九叔当天拖车子回去，第二天还是抬了一乘轿子来接我。

因为我落水受寒生病，又加是年底了，我们就在祖父家里过年。一直住到第二年正月莲姑娘回门的时候，才回栖凤庐去。

第二年正月，寿昌考入了长沙师范学校，校长是有名的断指请开国会的徐特立先生，校址最初在化龙池善化学宫，那是徐先生辛苦经营创立的。经历了许多挫折，后来搬到荷花池沏潭寺的旧址。寿昌在这学校才算走上了一点读书的门路。当公公弥留的时候很望寿昌回来，因为公公最疼爱我这几个孩子，而他又是长孙。但那时寿昌正逢秋季期考。虽然乡下搭信来说祖父病重望他回去，但一来为了学校功课，二来他想祖父的病或者不至于那样严重。等到寿昌请假回家，祖父已经盖棺好几天了。长沙风俗在死了人的时候常约人家来唱“夜歌子”[1]，就是在棺边挂一面锣，几位歌者一面打锣，一面唱。内容或是赞颂亡者，或是批评亡者的家人，常有非

[1] 夜歌子，是丧鼓歌、坐夜歌、夜歌子的统称，在湖南、湖北及周边不少地区流传，多用于丧事之时表达哀思，进行祭奠，顺便给通宵守灵人解乏。表现形式多样，有唱有跳，有多人对唱有一人独唱。

常严厉的。因此寿昌回来那天，虽然抚棺尽哀，到了晚上唱“夜歌子”的人在歌唱中便骂他。大意是祖父那样疼爱他，他不应该不回来送终。寿昌接过锣锤原想辩解几句，但他悲从中来，不能成语，也就算了。

那次赞礼的依然是黄紫卿、蒋桂丞两先生。凑巧梅臣三弟也因革命成功回了家，就请他主祭。禹卿是长子，他死了，寿昌是承重孙，祭奠时要刺寿昌指头上的血。彭六舅给寿昌包上指头的时候我非常担心，但寿昌很镇定，没有嚷痛。

家里本已经走下风，自从公公死后更失了主心骨了。丧事结束的那天，几位叔叔和我谈了一次话。晚上在塘边乘凉的时候，莲姑娘和寿昌等几个弟弟谈到家里的事十分感慨，她对寿昌说：

“姐姐是一个女子，又没文化，没有多大办法，只希望下次回娘家的时候，家里比现在要好一些。前一辈子的人都不大行了，寿昌，只有靠你发愤读书，替公公争口气，替五婶争口气。你是哥哥，两个弟弟都望着你，你得领着他们走。你走得对，他们都跟着你走正道。你有办法，他们才都有办法。”

莲姑娘从来不大爱讲话的。那晚上她劝寿昌的话，使寿昌永不能忘。现在还记得莲姑娘坐在塘边草地上，一手拉着他，一手在弄着地上的草。草虫在嘤嘤地叫着，他们姐弟四人直谈到深夜。露冷风凉，我怕莲姑娘那单弱的身体吃不住，才叫他们回去睡了。

以前梅臣三弟在吉林任职的时候，虽然三嫂子带起才四、五岁的漱瑜也去了，但梅臣因为没有儿子，已另娶了一位夫人叫静懿，虽然姓齐，却是旗籍。以前也寄照片回来过，梳着高高的旗头，戴着扇子面儿，插上一朵大花，穿着窄袖的旗袍，长身玉立，就像戏台上铁镜公主的打扮。她有一位老太太，反正之后她们母女就随梅臣南来了。静懿念过书，住在乡下的时候，处在那样旧的环境里怎么能过得相安呢？寿昌和他的表舅蒋寿钦是最同情她的。静懿欢喜看《红楼梦》，常常用她那清脆流利的北方话念给他们听，还常讲北方的风俗人情。寿昌至今还没有到过黄河以北，但对北方发生兴趣还是这时候受静懿的影响。

枫树坪的那些日子（节选）

在枫树坪住了将近半年，有好些事值得回忆。

以前寿昌是住在学校里的，自从我搬到枫树坪后，他就回家来走读。那时蒋寿钦二表弟同他很谈得来，寿钦人很聪明，从小字写得不坏，可惜读书不多，以前在三字墙学过机匠，后来改行。他家境困难，他二叔开湘云纸庄，虽然赚钱，但对他的帮助也不太多。他和皮国珍兄弟是好朋友，由他们介绍考入警察学校。分配在新河服务，郁郁不得志。……因此他从警署办公回来时常不回家去，却欢喜到我家来，和寿昌一块儿读书。皮国珍兄弟也时常跟着来。他们那时都很用功，每晚要照我两百钱的清油。那时，枫树坪的铺家除谭家药店外又添了唐家新开的杂货店，油便是向他家打的。那时二百文钱的清油很不少，可以照到天亮。他们除读些书报之外，也写些文章，寿昌在学校里负责编辑《青年报》月刊，寿钦也是在那时候学习写文章的。抗战后他们在长沙曾合作出版过《抗战日报》。他们那时都风华正茂，感情也十分融洽。有时热烈讨论《红楼梦》林黛玉的葬花诗之类。参加讨论的人还有后院住的张家的几位少爷。张家的前辈有“百万”之称，那时候也快没落了。他们虽然住着很阔气的房子，却都欢喜到我们那儿来坐。晚上天气冷，他们把脚伸到我那铺没有单被的棉絮里边和寿昌们促膝谈心，直到夜深还不肯回去。

张家几位少爷最爱打足球，而且有一位打得很好，枫树坪时常也变成他们的足球场。他们又都爱唱京戏，又有留声机，这一方面的兴趣寿昌很受了点他们的影响……

枫树坪的生活到谭满公娶孙媳妇算一个高潮。谭满公儿子早死，有一位孙少爷就是药铺的少老板。这位少老板其实是有些傻气的。有句“福禄生在丑人边”的俗话，他祖父给他娶来的那位新娘子却是相当美丽，又是念过书的女子。她的嫁妆也相当阔气，红湖绉的帐子，两铺两盖全是湘绣缎面的。新郎不曾见过这个场面，太紧张了，把铺的当成盖的，结婚那晚竟睡到绸褥子底下去了。那些日子寿昌们的谈话会便暂时移到这新娘房去了。新娘是读过书的，自然欢迎这些年青的读书人，慢慢地她也参加谈话了。她和谭家少老板结婚，完全是“父母之命，媒妁之言”，而那时受过教育的妇女已经开始觉醒了，这位新娘子不满意这种包办婚姻，没有多久便离家出走了。

在枫树坪的来客中还有一位叫杨辉光。这人是在旧军队里混过的，广东、广西、云南、贵州都曾去过，有过许多惊险多趣的经历，是寿昌从不曾听见过的。他曾很详细地记录下来，想作为写作的素材。但此时寿昌大腿上忽然长了一个毒疮，痛了好一些时候，这工作也停顿了。

起先，腿上的疮还不太严重，他还是一颠一拐地每天到城里走读。因为没有钱请医生及早诊治，疮毒更加厉害起来，终至一步也走不动，只好向学校请假。寿昌悲观得了不得，怕这条腿会废掉。吕恢猷、黄芝冈等同学来探望他的时候，他对他们直流泪，学校里先生们对寿昌有感情的，也很怜惜他，关心他，甚至被学生们称为“怪物”的教地理的黄先生也在上课的时候用颤抖的声音说：

“田生真是可惜得很——”

听人说疮疖是热毒，我就用苦瓜、丝瓜的叶子捶碎给他敷，满公也教给我一些偏方，慢慢地总算好了，但走路还是不大方便。寿昌只差一学期就毕业了，那时继徐特立先生任校长的姜咏洪先生，很慷慨地替寿昌出了一学期的学膳费，因此他就可以住校不必来回奔走了。

恩师徐特立提倡“窗户报”

我父亲田汉离开了学生军，从军报国的理想幻灭了。由于曾祖父病重，他随母亲在年底回到乡下茅坪老家。但他心中仍然时刻关心当时动荡的时局，焦、陈两都督的被害，谭延闿的上台，革命如昙花一现，又复归原样，并没有带来什么新的变化。他很思念长沙的一些师长和学友，时刻想继续他的学业。恰好此时听说徐特立先生创办了长沙师范学校，可以免收学费，很想去那里学习。他在家里过了年后，于1912年2月间又去长沙考进了长沙师范。徐老那时已是湖南教育界的一位名人。他在修业学校教书时，为了宣传反清、反帝，号召学生奋起救国，在登台讲演时当场用菜刀剁去了自己的一节小指，用鲜血写了“驱除鞑虏，恢复中华”八个字。这件壮举震动全场，很快传遍了长沙城，影响到全湖南，使很多人觉醒起来。徐老从事教育工作多年，长沙的许多小学教员，几乎都出自他的门下。辛亥革命时，他又被选为湖南临时议会的副议长。但他生活朴素，自奉甚俭，对学生热心培养，无比慈爱，所以许多学生都暗地称他为“徐妈妈”。长沙师范的校址，最初在化龙池善化学宫，那是徐老辛苦经营创建的，后来又搬到荷花池沏潭寺的旧址，我父亲在这所学校里才算是真正走上了求学、做人的大道。

徐校长为了培养学生的自学能力，丰富学生各方面的新知识，在校内开辟出一大间整洁明亮的图书室，里面备有各种图书、报纸，杂志，一些爱好文学的同学在课后都争着到这儿来阅读。有一天，一个同学用一张大纸抄写自己的文章，贴在图书室的玻璃窗上，吸引了不少同学，以后玻璃窗上的文章渐渐多起来了，同学们戏称之为“窗户报”。徐校长对“窗户报”也很感兴趣，时常和大家挤在一起看，遇到好的文章还转载到他主编的《教育周报》上。因此同学们办“窗户报”的劲头更大了，后来还题了各种刊名，如《晨钟报》《醒狮报》，等等。父亲学晋祖逖闻鸡起舞的精神，编了一个《祖鞭报》，在上面写时事评论、诗歌等。他的诗词写得很好，引起老师和同学们的赞赏。徐校长发现他很有文学才华，就很注意培养他的专长。我父亲酷爱文学，喜欢读书，但家境贫困买不起书，每逢假日，他就到长沙图书馆去看书，进馆时交一个铜板作为门票钱，没有钱在外面吃中饭，就买一个烧饼带进去充饥，一看就是一整天。徐校长知道了，把自己买书用的一个折子交给他，要他自己到书店去选购，年底结账时，由徐校长亲自到书店去付钱。

长沙夏天蚊子多而且厉害，我父亲那时连顶帐子也没有，到了晚上，蚊子叮得实在熬不住，只得用被子蒙着头睡觉，可是顾得头来顾不着脚，他气起来把床打得一片响。一个同乡的工友听见了，爬起来叫他：“这么多蚊子，没帐子怎么睡呢？快到我房里来睡吧，我那里有一个空铺。”这样总算救了他。他困极了，呼呼地直睡到天亮。我父亲对此极为感动，一直记在心里，他以后一直很尊重工人，他经常说：“世上只有穷人才懂得穷人的苦楚。”

徐校长听说此事，又立即送给他一顶蚊帐，并对他说：“你有困难，要对我说呀！晚上睡不好，白天怎么能好好读书呢？”

由于徐校长对父亲无微不至地关怀，父亲更加刻苦学习，成绩非常突出，一直到在长沙师范毕业。

父亲对老校长对他培养关怀的恩情，毕生难忘，他时刻没有忘记老校长对他的教诲。每当他对朋友们提到徐老时，他总是满怀敬意地说：“徐老永远是我的好老师，是我一生做人的榜样。”他们始终保持着深厚的师生情谊。当1938年父亲在长沙办《抗战日报》[1]时，徐老正任八路军

[1] 1938年1月28日，由田汉于长沙创刊。宗旨是宣传抗战，推动抗日救亡，为4开版，每日一张。第一版刊登重要的文章和抗战的要闻，第二、三版刊登抗战的宣传文章，第四版刊登国际新闻，还辟有“抗战妇女”“抗战青年”“抗战儿童”等专栏，1938年7月，因遭受国民党反动派的刁难而停刊，同年12月在湘西沅陵复刊，蒋寿世任社长，廖沫沙、周立波先后任总编。1939年6月16日又被迫停刊。

驻长沙办事处主任，父亲曾专门带我去拜见了这位可敬的师爷爷。他的艰苦朴素、慈祥可亲的风貌给我留下了极其深刻的印象。全国解放后，父亲在北京又和恩师重聚了，师生相见时，都已是两鬓皤然了。后来我父亲也常到北京西城徐老家里去问候，我也曾陪同去过。

回首在苦难的岁月中，徐老对我父亲的教育和爱护之情是父亲永生也难以忘怀的。

（节选自田申著《我的父亲田汉》）

最初的剧本习作

风暴过后，一切如故。歌里唱的“专制恶毒，一旦扫而空”，也仅仅不过是歌声而已。

当长沙沉醉在“革命胜利”的欢呼中的时候，田汉曾因过度的兴奋而疑心那是一场梦。他对同学说过:“这次一定会成功的,只希望干得彻底些。”但是,他的希望是落空了。不久他就“在城东亲眼见到焦达峰都督被害后的血淋淋的头，使人们无限悲愤”。——那晚祝捷大会上这位革命党人“英武而忠恳的样子”曾给他以深刻的印象。这确实很像一个梦，而且田汉当时也不可能真正从“梦”中醒来。谭延闿先是假借“民意”杀害焦达峰、陈作新等革命党人，篡夺都督职位，后又反对讨袁之举，把湖南卖给了袁世凯的爪牙汤芗铭。这当中到底隐藏着什么样的权力之争和政治阴谋，田汉这班豪气凌云、嫉恶如仇、高喊“炸弹炸弹”的青年们是不可能知道的。他们“对此没有能作细致的观察，因而较难得到深刻的经验教训是很自然的”。

革命未成功，学生军在妥协的空气中解散了。田汉不得不失望地脱下了刚刚穿上不到三个月的军装。

1912 年 2 月，一度“投笔从戎”的田汉又“弃武就文”，考入了革命空气甚浓而又不收学费的长沙师范学校。这是一所在湖南颇有点名气的学校，校址原在善化学宫，后搬到荷花池的一座古庙——湚潭寺，环境幽雅，树木苍翠，的确是一个读书的好地方。教育家徐特立、姜济寰都当过这所学校的校长。姜先生亲授王阳明哲学，对田汉启迪颇深，而且代他交过一学期的膳费。这使他对姜师终生难忘。徐特立是一位热心革命的教育家，对田汉的影响也不小。辛亥革命前，徐在为湖南进京要求速开国会的请愿代表送行时，激动得当众以刀断指，血书为誓，感动了许多人。辛亥革命中，他当过湖南省临时议会副议长。革命果实被谭延闿之流篡夺之后，他愤然辞政，从事教育事业。田汉对这位良师当然是异常地仰慕和敬重。而两年前，徐特立到长沙东乡视察田汉就读的清源庵学堂时，就称赞过这位少年的诗文，如今收之为徒，当然很高兴。

在长沙师范这所学风好、思想活跃的学校里，田汉的文才得到了很好的培养和发挥。在全校他以能诗善文而闻名。那时喜欢写诗作文的一些同学如田汉、黄芝冈（黄素）、曹伯韩等，自发地把自己的短文和打油诗之类写在稿纸上，张贴在自修室的玻璃窗上叫大家看，带有自娱、娱人的游戏性质。这种“窗户报”在徐特立的引导下,内容有所改进,居然认真地办起了好几种。田汉办了个《祖鞭报》，在上面大胆议论时政，抒发救国爱民之情，并与那些僵化保守的言论展开一番争论。他还与几位要好同学自编“同人”刊物《青年》杂志，发表论文和剧本。在这些自办校内刊物上练就了翅膀，田汉就飞到外边的杂志和报章上去。他离开学生军不久写的一个剧本习作《新教子》，就发表在当时的《长沙日报》上。

田汉从小爱看戏，家人亲友中又多有爱唱戏者，耳濡目染，嗓子又不错，所以自己也总喜欢哼上几句。他在乡下时看过湘剧、花鼓戏，进城以后又看到了京剧。特别是入学生军以后，看戏不要钱，这使他有机会看了不少次京剧演出。那时在长沙唱京剧的只有“三尊炮”那地方的三庆班，他“最爱看这个班里的戏。大约这个班里的戏比起那死守规矩的汉班戏要来得浪漫得多，或是写实得多”，从这里可以看出他后来毕生执拗以求的革新精神。因为爱上了京剧，他的第一部戏剧习作《新教子》便取了京剧的形式。这是由京剧《三娘教子》改编而来的一个本子。

田汉在长沙看的三庆班演出的京剧中，必有《三娘教子》这出戏。此剧最打动田汉的地方，恐怕就在于三娘王春娥那种含辛茹苦抚养儿子，并严教其子读书上进的精神。她机房织绢，苦度时光，供儿子上学。她曾在亡夫灵前发誓永不改嫁，以抚养儿子成人。这很容易使田汉想到自己的母亲。他母亲易克勤不是也在丈夫病逝后，以选丝为业，刻苦地供他上学吗？剧中的儿子贪玩，不好好念书，还出言伤母亲之心，气得王春娥割断机头以示决绝。田汉虽无此事，但他在清源庵读书时，不少顽皮的同学晚上偷着打牌，放松学业，而他不正是“一想到一个苦命的娘日夜张着眼睛望着他成人，他也还不敢十分学坏”的吗？所以，田汉结合着自己的生活体验，是喜欢这个戏的。田汉瞒着自己的母亲参加了学生军之后，有一次他母亲赶到军营来看他。田汉把学生军里的情形一一告诉母亲，还把军中发的零用钱积蓄孝敬给母亲，又关心地问起两个弟弟，望他们快点长大，好一道工作。看那架势，他母亲感到“他那时好像真预备丢了他母亲去干他理想的事业”，他相信一向贤明达理的母亲一定会支持他的。于是他把这种情感糅进了他对《三娘教子》的改编，“写一个汉阳之役阵亡军人的寡妻，教训她的儿子继他的父志为国家民族尽力的故事”。所以，连田汉母亲自己都感到“那分明也是鼓励做母亲的我”。田汉晚年回忆中曾提到他在长沙师范时还写过小型戏曲剧本《汉阳血》。此剧已不可考，恐怕也是《新教子》一类的本子，或者干脆就是它的别名。[1]《新教子》作为田汉的处女作，确实有些“新”。这似乎预示了他一生创作倾向发展的总轨道：强烈的家国情怀、政治意识与个人生活感受的统一。对一个艺术家来说，暂不论这是福是祸，是优是劣，是长是短，是喜是忧，但有一点是肯定的：这一切都是因为“田汉”这个名字是诞生在 1911 年，诞生在“叛逆”旧皇朝的大潮中，诞生在国家民族于危难中求新生的血肉搏斗之中。

如果说《新教子》的京剧形式是从剧场里“看”来的，那么《新桃花扇》的传奇剧形式则是从文学作品中“读”来的。1915 年，田汉发表的《新桃花扇》是仿照清代孔尚任的传奇剧《桃花扇》第一出“听稗”，依调填词，故署名“汉儿依声”，而且在构思上也留着学习梁启超的《新罗马传奇》的痕迹。例如，《新罗马传奇》开头，写意大利几百年前的大诗人但丁魂游东方，来到上海，拉了“英国的索士比亚”和“法国的福禄特尔”[2]同去观饮冰室主人（作者自己）的

[1]　1959 年田汉回忆中提《汉阳血》而未提《新教子》，故疑为别名。

[2]　索士比亚，今译莎士比亚；福禄特尔，今译伏尔泰。

《新罗马传奇》。十分相似的是，《新桃花扇》开头则写中国几百年前的大文人侯朝宗魂游故墟，来到金陵，邀当年复社文友陈应箕、吴次尾去听艺人柳敬亭演唱由一张宣传爱国思想的“揭帖”改编的鼓词。

袁世凯窃取辛亥革命的成果后，专制独裁，一心想称帝。“国事日非”的时局，自然使长沙师范的师生们感到十分愤慨。田汉正是在这样的背景下写出了“愤慨国事”“讥刺时政”的《新桃花扇》。剧中借明末复社文人吴次尾之口说：“我辈老而且死，不至赘瘤人间，强似那老而不死的，仗着风烛残年，还要出什么风头哩！”这表达了当时国人对正做着皇帝梦的袁世凯的巨大的仇视与鄙视之情。剧中说：“中国国民如稍有心肝，不忍国破家亡，自甘奴隶，断不可不想法子自卫。”剧中又说：要自卫必先强国，要强国“最要是兵力精、实业好、教育良。我中国这几件事情太不讲，只落得人家欺得我喊爹娘！”

从戊戌变法到辛亥革命这一时期，不仅有对京剧的改良，“文明新戏”的诞生，而且连杂剧、传奇这些古老的文艺体裁，也常被用来宣传图强自救的民族民主思想，“皆激昂慷慨，血泪交流，为民族文学之伟著，亦政治曲剧之丰碑”[1]。梁启超的《劫灰梦传奇》《新罗马传奇》《情侠记传奇》就是这一类的作品。田汉在长沙读书期间读了1904年问世的《新罗马传奇》，大概是被那种“激昂慷慨，血泪交流”的情绪所深深感动，故仿效之以作《新桃花扇》。多年之后他还说：“我长时期是在梁启超的《新罗马传奇》的影响下。”这种影响，主要有三：

其一，开启民智的启蒙主义思想。梁启超的《劫灰梦传奇》中有言：“你看从前法国路易十四的时候，那人心风俗不是和中国今日一样吗？幸亏有一个文人叫福禄特尔的，做了许多小说戏本，竟把一国的人从睡梦中唤起来了。”这种唤起民众的思想在《新罗马传奇》中也有表现：“念及立国根本，在振国民精神”，即是要“播散自由”“点明独立”“把国民唤醒”。同样，田汉在《新桃花扇》中也认同了这一思想，突出强调“唤醒世人之梦”“要开民智”，并把说书艺人柳敬亭比作“西洋的福禄特尔”（即启蒙主义思想家伏尔泰），以突出启蒙意识。

其二，“为民请命”的思想。《新罗马传奇》第二出“党狱”，写革命党人在遭受独裁者梅特涅一伙审判时，大义凛然地唱道：

> 我是为民请命，
> 将血儿洗出一国的大光明。
> 便今日拼着个苌弘血三年化尽，
> 到头来总有那精卫冤东海填平！

此剧反专制独裁、“为民请命”的思想深深打动了刚刚经过辛亥革命洗礼的少年田汉。他的老师徐特立“为民请命”、断指请愿的精神，他也是永志不忘的。他在《新桃花扇》中写下了这样的句子：“爱国志士几多不惜杀身来相劝？有的为写血书斫脱指头尖。”可以说，田汉的“为

[1] 郑振铎：《晚清戏曲小说目·序》，上海古典文学出版社1957年版。

民请命”的思想尽管在各个时期的具体历史内容有所不同，但它几乎支配了田汉此后的一生，直到 50 年后使他遭受政治大祸的《谢瑶环》。

其三，利用和改造戏曲旧形式的艺术思想。这一思想在《新教子》中已开其端，但那是带有一定偶然性的。待到他读了梁启超的新传奇剧本，便明确接受了这样一种艺术追求，即：将源于现实生活的新的思想内容，放到来自历史的传统戏曲的旧形式中去，并使这旧形式也随之发生相应的变化。这一艺术追求，同样也是支配了田汉此后的一生。他几十年在旧剧改革上的辛勤探索，是滥觞于此的。

这就是《新桃花扇》这篇试笔习作所具有的“源头”性的意义。

但是，传奇剧也罢，京剧也罢，这毕竟是属于中国旧的戏剧世界的。当时，一个新的戏剧天地已经在中国出现。体现着中国戏剧之现代化要求的新型剧种——话剧（当时叫“新剧”），通过日本的桥梁和中介作用，在西方戏剧观念的催动下萌芽了。这就是 1907 年在日本打响了第一炮的话剧的早期形态——“文明新戏”。可惜的是，田汉当时只是在这个戏剧新天地的门口徘徊张望了一下，并没有进得去。1913 年，欧阳予倩回到长沙，先是参加一个叫“社会教育团”的戏剧组织，成功地演出了“文明新戏”《家庭恩怨记》，后又独立组织“文社”剧团，演出《热血》《不如归》《猛回头》《运动力》《社会钟》和取材于《红楼梦》的《鸳鸯剑》等“文明新戏”，“在长沙起了很大的影响，给湖南播下了新剧的种子”。由于这是一种新型的戏剧，“有情有节有布景”，逼真的景物造型，使观众耳目一新，“开演的时候，真是人山人海，挤得两条街水泄不通”[1]。田汉在修业中学的体操老师、昔日学生军的管带蒋葆山先生参加了这些新剧活动，长沙师范的校长徐特立也特地向田汉介绍过这支戏剧的新军。可是田汉“经过左文襄祠门口，看到文社演剧的广告，也看到那位日本布景师在制作景片，心里十分羡慕，但没钱，看不起戏”。这窥其门而不得入的经历，对田汉来说，只是“引起对新戏剧事业的无限向往”，同时，他那时对“不慕荣利，不去考‘洋进士’却毅然投身戏剧事业”的欧阳予倩，产生了一种由衷的钦佩之情。这种对新剧的羡慕、向往和对新剧名家的钦佩，无疑在不知不觉之中为田汉未来走上戏剧道路做着心理上的准备。

（节选自董健著《田汉评传》）

[1]　欧阳予倩：《自我演戏以来》，中国戏剧出版社 1959 年版第 35 页。

第二章 田汉长沙教学

1924 年 11 月，田汉与易漱瑜夫妇回到湖南长沙。1925 年 1 月，易漱瑜病逝，田汉沉浸在悲伤中不能自拔，先后做了十首《悼亡妻诗》。随后，应彭一湖校长的邀请而担任长沙第一师范学校国文教员。当时与他在一起的教员有赵景深、叶鼎洛、汪馥泉等，他们自费创办了一个文艺刊物《潇湘绿波》，田汉任编辑。田汉虽讲国文课，但因其潜心研究西洋文学，在“国文”课上大讲文艺思潮和西洋文学史，尤其是戏剧，故被学生戏称为“外国文教员”。授课之余，他们或饮酒观剧，或自拉自唱，聊抒积郁之情。

易漱瑜去世后，田汉一家曾住长沙社坛街祇园，为省钱又搬至一个公寓，这里是五行八作、各色人等的集居地。为了孩子的成长环境，后搬至河西乡下。一个多月的河西生活，“影响他后来的思想甚大。他因此才知道生活自身的严肃和宗教与艺术的起源”。这些认识就成为“他以后的生活底南针了”，对他的创作也产生了很大影响。

回乡近一年的生活，给予田汉的除悲哀与不幸之外，也给了他接触社会、体验人生的机会，增强了他对生活与艺术的认识。

本章汇辑了田汉在长沙第一师范学校教学期间的主要经历与思想历程。

易漱瑜之死

1924 年 8 月底，由于思乡心切，加上收到祖母病危的电报，田家一家七口不顾暑天炎热乘船返乡。只是因为易漱瑜不耐奔波而心脏悸动、气喘不已，才临时决定由田汉陪她滞留南通，母亲、儿子、弟弟、岳母、姨妹一行五人先行回乡。

滞留南通期间，左舜生[1]颇为理智地劝告田汉和易漱瑜折返上海，却被田汉极端浪漫地一口回绝。田汉后来在《从悲哀的国里来》一文中为此提供了神圣理由："我们不是厌倦上海的喧嚣,想要到我们的故乡求暂时的安息吗？我不还引着威廉•叶芝[2]《银泥斯瑚理之湖岛》的首章：'好，去吧，到银泥斯瑚理去 / 到那里去用泥和树枝建一间小屋 / 去栽九块豆子，养一箱蜜蜂 / 独在那蜂声嗡嗡的山径里享人间的清福'来表示我们的忆乡之情，婉谢他的劝告吗？"

1924 年 9 月 13 日是中秋节，回乡途中的田汉，当天在致洪深[3]的一封信中所发挥的，依然是《正义的呼声》中以天理自居、以进步自许的浪漫情绪："此行本拟半月后仍归上海，以时局影响，已变计乡居半载，暂过过简朴生活，在沪两年，颇损健康。计划中之长篇脚本，以事务过忙，始终未能实现。得此机会，一来可以养息；二来可以埋头创作也。……望兄莫误于浮名，莫与旧势力握手！"

只可惜，田汉这份颇为神圣的浪漫情绪，转眼之间便归于破灭。9 月底，夫妻二人再次登程，到武汉时便没了旅费，只好滞留在汉口丽华栈的一间客房里。第二年田汉返回上海路过武汉时，恰巧又住进同一间客房，便有了《从悲哀的国里来》的回忆："我那天为回湖南的船费不足，过江去找朋友借钱，不是把她一人丢在这间房子里吗？我一去几点钟，她举目无亲，……气躁起来，急得独自一人哭得转不过气的，不是这间房子吗？……她随时气喘，随时要起来吃药，随时要人招扶，也只好勉强忍耐，专望她的伴侣速速归来。"

两个人历尽艰辛回到故乡时，还有更加严酷的事实需要面对："我们带的钱，在路上都用罄了。口称回去，其实无家可归。我们祖上留下来的唯一一栋房子，就是我的诞生地，早已经卖给人家去了。……我们后来只好都住在外祖父家里。"

田汉与易漱瑜 1924 年 11 月回到湖南长沙，正巧赶上老同学黄衍仁（黄芝冈，又名黄素）结婚，夫妻二人便暂住黄家，趁便请黄衍仁的父亲给漱瑜治病。

在黄衍仁的婚礼上，易漱瑜几乎是平生第一次盛装示人，身为女人，这大抵也是她唯一的一次灿烂辉煌。据田汉《荆棘之路》的说法，"她从前是非常朴素的，布衣布裙与罗绮满身者立不以为耻，现在她忽然要穿美丽的衣裳了。她说她的少女时代不曾花过一下，不曾穿过一件红的衣裳，太可惜了。她于黄衍仁兄与罗曼女士结婚的席上居然赶成了一件水红的袄子穿了。"

正是在黄衍仁家里，田汉第一次见到了易漱瑜的童年好友，后来成为他的第二位夫人的黄大琳。据田汉收入自传体小说《上海》的黄大琳《哀蝉曲》介绍，黄大琳幼年丧母，由祖母一手养大，3 岁时随祖母来到吉林，在祖母任院长的教养院里读书，结识了比她大两岁又同为湖

[1] 左舜生（1893—1969），谱名学训，别号仲平，湖南长沙人。他与曾琦、李璜并称"曾、左、李"，是中国青年党的党魁，与李剑农、蒋廷黻齐名，是中国近现代史研究的先驱者之一。

[2] 威廉•叶芝，即威廉•巴特勒•叶芝（1865—1939），亦译"叶慈""耶茨"，爱尔兰诗人、剧作家和散文家，著名的神秘主义者，是"爱尔兰文艺复兴运动"的领袖，也是艾比剧院（Abbey Theatre）的创建者之一。

[3] 洪深（1894—1955），字浅哉，号伯骏，曾用笔名庄正平、乐水、肖振声等，江苏武进（今属常州市）人。民国时期导演、剧作家、教育家、社会活动家。1930 年加入中国左翼作家联盟，1937 年抗日战争全面爆发后，立即投身于抗日洪流之中。1938 年 4 月，洪深任三厅戏剧科科长，和田汉一起组建了十个抗敌演剧队。1955 年病逝。

南人的易漱瑜。这对小玩伴“好像有什么夙缘，一刻都不离开。到了星期日，不是你接她来，就是她接你去”。这样过了一年多的时间，易漱瑜随父母回湖南，黄大琳随祖母先后去了青岛和北京。12 岁那年，黄大琳随祖母回到湖南。祖母去世后，黄大琳被家人送到周南女校读书，与离别 8 年之久的易漱瑜再次重逢。易漱瑜对失去祖母的黄大琳关怀备至，两个人再度成为形影不离的好姐妹。半年之后，刚刚 16 岁的易漱瑜不辞而别，随田汉离家私逃，时隔 5 年回到故乡时已经病入膏肓。就在黄大琳与易漱瑜重逢的第三天，田汉雇来轿子搀扶易漱瑜回乡下娘家，这一别，竟成了她们之间的永诀。

1925 年 1 月 14 日，也就是农历 1924 年的腊月 20 日，是易漱瑜大限来临的日子。易漱瑜临死前向田汉提出的最后要求是“送她的终”。此时此刻，田汉只能像《灵光》[1] 中的张德芬那样，仰仗着洋教上帝的名义来自欺欺人：“我又说：‘你放心罢，上帝决不会轻易把你去的。’意思是上帝还得使你在世上多受些苦难，不肯轻易解除我们的责任。但是漱瑜毫不感觉到安慰，她绝望的说：‘上帝要召我们去是很容易的……，你今晚务必要送我的终。……我今晚死了是幸福。’”

（节选自张耀杰著《影剧之王田汉：爱国唯美的浪漫人生》）

悼亡妻诗

易漱瑜不幸病逝，给田汉带来了沉重的打击，使他陷入了深深的悲痛之中。每当思念往事，忆及从童年时期的青梅竹马、两小无猜，到青年时期冲破家庭束缚双双出走；从东渡日本相濡以沫，到为实现南国梦而密切配合，他浸着泪水抒写对妻子悼念的诗文，来寄托对亡妻的哀思。田汉于哀痛中曾写下悼亡诗十首。田汉的悼亡诗，既有潘岳《悼亡诗》的缠绵悱恻，也有元稹《遣悲怀》的朴素哀婉，还有苏轼《江城子》的凄清梦境，余哀绵绵。

其一云：

两闻危笃殊难信，细雨寒风奔到门；
掀帐挑灯看瘦骨，含悲忍泪嘱遗言。
生平一点心头热，死后犹存体上温；
应是珠泪还我尽，可怜枯眼尚留痕。

这首诗除尾联里隐用了《红楼梦》中宝黛的爱情悲剧之外，整首诗纯乎白描写实。易漱瑜

[1] 《灵光》，田汉早期剧作。

去世那天，田汉正有事去长沙城里，他接到易漱瑜危笃的信，由省城急速回乡，跋涉七八十里路，于黄昏时分回到外祖父家。一入易漱瑜的病室，只见易漱瑜已是病骨支离，欲哭无泪，她不让田汉离开，要田汉送她的终。听了易漱瑜的话，田汉心如刀割，但他仍确信离那“不幸”的距离还远。然而，残酷的现实又一次打破了他的“确信”，易漱瑜就在那天晚上卧在他的怀里长睡不醒了。这首诗所描写的正是易漱瑜与田汉死别时的情景和田汉的悲痛心情。

田汉忆及和易漱瑜的去国流浪，以及归国后一同创办《南国半月刊》[1]的艰难：

历尽艰辛愿尚乖，双双忍见旧时鞋。
随将沧海无边月，踏遍樱花第几街？
南通旅况不可忆，西子游踪难去怀。
待到一身人事尽，猖狂乞食到天涯！

按田汉《从悲哀的国里来》一文中所说，这是“悼亡诗之九”。诗中所写是田汉与易漱瑜在日本留学和1924年他们在上海自费创办《南国半月刊》时，为缓解疲劳，他们应朋友之邀去杭州西湖游玩，以及易漱瑜病后，田汉送她回故乡途经南通时的经历。田汉在回忆《南国半月刊》时说：“《南国半月刊》第一次与社会相见，是我还住在哈同路民厚里某号的事。那时吾妻易漱瑜女士还健在，我们只等由印刷所把印好的整张的几大捆地搬回来，一家人便忙着折叠，忙着贴邮花。那种忙中的乐趣，至今不能忘记。”而现在，人去屋空，睹物思人，怎能不悲伤！

再看《梦中怀漱瑜》：

是耶非耶谁能保，梦中忽得君诗稿：
倦鸟欣能返故林，小羊姑让眠青草。
平生好静兼好洁，红尘不若青山好。
只怜尚有同心人，从此忧伤以终老。

这首诗载于田汉的《从悲哀的国里来》一文中的第二节《梦里的故乡》中。文中在谈到易漱瑜的死时说：“她虽然不曾如她自己和我的愿，多做得一些事业，多过得几天畅快的日子，但她总算归了故土了。最难得的是她死时睡的床，便是她生时所睡的床。更难得她葬在她二姑妈，即我二姨妈旁边，也可以不寂寞了。我有一晚梦见读她寄我的诗，醒来也做一首。”

久未潇湘听夜雨，凄清何必打芭蕉？

[1] 《南国半月刊》于1924年1月创刊，田汉、易漱瑜主编，自第2期起又附刊《南国新闻》。是年3月出至第4期后停刊。1928年8月，该刊由南国社重新编辑出版。

滴来檐下愁如雨，洒向心头怒似潮。
梦寐不成空辗转，寂寥难慰欲号啕。
披衣起坐迟天晓，谁念春寒袭褞袍？

这首记梦诗虽属七律，但有白话诗的天然风神。从中可见田汉旧体诗词的不事雕饰、清新自然、恍若口占，大有李太白之遗风。而在直白的语言和素朴的意象背后，因有诗人的真情蕴藉流转，故而余韵绵长，免却了“元轻白俗”之弊。田汉哀悼亡妻的诗，实是献祭给死者亡灵的情诗。田汉在易漱瑜去世时曾说：“我那时的心里仿佛遇着迅雷疾风，山崩海啸，只觉得宇宙的威力之不可抗，只觉得渺小短促的人生之无意义，只觉得运命之绝对的严肃。啊，严肃！我们曾否严肃地观察过人生？曾否严肃地创造过甚么艺术！不！不曾有过这事，因为我们总以为不幸究竟是他人的事，究竟轮不到我们俩！”

田汉《致陈通伯先生书》一文中也有一首悼亡诗，载于《南国特刊》（附刊于《醒狮周报》）第9号（载1925年10月24日《醒狮周报》[1]）：

关于漱瑜之死，先生希望我有特别的文学（字）去写她。我也正是这样想。漱瑜死的时候我曾做过十首诗悼她。最后一首说：

爷葬枫林女枫子，两山霜叶一般红。
深情此日埋黄土，浩气当年化白虹！
自有心肝呕纯爱，可无血泪滴孤忠？
从今十载磨词笔，文字当为举世雄。

诗中的“爷”指易象，“女”指易漱瑜，死后葬在故乡的枫子冲头。这首诗既是田汉对亲人的悼念，又是他自我心声的表露！“从今十载磨词笔，文字当为举世雄”，正是田汉在失去亲人的悲伤中树立起来的信心。他曾说：“此后我只想好好地做点事业，把舅父的‘爱乡爱国’的梦实现起来。我对于我政治的才能是没有把握的，我还是从文学美术方面去发展我自己罢。我不能把舅父和淑玉（即易漱瑜）从死神手里夺转来，但我一定要使他们由我的艺术复活。”表明他决心在悲痛中重新振作，去成就未竟的文学事业以告慰亡妻的魂灵了。

在《南国特刊》第19号（载1926年1月2日《醒狮周报》）上，田汉在该刊上发表了易漱瑜写的小说《黑马》，他写了一篇500字的《跋》附于小说之后。

《跋》中说：阴历十二月二十日又是她的周年忌了。我想趁此将她遗作逐渐发表，以

[1] 《醒狮周报》于1924年10月在上海创刊，曾琦主编，每周出4开1张。主要刊载政治时事性文章，辟有“时评”“论说”“纪事”“讲演”“译述”“笔枪墨剑”等栏目。1930年9月停刊。

为纪念。我去年所作悼亡诗有云："叔道交春占勿药，（去年冬她卧病长沙时，她的叔父替她测字，说她的病交春可好。）病中频问：'几时春？春来侬满廿一岁，病好真为两世人'。（漱瑜正月初十生，拟痊愈后于此日治筵庆其再生。）葬玉埋香偏不免，上天入地总无因。箧中侥幸存遗稿，十万珠玑认化身。"

叔道交春占勿药，病中频问：几时春？
春来侬满廿一岁，病好真为两世人。
葬玉埋香偏不免，上天入地总无因。
箧中侥幸存遗稿，十万珠玑认化身。

诗中所写，正是田汉送易漱瑜回到湖南家乡养病时的情景。

除上面的六首完整的诗外，还有一首不完整的诗，即田汉写入散文《月光》中的两句诗：

可怜一样团圆月，半照孤坟半照人。

《月光》是田汉1926年在上海写的。易漱瑜去世后，田汉很长一段时间沉浸在悲伤之中，直到1925年五卅运动爆发后，他的思想才发生了变化，他曾说："这一事件发生时，我恰在湖南教书，那时学生界以及全湘革命民众的愤慨激昂的情绪，震撼了我的艺术之宫，粉碎了我的感伤。"为了实现自己"从今十载磨词笔，文字当为举世雄"的决心，田汉与三弟田洪一起回到了上海，投入到新文学运动中去。《月光》就是他在1926年的中秋节之夜写的，通篇都是回忆"前年"和"去年"他与妻子易漱瑜在中秋节之夜的往事。然而，今非昔比，人物两非，想到伤心处，他禁不住又念起悼念妻子的诗。可是，他还没有念完这两句诗（即'可怜一样团圆月，半照孤坟半照人'），便痛哭得在床上打滚了。

在《月光》的结尾，田汉说："他以后不敢再在月光底下回忆，不敢再于佳节良辰喝酒，不敢再惹起他的旧痛；他的年纪还不大，还想忍着痛苦做些事……"

（节选自叶永胜编著《中国现代作家的爱欲抒写》）

任教长沙第一师范学校

彭一湖校长邀田汉教国文

妻漱瑜产后患妇女病，经一同乡老医针灸，情况反愈来愈坏，经停血干，影响心脏，只好送她和孩子回湖南，但她经不得轮船震动，出吴淞口即难于支持，在南通芦泾港下船，从码头客栈又转入南通医院，旅费用尽，一位姓陈的学生给我们代买船票到了汉口，只剩了一元。我把漱瑜安顿在旅馆，自己到武昌高师找朋友，没有结果。又幸得一位书店伙计胡文极力帮忙，才到了湖南。

漱瑜回家不久就去世了。城南第一师范[1]校长彭一湖邀我在他们学校教了一个学期书。那时教国文的还有赵景深，教美术的有叶鼎洛，我们都是属于所谓“浪漫派”，一天我们正举酒歌唱，受学生攻击，因为上海爆发了五卅事件，湖南也计划游行、抗议，我们的情绪完全不对头。于是我们离开了有革命传统的城南师范，回到了上海。我计划写所谓“三黄”，即《黄花岗》《黄鹤楼》《黄浦江》。《黄花岗》发表过一两场，没有写完；《黄鹤楼》预备写武昌起义，搜集了些材料；《黄浦江》就是要写五卅南京路事件。结果只写了一幕《顾正红之死》。这条路没有坚定地走下去真是可惜。

（节选自田汉著《田汉全集》第二十卷）

田汉在长沙第一师范学校的教学与创作

1925 年 1 月 14 日妻子易漱瑜的病逝对田汉是个巨大的精神打击——他几乎要垮了！无论是在家里过年，还是年后到长沙城里朋友家暂住，都无法使他从悲伤迷茫中解脱，直到长沙第一师范学校校长彭一湖聘请他到第一师范教授国文课，才使他走出了悲痛的漩涡。

当时在长沙，田汉属于名气比较大的“海归”知识才俊——其优势是：留过洋，受过高等教育，翻译过世界著名文学戏剧作品，创作有诗词戏剧作品，编辑出版过通信集、日记和新文艺刊物，有较高深的文学理论修养。因此，田汉任教长沙第一师范，当一名出色的国文教员，是绰绰有余的，也是该校师生所期盼的。果然，有一些学生极佩服田汉的才华，从敬重他，到愿意接近他、追随他。田汉也常常和这些学生一起在自然中陶冶——或在橘子洲，或在岳麓山——谈论自然与人生、社会与艺术，师生相得，颇为融洽。但也有不少学生不太喜欢田汉讲授的国文课——因为田汉经常在讲授中国文艺作品时与西方文艺作品类比。“讲《离骚》非要说到《哈姆雷特》，唱京剧《逍遥津》，不联系《俄狄浦斯王》也不为快，以致被学生戏称为‘西洋田汉’。”（董健著《田汉传》）持此种看法的学生可能是习惯于传统教学方法，还一时不能适应田汉这种“比较文学”的教学方法。

在长沙第一师范学校，田汉与国文教员赵景深、美术教员叶鼎洛较合得来，成为“诗酒之交”——三人经常一起喝酒、吟诗、唱戏。田汉、赵景深爱唱京戏，叶鼎洛会拉胡琴。他们经常利用课余时间——或去一家京菜馆去吃酒，像诗仙李白那样“豪饮”，每每在酒意中吟诗作画，闻着酒香海阔天空地谈说着文艺；或去一家京戏园子听戏，在头排座位，既捧女伶，又“通”

[1] 城南第一师范，即长沙第一师范学校。

角色，颇有豪气冠城之气概；或在学校教师宿舍“琴弦绕梁”“狂歌当哭”地演绎京戏片段。

田汉、赵景深、叶鼎洛三人那高度浪漫主义的“放浪形骸”，很难久容于有古老肃穆的南城书院之风的第一师范。特别是5月底与田汉有关的两件事引起了第一师范一些学生的不满——

一件事是易漱瑜的母校周南女校有二十多位学生（其中多曾演过田汉的话剧）由老师带队慕名到第一师范拜访田汉。带队的老师恰是田汉的老同学，田汉自然特别热情地接待他们——又是演说，又是文艺演出，田汉拉来赵景深和叶鼎洛助兴，三人合演了京剧《逍遥津》中汉献帝的唱段。周南女生以合唱流行歌曲《芙蓉仙子》来答谢田汉们的盛意。这一歌曲给第一师范一些爱国反帝的学生的感觉却是“商女不知亡国恨，隔江犹唱后庭花”。

另一件事是来长沙参观的衡州第三师范的毕业班要回去了，学校于5月31日为他们举行送别会，田汉在送别会上的演说和唱戏，被一些爱国学生认为是不合时宜的，并喊起了“打！”田汉方知昨天在上海发生了五卅惨案，顷刻就在全国爆发了反帝爱国运动！这愤怒的喊声，使田汉彻底从丧妻的悲梦中猛醒，激发起他的民族情怀，随之他创作出五十行的爱国长诗《黄浦怒涛曲》。田汉与赵景深、叶鼎洛还决定于学期结束后的暑假离开长沙到上海去。

田汉在长沙第一师范学校教书的短短的三个多月里，不仅教学工作给人留下了深刻印象，而且还参加了赵景深等教师自费办的一个文艺刊物《潇湘绿波》，还创作有诗词、话剧、论文，发表的有：

5月27、28、29、30日，6月4、7、8日，长沙《大公报》副刊《现代思想》刊出田汉话剧《黄花岗》第一幕。

6月4日，长沙《大公报》副刊《现代思想》刊出田汉长诗《黄浦怒涛曲》。

7月4日，《现代评论》第2卷第30期刊出田汉文论《论翻译答江绍原先生》。

（郭超撰文）

田汉剪影 [1]

我第一次遇见田汉，是在长沙第一师范学校的教员休息室，时间是1925年的春天，离现在已经整整的10年了。

他也到一师来教国文，做我的同行，这在我真是一个幸运。我高兴得不得了：因为当时我有一个宏愿，想认识文学界里许多的英雄好汉；而我的朋友太少，除了鲁彦 [2]、汪馥泉 [3] 等少数

[1] 本文作者赵景深（1902—1985），曾名旭初，笔名邹啸，中国戏曲研究家、文学史家、教育家、作家。著有《曲论初探》《中国戏曲实考》《中国小说丛考》等十多部专著。

[2] 鲁彦（1901—1944），浙江镇海人（现浙江北仑区大碶人），原名王燮臣，又名王衡、王鲁彦、返我。著名乡土小说家、翻译家。

[3] 汪馥泉（1900—1959），字浚，杭州市人。早年求学于杭州甲种工业学校。

几个同事以外，见面的朋友几乎就没有别的人了。现在认识了《少年中国》[1]常做长篇文学论文和诗，与郭沫若[2]、宗白华[3]合出通信集《三叶集》和日记《蔷薇之路》的热情的田汉，我的心里是多么的跳动呵。

我还记得，这一天该是一个可爱的晴和的天，阳光照满了小小的一间狭长的教员休息室，我的心忐忑着，嘴嗫嚅着，带着口吃向他介绍了我自己，并且说起我，还有一个同事，图画教员叶鼎洛，共同自费办了一个文艺刊物《潇湘绿波》，请他加入我们一块，一同垦殖这一片处女地。他当时就一口应允了。从此我们就时常来往。

我常到他的寝室里去看他的书，以关于西洋文学者为多，Drinkwater 的 Outline of Literature 分订本此时刚出，我第一次从那里看到。他因为潜心于西洋文学，所以讲“国文”时也就专讲文艺思潮和西洋文学史，尤其是戏剧，因此被学生们戏称为外国国文教员。

他的脸很清癯，颧骨露出，时常蓬乱着头发，低着头，带着沉思的样子。两个眸子炯炯有光，仿佛要直射到你的心坎。说起话来若断若续，一面想，一面说，带一点重复；如果引动他的话头，他会滔滔不绝地向你谈论的。

当时他喜欢唱平剧，鼎洛会拉胡琴。我在幼时也曾胡乱地唱过几句，还有一位国文教员，我的同乡何呈铸——他曾替我的《天鹅歌剧》润饰过字句，可是，现在他已经死了好几年了！也跟着我们乱唱，田和我凭着天赋的嗓子，虽然不中音节，却也唱得洪亮。上海海派有所谓“五音联弹”，我们这班子便自称为“四音联弹”。拿手好戏是《马前泼水》和《武家坡》。

我们 4 个，时常到小酒店里去喝酒；本来我是涓滴不饮的，田汉说：“哪有文人不饮酒的呢？”我想想，好像很对，似乎不喝酒对于学做文人的条件很欠缺，加以叶、何二公都是善饮的，我就勉强喝了一点，但我直到现在，总还觉得酒没有什么意思。凡有刺激的东西，如酒、辣椒、生姜、胡椒，我都是从来不大吃的。

我还记得有一次田汉向堂倌说：“你把自信的菜拿几样来！”弄得堂倌瞠目不知所对。我们都笑他，说他“自信”两个字太不大众化了。

我们 4 个，课余没有娱乐的地方，只有到一个唯一的坤伶剧场去，在那里看过小月红的《莲英托梦》，共同地给以喝彩。又有一位老先生，不熟娴《徐策跑城》，是被我们“通”了下去的，当时在这小小的城里，我们的豪气，似有不可一世之概。晚间回校，偶遇打不开门，翻爬铁栏杆进去的事情也是有的。

有一天，田汉的朋友某君领导他的周南女校的女弟子们来参观，田汉便要在楼上图书馆开欢迎会，略备茶点招待，同时自然把我们那拿手好戏显了出来，《马前泼水》和《武家坡》都慷慨激昂地唱过，接着便是周南女生的唱歌。这时楼下的一部分学生恰巧接到五卅惨案的电

---

[1] 《少年中国》月刊，是“中国少年学会”的会刊。“中国少年学会”是“五四”时期一个著名的新文化团体，毛泽东、李大钊、邓中夏、恽代英、张闻天等均是会员。

[2] 郭沫若（1892—1978），原名郭开贞，字鼎堂，号尚武，乳名文豹，笔名沫若、麦克昂、郭鼎堂、石沱、高汝鸿、羊易之等。现代文学家、历史学家、新诗奠基人之一，中国科学院首任院长、中国科学技术大学首任校长、苏联科学院外籍院士。

[3] 宗白华（1897—1986），本名之櫆，字白华、伯华。中国现代新道家代表人物，哲学家、美学大师、诗人，南大哲学系代表人物。

报，便嚷了起来，说我们不爱国，好像是"商女不知亡国恨，隔江犹唱《后庭花》"似的！可是，我们在举行欢迎会以前，还不知道有这突变发生呀。

接着第二天，就听到一个同学说起，学生们已经召集了一个全体大会——当然不会是全体——说是要把我们四个以及外江人邱望湘[1]、杨连昌[2]等一同驱逐出校。邱望湘是什么罪名已不能省忆，杨连昌的罪名是不该打篮球，擦雪花膏。当时有些喜爱文学的同学是站在我们一边的，尤其是孙俍工[3]的侄子麦秋，撸起袖子，把手臂伸出来，大声疾呼地对主席团说："你们夏是的在恰丑！"（你们全是在吃醋）

我们 4 个，在临行时合照了一张照片，何呈锜喝了两杯酒，很沉痛地作了一首七律，记得末句是："此去湘流莫作师！"

后来何呈锜回到四川，不久就生病死了。我和寿昌（田汉名）、鼎洛先后到了上海。我住在闸北商务附近的一个小弄堂里，寿昌和鼎洛则同住在法租界一个人家的前楼上。与他们同住的，还有田汉的一个弟弟和他们的两个学生。小小的一间前搂，竟住了五个人！他们还特别欢迎我，请我去住了一晚，到大世界去听了一次大鼓。鼎洛把他的床让给我，他和孩子们一同睡地铺。

因为寓居远隔的缘故，此后会面的机会便异常之少，大多是田汉来信邀约的。一次是田汉与 H 女士[4]的结婚，一次是文艺界的梅花盛会，一次是吴似鸿女士[5]得子的庆贺，此外大约还有好几次的盛举。南国社[6]公演话剧时，也有时与田汉晤谈。

现在田汉还在南京，他念到故人，要看柴霍甫，我便把 Constance Garnett 夫人的英译本全部送给他，同时追忆起往事，便率直地写了这一篇回想录。

（节选自赵景深著《文人剪影》）

---

[1] 邱望湘，原名文藻，作曲家。曾任湖南第一师范学校音乐教员、重庆国立音乐院作曲系主任。代表作有《抒情歌曲集》《童摇曲创作集》《和声学》及歌曲《赏荷》《农歌》。

[2] 杨连昌（1897—1980），浙江诸暨人，擅长中西绘画。北伐战争期间，曾在国民革命军总政治部任副主任，郭沫若领导下创作宣传画。抗日战争前执教杭州师范，并参与筹办艺术专科学校及西湖博览会。后至慈溪锦堂师范任教。1947 年起至宁波三益中学（宁波三中前身）任教，并从事学生运动。

[3] 孙俍工（1894—1962），原名孙光策，又号孙僚光，湖南省隆回县司门前镇孙家垅村人，现代教育家、语言学家、文学家和翻译家。

[4] H 女士即田汉第二位夫人黄大琳。

[5] 吴似鸿（1907—1990），绍兴州山乡（今柯桥镇）人。"五四"后，为新思想新文化所激荡，曾在《棠棣之花》中扮演刺客角色。1926 年冬，北伐军到绍兴，出任绍兴女师自治会会长和绍兴妇女协进会会长，为南国社成员。

[6] 南国社，中国文艺团体。前身为南国电影剧社，设有文学、绘画、音乐、戏剧、电影等五部，以戏剧活动为义。创办刊物《南国月刊》《南国周刊》。

四、春之再来[1]

……

双双忍见旧时鞋，踏遍樱花第几街；
南通旅况不可忆，西子游踪难去怀。
待到一身人事尽，猖狂乞食到天涯。

这首记忆不完全的七律，是克翰的十首悼亡诗之一。悼亡者，是悼他的爱妻易淑玉之亡。"易淑玉"这三字对于克翰的意义何等之深，克翰直到她的唯一的遗儿很高兴地穿着白的孝衫，戴着小的三梁冠，拿着短的纸杖当什么顽意儿舞着，他由礼房里拿着一张折做九格的红纸同着礼生到他外祖父房里写她的灵位时才觉得。"爱妻易淑玉女士"之下，他何曾想到这样快地要逼他加上"灵位"两字啊！

自从他写了这两字之后，他的看世界、看人生的眼全然变了。一天，他以一种暴风雨后的早晨的平静，爬到枫子冲山上的她的坟头，喊了几声：

"淑玉！"

记起他前晚在床上梦中遇见她时和她的诗：

……

倦鸟欣能返故林，小羊姑让眠青草。
生平好静兼好洁，红尘不若青山好。
只怜尚有同心人，从此忧伤以终老。

他低吟到最后两句，流下了几点珍珠大的热泪在她那还不曾有青草的坟头（淑玉啊，你要是知道克翰至今想起你的事，他还是止不住那珍珠般大的热泪纷纷落到纸头上时，你也可以知克翰爱你不是假的了），他便赴他那猖狂乞食的征途了。他先在他的故乡田家煅那一带的亲戚朋友家玩了一个多月，然后来到长沙省城，在省城的朋友家里胡乱混了几天，便受了第一师范的聘去教文学。在这个学校里他别无所得，只得了几个好朋友，得了几个好学生。好朋友中一个是教图画的叶钟英，一个是教国文的钱致远。钟英是江苏人，致远是四川人。钟英是个顾影自怜的白皙少年，除了头小的一点是他的缺憾。致远是面团团若小富家翁，虽说他实在没有一个钱。钟英有一种本事是喝酒真乃算得"十斗不醉"。致远有一种本事是不怕臭虫，他的床上时常被好事者发见满坑满谷的臭虫，但他是老是"大梦谁先觉，平生我自知"地泰然自若。

---

[1] 春之再来，是田汉的自传体小说《上海》中的篇章，描述的是他在妻子易漱瑜病逝后，他在长沙第一师范学校教书时的生活情景。

他们两人本来多少知道克翰，更兼那时钱致远正创办着一种《春水周刊》，登载些文艺作品，叶钟英的小说要算那周刊上的异彩。他们希望克翰替这周刊做文章，所以很快地就成了好朋友。不过他们之成为好友，还有一种有力的原因，就是钟英会拉京胡，致远会唱京戏，平常老爱唱几句“一马离了西凉界”的克翰，怎么忍得住不和他们接近啊。他们下了课便今日他请客，明日你请客地到城里一家京戏园子里占着头排椅子去捧一个叫小月芬的女伶。看完戏便到附近一家京菜馆大吃大喝，尤其是喝。叶钟英会喝酒，钱致远也不错，克翰本不喝酒，因为他新遭妻丧，耐不了这无边的寂寞，也只得借酒浇愁。他们三人照例喝得醉醺醺地回来，叫开大门，同到克翰的房里围着火炉谈天。有时钟英跑到自己房里，把京胡取来，三个人大拉大唱，真乃狂歌当哭，极兴会淋漓之至。但他们这种半狂人的行动甚为当时办学校的一个绰号“圣人”的校长，一个别名“日本帝国主义”的训育长所不取，以为当教员的如此荒唐，殊不足为学生表率。况当时钟英正为着他的 Dorian Gray[1] 画像，他那一种柏拉图式的恋爱，本来是极纯净可风的，但这怎能入那各以经世济民为己任的学生诸君之眼。所以后来一个学期还没有满，他们一道由那整齐严肃的古城南书院放逐出来了。

克翰被放逐的原因，还没有这样简单。第一他不该欢迎来校参观的周南女校的学生。有一天是星期日，长沙有名的周南女校的女学生约二十余人，为她们的先生——他的老同学周鼎君所率领，去参观他们学校附近的一所玻璃工厂。他的老同学因为知道克翰在这学校教书，并且那些女学生多曾演过克翰做的脚本，所以他们由那工厂出来，一直到一师来访问克翰。克翰把她们接到房里坐了一刻，因为房不够宽，所以他去通知教务长彭秦义开放楼上的会议室招待她们，并且买了些水果饷客。宾主就座，不能无言，于是而有演说。克翰因为他的亡妻是周南女校出身，便述他所以欢迎她们的特殊的意义。有了演说，乃不能无余兴，于是克翰跑到东边楼上拖起正睡着午觉的钱致远，西边楼上请动那拿着画笔对着一个秀美而文的学生出神的叶钟英，同到会议室来参与这临时的游艺会。童话文学大家的钱致远的笑话得了许多女学生的喝彩之后，他们三人的《逍遥津》合唱便开始了：“欺寡人好一似犯人受罪，欺寡人好一似扬了江里驾小舟，船到江心，风吹浪打，浪大风狂，刮断了篷桅。欺寡人……”这一种希腊的悲剧大家莎福克列斯 (Sophocles) 的《倭底不斯王》(*King Oedipus*) 式的歌辞，是何等淋漓悲壮，使那些多情的听者为之感动啊！于是她们拍手了，她们为酬答他们的盛意起见，决定合唱《芙蓉仙子》了。——那比泗州调还要流行的《芙蓉仙子》，支配小学校音乐教育之大半的《芙蓉仙子》，使李绣煌先生享瓦格勒以上的大名，使他的令妹成为支那之“华拉女士”的《芙蓉仙子》。一，二，三，他们正沉醉于她们的歌声的时候，不提防楼下刚由操场回寄宿舍的那些对于异性的肉声有强烈横蛮的渴慕的学校里的民众，因不得参与此种盛会而大抱反感，他们在楼下喊着要“打”了。这“打”字所包含的激昂慷慨之情，似乎比他们在街上喊“打倒帝国主义”“打倒军阀”时更加迫切。后来，这事便于克翰的意想不到中成为他的罪状了。

第二是他不该不爱国，这一点是和他们的唱戏有关的。当克翰在上海 CH 书局编辑所的时

[1] 道林·格雷。英国作家王尔德的长篇小说《道林·格雷的肖像》中的主人公。——编者

候，曾屡得一在湖南衡州第三师范学校任事的谢文质先生的敦促，要他和淑玉一道到衡州去教书，说衡州的风景如何地好，居处饮食如何地安，而且那地方的学生们何等地欢迎他，希望他们夫妇能去与他们相共研讨。他也未尝不为谢先生的恳切的言辞所歆动，徒以与上海的关系已经深了，一时硬离不开，而且杀他的舅父兼岳父的大仇不独还豺狼似地霸住湖南，并且那贼徒还是衡山人，所以他只好婉谢了谢先生和三师的那些学生的盛意。及至淑玉在上海得了那可伤的病，又误于一个衡山人的庸医，以至群医束手，他终于不能不亲自把她送回湖南了，虽说那杀她父亲的大仇那时仍在湖南作威作福。

他失了那被几重的不幸蚕食了肝肠的病妻之后一月便迁入第一师范，上回已经说过了。他入第一师范约三个月后，那衡州第三师范的要毕业的学生便到长沙来参观教育而且住在第一师范了。某天晚上是三师学生要离开长沙的前夜，教务长通告他们要参加对于这姊妹学校的学生的送别会，克翰和其他几个同党当然是列席了。许多照例的应酬演说之后，轮到请克翰训话了，有感伤病 (Melancholia) 的克翰，对于这种送别会，自然容易引起他对于人生之一切“别离”的联想，何况他与衡州三师的学生，又有过上面说过的一段因缘呢。他们希望他同他的淑玉像双飞的雁子似地到衡阳去，可是他与从衡阳来的学生们会面的时候，只是一只翅膀也没气力举起来的孤雁了。种种幽凉的回忆，织成他那一种“默澜珂丽”[1] 的言辞，颇使那些明朝便要与贾生嗟为“卑湿地”的长沙相别的回雁峰边的青年们感动。但他说得太感伤了，有的人大抱反感，说我们今晚应该要阳气一点，应该“cheer up"（鼓舞起来）。如是大家拍手赞成。那些听过克翰一派的“神经合唱团”的歌唱的，便提议要仍以他们的狂歌打破这一团闷气。于是乎，克翰最得意的激昂慷慨的《南阳关》,便借着叶钟英的伴奏开始了。但三师的学生虽报之以拍手，而一师的学生却报之以听周南女校学生唱《芙蓉仙子》时更激烈的“打”。

但这一遭他们实在值得这一声的“打”，因为他们太孟浪了，忘记了他们正在唱“本帅兴兵把仇报”的前一日，民国十四年五月三十日上海的……早在南京路上流了我们许多为人道、正义奋臂而呼的青年学生的热血了。这种惊人的使人不能遽信的电报第二天打到湖南来的时候，早使湘中的热血青年一个个发指眦裂，正安排尝胆卧薪从事……运动，而他们却敢在这个时候哀丝豪竹，高唱入云，这不能说不是他们的“无神经”了。站在指导青年的思想与行为的地位而对于民族的公愤这样“无神经”，这怎么不应该痛打。

他听了这一声的“打”，才如梦初觉，赶忙去查当天的电报，才知道这事件的严重。他的感情随着每日所得的消息亢奋起来了。他想象我们第一个英帝国主义的牺牲者倒于敌弹时的情景，写了一首长诗，送以当时的《大公报》登了。那时编《大公报》“现代思潮”的是克翰的老友颜胜怀，他曾以胜怀的敦促为“现代思潮”栏撰一长篇史剧《黄花岗》，写辛亥三月十九日广州之役埋骨于黄花岗的七十二烈士的事迹。这史剧每日发表，但克翰为着急于宣泄他这种勃发的民族公愤，特为把《黄花岗》停了两天专登这首长诗。虽然如此，克翰的“不爱国”的罪名在学生大会中，已经成立了，尽管有不少的知道他的学生替他辩护。

[1] 英文 melancholy 的音译，忧郁的。——编者

攻击克翰不爱国的也不单因他不合在全国哀愤的五卅事件的次晚大唱其《南阳关》，实在他平常谈文学，尤其是谈戏剧时，太倾向欧西主义，而无视所谓“国粹”了。此点颇为一般“国学有根底”的学生所勿善，教室的玻璃窗上常见有人用粉笔写“西洋邓克翰”字样。而克翰从来对于文学与社会的关系，或是说文学之社会的性质之研究甚为用心。他在东京读书的时代曾写过一篇长论文，题为《文学者与社会运动》，虽说整理得不甚妥善，而规模略具。后来他随时继续这种研究，因之甚崇拜英诗人威廉 · 穆理斯 (William Moris) 之为人。

Men in that time acoming shall work and have no fear
For tomorrow's lack of earning and the hunger-wolf anear.
I tell you this for a wonder, that no man then shall be glad
Of his fellow's fall and mishap to snatch at the work he had.
For that which the worker winneth shall then be his indeed,
Nor shall half be reaped for nothing by him that sowed no seed.
O strange .new wonderful justice! But for whom shall we gather the gain?
For ourselves and for each of our fellows, and no hand shall labour in valn.
Then all Mine and all Thine shell be Ours, and no more shall any man crave
For riches that serve for nothing but to fetter a friend for a slave. [1]

这唱劳动艺术化的诗人在他的《来日》(*The Day is Coming*) 诗中所写的将来的社会，是何等引动克翰的向往与追求的情热啊。因之“艺术无国界”“世界无产者联合起来”一类的“老话”未尝不由克翰的速射炮似的口中吐露出来。此种文艺上及其它方面的世界主义的倾向，也供给那些攻击者以多少的口实。但思想系统复杂的这个学校，在另一方面又攻击克翰太爱国了。

他在上海时不合做过《拿翁周报》的发起人，回湖南后他虽不曾替这周报做过什么文章，他仅翻译过一篇武者小路实笃著的《桃源》登在这周报的某一期。但这周报确是在竭力提倡极端的爱国主义的，他们近来尤其是移攻击军阀的笔锋在极端的攻击……，因攻击……而攻击……了。当时克翰教书的这学校事实上是湖南各种文化运动的中心，学生中属于所谓……的占多数，于是他们也因着克翰和《拿翁周报》中人的个人关系，便把对于《拿翁周报》的余恨拿来对克翰发泄了。克翰听了他们的攻击觉得都似乎是的，又觉得都似乎不是。他仔细问过他自己：你究竟是爱国主义者呢，还是世界主义者呢？他的答案是：“都是的。”因为他有两种简单的理由组织他的思想的基础：第一因为他的舅父而同时是岳父的梅园先生是个老民党，是个爱国者，他在距当时五年前被害时的绝命诗是：

[1] 在那即将到来的时刻，人们不再为失业和饥饿的逼迫而担忧，大家都必须自食其力。我告诉你这将使人惊奇，没有人会对同伴的不幸幸灾乐祸，攫取他的劳动所得！工人赢得的一切，无疑全属于他自己。不下种者休想分得一半果实。哦，这是一个多么合理的待遇！但我们大家收获的一切又为了谁呢？为我们自己，也为我们每个同胞，劳动者必须得到报酬。我的，你的，也是大家的。人们不再追求财富，财富只能把枷锁套在朋友身上，使他变成奴隶。(译文据上海《小说界》1983 年第 2 期刊本) ——编者

天外飞来事可惊，丹心一片付浮沉。

爱乡爱国都成梦，留到来生一恨吟。

他的舅父没有儿子，只有两个女儿。他最爱的长女就是在四月前撇了他永眠在枫子冲头的那淑玉女士了。他觉得他舅父的唯一遗爱既死在他的手里，他舅父的爱乡爱国的遗志若也让他永成一梦，那么他真是个不肖的外甥，真不敢再读“差幸同心今有汝”的他舅父赠他的诗了。在这点他是个爱国主义者，虽没有他的朋友T君那么狭隘。第二个原因更加简单，因为他自从十岁那年同他的祖父在他们的祠堂旁边一家姓 × 的人家定完了卖他们最后的遗业的文契后，他家永与“咸、同以来的大地主”的荣誉告别了。“一天不走别人的田塍”的夸话，在当时岂不与盎格鲁撒克逊人“旗飞日所出入处”的夸语相当，但这早已成过去的梦了。他祖父的子孙从此永打了“无产阶级”的新火印了。他家本来屡代以农为业，到了他父亲这一代，以他所知，他的父亲曾业当时所谓“大厨房”，他的六叔八叔都业机匠，只有七叔九叔仍业农，虽然都不是很精壮的农人。

他的父亲在郴州府衙门里服务的时候，因为有什么不幸，染着吸食鸦片的习惯。因为有了这种习惯，更加使他的生涯不幸。他由郴州回到故乡的时候，已经是个身无一文的可怜的病人了。他父亲死后，他家便分了。他母亲所得的是一张柜、一张桌和一些零星的家具，此外还有百多块钱债务和三个嗷嗷待哺的小孩，大的8岁，其次5岁，最小的只有3岁，这八岁的小孩便是现在行年三十的克翰了。克翰和他的两个弟弟亏着他们母亲的劬劳，舅父的援助，以能长成到这样大，并且都受了相当的教育。但是他们辛苦了多少时光，依然是“上无一尺天，下无一尺地，吃在口里，穿在身上”。有时甚至使他的老母幼儿不免冻馁。他既是个尽料的无产者，他为什么要去做有产者所建筑的宫殿的砖瓦呢？威廉·穆理斯生长在富裕的家庭，家有恒产，又尝被选为桂冠诗人，固辞不就，复以工艺美术家鸣于时，在他个人实在毫无引起不平的原因，然而他终于奋身而起为社会改造战斗。何况他的境遇在在可以引起他的不平呢！因为上述的原因，使他成为一个左右的彷徨者，于是他不能不受两派学生共通的攻击了。

第三是因为他不该在妻死一个月后又有所爱。他们曾读过克翰许多谈到他和易淑玉女士的情爱的文章而且这是真的。克翰的许多文章中，几乎没有一篇不可以寻到“淑玉”的名字。在当时的青年读者的脑中，“克翰与淑玉”的意义，几乎等于“罗密欧与朱丽叶”。罗密欧闻听得朱丽叶死了，不是星夜由配地逃归，在朱丽叶的墓窖中自杀了吗？他们听得说易淑玉病了，大家都为克翰忧愁；及至听说淑玉竟不幸香消玉殒，大家尤为克翰危殆，以为克翰一定要自杀了，纵不自杀也当心如不复燃的死灰、不重波的古井，即如古之义夫所为，终身不娶。纵或母老子幼不能不娶，至少也当在悲哀稍杀的两三年后。但事有出人意料之外者，克翰丧妻以后不到两月，他又有了一个爱人了。他近来和这新爱人的关系之甜蜜，和他与淑玉女士当时差不许多，而且某种人的谣传，他们事实上已经结婚了。这怎么不使那些感情热烈的青年们切齿痛恨这不义之人，群起来攻击他呢。

攻击克翰于妻死后两月即和别的女人结婚的话，虽不可靠，但他之有了新的爱人是无可否定的事实了。不过他不承认这是对不起他亡妻的事，这不过是对于他亡妻的爱的连续。他好像一个乘船的人忽然遭遇着狂风骇浪，把他所托命的船打破了，他骤然落在水中，自分必死，偶然抓着了一块木片，他又引起了求生之心。何况他一想到他上有年老的慈母，下有待哺的小孩，就是要死也死不了呢。于是他也顾不得浮沉颠簸，只好靠着这一块木片与浪涛相斗以求达到陆地了。

他这新的爱人白小璐女士原来是他的亡妻淑玉的至好的同学，说到小璐和淑玉的友情和她自己的身世，最好是引用小璐自己写的文字：

> 天光渐渐发亮了。一阵阵的晓风吹在人身上，好不舒服。蔚蓝的天上，半边聚了映着早日的红云。满园的花木，变得都像黄金的丝条。柳树丛中的鸣蝉奏出一种悠扬的音乐。这真是夏天最好的一个早晨。对着这样美丽的晨景，任何人都会感谢大自然所给与人们的这一点宠惠。可是那躺在藤椅上的伯青总觉得有些伤感，仿佛连这样和美、活泼的景物都含着引诱她的眼泪的悲剧的要素。
>
> 伯青是一个20岁上下的女子。她的生活也过得颇为平安充裕。她处在这种杂乱艰难的时代，不曾失过学，不曾受过非常的生活上的压迫。她似乎不应该对着晓风朝日诉她的不平。她终不能像柳叶儿一样展放她的眉头，这也不是因为她有天生的忧郁症，这是因为她不幸接二连三地失去了爱护她的人，因此在她的黄金似的青春时代，她的心已经受着忧愁的侵蚀了。你只要看看她独自一人时那紧皱的眉儿，凝视的眼儿，也就可以知道她平常的嬉笑不是很自然的了。
>
> 她由她的祖母知道她的母亲是个能诗善画的贤明的女性，但她呱呱坠地以后的第九天就失去她的母亲了，她幸而得着慈祥的祖母的抚育和教养，倒也不觉得无母之苦。她很小的时候，她的祖母应了吉林蒙养院院长之聘，带着她和她的一个母亲似的姑姑——因为她姑姑负了教育她的责任——同到那雪白风寒之国。她的姑姑身体本弱，经不起一路的风霜，一抵宛平便沉疴不起，作了异域的旅魂。她的祖母骤失爱女悲痛非常，本立刻就要南归，但她祖母的兄弟姊妹多在北方，都劝她与其南归寂寞，不如小住为佳。那时办吉林蒙养院的便是她祖母的弟弟，她祖母便带她由北京赴吉林。那时她已达入院年龄，就在院内读书。伯青刚3岁，却交了一个5岁的朋友，叫亚娜，也是南边人，也是在院内读书的。她和亚娜的性格举动无一不像，就是嫡亲的姊妹也没有这样像的。她们俩又好像有什么夙缘，一刻都不离开。到了星期日，不是你接她来，就是她接你去。这样地过了一年多，她的小心儿又接触了新的悲愁了，就是亚娜的父母要回故乡，伯青的祖母要到青岛，于是这一对小朋友不能不在异乡小别了。后来她随她祖母从青岛回到北京，一直住了六年才回南方。她第一次看见湘江帆影时，她已

经是 12 岁了。她祖母因为爱她，便不像俗人一般地溺爱她，每日无论如何得逼她读几小时的书。这是因爱她得厉害，希望她更厉害。她那渐渐晓得世事的心，也知道这是一种难得的幸福。

但幸福的生活是不常有的，她的祖母，她那相依为命的祖母，也不幸染上了沉疴，又为庸医所误，在一个残雪未消、风日凄凉的上午抛弃了她最深爱的孙女儿，往那未知的世界去了。她也曾想起她的母亲哭，但她出世以来不曾见过她的母亲，不曾受过她的母亲的提携保抱，所以远不如哭她的祖母这样哀，想她的祖母这样切。但任她哭得何等哀，想得何等切，她现在已是个没有祖母的人了。她祖母临终时曾把她的事嘱托她的叔父，她叔父把她送到长沙周南女校读书，她此后的生活便是学校生活了。

她一入校门，她的幸运又至，就是她那在异乡小别的、比亲姊妹还要好的朋友亚娜也在这个学校。亚娜的班次比伯青要高一级，并且她已经是一个十五六岁的妙龄的小姐了。伯青比亚娜小两岁，况又刚失了慈爱的祖母，常常一个人坐在房里哭。亚娜本和她要好，现在更加怜念她，爱护她，每天在课余的时候总携着她四处逛。一切的琐屑事，亚娜总告诉她做，做不了的便帮她做。伯青得着这样一个良友，她也就不常常哭了。

“伯青啊，我们又要小别了！”

她和亚娜第二次同学的第二学期前半的某一天，亚娜忽然这样地对她说。这时，伯青已经全然不能离开亚娜了。亚娜是她的好朋友，是她的姊妹以上的姐姐，是她的教员以上的先生。她听得亚娜这种不意的通知，她的心又陷入一种悲愁了。她紧握着她的手，问她说：

“怎么，你要去了，上哪里去？”

“哦呀，可怜的妹妹，不要吓煞了。我的祖父病了，我要回去看护他老人家。反正过一两个礼拜就要回校的。你好好地读书，我没有回以前，一切的事我都拜托朱三姐了。晚上我叫三姐同你睡，你别怕。”

“你说你过一两礼拜之后就回，为什么要把被窝、帐子全都搬回去呢？”

“喔唷，你不看这帐子、被窝都弄得这么脏，我想都拿回去洗洗干净呀！”

“那么，姐姐你别骗我，你过了两个礼拜之后是一定要回来的。”

“自然啊，我一定回来，你别着急，好妹妹！”

她说了这话之后，便回她的姑母家中去了。上午十点钟光景，她又匆匆忙忙地回校把行李、书籍通通搬出学校，再握着伯青的手叮嘱了许多话。伯青含着眼泪把她送到学校的大门，重复说：

“姐姐，你是一定要回的呀！”

看她上了车子，车声辘辘出了通泰街口，她才回到亚娜住了大半年的那间宿舍。她的心陡然空了。像刚才被搬徙一空的亚娜的床铺和桌子一样。她虽分明听得亚娜说一两个礼拜就回，但她的敏锐的直觉似乎告诉她，她和她的好友半年间聚首之乐不可复得了。

亚娜去后的第四天，伯青接了这么一个邮片：

“此次东游藉览名山大川，稍增学识，惟不克与吾妹共同研究为恨事耳。……亚娜。”

邮片是从汉口发来的。伯青对着邮片惊疑骇叹之时，亚娜正和她的爱人在沪汉航线的轮船的甲板上指点扬子江沿岸的风景。她由朋友的谈话和亚娜的通信，才知道亚娜此行系偕她的爱人赴日本读书。亚娜为什么不直截地告诉她呢？这因伯青是不能离开她的，她虽爱她的朋友，但究竟被爱她的爱人的心战胜了。她想她若真实地告诉她的朋友，她一定会走不动，不告诉她又未免不忍，如是那幽娴静默的亚娜，便做了这么一回不诚实的人了。她发觉了亚娜的不诚实之后，知道她又要许久才得和她的好友见面，她只得常常写信给她。她的朋友除写信之外，时常还寄些日本风景美人的画片给她，要她好好收藏，说将来还有许多寄来。此后她们的谈话，便全仗鱼雁往还了。

过了三四年，亚娜同她的爱人回国了，而且有了孩子了。一年之后，亚娜居然回到长沙来了，这是多么使她欢喜的事。然事实上有大不然者，就是亚娜不是平安无恙地回来，却是产后得了重病至不得不归。她得着亚娜回来了的信，赶忙跑到她们寓居的地方去看她时，她那玫瑰色的脸蛋儿早变成苍白色了。以健步著名的她的腿儿，此时要她的爱人扶着才能走动了。那样丰润白嫩的手，当她于四年后重握的时候，就像那秋风中的枯叶了。她一见了她这个样子，忍不住四年间日思夜念的泪珠儿都迸裂地流出来了，她也哭了。那时伯青正在古稻田女校读书，每天要告假出来看她。第三天她来看亚娜时，亚娜由床上挣起半身来对她说：

“伯青，我有许多话对你说，可是我实在没有精神……”

“你现在暂且养养神吧，等到你好了，我们再慢慢地谈吧。”

亚娜因为在城里也没有找到良医，只好回到乡里静养，她以为或者回到她自己家里得着她母亲的亲切的扶持，吸着故乡温馨的空气，也许她的病要慢慢地好起来。那天，就是那天，她就靠着她的爱人的扶持雇轿回乡了。

“伯青妹啊！我的病不知什么时候好？你有机会时必来看我。”

“姐姐，你要好生保养，我到阳历年假时必到乡里来看你。”

她们俩就是这样子分别了，——也就是这样子永别了。她回乡后三月医药无灵，也许是医药的无效果，竟舍了她唯一的伴侣、爱儿、母亲、妹子和她的良友而去了。她死时是十二月中旬，但伯青得信却是次年春正月杪。在她未死以前，她本预备在阳历年假中到她乡里去看她，恰又值她叔父初得一子，她不能不回家作贺，不过她想反正和亚娜谈话的时候还长，她就没有去了。她哪里知道此机一失，就永没有和她见面的机会呢。这是她一生不能忘的遗憾。现在想起，她还止不住伤心落泪。她从此少了知己了，没有知己了。

这是小璐女士所写的《哀蝉曲》的前段，亚娜是指淑玉，伯青自然是小璐自谓，亚娜的爱人又自然是指克翰了。

因着上面所述的淑玉和小璐的姊妹以上的亲密的友谊，克翰到省城后不能不把淑玉下世的情形告诉她。他到第一师范就写了一个邮片告诉小璐。小璐有回信来要他去谈一谈，问曾有什么话嘱咐她没有。多忙的克翰在一个礼拜天去找她了，顺便带了些淑玉的遗物送给她，又把他作的那十首悼亡诗给她看，告诉了她写给淑玉的邮片是淑玉在这个世界上所看见的最后的文字。含着余悲的他，说起来又有些哽咽了。那温婉的少女也深深地感动了。据说她听得淑玉死了曾哭过好些时候呢。为着她这种同情，他们的通信便频繁起来了。他的家迁居在南门外社坛街祇园以后，隔她住的学校颇近，她在礼拜天时常不回家去而到他的家里来看他。她第一次到他家里来是27岁的生日那天。春风吹绿了妙高峰上的草。她很爱海雄——淑玉遗下的唯一爱子，她送了他一些好玩的东西，可怜的海雄马上就亲热她了。

“你到后面妙高峰上去玩过没有，Miss H[1]?”

“没有。”

“我可以陪你去散散步。”

家里客堂太小而人客照例地多，何况又是他的生日。他的书斋也给亲戚故旧们占满了。他就邀小璐出去散步。那“温婉的”、经他多少倍“理想化”了的小璐也赞成了。她抱了海雄随着他来。由社坛街到妙高峰不能算近，上山的路也不能算平，海雄又是很重，她应该是很吃力的，但他哪里管那些，他很轻捷地把他平常爱到的地方都引她去了，一面走一面为她指点山川形势，——妙高峰与天心阁并峙，是省城军事上极重要的地方。太平军围攻省城时，萧朝贵即被清兵炮击于此。——一面谈起三年前与淑玉由东京归国，访郑仲起于京都(kyoto)，和他同登琵琶湖边比睿山的情形。那山也在京都附郭，虽风景差胜得多，但高度也不相上下吧。但当时那怀了海雄五个月而仍健步如飞的淑玉呢？她却长眠在枫子冲头快又两三月了。谈到这里，他又禁不住他的感伤。一直抱着海雄的她，也低下头蹙起她的长眉了。

“爷爷(Yaya)，娭毑(Aijie)!”

海雄在她的手中叫着了。失了母亲的海雄现在每时每刻所浴的只是祖母的爱了。虽说他生来就是他祖母保抱他的时候多。

“我小时候也是祖母带大的啊。我生下来才九天先母就见背了。所以我几乎不晓得母亲的爱。祖母就是我的母亲。”

“我在你大叔叔家里不是见过你的母亲吗？”

“那是继母。”

“啊……”

[1] H小姐。——编者

他不好问她的继母待她好不好，但他看她那种几乎是生成的寂寞的表情，他知道她所过的不是一种温暖的生活了。

“祖母还康健吗？”他问。

“……”她停了一下，“我同淑玉在周南同学的前一年就去世了。后来都是 × 叔招扶我，因为是祖母拜托他的。”

“为什么不拜托你爸爸呢？”

“爸爸那时不在湖南……”

他记起他离乡前和他的岳母看淑玉的遗稿和她与朋友们往来信件那时的事了。他在许多淑玉女朋友的信件中发见最多的是署名“妹璐”的信，一封封都是写得那么亲爱而且那么忧伤，诉说她如何除了淑玉外找不出第二个知心的朋友，诉说她如何在淑玉不在时给同学欺负，在背上不意地打了一拳，因此受了伤，到现在还时常作痛。

“这位女士真是可怜。”他和他岳母说。

“淑玉病中还时常记挂着她呢。”

“她的字也写得和淑玉一样苍老，不像一个女孩子写的。咳，这都不是好气象啊。”

“你到省城去要见了她，可对她说。叫她愉快些活泼些，年轻的人过于沉静是要短寿的啊。”

岳母这不经意的话，在他好像一种重大的使命。淑玉的死，太使他痛惜了。他不忍见一个年轻的女子再沉向那忧愁的深渊里去。而且他还有一种誓愿：淑玉从上海害病到归乡，虽然一直是他看护着她，但她最后的那十几天，受着物质的压迫，为着不能不去筹些生活费和医药费，他生生地得离别了病床上的她，到七十里以外的省城，及至他由省城赶回来已经是和她永诀的时候了。他抱着这种无法补救的遗憾，常想至少找一个和她一样的性情、一样的病弱的女子看护她一些时候，勉强寄他的悲怀。他看了她的信，想起他在老友 H 君家所得的她那种温婉怯弱的印象，这虽然是很模糊的，但他好像捕捉了一个幻影了。“人非幻影不生活”。人的一生就是幻影追求的一生。他刚失掉了一个强大的幻影，使他的生活一刻刻都有破灭的可能。他在无可如何中抓得了这个新的幻影。他用想象和理想去灌溉她，使她在他的心中成长。她是那么清纯，那么温婉，那么富于爱情。她是淑玉的姊妹以上的朋友，她自然能十二分爱护他的孩子。听说自幼就失了母亲，尝惯了无母之苦，她一定能曲事他的母亲。淑玉性情刚强，他们爱情愈深，有时冲突也愈烈。他想她一定要不同得多，她应该是多么温顺。这种“一厢情愿”的、“自利”的想象，在他看了她的信之后，便不知不识之间涌现在他那给悲哀占领了的脑海之中。他有一个表舅自幼和他一块儿长大的，平常有什么事总是互相商量。有一天晚上，淑玉死了快满两七的一个晚上，他和他谈起“此后如何”的问题了。

“此后我只想好好地做点事业，把舅父的‘爱乡爱国’的梦实现起来。我对于我政治的才能是没有把握的，我还是从文学美术方面去发展我自己吧。我不能把舅父和淑玉从死神手里夺转来，但我一定要使他们由我的艺术复活。”

这是他毕生的愿力。他在悼淑玉的诗里有一首这么说：“爷葬枫林女枫子，两山霜叶一般红。

深情此日埋黄土，浩气当年化白虹！自有心肝呕纯爱，可无血泪泣孤忠？从今十载磨词笔，文字当为举世雄。"就是这种意思。他的表舅又谈到他续弦的问题，因为他的母亲渐入老境，而他的孩子才 2 岁。

"我对于这个问题有过三种见解。第一是前日的诗上说的'愿结来生好，迟卿十五年'。舅母也这样地说过。我在淑玉刚死的当时也相信再生之缘是真有的。我做过好几次这样的梦，淑玉复活起来。——但是，咳，现在说起来自然是太渺茫了。我很悲哀我没有生在那种 Romantic[1] 的时代。第二是和祥妹结婚。她是淑玉唯一的妹妹，也是舅父唯一的血裔了。我应该把爱淑玉的爱给她。但她太年轻了。我 27 岁，她才 11 岁，谁也觉得不称吧。第三便是在淑玉的朋友中找一个和她有姊妹般关系的。有这种资格的第一要推 K 女士吧。淑玉在东京时和她住在一房，睡在一榻，穿一式一样的衣履，真是亲密得比姊妹还要好。我也因淑玉的介绍认识她，我照着淑玉的口气叫她姊姊，她也不客气地叫我弟弟，虽说她的年纪比我轻些。我，淑玉，吉林的 C 君，和她一道游过 kamakura[2]。在那里，我们留过许多甜蜜的踪迹。我们回上海之后，她也时常由她故乡寄东西来给我们吃。后来我们生了孩子，她还亲手做了许多小孩子衣裳送来。我们许多时候不通信了，但她若知道淑玉死了，不知道要多么悲伤呢。"

"那么，你安排同她结婚吗？"

"同她结婚，人家已经是有夫之妇呢。"

于是他们的话头自然就落到小璐的身上了。在他的想象中，小璐实在具备了充分的条件。

"那么，你到省城去教书就可以去看看她了。"这是他表舅的话。

老实说，他对于小璐的幻想，在他第一次到她学校里去找她时要破坏一些了。但她是那样地悲叹淑玉之死，那样地同情他的破碎的心境，这已经值得他的感谢了。何况现在站在他眼前的她，露出肥白臂膊抱着他的爱儿，春风吹拂着她的覆额的浅发，丰富的长发乌云似地堆在后头，灰色的长的衫子，黑色的短裙，又朴素又大方。——这不是一个可以托他的爱儿，寄他痛悼亡妻之情的女性吗？

日月嗟易逝，
行年忽廿七，
嘉客先后来，
笑语满堂室，
强为欢容颜，
热泪背人出。

生平抱大志，

[1] 浪漫的。——编者

[2] 镰仓。——编者

初不怨坎坷。
独至失淑玉，
如舟失其舵！
飘摇荒海中，
四望愁云锁。

淑玉于诸友，
待君如姊妹，
君亦以少年，
而作苍老字；
少年多忧伤，
殊非大佳事！

君来从我游，
抱此无娘儿，
皓腕生汗珠，
鬓丝随风吹，
感此无言语，
和泪成新诗。

这是第二天克翰送给小璐的诗。从此他们的通信更密了。小璐每礼拜至少要来克翰家一次。

“小璐这孩也还好。性情似乎也还温柔。……但我并不要她能侍奉我，我只要她看得海雄重就够了。”

这是克翰的母亲对于小璐的批评。他们不久就谈到订婚的问题。这时他们有过不少的争论，但终于调和了。不过在调和之后，同时发生了一些裂痕。这裂痕一方面是因为误解吧。她由旅行回来去访他，他的家已经搬了。她扑了一个空，怨他不告诉她。他告诉她不得已为缩小范围而迁居的原因，约好日子要她来访他的简陋的新居，并为她介绍他的外祖父。但到了时候，他的外祖父和他老等着她，她却不来，又没有信来通知，这使他非常地不高兴了。同时，又有些朋友告诉他说，小璐的要好的女友反对她和他的接近，而且据说小璐也信了她的话了。他苦笑了一下，自言自语地说：

“唔，想不到她这样明白起来了。很好。”

快要放暑假的时候，他去见过她，他细述他快要离开湖南的原因，他的结论是：

“湖南实在不是我活动的舞台，我在这里要窒息了。下个月我想回上海去。……”

他很热烈地想知道她的真的态度。但她说：

“学校 ×× 日放假，我安排 ×× 日下乡。有信请寄到这里来吧。”

她用自来水笔匆匆地写了一个地名给他，他们就是那样淡然地在湖南小别了。

河西生活[1]

但他在离开湖南以前，度过一个多月的河西生活，这一个多月的生活，影响他后来的思想甚大。他因此才知道生活自身的严肃和宗教与艺术的起源。他虽怀着绝大的悲哀、多少的失望离开湖南，但他永带着这种认识做他以后的生活的南针了。

自淑玉死后他再上城来就一师教职，到暑假后他离开湖南止，他家经过三次迁移了。

他们全家由沪返湘的时候，住在长沙东乡离城七十里的他的外祖家，直到淑玉之死。淑玉一死，他再也不忍住在那里了。不必提那尝尽悲酸、以笑代哭的外祖，和终日以泪痕洗面的岳母，真正连一床一帐一花一石都成了他不能忍受的悲哀的袭击。所以他自从因其舅父的朋友何泽湘先生的招聘，就了一师的教职，就把家里迁到省城来。又因一师校址即在湖南有悠久历史的城南书院，所以在南门社坛街祇园内找了一所相当“客气”的房子，把祖母也接来了。我们离开故乡多年，在故乡根本就没有家。一旦全家居定一地，多年不见的亲戚故旧都喜欢来往。我们家里经常有三个以上的客。湖南不像上海活动，除了教书以外别无收入。后来渐渐有些难于支持了。最能痛爱我的母亲恐怕我负担太重了，因此妨碍我的发展，她知道我是不能久住在湖南的，但是要像这个样子负债下去，回头要走也会走不动的。她便毅然决然地把那以湖南的生活程度每月至少要开销两百多元的公馆退掉，迁到一个每月房租十二元的一个公寓里了。这地方上下三间房，仅仅够住他一家人，和一两个亲戚，比祇园当然俭省得多了。不过这个住的人可太杂了，假令仅仅是所谓“贫民窟”，是无产者的聚居所，那我们事实上很合资格。无如那里唐集着社会上许多害虫，许多帮闲，许多吸血鬼。在那里你可以遇到 Carmen[2] 里面的私贩，Crime and Punishment[3] 里面的借高利债的老婆婆，你也可以遇到无数 De Quincey[4] 的忏悔录中那种吸食鸦片的同志，和 La Dame aux camelias[5] 中的茶花女的同业。至于在 ×× 茶园髦儿班里唱戏的女戏子，在 ×× 旅社当 Boy[6] 的少年，这还要算其中的佼佼吧。这么许多社会的

[1] 河西生活，是田汉的自传体小说《上海》中的篇章，描述的是田汉在长沙师范学校教书的暑假期间，即离长沙去上海之前的约一个月的乡间生活情景。

[2] 《卡门》。——编者

[3] 《罪与罚》。——编者

[4] 德·昆西 (1785—1859)，英国散文作家。——编者

[5] 《茶花女》。——编者

[6] 茶房，侍者。——编者

畸形人物环一个长方形的大厅而居，大厅上除吃饭的时候以外，整天整晚是三四桌麻雀。此外再加上小孩啼哭声、妇女诟谇声、赌客相骂声、女戏子吊嗓声……这种地狱的交响乐是够一个爱静默的诗人发神经病了。侥幸他不是诗人，也不怕吵闹。读过俄文豪 Maxim Gorki[1] 写的《夜店》(*The Lower Depths*) 的他，反好奇地热心地寻求在上流社会失掉的灵魂，在淘着沟中的黄金，在发见地狱的天使。自一师出来，虽然不时和那些追随着他的学生在水麓洲的清流中、绿茵上，或岳麓山的青枫峡、爱晚亭之间谈自然与人生，谈社会与艺术，但有许多时候，他也有消磨在这些人中间。平常也爱打打麻雀的他，颇曾有过和他们手谈竞夕之雅。但这种社会，久处其间，也要把好奇心刺戟得麻木了。久而久之，你会变成他们的一员。他们有本事征服你的眼睛，他们也就有本事侵占你的灵魂深处，你觉得一切都是应该的，无所用其骇异了。像我们多少有些教养的人自然也不容易给他们吞融以去，不过为着那刚刚两岁多的他唯一珍爱的小孩，在择邻上，可是最不相宜的了。何况到了暑假，天气一天天热起来，在那样的环境中容易使人生病。他尤其担心的是他的孩子，那是淑玉的 Wasuregatami（忘札形见）[2]，且是他祖母的“命”！

母亲又预备搬家了。

“××介绍我搬到这里来仅仅为着这里房租便宜，但这里究竟不是我们住的地方。天气又热起来了，我想不如暂时搬到乡下去住吧。”

“何不到河西乡里去住呢，大姐？”一个姓胡的亲戚，他的姨父，对他母亲说。姨父本是一个机匠，人也很聪明，但不幸他生当手工业的末运，又没有资本，结果没落成为不熟练的农人了。姨母是死了，因着姨父的不运，一点不曾扬眉吐气地死了。遗下的三个女儿、一个聪明的儿子。大二两个女儿是嫁了。依依膝下的是第三个女儿圆妹和那个唯一的儿子。但自从我们到湖南，圆妹就权时在克翰的母亲的保护之下了。

姨父本是东乡人，但因为他有个多年相好的情妇在河西，所以他住在河西的时候多。现在他是在河西——精密地说起来，是省河（即湘江）之西——鲁家坡耕作着一些坡土。那些坡土替他出产些红薯、瓜菜和茶叶之类。他时常挑了这些出产品到省城发卖，得了钱买些米又挑回家。今天他又挑了些茶叶来省城，顺便到克翰家来看看他的女儿。听说他母亲想到乡下去住，所以他就极力怂恿他到河西了。

“那里第一就隔省城很近，一天可以来回三四趟，克翰有什么事情上城一点不麻烦。但那里又在大山中间，你们可以在周家新屋租几间房子，房租自然是极便宜。那里树木很多，前面又有一口大塘，非常凉爽。那里的田地也不甚贵，克翰要是有钱，顶好把那广田买下来，我来替你作。”

“我没有钱，买田的话暂且不要说，我们先要解决的是搬家的问题。既然你说那里离城那么近，我就陪您去看一次吧。”克翰说。

---

[1] 马克西姆·高尔基。——编者

[2] 遗子。——编者

"好得很。那么我顺便买点肉回去。那里买饭的东西不很便利，但这正好使你们将来省几个钱。"

那天下午，克翰就和姓胡的亲戚到河西乡里去做了鲁家坡上的客了。

在长沙那种灰色的鸽笼中住久了的人，只要一过了那清涟的湘江就觉得得救了。何况他们走到岳麓山左侧溁湾市时已近黄昏时候，斜阳古道，流水小桥，已经使他欢喜。更兼凉风习习吹来，这边池塘里送来扑鼻的荷香，那一带田垅间翻成媚人的麦浪。他和姨丈且谈且走，一面欣赏这些自然美。他虽是来自田间的人，但他觉得河西的情味又与河东的不同。

在将要齐腰的禾中过了垅后，我们沿着山边听着潺潺的溪水而行。通过几处山家，惹起过几回犬吠，终于达到他所极力劝我母亲买下的周家新屋了。垂在有几羽家鸭游泳其中的小池的是几株颇有姿致的弱柳，禾场坪左端栽着十数株桃梅一类的果树，想见宅居于此的人当时并非没有他的匠心。但所谓周家新屋者，却不过是几间破旧不堪的瓦屋。从"井"字形的木窗里望进去，他所预备我将来租用的书斋里面只有仅少的光明。这已经使他退沮了。

"姨父，你住的那地方呢？"

"在那个里面。"胡家亲戚指前面岭上那一带松林说。

"我去看看你那个地方吧。"他避开关于这个地方的批评。

胡家亲戚依然挑着担子。我跟着他在迷茫的暮色中走入那松林里的小径了。那条宽不过一两尺的蜿蜒的小径，直达一个山坳。过坳，吐出一个台，高出松林之上，台上草草建筑着一所茅屋，前面也有一个空坪，也有无数株果木，据说这是姨父靠之营生的。在果树下的石磴上披衣小坐，松风入怀，溽暑顿消，凉月一钩已挂树杪。

"这里凉快得等于洗了一个澡了。"

"你想要洗澡吗？这底下有一口大塘，水很清，最好洗澡呢。"

"真的吗？"

他那天晚边在那大塘里洗了一个非常美快的澡。吃过晚饭，姨父因为没有洋油了，引他睡在铺着竹簟的床上，他对着窗外的月光和姨父谈起家里的事，外面的事，不知不觉地就入梦了。

"那里好极了。我们一定搬起去。"这是克翰第二天回家后对他母亲的简单而有力的报告。

他们搬到河西快又一个礼拜了。这一个礼拜中，他们充满着对于新发见的地方的欢喜。他们披荆斩棘，把屋前的禾场扩张得更大了，装饰得更整齐了。他们把它铲成一级一级的台阶，还使它成弧形，由下而上。他笑对他母亲说：

"这叫做茅茨土阶，我们奉你老人家做女皇帝吧。"

他的两个兄弟自然也和他一样地高兴，随着他抱着活泼可爱的海雄到山里去折干柴、捡栗子。他的第二个兄弟是游泳的名手，虽不曾像英法的女游泳选手一样游过 Dover[1] 海峡，却曾毫不在乎地不借渡船、划子之助来往大西门外的省河，在潇湘春涨的时候；他一到这里，也很爱这口大塘，每天必定费一两个钟头在这个塘里。他呢，自然总是参加，觉得比起在日本镰仓

[1] 多佛尔。——编者

海水浴场时，另是一种风味。第一那里的水到口是咸的，不能喝，而这里的却甘洌有味。有时海雄也闹着要下水来，在岸上他圆姨子手里哭着叫“爷爷”(Yaya)，他们也把他脱得一丝不挂的，用那清冷的山泉洗他那白嫩的小身体，小海雄这时拍着手笑哩。而在茅茨土阶上望着的他的祖母，早高声地骂起来了：

“快把他抱上来！别把他摔到塘里去了！”

“不会的啊，妈妈！”

“不会的？圆妹子，快去抱来！”

是这样度过他们大部分的夏天的午后。当他们洗过澡坐在他们经营得很艺术的禾场里乘凉的时候，他又免不得拿出他的拿手好戏来，倚着那株大松树引吭高歌。尤其是有时他的朋友叶钟英过江来访的时候，他一定叫弟弟拿出胡琴来请他拉，大过戏瘾。他的唱戏的嗓音和他们的欢笑早惊动了邻近子女们的视听了，他们不时三三两两借故通过我们的山头来看我们了。这寂静的山谷中突然来了这一些怪诞的“城里人”，居然把她们小胸里的好奇心刺戟到极度。而她们那种 Wordsworth[1] 的“Solitary Reaper”[2] 似的素朴清纯的丰姿，也给我们城里来的人以甚佳的印象啊。

鲁家坡上的高歌，
引动了邻近的姑娘。
松林里绿的小路，
闪动着蓝大布的衣裳。
她走惯了石头，
她晒惯了太阳，
那苹果似的脸儿，
像冷笑着城里人的健康。
圆睁着的清纯的眼里，
闪耀着好奇的神光。
我问：“姑娘你贵姓呀？”
她低着头老不开腔，
忽然拖着她弟弟跑了，
低听得小小的一声：“姓杨！”

像这样天真烂漫的风景，实在和山上的新鲜空气、塘里的清水一样地有益他们的身体。尤其是每天早上抱着小海雄，随着胡家亲戚到坡上去种红薯、疏理瓜菜，在山岚晓雾中看见那些

[1] 华兹华斯(1770—1850)，英国诗人。——编者

[2] 《孤独的割麦人》。——编者

藤上茎上的嫩叶子带着精圆的露珠一天天长大了，真像看见小海雄一天天聪明了、活泼了一样地欢喜。我们也因为连年的奔波劳碌，神经也有些衰弱了，骤然到了这样幽静平和的山谷里来，真有点作乐不思蜀之想。

“我们就在这里住一年再说吧。我想在塘边那几株树下起一间房子，做我们的书房。”

“好呀。那也并不费什么钱，有百来块钱就可以了。上面盖瓦呢？还是盖草呢？”胡家亲戚马上赞成。

“自然盖草的雅致些。”

“那么更不花钱了。这里是山冲里，有的是树木，地皮更不成问题，那么我就替你办起来吧。”

“办起来！我明天去筹钱。”

那天我们高兴极了。在那一湾清水、四五株枫树、两三尺长的丰草之间，仿佛已经有了的雅洁绝伦的书斋，朝阳从窗口射进来，照在他晨读的桌上，这时，从那边山上的本屋已经送饭来了呢。

他们是这样幻想之后，不独没有马上去筹钱，甚至他安排至少住一年的地方现在一个月也不能住了。这就是那年六月的大干旱。

在禾的生长上最紧要的时候一个礼拜不下雨，鲁家坡里的胡家亲戚的瓜菜、红薯一天天变色了。起初自然还靠坡下大塘里的水来接济，但这口大塘也为着下水田里的禾一天天地放干了。我们到了晚凉的时候固然失了一个游泳的地方，连那些从前藏得深深的偶因着我们的大闹跃起一两回的鱼们也一天天破坏了平和的家宅了。

到了第三个礼拜还没有下雨的时候，山上的红薯、瓜菜固然一块块地干死了，垄里的禾也枯萎得竖不起来了。这时我们诗人还能在长松下引吭高歌吗？自从昨晚 × 家拒绝了卖谷把胡家亲戚，他们的食粮已成了问题。胡家亲戚由城里回，说这几天城里的米价已经飞涨，政府出了告示禁止奸商囤积居奇，限制价目也没有多少效力了，隔几天恐怕还有涨，假若再不落雨的时候。他母亲听了着急得很，赶忙派他到城里去想法早买些米回，免会有钱也无处买，这是荒年常有的事。

当他和他的兄弟经过溁湾市的时候，街上的人已经议论纷纷了。

“C 团 × 家里有谷不卖，昨天已经被人抢掉了。”

“是呀，× 家也是一样得干一下。”

因着天旱而引起的阶级斗争的情势已经紧张了。由溁湾市渡湘江时——

“啊呀！干到这个样子了！”

他不由得这样叫起来。只见两大片白沙洲中间剩了一线清流；义渡亭下的百来级石级，平时只看见十来级的，这时一直可以看到底了；由水麓洲到大西门外的河比这边深得多，然也只剩得三分之二供大小船只的活动。再不下雨，长沙要遭荒了！”

“说不定又要像 ×× 年那样烧抚台衙门呢。”

这是他们兄弟搭划子过河，同船的人的对话。

省城里这时也到处紧张着求雨运动了。长沙城隍和善化城隍两庙搭起高台，名僧高道们在那里为民请命了。还有一个和尚，把链子一边锁着自己的脖子，一边锁着城隍爷的脖子，脚底下堆着干柴，据说再有一个礼拜不下雨，就要把城隍爷和他自己一道烧起来。这简直不是“求雨”，而是“拼命”了。

和尚尽管在法台上拼命，人们早晨起来一看，东方依然是红日一轮，朝霞万道，连一点下雨的意思都没有。当他们兄弟抬着一箩米下乡的时候，乡里的情形更加变了。塘里的水越车得见底，田里的禾越干得生烟。渫湾市一带的市集也到处搭起神坛，地方的首事们领导着民众在那里一声声地请愿了。在许多神明中，这时最集着人民热烈的祈求的自然是龙王。因为龙王是专司下雨的。——他们都这样想。他们这种想法是错了吧。但当这个时候，什么人也不能帮助他们，除了这样想以外，有什么法子呢？

为着表示对于龙王的虔敬之情，所有农民都禁吃荤，特别是鱼。这是很有道理的，因为他们所祈求的龙王爷不是鱼族吗？因此团上订下一条规章，在求雨期中有破戒的要受重罚。可是这是多么矛盾的现象啊。唯其是在遭干的时候，到处都是鱼。鲁家坡下的大塘里，在水满的时候不觉得什么。水一天天干，鱼也显得一天天多了。放水期中也还没有什么，到后来，上屋和下屋两家抢起水来，这才觉得可惜了。原来这口塘是上屋 × 家和下屋 × 家共有的公塘。平常年这口塘是轻易不干的。今年把水放齐水管，天还是一样地不下雨！上屋 × 家趁着一天晚上架起水车向他自己的田里车了一晚。这事给第二天由城里回的 × 家里的老大知道，自然不依，也立刻叫起兄弟们和长工架起水车在这一头也向他们田里拼命地车了。到了晚上，两家的水车是那么汪汪地不停，远处近处朝拜香的农民齐声号叫的“南岳司天昭圣帝，安邦富国大天尊”的咒语也是那么庄严地、迫切地一声声入耳。到第二天早上，克翰兄弟再抱着小海雄走下坡看那口大塘时，早已快干到底了。成千的鱼连游泳的余裕都没有了。小一点的随着水车吞进车槽里去了。大的在那快要车尽的水中作最后的跳跃。

“失了水的鱼的最后的跳跃。”

克翰抱着一本诗集，坐在岸边独自地心里感叹。但他这种感叹有什么用呢？水是一寸寸地干，鱼是越跳得厉害，而那些车水的人的脚依旧一步一步地很忍心地踹下去。这分明痛烈地讥笑着诗人对于现实的无力啊。

“爷爷，我要鱼！”

海雄伸着手要那跳着的鱼。这岂止是海雄的意思，克翰的兄弟早已垂涎三尺了。但不行，现在是求雨时期，谁吃了鱼就得受罚。要是能捉时，他们两家早捉起来了。因为是公塘的鱼，谁也不愿意谁得，但谁也不敢犯禁，于是车上来的小鱼都让它们走入过水涧了，车不上来的或是跳上岸来的大鱼都给他们用锄头打死了。在过水涧的小鱼，有的流入田里，有的附在涧中的小草间的，涧水一干，自然也就死了。被打死了的大鱼，经过了一下午的大太阳的暴露，使克翰不敢在岸边流连了。

“把生活必要的手段托庇于人家的，到生存竞争激烈时终不免于这样悲惨的运命。”

他接触了这严肃的事实，几天之后，他向他的朋友 S 君写了一封长信。

S 兄：

告诉你一件悲惨的事。前缄所说的那坡下的碧池，那每天下午与我们以仿佛镰仓海岸的快乐的清水塘，现在是看见底了。你别以为是“水清见底”，现在用不着那种诗的表现了，是我们故乡今年遭了大旱，农人们为着维持他们生活必要的手段，把鱼们生活必要的手段都车干了。鱼们作了最后的跳跃，被锄头打死了，有的也干死了。爱吃鲜鱼的你一定要说：“为什么不煮了吃呢？醋缪、红烧，乃至焙干，不都是很美味的吗？”是的，我们也作此想，但现在城乡一样地抬起龙王爷在求雨，鱼是龙王的一族，所以吃鱼是被禁止了。我和兄弟们在笑，龙王要再不下雨，他实在没有好处，他的子孙虽可幸而不被人家吃掉，打也要被人家打掉了。但一种严肃的空气压住我，使我没有笑的勇气，和没有吃鱼的勇气一样。你以为我们也迷信起来了吗？自然，由学校教育所得的那一些科学知识使我们知道龙王是不会存在的，雨是不会求得到的。但现在我们没有更好的法子解除他们的痛苦，应他们迫切的要求，却吃他们车上来的现成的鱼，冷笑他们的迷信，徒然显露 Intelligentsia[1] 的丑陋啊，对不对？

总之，我们岸边的修竹一时看不见绿的倒影了，故乡这时候没有美了。我们只看见整千整百的农民穿着青衣，打着青布包头，腿上扎着草垫，手里捧着拜香凳子，在那里几步一拜，口里齐声号那“安邦富国大天尊”的咒子！这情形，这声音，都使我感动极了。同时，我不能不这样告诉你，假使再隔十天半月依旧不下雨，米价依旧这样一天天高，富人依旧这样囤着谷不粜，政府依旧不想办法，恐怕他们手里的拜香凳子马上会一条条变成武器，他们口里的咒子马上要变成“Give Us Bread or Death”[2] 的口号呢。你还记得宣统 × 年烧抚台衙门那回的事么？实在现在灾象已经成了。胡家亲戚昨天回来说，长塘那边为着抢水灌田，打死了好几个人了。我们坳背杨家里只靠门前几亩田维持一家生命的，塘里水一干，现在全家动员，打起井里的水，一担担挑起去灌禾了。这还是有田有地，所谓小地主阶级的话，纯粹的无产者的状况可苦不堪言。新屋后面刘老公公八十多岁了，每天靠他孙媳妇买些蚕豆米苟延残喘，有时连蚕豆都没有吃哩。

我们到河西来，下屋 × 家里本约好供给我们米的。因为天干米涨，他们忽然出钱也不肯卖了。我们只好到城里买米回来。这几天据说由城里挑东西——特别是籴米——回来的，路上都很不安全，所以我们随时受着生活的威胁。我们还不要紧，老母和小孩子可受不了。在东乡熟人多，一切都便利。这里虽然与省城一水之隔，但究竟不同得多了。除胡家亲戚以外，没有别的熟人，而他在这边又不是很活动的。

总之，河西不是我们初来时所想的理想乡了。我们在塘边建筑书斋，至少住半年的计划断然打消了。教书的薪水已经用得差不多，再不走就要连到上海的旅费都没有

---

[1] 知识分子。——编者

[2] “给我们面包或者死亡”。——编者

了。我想到坡下大塘里的鱼，不禁寒心，我非立走不可。母亲和小孩搬到城里去到底便当一些，而且这几天有些不好，像是要出痘子的样子。要是不搬，回头找医生都成问题。

S兄！我决计隔几天就和三弟到上海来。母亲已同意了，她绝对赞成我走。她说："我在湖南没有什么好处，而且也没有什么留恋。"是的，有什么好处呢，当我没有什么好处给湖南的时候？有什么可留恋呢，除了老母、小孩，和淑玉的坟……？所以我决计走了，我不做塘里的鱼了，我得到江里去海里去！那里才是我活跃的地方呀。

不过，这些悠久地守着他们的耕地的农民啊！你听，他们第二批的朝香队又出发了，他们的号咒的声音又在这紧张的空气中振荡着了。那种调子是何等单纯地、迫切地，但又何等音乐地啊。起屋打地基时的杭育歌，插田时的秧歌，和为着求雨求晴朝拜香时号的咒子，都是何等由生活里发出的活鲜鲜的单纯的艺术啊！

还有，我们平时不老学着Brunetiere[1]说着一句话吗，"没有争斗，没有戏剧"(No struggle，no drama)。你若看了饥荒时的抢谷，大旱时的抢水，你应该感到一种严肃的争斗，这才是，为生活的争斗(Struggle for life)啊！

相见不远，一切面谈。此候

旅祉

田 汉

（原载1927年10月16日至12月3日上海《申报·艺术界》，未完；1929年5月至8月上海《南国月刊》第1卷第1、3、4期全文刊完）

[1] 伯吕纳吉埃尔(1849—1906)，一译"布吕纳介"，法国批评家、文学史家。——编者

第三章 田汉长沙抗日

抗日战争爆发后，田汉赤手空拳，克服重重困难，在故乡长沙创办了《抗战日报》。他积极宣传抗日救亡，撰写抨击时弊的文章，为抗战宣传做出了不可磨灭的贡献。而在本章郭沫若、平剧宣传队队员回忆自己与田汉相处的细节中，又能看到在工作中不怕苦不为利，意志坚强勇于斗争的田汉，在生活中乐观风趣，待人既坚持原则，又真诚热情。

1938年11月，长沙发生了举世震惊的文夕大火，曾经繁华的长沙城沦为一片焦土，善后救灾成为最紧迫的任务。救济事宜由新成立的“长沙市火灾善后救济委员会”主持，田汉任副主任委员。这次救灾在短时间内发放了9万人的救济费，把钱直接送到灾民手中，各方对救灾工作都给予了高度评价。

面对家乡这片仍飘浮着硝烟的焦土，田汉挺立废墟，时刻不忘为一个“有灵魂的国家”和民众创作，全力支持全国抗战。他组织艺人成立了多支湘剧抗敌演出队，在他的指挥下，湘剧抗敌演出队演奏了一首首“把戏场当战场”“再从焦土建湖南”的雄壮交响曲。田汉宁折不屈的战斗精神，迎难而上的革命毅力，平易近人的生活作风，以及他所体现的湖南人的爱国担当，“湘人不死，中华不亡”的钢铁意志与必胜信念，至今在人民心中留下了难忘的印象。

创办《抗战日报》

“赤手空拳”办报纸

长沙，是田汉同志的故乡，也是田汉同志从事过革命文化和戏剧运动的地方。在抗日战争的艰苦岁月里，田汉同志在长沙创办和主编《抗战日报》，撰写宣传抗日救亡、抨击时弊的文章，组织和推动进步的戏剧运动，为抗战宣传做出了不可磨灭的贡献。他那宁折不屈的战斗精神，迎难而上的革命毅力，一丝不苟的优秀品德，平易近人的生活作风，至今在长沙人民和艺人中留下了难忘的记忆。

一九三七年十二月，上海沦为孤岛后，日本军国主义的铁蹄危及华中。田汉同志带着闸北战地的硝烟，途经南京、武汉，来到长沙。这对当时处于国民党严密控制下的长沙文化、戏剧界来说，有如一石投江，千漪迸发。田汉同志抵长的翌日，湖南省戏剧界抗敌后援会主席、《湖南戏报》社长黄曾甫，长沙戏剧同业公会主席、维多利电影院经理陈宗陶和《市民日报》总编辑、田汉同志的表舅蒋寿世等人发起，在鱼圹街湖北会馆的世界戏院，举行"欢迎田汉先生回湘大会"，到会的有京剧、湘剧、通俗话剧的艺人和业余戏剧爱好者，以及从事文化、新闻工作的人士三百余人。田汉同志在会上做了近一小时的讲话，声调不高，言词恳切。他说："楚虽三户，亡秦必楚"。只要湖南人不死绝，日本人是莫想灭亡中国的。他介绍了武汉三镇戏剧同人筹组湖北省戏剧界抗敌后援会和汉剧老艺人吴天保等即将上演抗日戏曲《江汉渔歌》的情况，号召长沙戏剧界和社会上一切从事文化、艺术工作的人士，联合起来，团结起来，积极投入抗战救亡的宣传活动。他那带着长沙乡土气息的声音，给到会人士以极大的鼓舞，满座报以热烈的掌声。许多女艺人立即唱起了《义勇军进行曲》和《松花江上》等歌曲，拍掌和歌，走出会场，"起来，不愿做奴隶的人们……"的声音，响彻街头巷尾。

当时，长沙有《中央日报》《国民日报》《湖南通俗报》等十多家报纸，其中有的是国民党官办，有的仰国民党鼻息行事，长沙人民虽有抗日救亡的呼声，而舆论却不能表达民意。因田汉同志在南京停留期间，可能和当时正在南京与国民党谈判的周恩来同志以及阳翰笙同志商谈过抗战的舆论工作，所以，他一到长沙，立即着手筹办一家旗帜鲜明地宣传团结抗战的报纸，以冲破当时被反动舆论层层包围而造成的压抑沉闷的空气。那时候，田汉同志是两袖清风，要在短期内创办一家报纸，谈何容易。但他矢志不移，苦心奔走，动员爱国人士资助。恰在这时，田汉同志的老师徐特立同志，于十二月九日到达长沙，担任八路军驻湘办事处主任。徐老对田汉同志这位长沙师范学校的高材生是十分器重的，在多方面给田汉同志以支持和帮助。郭沫若曾称赞田汉同志"赤手空拳"办起了报纸，事实确是如此。

不到一个月时间，《抗战日报》筹备就绪。社址设在长沙皇仓坪二十八号远东电影院的二楼，那是一间呈长条形而面积不大的房子，编辑、办公、会客都挤在一起。人员不多，田汉同志亲任报纸主编，廖沫沙同志担负日常编辑事务，田洪、廖若平则管理发行。他们经常工作到深夜，就寝时，就将白天卷起来堆在角落里的被褥铺开，以楼板作床，生活紧张而艰苦。

一九三八年一月二十八日，即"一·二八"上海抗日战争六周年纪念日，第一张由田汉同志亲笔题写刊头的《抗战日报》与长沙人民见面了。

《抗战日报》第一号头版头条，以大字标题，发了《张治中将军印象记》，这是田汉同志亲自撰写的代发刊词。因为张治中将军曾参加过上海"一·二八"和"八一三"两次抗日战役，当时刚从前线来湖南担任省府主席，为了争取他团结全湘人民，坚持抗战，这是一个发人深思的特意安排。田汉同志在这篇文章中还特别强调了《抗战日报》是在上海“八一三”抗战的炮火声中郭沫若同志创办的《救亡日报》的姊妹刊，表明了《抗战日报》是一家在中国共产党领导之下的民族抗日统一战线的报纸这一严正的立场。

田汉同志对办好《抗战日报》付出了极大的心力，他夜以继日地伏在临窗的一张小条桌上，孜孜不倦地审阅来稿，撰写文章。田汉同志先后在《抗战日报》上发表了《春帆楼上的对话》《建立必胜的抗战军》《歧途上的英帝国》等篇，从历史到现在，从内政到外交，从政治到军事，阐述中国共产党坚持抗战救亡，反对分裂、投降的主张。如一九三八年三月十一日，田汉同志在《抗战日报》一版发表了《建立必胜的抗战军》一文，极力赞扬苏联红军的七大优点。他说：“第一，苏联红军是为自己的信仰、国家的独立与人民的权力而奋斗的。第二，苏联红军是与农工团结一体，不与人民背离的。第三，红军无种族国家冲突的感觉，因此，它不是侵略武力，而是自己的武力。第四，他们不但有器械的武装，而且有思想的武装，懂得革命的战略。第五，他们的各级将领与士兵是形同兄弟，平等服役于社会主义。第六，他们是军队学校化，有一切高度的文化教育设备。第七，他们是优良人民中最杰出的，也就是最积极的分子，多数是有主义信仰的。”明确指出苏联红军“不但是苏联本身安全的一个保障，而且是世界和平的一个保障”。“这是二十年前，俄国十月革命之后，苏维埃政府在列强帝国主义武装联合进攻之中，坚决的执行改造军队的结果。”田汉同志在阐明苏联红军的优点、作用等以后，大声疾呼要建立必胜的抗战军。他说：“我们的抗战是为了求生存，不是求灭亡。因此我们的抗战必须争取最后的胜利。什么是胜利的中心力量，那就是能战胜的军队，能必胜的军队。”他呼吁“集中一切的力量，动员一切的力量来建立必胜的军队。这是目前要赶速完成的一个任务。这个任务从改造军队着手”。在这篇文章中，田汉同志提出了“必须改造国民党军队，向苏联红军学习”这样击中要害的论点，在当时所在的国统区，是多么难能可费啊！

田汉同志为了使《抗战日报》真正成为各阶层人民团结抗战的喉舌，开辟了很多专栏，如由徐特立同志题写刊头的“抗战青年”、郭沫若同志题写刊头的“抗战儿童”和他自己题写刊头的“抗战妇女”等，发表了很多既有分量又富特点的文章，其中有我国老一代妇女领袖何香凝撰写的《纪念三八节》，也有新一代小学生郑爱华、彭福秋的习作《可恨的汉奸》《寒假生活》等，从各个不同角度反映出人民群众迫切要求团结抗战的呼声。

田汉同志是我国革命戏剧运动的奠基人，《抗战日报》也就理所当然地成为当时进步文艺、戏剧运动的倡导者和组织者了。《抗战日报》辟有“戏剧与电影”“诗歌战线”等专栏。一九三八年二月，郭老从武汉来长，田汉同志特意请他给“戏剧与电影”题写刊头。在这些专栏中，刊登了《非常时期的剧人职责》《旧戏中的汉奸意识》《一个女伶的话》《怎样展开诗派战线》等专文，以及由田汉同志原著改编的象征剧《一致》，还有话剧《守住我们的家乡》、农村宣传剧《两个壮丁》、儿童剧《打回老家去》《中国的孩子》和诗歌《我们不会忘记》《号手》、美术《小三子外传》等揭露敌人，唤起民众，形式多样的文学、戏剧、美术作品。这对当时文学、戏剧界的革命转变和抗战文艺的普及，都具有积极的指导意义和推动作用。如《非常时期的剧人职责》一文，分析了“文学和时代是有着相互的因果关系的。一个混乱的时代，必然的促成文学上新的形式的出现；而这新兴的文学，又往往是负起了督促时代进步的任务”。强调指出，“今日戏剧职责是非常重大的”，“演剧决不是胡闹，而且，决不可胡闹，演剧是艺术，然决不是所谓‘玩艺儿’。同时因为是艺术，它才有严肃性”，切不可有“低级趣味和胡闹现象”。《怎样展开诗歌战线》一文，出自当时在长沙的革命音乐工作者张曙同志的手笔，文章尖锐地指出了“许多诗歌作者没有实在地参加到大众的队伍中去工作。因此，大众的生活律动；大众的文化水准；大众的迫切要求……都不能得到一个具体的了解”，是造成“概念的、想象的作品”的根源。这些艺术见解，对发展当时的抗战文艺和戏剧，都是极为中肯和具有现实意义的。

田汉同志十分敬重徐老，师生谊重，过从甚密。徐老几乎天天要到《抗战日报》社来，有时谈到夜深，就在报社和田汉同志一起睡地铺。徐老十分重视报纸正确宣传中国共产党在抗战时期的路线和政策。对报纸的缺点，及时予以批评和指导。一九三八年三月五日《抗战日报》发表了一个短剧《晚会之歌》，原是抗战开始时的作品，距发表时已数月之久，因而剧本中的某些内容，与中国共产党的路线和政策相左。徐老读完这个短剧后，立即向《抗战日报》写信，提出批评。《抗战日报》于三月十二日以《关于〈晚会之歌〉》为题，全文刊登了徐老的原信，并附有编者的复信。徐老在信中一开始就明确指出：“贵报三月五号《晚会之歌》有许多严重的错误，对于目前的外交和国内的统一战线是不利的。”接着徐老在信中阐述说：“目前是全民抗战，包括一切不愿意做亡国奴的人民在内，是各党各派各界联合起来”，以此论证《晚会之歌》的错误所在。徐老还在信末风趣地声明：“你有你的言论自由，我有我的言论自由嘛！”表示自己并不强求报纸刊登他的来信。可是，《抗战日报》的编者，却十分尊重徐老的意见，在复信中说：“特立先生：来信指摘极是，编者当然诚恳接受。”接着，虚心检讨了编辑工作中的缺点，信末表示：“承先生指出这个大错误，使我们有更正的机会，这是十二分感激的。”以《晚会之歌》这件事，可见田汉同志主编的《抗战日报》，自觉接受党的领导和对读者认真负责的态度，以及勇于自我批评的精神。

一九三八年冬初，武汉弃守，长沙吃紧。《抗战日报》社在廖沫沙同志率领下，于十一月十日，即长沙大火的前两天，迁往湘西沅陵，在火神巷虎谿山庄继续出版。这时已是一九三九年春天了。国民党顽固派早就对这张宣传中国共产党抗日主张、表达民意的报纸切齿含恨，这时，压迫愈紧。为了保存这一战斗的舆论工具，《抗战日报》刊头旁边署名“田汉”的“田”字去掉了，只留下一个“汉”字。“抗战青年”专栏刊头旁边署名“徐特立”三字，则一字不存。尽管如此，出自田汉同志和徐老手笔的“抗战日报”和“抗战青年”那苍劲有力的大字，仍见诸报端，在广大读者中产生着重大的影响。

（节选自魏杰《艺心胜似柏心丹——田汉同志在长沙》，
原载于《新文学史料》1979 年第 11 期）

长沙《抗战日报》

抗日战争爆发后，国共再次合作，父亲被解除了在南京的软禁，恢复了自由。他即刻奔赴上海前线同郭沫若、夏衍伯伯访问部队，遍历华东战场各地，直至上海沦陷，才经南京辗转回到故乡长沙。为了加强抗战宣传工作，他决心在长沙创办一张小型日报——《抗战日报》，得到了八路军驻长沙办事处主任徐特立同志，也是他的恩师的同意。那时候敌机经常来轰炸，他赤手空拳要办一份日报，谈何容易。但父亲素来有一股"湖南牛"的犟脾气，什么事说干就干，当年办南国社、拍电影、搞戏剧运动就是这样搞起来的。那时在长沙的除南国社的旧友廖沫沙、张曙叔叔外，还有我的两个叔叔田洪、田沅。

报社在什么地方办呢？恰好父亲的表舅蒋寿世先生正在长沙皇仓坪经营一家"远东"电影院，楼上还有几间房子，他很热心地腾出来支持办报。我的这位蒋二舅公早在二十年前，当父亲还在长沙师范读书的时候，他们就很谈得来，彼此年龄相差不多，那时父亲在徐特立办的长沙师范里编辑"窗户报"——"青年报"，蒋二舅公常到北门外伍家岭家里来和父亲一起学习写文章，不想现在又在一起办报了。他在长沙的时间很长，对各方面比较熟悉，为人又精明干练，因此父亲请他负责经理部的工作。编辑部有廖沫沙、王鲁彦和张曙叔叔，父亲担任报社主编，沫沙叔为副主编，记者有熊岳兰和黄仁宇，可以说粗具规模了。当时大家都一心为了抗战救亡，热情很高，报社没有任何津贴，更谈不上薪水了，就连平时的伙食费都是七拼八凑勉强维持的。蒋二舅妗驰管伙食做饭，长沙的豆腐既便宜又嫩，她做出来很好吃，再炒些辣椒豆豉，味道更是鲜美。大家紧张地进行筹备工作，常常工作到深夜，但谁也没有叫过苦。

在开办以前虽然遇到重重困难，但是大家仍然信心百倍。不少群众看到《抗战日报》准备发刊的广告和海报，纷纷来信鼓励并盼望报纸早日出版。由于读者的支持，报纸的预订工作进展得很顺利，使报社在经济上也得到周转，同志们在精神上受到很大鼓舞，但最重要的是得到党的关怀和支持，当时在长沙已成立了八路军办事处，负责人就是敬爱的徐特立同志。他是父亲二十多年前在长沙师范读书时的老校长。因为报纸预定在"一·二八"淞沪抗战六周年出版，徐老专为创刊号写了一篇《淞沪抗战的教训与国共合作》的文章，明确指出："目前国共合作最广泛的政治团结就是抗战到底，如果在抗日过程中忽略了各党派的合作，离开了这一口号和实际的抗敌工作，那么他的意义也就成了南无阿弥陀佛，只能哄鬼不能退兵，也就没有人相信了……"《抗战日报》经过短期的紧张筹备，得到了党和人民群众的关心爱护，报社全体同志发扬不怕穷、不怕苦、不为名、不为利的苦干精神，克服了重重困难，终于在 1938 年 1 月 28 日胜利出版，和广大读者见面了。

报社设在远东电影院的楼上，一上楼是一间比较宽敞的过道房，现在成了吃饭和活动的地方，除了一张长条桌子和几把椅子之外别无他物。东头临街的一间狭长的房子就是编辑部，里面放几张书桌，没有电话和其他陈设，墙角的椅子上堆放着几个铺盖卷。这房子虽然简陋，却是报社的中心，是办公室，会客室，也是寝室，从早到晚来人不断，愈显得屋里拥挤而紧凑。父亲和沫沙叔整天都在这里工作，每天要写社论和文章，有的重要社论，要等到半夜通讯社发完第三批新闻稿后才能开始写，必须在黎明前完成付排。室内人多地窄没有回旋的余地，没有一个安静的地方可供专门写作之用，但父亲就在墙角靠窗的桌上埋头写他的社论，不受环境的影响。对此他是锻炼有素的，以前他在上海南国社搞戏剧运动时，有时前台正在演着戏，他就在后台直接用铁笔刻钢板写剧本，写完后即刻油印、排练，所以有的剧本从创作至上演只用了五天。沫沙叔过去长期在报社工作，他坚守工作岗位，一丝不苟，写稿、看稿、设计版式、看大样，连校对都要兼管，还得写社论，经常通宵不眠。他的身体比较瘦弱，但工作的精力是惊人的，我那时刚随祖母回到长沙不久，在明德中学读书，初次接触新闻工作，但立即产生了浓厚的兴趣，我在编辑部这块小小的天地里学到了在学校里学不到的知识。

抗战初期，国际国内的形势时时都有新的变化，报纸必须每天研究分析新的形势，做出全面真实的报道。大家在晚上都聚集在编辑部焦急地等待着最后一次新闻电讯稿。迫切想了解全国各条战线当天的战况并以此作为头条新闻。我在晚上也常和父亲、叔叔们一起熬夜。午夜时，肚子饿了，有的喝点酒、吃点长沙的油炸臭豆腐和花生米，有的沏杯浓茶吃两个烧饼，在等待新闻稿的空隙中大家热烈议论当前的形势。我在旁边听着很感兴趣，至今我还清楚地记得王鲁彦叔叔操着浓重的宁波口音讲叙他家乡生活时的景象，他那时还不到四十岁，清癯白皙的脸庞上架着一副深度的近视眼镜，唇上留着两撇小胡子，经常着一件长衫，他和沫沙叔都爱喝两盅酒，两人就着花生米豆腐干对饮，谈到高兴的时候，他常常发出爽朗的笑声。那时他是孑然一身来到长沙，就住在报社，晚上困了，就把铺盖摊开在过道吃饭的长条桌上睡觉。他的性格温和，富有童心，我和他谈得很开心。但有时候他也偶尔流露出忧郁的情绪，拿着酒杯欲饮不饮，陷入沉思之中，恐怕是在回忆他人生旅途中坎坷的遭遇吧？我很喜欢他坦率和真诚的性格，虽然我跟他相处的时间很短暂，但却留下深刻的印象，因而常常怀念他，为他以后过早的病逝感到十分惋惜。

张曙叔的年纪更轻些，那时还只有二十八九岁，他是在“八一三”后同他的爱人周静及孩子们一起乘小木船由苏州河离开上海经苏州辗转撤退到南京的。我侍奉祖母也和他们同行，途中遇到敌机扫射，他还背我祖母上岸躲避。祖母在船上生病他还上岸去请中医看病，周静阿姨亲奉汤药。回到长沙后，我考入明德中学读高中，他在明德中学教音乐，教我们唱很多抗日歌曲，并指挥长沙群众大合唱，开展抗战音乐活动。他能弹善唱，性格开朗活泼，充满青年人的气息。在报社每当晚饭后，他拉起胡琴，父亲唱几段京剧，或是他自己独唱几首歌，大家围坐一起如同一家人，精神很愉快。在半夜等待新闻稿的时候，他有时兴致勃勃地拉我和他下围棋。我虽然刚学不久，但每盘总要赢他几个子，可是他很认真不肯认输，一直要下到我输了才罢手。后来我组织儿童剧团进行歌咏和演出活动，他给我们尽心指导和帮助，孩子们都像对自己的大哥哥那样喜欢他。以后他随父亲离开报社到武汉参加“三厅”的工作去了。在长沙大火以后，他撤退到桂林，在 1938 年 12 月末，他和爱女大大不幸被日寇的飞机炸死。过去在上海时，他是“南国艺术学院”的学生，我小时候就认识他，离开上海逃难时，我们又风雨同舟，在长沙他又当上了我的老师，我和他的感情是很深厚的，听到他遇难的消息时，我悲痛得流了不少眼泪。

四十多个急风暴雨的年头过去了，当年在《抗战日报》小小的编辑部里济济一堂的人物，今天大半都离开了人世，然而在那间狭窄简陋的房间里所进行的紧张的抗日宣传活动，亲爱团结的精神，安于清贫的生活，却永远留存在我的记忆里。沫沙叔是十年浩劫的幸存者。每当我去探望他，偶或共同回忆当年这段往事时，仍然使我们为之兴奋和感叹不已。

（节选自田申《我的父亲田汉》）

《抗战日报》创刊之词

经过极匆忙的筹备后，我们终于在“一·二八”第六周年纪念日实现了一个小小的雄心，那便是创刊了这小型的《抗战日报》。

《抗战日报》是“八一三”事变中在上海创刊，而现在广州复刊的《救亡日报》的姊妹刊。因为我们是具着同样的企图——那是团结各方力量，特别是文化界的力量，援助政府抗战。

六个月以来的抗战，暴露了我们许多弱点。数十万士兵的血，数百万难民的泪，促使我们民族来一次深刻的自我批判。只要我们有勇气正视这些缺点，改正这些缺点，那么这次的“敌国外患”，将不仅是中华民族的危机，也就是中华民族的生机。

我们已经看出许多生机了，首先是“抗战到底”的国策的决定。目前的形势已不容我们再有丝毫彷徨瞻顾的了，朝野上下都已认识：只有从坚决抗战中挣扎出中华民族光荣伟大的前途。本刊将以全部纸面拥护这一国策！

第二是战略的改变。南北战场血的经验，使我们放弃了被动的守势防御，采取自主的攻势防御的战略。这一战略的改变，已经使我们在各线取得初步的胜利，我们将以充分的纸面，讨论各种军事问题，普及国民军事常识。

第三，外交路线的确定。我们为争取中华民族的独立自由而战，为保卫人类之和平与正义而战，我们不会孤立，目前国际情势也充分对我们有利。我们要团结友军，才能支持抗战。也只有在英勇抗战中，才能获得众多的友军。目前我们已把国际敌友认清了，我们将继续努力取得国际的同情和援助。

第四，最近军纪的振肃，使每一个人了然于国法的森严。假使郝梦龄的战死振起了北方战士的心，韩复渠的伏诛，当然足以寒怯懦者的胆。但国法的劝惩容有不及，我们将对于每一守土卫国的将士呈现其最高的赞词，对于每一汉奸卖国贼加以无情的声讨。

第五，由于前线的教训，大家都知道没有彻底的广大的民众动员，无法继续抗战，更无法取得最后胜利。我们必须迅速有效地使每一民众了然于抗敌的意义，每一民众成为抗敌的战士。我们将不顾其力量之绵薄，帮助政府进行民众之教育与组织，以争取抗战胜利的前（题）[途]。

上面几点，的确是在至危极厄之中显示了中国伟大的生机。而我们的重点就在爱护这些生机，使她获得壮大的成长。

发刊伊始，一切外行，一切不备，希望在社会人士之指导批评下，使本刊能渐次满足地履行这些任务。显然的，在祸急寇深的今日，这将不仅是本刊同人们的幸事。

（田汉著，原载于 1938 年 1 月 28 日《抗战日报》）

我与寿昌在长沙

在长沙

长沙，这个屈原流浪过的地方，贾谊哭泣过的地方，我在北伐时曾经短期间工作过的地方，隔了 12 年我又来了。

北伐当年的老朋友们呢？大抵都不在了。郭亮[1]被砍了头，夏曦[2]病死了，好些人在北边打仗……我所访问的对象，是在办着《抗战日报》的田寿昌。

寿昌是在抗战发生、“八一三”以后才得到自由的。“八一三”以后，他从南京迁到上海，和我曾经聚首过一个时期。我同他和夏衍，有好几次一道上前线，对抗敌将领们打过气。在上海成为孤岛之前，他先回到了长沙，赤手空拳干起一个小型的日报来了。

报馆在一家电影院的前楼。虽然当中有一间很宽敞的大厅房，但仅作为过道或吃饭的地方。大家都集中在东头的一间长条房间里，这间房间是值得同情地被偏劳了。空间小，人手多，办公室，会客室，都是它在兼差。在一壁还堆了几个被卷，不用说，它在晚上又在担当寝室的任务了。

虽然是在上午，在一般的报馆里应该是清闲的时候，这儿已经聚集了不少的人。有的在高谈阔论，有的在打扎包裹。寿昌却坐在面街的窗下，挥笔如闪电地在赶写文稿。

寿昌热烈地欢迎着我，他向我说的头一句话便是：啊，你来得恰好，今天中午我们正打算去吃“李合盛”。

这“李合盛”是神交已久了。它是长沙的一家有名的老教门馆子，据说门面坐场一点也不讲究，然而所做的菜是好得不能形容。寿昌在好多年辰以前就向我推荐过：假如到了长沙，一

---

[1] 郭亮（1901—1928），字靖笳，湖南长沙人。曾任湖南省总工会委员长、中共湖南省委书记、湘鄂赣边区特委书记等职。1928 年 3 月 27 日在岳阳被国民党当局逮捕，次日在长沙遇害。

[2] 夏曦（1901—1936），字蔓伯，湖南益阳人。曾任中共湘鄂西中央分局书记、红六军团政治部主任等职。1936 年 2 月长征途中牺牲于贵州毕节地区。

定请我去吃“李合盛”。

寿昌替我把一房间的人都介绍了，其中有廖沫沙，有音乐家张曙，有寿昌的两位弟弟三爷、五爷[1]，大公子海男，一位舅舅，还有一位电影明星胡萍[2]，一位女记者熊岳兰[3]，等等。

“好，我们就走，吃‘李合盛’去，大家一齐去！”寿昌挥着手这样叫着。

于是乎我们便被浩浩荡荡的队伍所簇拥，向着“李合盛”进军。

就像一对凯旋将军一样，寿昌和我，肩并肩地，走在最前头。我一面走着，一面才把我的来意向他说明。我说，我是为避难而来，我不想进政治部，打算到南洋去募款，来干我们的文化工作。

寿昌开始沉默了一会，接着便表示了不同的意见。他认为我走的是分裂路线，是逃避，是退撄。他说：我们正在号召团结，应该要拿出诚意来。事实上在今天也不能不利用政治上的关系，不然，一切工作都不容易做通。

我略略含着反驳地回答了这么一句：看来，你的政治性实在比我强得多。

五伦之一

街头有不少卖地瓜的，湖南人叫做凉薯，广东人叫做砂果，这东西似乎只出产于四川、湖南、广东这三个省份。这是我小时候爱吃的东西，已经有很多年没有见过了。

我很高兴，便花了两毛钱买了两大串，准备提到“李合盛”去，作为食后的果品。

在街头走了一会，果然名不虚传地在一条相当杂沓的背街上，瞻仰到了那神交已久的老店。它老的贵庚，怕已经有一百岁的高龄了。居然是有楼的，但好像连背都驼了。

上了楼，时间还早，楼座都还是空的。

寿昌大约是怕我会幻灭或者藐视，他又开始作着义务宣传：停不一会你便可以看到，这儿的座位是要候补的呢。

事实上我一点也没有幻灭，更何敢藐视。我在那似乎有点微微动摇的楼板上走着，倒在凛栗地起着敬老的念头。

在一间楼房里满满坐了两大圆桌，桌面宽，筷子长，汤匙大，充分发挥着湖南席面的三大特色。

菜上桌了，除牛肉牛百叶之外，也有鱼，也有鸡，好像也没吃出什么特别的味道，但同样也在发挥着湖南菜的三大特色：咸、辣、多。寿昌是喜欢吃牛百叶的，尽管分量已经够多，而

---

[1] 三爷、五爷，指田汉的三弟田洪、五弟田沅。海男，1924 年生，田汉长子，当时任长沙儿童剧团团长，《抗战日报》副刊《抗战儿童》编辑。舅舅，即蒋寿世，田汉的表舅，当时在长沙参加《抗战日报》编务工作。

[2] 胡萍，湖南长沙人。女演员。原为长沙远东咖啡店侍女。1933 年进入电影界，抗战爆发前脱离电影界。主演有《夜半歌声》《青年进行曲》等。

[3] 熊岳兰，曾任上海《立报》记者，时为长沙《抗战日报》记者。

他一叫就是双份。

来客倒的确不少，当我们吃得快要终席的时候，楼上楼下都坐满了人，就在我们的一间房门口，已经有好些人在那里候补着了。

寿昌指着这样的盛况给我说："你看，怎么样？名不虚传？"

"果然是名不虚传。"我这样说着，但我正剥食着地瓜，那雪白的地瓜心已经进了我的口里："啊，你们这儿的地瓜真好！又甜又嫩！"

"你喜欢这东西吗？"

"我小时候顶喜欢吃，民国二年（1913）离开四川以后，只有12年前在广州吃过。但广东的，渣滓很多，四川的，也没有这么甜、这么嫩。"

"你喜欢吃，那就好了，这一向正是吃凉薯的时候。"

走出"李合盛"的时候，迎头碰着两位朋友，一位是曹如璧，另一位是他的夫人梁淑德，他们是到报馆去得到消息赶来的。曹如璧，我在上海见过，他的夫人是第一次见面，据说是岭南教会学校出身，在担任着长沙妇女协会的秘书。但这位夫人身材矮小，在栗色的圆脸上架着一副相当深度的眼镜，看起来倒还像一位女学生。

寿昌和他们商量了一下，他把淑德特别拉了过来，向着我说：淑德是我们顶好的朋友，他们住在留芳岭，房间宏敞，地方清静。淑德愿意招待你去住。我相信，你一定会住得很适意的。

在外表看来，好象超脱一切的寿昌，他对于我的关心，竟这样周到。他既使我享用了名肴名果，又为我解决了住宿的问题。我在心里着实感谢着他。无怪呵，古时候的人要把朋友算作五伦之一了。

不平衡的天平

在长沙，我实在是有点忧郁。

时局在大动荡，我的心境在别种意义上也在大动荡。

我自己实在是不愿意再当冯妇，经过徐特老的一番话，在这一倾向上，又加上了一个有重量的分铜。

但一般的朋友们也在相对的一个倾向上加上重量。

武汉方面的朋友不断的有函电来催促，有的是劝勉，有的是严词责备。

陈诚也有几次简短的电报来，还通过黄琪翔和其他的人，表示了他一定要请我回去，一切的问题都可以当面商量。甚至于这样说：要等我回去，三厅才开始组织。假如我不回去，三厅就尽它虚悬在那儿。

黄琪翔在传达这些意见之外，不断地来过好几次信，他的措词有时候严厉到这样：你假如要再开玩笑，那大家都不把你当成朋友了。将来的历史也不会容恕你的！

但是，一切的工作果能有推动的希望吗？南京、上海的情形可不必说了，广州、武汉的情形也可不必说了，眼前的长沙又是怎样呢？一切不都是同样地包而不办，办而无法，而且还在粉饰太平吗？（略）

可惜日本人也太爱开玩笑，时而也要开几架飞机来空袭空袭这个太平盛世的桃源。最初一次（大概是2月10号）炸了长沙车站，等飞机跑了，房子烧了，然后才放出警报。

自从有了这一次的“马后屁”之后，长沙也就开始“积极防空”起来了。每条街上在街边隔不十来家铺面便建立一座“防空室”。那是用木板建筑的，可有一人高，在顶上堆一层沙袋。这样就说是在“防空”了。长沙的市民倒给了这些新建筑一个很合理的利用——临时茅房。

还有更悲惨的悲剧逼到眼前来了！

《抗战日报》本身不就是一个悲剧？尽管靠着寿昌和其他的朋友们在那儿苦撑，然而事实上是在干着“无米之炊”。白报纸成问题，印刷费成问题，就是同人们的伙食费都是七拼八凑地勉强敷衍的，薪水更是说不上了。津贴请不到，管制却不请自来。为了团结，大家都得忍气吞声。

悲剧的最高潮是出现在我到长沙后的一星期左右。一位报馆同事的家里就因为生活困难，发生了一件母子自杀的悲剧。

这是谁的罪呢？热诚爱国的文化人不仅被逼得贫病交迫，更甚而家破人亡，这到底是谁的罪呢？

罪犯们都有一双血手，但在这双血手上时时又戴上一双白手套。谁能够安心地去和他们握手？

我的心境，是放在一个不平衡的天平上的，我实在没有办法控制着它，使它不动荡，不再动荡。

使酒骂座

寿昌的耐性，我实在是佩服。他的处境应该比我艰难得多，却尽了他最大的努力，来鼓舞我，安慰我。

他号召过长沙文化界为我召集了一次规模相当大的欢迎会，又时而动员朋友请我吃饭，请我讲演，请我写字，更时而陪我去听湘戏，进咖啡馆，游岳麓山。我凭吊过黄兴墓、蔡锷墓，也凭吊过屈子庙、贾太傅（谊）祠，都是他自去或请朋友做向导，陪同我去的。

有一次，他拉我去拜访过胡萍的家。那实在是可怜的家！家在贫民窟里，内部也很不整洁。明星在生病，明星的老母亲也在生病，只有一位七八岁的小弟弟招待着我们。这也应该算得是一个悲剧吧？

报馆的楼下就有一座咖啡店，每到夜间，大家的紧张工作告了一个段落之后，便到那儿去，喝一杯咖啡或一两杯酒。有时候是合伙，有时候是我请他们。听说，胡萍就是那座咖啡店的女招待出身，因此那儿的女招待员们似乎都有些自负：仿佛每一位的将来都有成为电影明星的希望。

寿昌是这儿的北辰，只要他一进门，真真是“居其所而众星拱之”，女招待们都要来簇拥着他，把希望的眼光投注在他身上。

那儿有卤鸡翅膀，寿昌顶爱吃，去一次总要吃它十好几只，但我自己却照常喜欢吃我的凉薯。

有一次，就在那咖啡店的门口，我又买了两毛钱的凉薯，准备分给大家吃，之后，再带些回留芳岭去。平常买两毛钱凉薯，分量是很多的，但这一次却少得可怜了。我便向那卖凉薯的老人质问：

“为什么今天两毛钱的凉薯这么少呢？”

那老人很闲泰地补足分量，笑着说：“我是怕你拿不动呢。”

惹得站在一旁的寿昌大笑起来，他以后还把这件小插话，作为幽默的材料，告诉过很多的人。

寿昌这样鼓励我，安慰我，实在是费尽了很大的苦心，但我却万分不应该，我有一次很对不住他，也对不住很多朋友。

那是一天星期的晚上，我托寿昌在一位朋友家里备了两桌便饭，准备大家痛快一下。朋友们买了好几瓶虎骨酒。我自己是容易冲动的人，一时控制不住，便对两大圆桌的友人，每一个人都干了一杯。

虎骨酒，看起来，吃起来，都有点像五加皮。是不是真正有老虎的骨灰在里面，老虎的骨灰究竟有怎样的作用，我不知道。但那酒着实很厉害，把两个席面敬完了之后，我醉了。接着我对在座的每一个人都批评起来，而且由批评而斥责，愈来愈猛，终竟完全失掉了知觉。

第二天清早醒来，发觉自己是睡在报馆的西首房里，三爷和海男在照拂着我。我问到晚上的情形，他们开始不肯说，但到后来还是三爷告诉了我。

他说我骂了一切的人，指着男的骂为男政客，指着女的骂为女政客。骂大家都在玩花头，一点也不落地生根，眼睛只看上层，不看下层。他又说，我也骂了自己，打了自己三下重实的耳光，连连骂自己是政客，政客，混账的政客！

三爷和海男都隐隐在得意，他们说：我们倒很好，并没有挨骂。

入地狱

立群留在武汉，差不多三天两头地总有一封信来，或直接，或间接地通知我一些消息。起初她本来进行着去北边读书的事情，后来又被朋友们把她留着，不教她走了。隔了 10 天左右的来信说：不久她也要到长沙来。我正期待着，但接着的第二封信，却又说不能来了，还要缓几天。每次的来信，差不多都要提到大家的意思，要我无论怎样不要太性急地离开长沙南下。

我离开了立群，是精神上另一种意义的苦闷。她能快来，我自然很乐意；慢来，我也只好耐性地等了。

2月，转瞬已是26号，我离开武汉已经20天了。这一天的上午，我从留芳岭的寓所走出，在大路边，正想雇一部洋车，坐进城去找寿昌，忽然看见寿昌坐在一部洋车上迎面而来。寿昌一看见我，顿足停车，向着我喊：武汉的朋友来了！

寿昌跳下了车，我才发现被他挡着的后一部车上坐着立群。我禁不住心子急跳，同时我也看见立群的脸忽然涨得通红，把头埋下去了。

一同折回到寓所。立群带来了很多信，有周公的，还有其他的人的。

立群从口头告诉了我:陈诚对周公有了明白的表示，要我立刻回去，一切事情都可以商量。又说：副厅长的人选也不成问题了，那位刘健群惹出了什么桃红事件，已经跑到重庆去了。

立群没有表示她自己的意见，但我看她把我留在武汉的行李一件也没有带来，毫无疑问，她也是赞成我赶快回去的。

我迟疑着也没有立即表示意见。

寿昌在一旁催促：这还有什么值得考虑的呢？我不入地狱，谁入地狱！朋友们都在地狱门口等着，难道你一个人还要留在天堂里吗？

“那么，你是愿意入地狱了？”

“当然，不会让你一个人受罪！”

“好吧，”我决了心这样回答，“我们就去受罪吧。不过，我的问题很简单，说走随时都可以走。你呢？现在就要看你了。”

寿昌大笑起来，掉头对着立群说:“不辱使命！毕竟还是女性的力量大，爱情的力量大呵！”

立群又涨红了一次脸，又把头埋下去了。

商量的结果，寿昌要求给他一两天的余裕，让他把《抗战日报》交代清楚，并且还准备邀一两位朋友同去。就这样我们便决定乘28号的早车，一道去武汉。

当天晚上寿昌又邀约了好些人去吃一次“李合盛”。立群却和我一样，也爱吃湖南的地瓜。她是生在北京，在上海待了几年的人，地瓜不仅没有吃过，并且没有见过。立群说：这真是平民化的食品，外皮像番薯而能够自由用手剥，内容真像地梨[1]。

第二天的天气很好，我同立群两人过江，尽兴地游了一次岳麓山。住了二十天，我居然成了一个老长沙了。贾谊在这儿偏要哭，怕还是想做官的心太切了吧。我要走了，倒觉得长沙很值得留恋：这儿仿佛是一个乐园呢。

乘上28号的早车。同行的是寿昌、三爷、张曙。也有不少的朋友在车站上送行。

在《义勇军进行曲》的歌声中，火车开动了。

（节选自郭沫若著《郭沫若全集》文学编第十四卷）

---

[1] 即荸荠。

再从焦土建湖南

为祖国和民族命运前途，他在不断地挺进写戏写诗；为战场英勇的将士，冲锋陷阵赢得凯旋，他在焚心呐喊歌唱；为伟大的人民创造自己的生活未来，他在真诚祝福和礼赞。即使面对家乡的这片仍飘浮着硝烟的焦土，他依然挺立废墟，要把戏场当战场，誓从焦土建湖南。他时刻不忘为一个“有灵魂的国家”和民众创作，自己的灵魂就要敢于接受血与火的悲壮洗礼。

挺立废墟

湖南人的爱国情怀与忠勇担当有着极其光彩的历史传承。早年岳麓书院张栻父子的爱国创举就堪为师表。张栻之父张浚曾官至宰相，他力主抗金，重用岳飞、韩世忠等名将。张栻就任岳麓书院山长后，还特地将自己的几十学生送往抗金前线。历史的烽烟虽然已经散尽，但现实的烽烟又在眼前升腾。湖南人没有退却也不会退却。国难当头，湖南人民的抗日热情如湘江的波浪，一浪高过一浪。1937 年 7 月 18 日，由湖南人民提倡国货救国会、民众常识指导委员会和国民党长沙市党部等发起，长沙抗敌后援会成立。24 日扩组为湖南人民抗敌后援会。后援会以集中民众力量、努力抗战为宗旨，通电指出:“现在和平已告绝然无存，牺牲已至最后关头”，恳请国民政府，“当机立断，出师北上，扫强寇，固我河山”，表示“本会誓率三千万人民，准备铁血，听候驱策”。后援会当即就募款 68 万余元，布鞋 4 万余双，毛巾 13 万条，药品 30 余箱，棉背心 3000 件，布袜 1 万双。仅此一举，足可见湖南人民的抗战决心和慷慨气概。

令人痛心的是，有着这样强大的民众抗战声势，和巨大后援力量的湖南省，蒋介石视而不见，反而在暗中策划实行“坚壁清野”和“焦土抗战”的方针。1938 年 11 月 12 日上午 9 时许，蒋介石再次电令湖南省当局:“长沙如失陷，务将全城焚毁，望事前妥密安排。”11 月 13 日凌晨，警钟突然响起，地处长沙市中心东南角，作为全城制高点的天心阁起火，瞬间四面八方火柱冲天，长沙全城变成火海。大火燃起，市民们以为日军攻进城来，在慌乱中扶老携幼、扛箱抬柜，像潮水一样往外逃。凄厉的哭叫声、恐怖的呼喊声、建筑物燃烧发出的爆炸声交织在一起，长沙城顿时成为一个恐怖的悲惨世界。长沙是历史文化名城，一场突如其来的火灾，将其精华付之一炬。眼前十里城郭碎瓦颓垣、硝烟弥漫、惨不忍睹。国民政府当局公布的官方数字：在大火丧生者 3000 余人，灾民 13 万人，其中孤儿达数千人，全城烧毁房屋 5.6 万多栋，全市 1100 多条街巷全部焚毁 590 余条，1938 年 11 月 27 日《新华日报》载文《一片焦土之长沙》称:“火势之大为本世纪来未有也。”

因为12日电令代码的“文”，大火起于夜晚，故此次事件也称“文夕大火”。长沙大火并非偶然，从某种程度上讲，这是一场原本计划周密的“人祸”。在武汉会战鏖战三个月仍然不保的情况下，蒋介石就萌发了火烧武汉的念头，因种种原因未能实施。1938年10月，蒋介石在湖南大学召开军事会议就问张治中：“敌人来了，你们怎么办？”未等张回答，蒋即说：“还有什么可思索的，都用火烧掉了，我们不能住，也不能叫敌人来住……”同时，这场大火也折射出国民党湖南军政系统的腐败无能、效率低下、指挥失灵，这也是造成长沙损失惨烈的最直接原因。大火后，蒋介石从南岳飞抵长沙，登临天心阁，亲睹了大火后的长沙城惨状。此间，长沙民众愤怒呼喊与切齿痛骂之声不绝于耳。为缓和紧张局面，安定群众情绪，蒋介石下令组成军事法庭，立即判决长沙警备司令酆悌、警备第二团团长徐昆以及长沙警察局长文重孚3人死刑，当即枪毙。同时拨发赈灾款30万元救济灾民，给予省主席张治中革职留任、责成善后、以观后效的处分。

此时，中国共产党积极参加长沙大火的善后工作。大火当夜，周恩来（时兼国民政府军事委员会政治部副部长）和叶剑英（时任中共长江局军事部长、八路军参谋长）在八路军驻湘通讯处率领工作人员冲出火海，撤往湘潭。11月13日，周恩来在湘潭召集紧急会议研究应对之策。次日周恩来和叶剑英赶赴南岳，就大火善后问题与蒋介石交涉，并明确提出拨款救济灾民、调集民工处理善后、严惩纵火首犯三项善后办法。11月16日，周恩来、叶剑英、郭沫若，赶往长沙，约同陈诚、张治中视察灾情，慰问灾民，商讨善后事宜，并决定调集三厅人员赶赴长沙救灾。次日，田汉、洪深率三厅130多人抵达长沙，组成“长沙大火善后突击工作队”。“突击队”下分宣传、救济和调查三个组。队员们都佩戴着盖有八路军通讯处印章的袖标，清理现场，救护伤员，开设粥站，进行善后宣传。11月19日，郭沫若又率三厅20余人赶来长沙。周恩来、叶剑英还冒着敌机轰炸的危险主持发放救灾款。经过数十天的艰苦工作，救济灾民、清理街道、恢复市场与交通通信等工作基本完成。12月22日，“救安会”宣告各种工作结束，一片焦土的长沙开始了悲壮而伟大的复苏。而此时田汉则又提出“要把戏场当战场，再从焦土建湖南”的号召。

时间还得拉回到1938年10月22日（长沙大火前夕），日寇进逼武汉，局势紧张，田汉随国民政府军事委员会政治部三厅撤退到长沙。当时陶行知还写诗赠田汉：

人从武汉散，
他在武汉干，
练出艺术军三千，
田汉毕竟是好汉。[1]

在此后的时间里，田汉不到半月的工夫，就把湘春园、景星园、百合三个湘戏班的艺人组

[1] 陶行知：《赠田汉》，出自《陶行知诗歌集》，生活·读书·新知三联书店1981年版，第243页。

织了起来，并于11月10日，主持在长沙太平街贾太傅景星园戏院，首先成立了三个湘剧抗敌宣传队。第一队领队人朱仲儒，第二队领队人徐绍清、罗裕庭，第三队领队人黄元和。每队发给经费六百元和战地工作证一张，分赴湘东、湘南等地城镇农村，开展戏曲宣传活动。到11月13日长沙发生大火，田汉按照周恩来的指示，立即回长沙开展救灾工作。为了迅速安定人心，田汉组织湘剧艺人在未被烧毁的南门油榨巷城南戏院，开锣演戏，起到了一定的安定人心、恢复市井秩序的积极作用。

田汉在长沙善后救灾和宣传组织稳定市民情绪工作的日子里，总是夜以继日四处奔忙，废寝忘食辛劳工作。他为了让成千上万的受灾市民走出阴影，重见日光，总是有意识地挺起胸膛，不论是清理垃圾、分派救灾物资、看望伤员还是慰劳救灾的突击队员、演出人员，总是身先士卒走在前头。由于周恩来的正确领导，长沙人民从废墟重建家园的气氛逐渐形成，社会秩序也日趋稳定，灾民生活也开始走向正常。此情此景让田汉激动，他在《大火后重返长沙》诗中写道：

长驱尘雾过湘潭，
乡国重归忍细谈。
市烬无灯添夜黑，
野烧飞焰破天蓝。
衔枚荷重人千百，
整瓦完垣户二三。
犹有不磨雄杰气，
再从焦土建湖南。[1]

1939年元月，有感于湘剧各队的演出在湖南各地尤其是省会长沙产生的积极作用，田汉立即开展整顿剧队组织，并从总结成功的经验、分析存在的问题入手，调整充实提高剧队的工作水平。田汉亲自在当时的中山路财政厅旧址，组织部分京剧、湘剧艺人学习，同时又组建了4个湘剧抗宣队。这样先后成立了7个湘剧队，队员约有500余人。接着田汉马不停蹄地又在长沙北区三公祠原公医院旧址，以军委会政治部长沙工作队的名义，办起了“歌剧演员战时训练班”。

训练班开学后，田汉还特地请徐特立主任到班上讲课。徐老当时年过花甲，他身穿粗棉中山服，足履布鞋，精神饱满，操着浓重的长沙东乡口音给演员们讲课，得到大家的热烈欢迎。徐老首先讲了抗战形势，他说：“现在大敌当前，我们只有万众一心，团结抗日，才能救亡图存，否则就有亡国、做亡国奴的危险……”这些话对训练班的学员启发很大。因为后来发现有特务跟踪，为了避免影响艺人，以后徐老才没有再来。4月4日，在中山路银宫戏院举行结业仪式，田汉在讲话中再一次号召大家要团结一致，努力工作，勤研艺事，把剧场当战场，把舞台当炮

[1] 原载《田汉文集》第12卷，中国戏剧出版社1983年版，第223页。

台。特别让人难以忘怀的是田汉还亲自把毕业证发到学员手中。

而毕业证上的那段话据说也是按田汉的意思写的："湘剧演员 ×××（演员姓名）在本班受训期满，成绩优良，对于抗战工作亦努力，考核成绩及格，相应发给毕业证书执付为凭，在此国家艰危之际，并仰多励忠节，勤研艺事，务使戏剧艺术成为抗敌宣传之利器。每一剧人成为坚强英勇之民族战士，有厚望焉。"

我们大家也可能读过不同的学校，参加过各类训练班，也获得过不少毕业和结业证书，少见有这样情切意真、言辞恳切、毫无功利、志存高远、饱含期望与尊严的毕业或结业证的寄语。

对湘剧抗敌宣传队的排演，田汉非常关心，总是亲临排练现场指导。他曾多次从长沙北门三公祠步行到油榨巷城南戏院亲自讲戏。对每一场戏，演员一招一式的表演，以及全部唱腔，广泛听取演员们的意见，进行修改。这种对艺术严肃认真、一丝不苟的精神，给全体湘剧抗敌宣传员留下了极为深刻的印象。1939 年夏，遭受大轰炸后的衡阳，市区只剩下少数破烂房屋，湘剧二队在衡阳没有剧院演出，生活来源断了。田汉正好赴桂林路过衡阳，当他知道剧团的困难后，为了寻求多方的支援接济，便不辞劳累赶往南岳的"游干班"寻求支援。在祝融峰上，田汉想到自卢沟桥抗日战争爆发，为了中华民族的存亡，抗御敌人的侵略，与许多抗日志士担负起文艺界抗日救亡的重任。从淞沪到潇湘，从珞珈山麓登上南岳峰巅，忧虑着祖国山河遭受的敌蹄践踏，民族承受的空前灾难，他的心虽然如刀割般痛裂，但他坚信哀兵必胜、中华不亡。田汉此刻脚踏云涛壮怀激烈，遥望远方，慷慨而吟：

双鬓初霜气似虹，
此来之上祝融峰。
哀兵敢惜劳筋骨，
成败兴亡一战中。

田汉帮助湘剧二队解决了眼前困难后，又召集队员话别，再次语重心长地对大家说："要团结一致，挺起胸膛战斗下去。只要大家齐心协力，什么困难都可以克服。"湘剧二队的同志没有辜负田汉的嘱咐，尽管以后又多次遇到几乎断炊的困境，但大家总是把手中的一点钱凑起来，维持最低生活，又派杨福鹏和韦金持田汉留下的亲笔函件，赶往南岳，再求"游干班"负责人的支援。当碰到寻找无着落的情况时，他们又找到田汉的朋友陈继舜、梁膺清夫妇，并得他们无私地赠给二队 500 元的帮助，解决了二队吃饭问题。

田汉是炽烈的，也是诗意的，更是坚韧的。他还在为各剧队制发的舞台上使用的桌围、门帘及台上的横幅亲自题词，桌围写的是："演员四亿人，战线一万里，全球作观众，看我大史戏"，而左右门帘上写的是："抗战必胜，建国必成"。台上写的横幅是："大放光明"。

戏场战场

田汉认为："在中国，在文盲占百分之九十以上的中国，动员民众的最有效手段就是戏剧。""使戏剧艺术对于神圣的民族战争尽她伟大的任务"。因此他果断地提出了"要把戏场当战场"的号召，要用"话剧作战"和"歌剧作战"。这是因为戏场，可以给人以巨大的精神力量和思想的火焰。他在 1938 年作的一首《武汉退出后》的歌词中写道：

龟山蛇山鼓着眼睛，
江水汉水发出吼声。
敌人的坦克车，
冲不破和平的阵营；
敌人的飞机大炮，
炸不动我们抗战到底的决心。
是时候了，是时候了，
大家快为着民族生存，
作出更大的牺牲。
到农村去，
到前线去，
到敌人后方去！
钳制敌人，
侧击敌人，
扰乱敌人，
让敌人不得消停，
让敌人不得安宁，
守不了粤汉，
回不了东京，
在洞庭湖畔，
筑一座倭虏坟；
在东亚大陆，
竖起自由解放的旗旌，
自由解放的旗旌！[1]

[1] 此歌词由张曙谱曲。

现在读起这样的歌词，都会让人热血沸腾、心潮汹涌。在那个国家民族处在最危险的时刻，每个中国人都面临做亡国奴的悲惨命运时，这样的歌必然会成为响雷和闪电。

在田汉的心中，他时时波涛翻卷、激情澎湃，但在现实严峻的戏剧创作中，他依然坚守着自己的信念与艺术追求、民本情怀与书生意气。在那个时候，虽然他在把戏场当战场，但他认为这个战场的刀枪和子弹、冲锋的战士必须是精兵良将，粮草充足，武器装备优良。为此他的思考是客观的、冷静的，更是明智的。他从抗战以来的戏剧运动和思想文化宣传中已深深意识到："只要把旧的形式加以新的抗战内容，照样可以用作抗战的宣传工具。"于是田汉自己也先后改编了几个戏，如《旅伴》《武松》等都是根据湘剧、平剧传统戏改编整理出来的。他曾经在《江汉渔歌》小序上写道："在长沙工作中，很偶然的得到改革旧剧的机会，因亦冒着大不韪毅然为之。"当时湘剧名老艺人罗裕庭把湘剧杂戏《讨学钱》的唱词换上抗日新词就很受欢迎。

湘剧名艺人徐绍清把传统戏《胡迪骂阎》改成《骂汉奸》;姚华定把《收杨再兴》改成《新九龙山》，删掉惊梦迷信部分，改为岳飞以民族大义说服杨再兴共同抗金。田汉看了以后便说："这些戏改一下既不费很大气力，又适合抗战需要。"这以后，在长沙演艺界，艺人动手改编抗战剧蔚然成风。

由于田汉号召改旧创新，群策群力推动抗战宣传活动蓬勃开展，特别是田汉自己写的剧本如《江汉渔歌》《土桥之战》，揭露了国民党反动统治的黑暗，人心源源拥向共产党的革命主张，湘剧演出队总是遭到国民党当局的排斥和摧残，有的被逼解散。湘剧五队在益阳因演出《土桥之战》遭到当地军警查禁，还将队长王华运拘留。《江汉渔歌》在衡阳上演时，伪警备司令部的参谋长竟向田汉提出："你为什么要写今日民生不易、打渔的也难得有鲜鱼吃？"于此一斑，可见田汉在当时国统区开展抗敌演出和宣传工作是何等艰难与风高浪险。

事实上，这时候在省会演出的湘剧队同样遭到反动当局的围剿。有一次，湖南省会警察局局长唐孟壑将湘剧队一队员姚华定传去审讯，问："田汉要你们干些什么活动？"姚华定理直气壮地回答："要我们演抗战宣传戏。"接着又问："田汉对你们还讲了什么？"姚回答说："要我们爱国。"那些审讯的警官哑口无言，只好放了姚华定。几日之后，警察局又派了一个姓邱的科员来到湘剧一队说:"不准用抗敌宣传队名称，要改成原来戏班牌名，方能演出。人员异动，要及时报告。"然而这一切始终没有能动摇田汉亲自教育的湘剧队的抗战演出信念，他们不但没有吓倒，反而更加坚定，有理有节地与国民党反动当局斗争，一直保留着湘剧抗敌宣传队这个如火炬般殷红而鲜艳的称号。也就在这个时候，叶剑英在南岳举办军事训练班。新四军军长叶挺也在那里。他们致信田汉，要求"平剧宣传队"去南岳为训练班演出。田汉接信后亲自带领"平剧宣传队"去南岳，演出的剧目是《江汉渔歌》，深受欢迎。当时，任光要参加新四军，田汉同他去见叶剑英和叶挺，说明此意，两位将军当时就答应了任光，从此任光便随叶军长到了新四军。后来任光在皖南事变中不幸牺牲。

湖南人的这种爱国担当，"湘人不死，中华不亡"的钢铁意志与必胜信念，来自于湖湘文化悠长岁月的滋养与弘发，楚大夫屈原流放沅湘哀民生之多艰，吾心向善虽九死而犹未悔，悲愤抱石沉江，以身殉道；清末谭嗣同维新变法失败，面壁题诗"我自横刀向天笑，去留肝胆两昆仑"，面对死亡道："今日中国未闻有变法而流血者，此国所以不昌也，有之，请自嗣同始。"留学东瀛的陈天华写毕《猛回头》《警世钟》愤而蹈海。无怪乎杨度在《湖南少年歌》中曰："若道中华国果亡，除非湖南人尽死。"

在抗战的烽火岁月，湘剧抗敌演出队在田汉的指挥下，演奏了一首首"把戏场当战场""再从焦土建湖南"的雄壮交响曲。而1939年9月14日开始至10月7日历时24昼夜的第一次长沙会战，是中国抗战正面战场自取得台儿庄战役胜利以来的又一个胜利，其意义"尤大于台儿庄"。这次会战，中国军队伤亡4万余人。歼敌2万余人，其中包括少佐以上军官40余人。日军损失惨重，其战前所定在最短时间内歼灭第九战区主力的目标破灭。长沙第一次会战胜利有力证明了中国军队的抗战能力，更加坚定了"我国更无依托第三国调停战争之必要"。

艰难前行

1940年3月，田汉在长沙过42岁生日。

当时平剧、湘剧艺人自动发起为田汉祝寿，其用意是想借此显示力量与国民党反动当局对各地湘剧队的围剿、迫害、摧残进行无声的抵抗和反击，以更加坚定地把戏场当战场全力支持全国抗战的信念。尽管田汉一再表示心领其情而辞谢，但3月下旬在长沙又一村民众一剧场，来自全省各地的湘剧主要演员都云集长沙，进行了三天的正式演出。演出节目有《打渔杀家》《描容上京》《摸鱼闹江》《捉放曹》《宋江杀惜》《旅伴》《三讨战场》《拨火棍》等，共12场。后来田汉在给熊佛西同志的信中说："我在长沙过四十二岁的时候，平、湘剧的朋友们曾各演佳剧为寿。"公演结束后的4月下旬，突然传来消息说田汉马上要去重庆。这时李也非也到各剧队通知："田先生此次去重庆要各队赶紧造演职员名册和组织系统表各一份交他带去，并约定大家次日上午到民众一剧场谈话。"此时，恰好在长沙的几个湘剧队的演员都集中在受国民兵训，制服整齐。于是各队都打着湘剧抗敌宣传队的队旗，由各队队长领队前往。刚进民众俱乐部门口，就看见田汉在外面向大家挥手。他当时穿一身深草黄色戎装，胸间佩有一个小圆形的证章，脚下履着长筒马靴，显得十分英武。大家大喊田先生，他笑着大声说："同志们好！"这时，队员们列队站好，倾听他的讲话，才知道他确实奉命去重庆，暂时不可能回湖南，这是特来和大家告别，并勉励大家努力搞好剧队工作，多演有利于抗战宣传的戏剧。大家听了，非常感动。最后以队为单位，分别与田汉合影留念。

田汉于1940年5月下旬到达重庆。当时是国民党迫害"三厅"最厉害的时候，蒋介石先是强迫"三厅"全体人员加入国民党，遭到了郭沫若、田汉、阳翰笙等人的坚决抵制和针锋相对的斗争。郭沫若对"三厅"的全体人员说："入党不入党（指国民党），抗日是一样抗的；在厅不在厅，革命是一样革的！"说完当场发电报向国民党当局辞职。"三厅"全体同志也纷纷提出辞职。这时周恩来向政治部长张治中提出:“你们不要这些文化人工作,我们就接到延安去。”迫使国民党当局改变计划,取消“三厅”,成立“文化工作委员会”。仍留郭沫若任主任,田汉任第二组组长,仍负责艺术宣传。田汉后来回忆说:“由于政治部三厅原有人员改成了以郭老为主任的文化工作委员会,我奉恩来同志命去重庆,参加文委会工作。皖南事变爆发,国共关系十分紧张,为了保存党的文化力量,恩来同志对许多同志做了安排,命我由六战区经湘粤相机避地南洋。我到了湖南,正逢日寇进攻湘北,就和老母、兄弟在南岳住了一些时候。”

当时田汉与老母、弟弟田洪、弟媳陈绮霞蛰居于南岳菩提园达五个月之久。在重庆时,田汉曾受政治部长张治中之托写了一个报告,作为本部整理部属剧团及领导全国抗敌宣传参考。报告某些意见被采纳,于是他就趁南岳待养期间,把“报告”整理一番,交《戏剧春秋》发表。同时田汉又利用工作之余,请母亲讲述了七十年来的艰辛历程,用一个多月的时间,完成了《母亲的话》的写作。

(节选自谭仲池著《田汉的一生》)

直把歌场当战场

“三厅”一行人马撤退到长沙后,长沙也是满城动荡不安,到处是一片疏散之声。在这兵荒马乱之时,田汉却显出异常的沉着镇定。他积极地组织湘剧艺人团结起来,进行抗日救亡的宣传工作。1938年10月27日晚,他出席长沙汉剧流动抗敌宣传队在长沙育婴街怡园举行的欢迎宴会,并发表讲演,勉励大家努力于戏剧宣传工作,不要因武汉失守而有所灰心。

之后,田汉又派田洪和李也非到湘剧艺人中串连,动员他们立刻行动起来。按照武汉时的办法,田汉集合入湘的平剧宣传队和楚剧、汉剧、杂技以及原在长沙的湘剧团体约二三百人举办了为期六天的战时演员训练班。目的是提高湘剧艺人们对抗战救亡重大意义的认识,组织艺人们讨论如何组织起来,进行艺术改革适应抗日宣传的需要。田汉说,在训练班中,“除了一般业务的讲话之外,主要在提高他们的爱国感情,既要大家编组队伍,通过艺术进行抗敌宣传,鼓舞军民战斗意志,也要他们留下来的或不幸与敌人遭遇的,千万不要为敌人歌舞”。在此基础上,田汉与洪深等人以当时长沙的湘春园、景星园、百合三个湘剧班为基础,着手筹建湘剧抗敌宣传队的工作。11月10日,省会戏剧界在原景星园戏院召开动员大会,田汉代表“三厅”宣布成立三个湘剧抗敌宣传队。朱仲儒任一队队长,徐绍清任二队队长,黄元和任三队队长。此时,湖南的门户岳阳陷落,长沙人心惶惶。经过研究,田汉决定将新成立的湘剧抗敌宣传队第一队派往醴陵,三队派往湘潭,二队随政治部三厅迁往衡阳,开展抗战宣传。

“三厅”的撤退工作由周恩来亲自指挥。他连夜召集郭沫若、田汉、冯乃超、洪深等人商讨制定撤退计划，把人员分为两部分。年纪大、体弱、有家属的坐火车，年轻没牵累的和几个演剧队则步行。这步行的队伍（有湘剧宣传队的一、三队和抗敌演剧队以及从战区撤下来的一些文艺队伍）就由田汉率领，步行朝湘潭进发。出发的那天（11 月 12 日）正是孙中山先生的诞辰日。清晨起来，郭沫若和田汉就把队伍集合在又一村教育会坪，举行一个简短的纪念会，请周恩来同志做动员讲话。周恩来先分析了当时的形势，然后鼓舞大家："同志们，从现在起，我们就要开始革命行军了"，"我们每人都有一辆十一号汽车，红军能走二万五千里，我们就走不到湘潭？"周恩来的一席话使同志们的精神立即振奋起来，驱散了压抑在他们心头的悲凉气氛，使他们觉悟到自己不是在逃难，而是在参加革命战争，不是难民而是抗日战争的革命军人。由于这一天敌机不断轰炸，直到下午 5 点钟，同志们才全副武装，精神百倍地踏上征途。

开始上路，队伍走得很整齐，互相唱歌鼓劲。这种场面更鼓舞了田汉，他在一首诗中写道：

雄歌一片出长沙，
断瓦颓垣几处家。
廿载未知离别苦，
乡关回首暮云遮。

诗后附注说："由水风井退东站，上公路，各队男女青年歌声甚壮。"走到易家湾，天已大黑。回头望长沙，红了半边天！田汉说："我的故乡在遭受浩劫！我忍不住热泪。"然而，悲愤的心情未有影响田汉的斗志。一路上，他非常认真负责。只是他缺乏行军带队的经验，途中为防止敌机轰炸扫射，人员需要拉开一定的距离行进。这样一来，整个队伍战线拉得很长。公路上车多人挤，所以没走上几里路，田汉率领的队伍就被络绎不绝的逃难群众冲乱了。田汉"是很会走路的"，可是那天他穿着马靴，还要跑前跑后地照顾各个方面，脚上起了泡肿得脱不下靴子。他与任光、辛汉文、田洪等五人走在一起，午夜时分才走到大托铺，敲开一家农民的门，就在"灶头下垫了些稻草睡了"。他曾在一首诗中写道：

尘高石碎夜风寒，
信有人间行路难。
无被始知春草暖，
张家厨下五军官。

第二天，田汉向农民买了双破布鞋换上才能走路。沿途买不到吃的东西，经任光多方努力 5 个人才分吃了两碗芋头。一路上，田汉还收容了一些病号和走不动的人。音乐家林路因脚疼掉了队，田汉不顾自己脚痛扶着他走了很长一段路。又经过一天的艰难跋涉，直到晚上 9 点多，才到达湘潭下摄司，与先期到达的周恩来、郭沫若、洪深、阳翰笙等人会齐。

郭沫若见到田汉，不问青红皂白，就“冲着他大发了一顿脾气”，说：“田老大是游山玩水丢了队伍。”田汉有口难言，感到很委屈，一个人躲在房间里，也不出来吃饭。周恩来知道了，亲自拉他出来吃饭。饭后找他开会却遍寻不见，原来他躺在稻草堆中睡着了。关于郭沫若对田汉的批评，阳翰笙说，当时是“郭老听了误传”。可是，郭沫若在后来写回忆录《洪波曲》时，仍然把这件事写了进去，说田汉“沿途都在游山玩水，遇到有什么风景好的地方，便停下来流连流连，或绕道去牵就牵就。有的人又喜欢照相，第六处的摄影同志随处在拍照，以留纪念。就这样，一个队伍弄得五零四散了”。

郭沫若对田汉的批评，不仅田汉想不通，而且其他的人也为田汉“抱不平”。参加那次行军的交通员钱远铎同志看到《洪波曲》之后告诉田汉说:“郭（沫若）先生在《洪波曲》(载《人民文学》)里说你在游山玩水，一路照相，所以迟了。我很不平。”对此，田汉说:“我也找《人民文学》上的沫若兄的文章看了。情况是的确有些出入。第一,由长沙动身那天下午,天快黑了,无法照相；第二天忙于收集流散的人、整顿队伍，也不会有心思照相；我身边实际也没有照相的人，当时也没有留下过任何沿途行军的照片（湖南史料机构向我征集这类材料，当时真能照下几张倒好了)。第二，我的确对美丽雄奇的山水有些爱好，只要有可能我总不放弃欣赏机会，但也要看是什么时候。我还不失为爱乡爱国的人,我既受命领队撤出长沙,刚对大家悲愤地讲话，一到路上我忽然甩开队伍不管了，游山玩水去了，我能是那样没有心肝、没有责任感的人吗?再说由长沙到下摄司，平畴百里，兵火仓皇，公路上人车相接，又有什么可游玩的山水，可留连的风景呢？沫若兄是坐汽车先到下摄司的，他当然是听了别人的话。应该说，这位同志的话是不确实的，有恶意的。”

就在田汉率领队伍从长沙出发的那天夜里，蒋介石竟然下令放火焚烧长沙，美其名曰“焦土抗战”，造成了几十万居民流离失所、死伤者无数的惨重后果。周恩来和叶剑英以及“三厅”准备撤离的人员就是乘车从火海中冲出来的。当“三厅”的队伍继续往衡阳撤退之时，周恩来和叶剑英正就长沙大火的责任问题，在南岳与蒋介石展开了激烈的斗争。在周恩来的据理力争下，蒋介石自知理亏，不得不答应：一、拨款救济难民；二、调集民工清理街道，掩埋尸体，搭盖窝棚，安置难民；三、惩办放火的罪魁祸首。于是，周恩来立即召开“三厅”和“湘办”的干部会议，研究救灾工作。当即命令洪深带领沈国衡、邢逸梅等十名得力人员和两个演剧队，于 11 月 17 日从衡阳日夜兼程赶赴长沙救灾。田汉知道消息后，自告奋勇，跳上驶向长沙的卡车，回到已连续烧了三天三夜的长沙。

但是，长沙的火还没有全熄，有些地方还在冒烟。看到自己美丽的家乡一下子变成这幅断瓦残垣的惨景，田汉既愤怒，又心急如焚。他与抗敌演剧第一队和第九队的同志们不分昼夜地工作，用桶提水浇灭余火，掩埋死尸，抚慰居民，安插伤病，恢复交通。他们以财政厅旧址为根据地，开始了长沙再建的工作。为了解决粮食问题，田汉领着一批演剧队员，绕过断墙残壁、破砖破瓦的街巷，寻找已不见痕迹的粮店米仓，当他在余火未尽的硝烟之中，发现米堆时，一面不顾手遭灼烫，俯身挖掘，一面高兴地嚷道：“快来动手，咯米够我们工作队吃的还有多，可以挖回去煮粥救济灾民啊！”演剧队员们把米挖出来后，设摊施粥，灾民深为感激。一天，他们在残垣余灰中发现了印刷机与铅字，在财政厅的堆栈中又发现了一大批卷筒纸。他们当即运回机器准备编印小报，报名定为《新长沙报》，田汉任主编。廖沫沙、龚啸岚、刘建庵等人也参与编辑工作。他们每天为办报忙到深夜，重要的社论和消息，都送到周恩来和郭沫若那里审批。该报的出版为稳定市民的情绪，齐心协力重建家园起到了很大作用。田汉在当时曾写过一首《大火后重返长沙》的诗：

长驱尘雾过湘潭，
乡国重归忍细谈。
市烬无灯添夜黑，
野烧飞焰破天蓝。
衔枚荷重人千百，
整瓦完垣户二三。
犹有不磨雄杰气，
再从焦土建湖南。

诗中既写出了长沙全城被焚、电厂俱毁、夜来一片漆黑的凄凉惨象，也表现了湖南人决心重建家园的豪迈之气。那时，田汉曾看到一家酱园的老板，回城后见自己的店子烧得精光，他不是哭而是笑，说：“这个放火司令的焦土政策才是完善哩！不过，不要紧，还剩下了两口缸，我还能搞起来！”这种百折不挠的精神深深感动了田汉。这正是他在诗中所表现的“犹有不磨雄杰气，再从焦土建湖南”的决心与毅力的真正含义。

为了让老百姓能有些资本重建家园，他们组织发放了一次赈款，不分男女老幼每人给五元，由演剧队队员亲手发放。由于演剧队员们高度的政治热情和周到的组织工作，每元钱都发到了民众手里，所以很解决问题。他们的工作作风也深受民众的欢迎与赞赏。

由于田汉、洪深及抗敌演剧队（即一队和九队，后来二队和八队也回到长沙）的努力工作，劫后的长沙又慢慢地复活了。有人说：“长沙的活，同戏剧家田汉有很大的关系。”他不仅以自己的力量抢救长沙，还“以戏剧来复兴浩劫的长沙”。国民党的一把火烧毁了长沙百分之八九十的建筑，可是，几家戏院都安然无恙。田汉就利用这现有的条件，将流离在外地的戏曲工作者集中到长沙来，支持并组织他们在未被焚毁的又一村民众剧场和南门油榨巷城南戏院开锣演戏，起到了安定人心、恢复市面的作用。从此，这“废墟上的戏剧，便以新的战斗姿态展开”。

1938 年底，湘剧各宣传队都先后回到了长沙，生活很不稳定。田汉感到，“这是旧剧改良最好的工作机会”。他认为，“因为旧剧有很深久的根源，非要在战时，当剧人生活蒙受剧变和不能稳定的时候，不易使他们生活改变，以及接受新剧本的。”于是，田汉便于 1939 年 1 月集合起滞留在长沙的平（京）剧演员及湘剧艺人，开始整顿戏剧队伍。当时，国民党对共产党制造磨擦蓄谋已久，武汉撤退，长沙大火，政治部迁往重庆后，“三厅”的抗日宣传工作就愈来愈难开展了。在这种情况下，田汉一不要何人批准，二不计前途险阻，在田洪、任光、龚啸岚、李也非等人的协助下，在长沙三公祠公医院内举办了为期三个月的“歌剧演员战时训练班”。

“训练班”的生活是紧张而严格的。集体开餐，每日早操。早操时由田汉讲评前一天的工作（包括表演）和生活。这对于散漫惯了的旧艺人来说，既感到新鲜又感到紧张。为什么要这样做，这是田汉办“训练班”的用意之一，也是田汉戏改思想的具体体现。他说，在与戏曲艺人交往的过程中，“使我深知这一改革运动的症结。演员们除了极少数的人以外，大部分都背着很重的十字架。这不仅是改革戏剧的问题，而是从生活上反封建的问题”。为此，他们当时提出了“两个口号”:“一是改革生活，一是供给剧本。”在改革生活方面，他们提出了“军事化”（严申纪律,消灭过去不良习惯与嗜好）、“学校化”（教队员识字读书报,批评解释每日所演之剧）、“单位化”（队员责任独立，经济独立）。关于“单位化”，田汉解释说:“就是针对中国演员‘准农奴’的状态而言。我想叫他们每人单独对团体对工作负责，其所得生活费除以若干供给他们家庭或师傅之外，务使他们各得其应得的报酬。”

据说，每逢早上 7 时左右经过公医院时，就可以听见“一二一”下操的口令，及“不愿做奴隶的人们……”的歌声，还有悠长的、低沉的、高亢的、短促的练嗓子的声音，跑进去看他们，一排排长的短的、男的女的、有胡子的剧人，穿着整齐的草绿军装，军队似的听教师的口令而一致动作。早操完后，照例由田汉做一次精神讲话：

“同志们，我们做戏剧工作的，在战争中，应该……”；

“同志们，昨天的报载，侵略者在某地被我们英勇的弟兄们歼灭了……”；

“同志们，难民他们弄得无家可归，跟你们以前一样受苦，……救济”。

这些富有政治意义的生活教育，从讲话中灌入剧人们的脑海。在“讲习班”里，除田汉亲自讲课外，还有音乐家任光教唱歌曲，青年戏曲编导龚啸岚负责排练节目，田洪、李也非担任组织联络工作。田汉还请八路军驻湘办事处主任徐特立来讲过两次课，做抗战形势报告。这些对提高戏曲艺人的爱国思想和民族观念都起到了很大作用。

在剧本改革方面，田汉认为，戏剧的根本问题在于剧本。戏曲改革工作一定要重视剧本的提供。用新的历史观点编写历史剧，提高剧目的思想性，并通过新的剧本为表演艺术创造条件，从而提高其艺术性。但这件事对旧艺人来说又不能操之过急，需要逐步改进。他当时的指导思想是：“首先是选择他们熟悉的，没有毒素的脚本叫他们演，再将有把握号召观众的改良旧剧给他们演，使他们演出后，跟老脚本甚至比老脚本还要引得起观众的兴趣——在他们看来，就是赚钱。这样，改变他们以为改良剧不能赚钱的念头，再更进一步地创造更新的东西。”这样一来，不仅旧剧艺人容易接受，而且增强他们对戏曲改革的兴趣与热情。

为了反对国民党在政治上搞分裂，田汉和他周围的戏曲工作者决心以舞台为阵地，演出宣传抗战的戏。剧目有田汉创作的《土桥之战》《新雁门关》和欧阳予倩创作的《梁红玉》等，内容是反对投降、反对分裂，歌颂民族英雄史可法、梁红玉等抗击侵略、保卫家园的英雄事迹，很受观众的欢迎。为了扩大宣传效果，他们还在剧场门口的墙上，写上有关戏剧的抗敌标语：

“女子要学花木兰、梁红玉，男人要学岳武穆！”

“在抗战中建立新的戏剧！”

“舞台及（即）炮台，剧场及（即）战场！”

观众一进戏院大门，这些红红绿绿的艺术字体的标语，便映入眼帘。最引人注意的是，舞台“出将入相”的两门上的门帘，也是用鲜红绸子做的，上面有田汉亲笔题写的“抗战必胜，建国必成”的白色行书字，台口横幅写有“大放光明”四字，鲜艳夺目。而演戏用的桌子，桌帏也是红绸子做的，上面也有田汉的题词：

演员四亿人，
战线一万里。
全球作观众，
看我大史戏。

这不仅对观众是一种鼓舞，对演员也是一种激励。演出的剧目有京剧也有湘剧，观众最踊跃的是京戏，角色中最红的是李氏（雅琴）姐妹。据李雅琴回忆：“每次排练和演出，田汉老师都亲临现场，随时提出改进意见。如果你在排练时不严肃认真，或者演出时在台上东张西望，游离于剧情之外，他便毫不客气地问你怎么不好好演戏？然后又耐心地教你说：‘你不是一个旧艺人，你在台上是一个宣传抗日的战士啊！’要求非常严格，直到说得你心服口服，改正错误。所以我们大家在这期间，无论在思想上、艺术上、文化上，都得到了不同程度的提高。同时，也通过我们经常上演一些富有鼓舞抗日热情的新剧，以及尽可能的赋予旧剧以新意，大大地繁荣了大火之后的长沙的文化生活。”

“训练班”的演戏活动，一方面受到民众的热情支持与赞扬，另一方面也受到反动派的妒恨。他们或明或暗地散布流言蜚语，如说什么“田汉在组织人马了！”一些无聊小报还载文攻击一些进步演员演新戏，等等。对此，有些演员想不通，认为“我们从来不演坏戏，难道我们演鼓励人们抗日的戏不对吗？我们没有错，他们凭什么要骂我们？”然而，田汉却一概置之不理。他对演员说:“他们爱骂，给他们骂嘛！”“我们是要给人家骂的。人家不骂，我们就不红喽！”

经过短期的学习、训练，旧剧艺人的思想觉悟普遍有了提高，在生活上也解除了他们多年来形成的恶习与苦痛，使他们：（一）生活集体化，每日早起；（二）演员不过糜烂的生活，不抽鸦片；（三）过去各剧团有所谓秘本，剧本互不交换。受训后则在共同生活中互相切磋，互相学习，加强了团结。4月4日，为期三个月的“歌剧演员战时训练班”在中山路银宫戏院举行结业仪式。田汉在会上讲话，号召大家团结一致，努力工作，勤研艺事，把剧场当战场，把舞台当炮台，积极投入到抗战宣传的洪流中去。在发给每个人的毕业证书上，田汉写了这样一段话：

湘剧演员 ××× 在本班受训期满，成绩优良，对于抗战工作亦极努力，考核成绩及格，相应发给毕业证书执付为凭。在此国家艰危之际，并仰各励忠节，勤研艺事，务使戏剧艺术成为抗战宣传之利器，每一剧人成为坚强英勇之民族战士，有厚望焉。

艺人们接过“证书”，心情都非常激动。他们感到自己已不是“旧戏子”，而是一名宣传抗战的宣传员，他们决心以实际行动使自己成为“坚强英勇之民族战士”。

会后，田汉在湘剧艺人中又组织成立了四个湘剧抗敌宣传队，排在前三队之后为四、五、六、七队。第四队队长黄元才、吴绍芝；第五队队长王华运、田华明，第六队队长杨福云，第七队队长欧元霞、徐初云。第四、五、六队分别派往湘潭、益阳、醴陵，第七队留在长沙。当时，有人讽刺田汉：“你一无所有，这些个剧团能办得下去吗？”田汉毫不含糊地回答：“我们有演员，有剧本，办剧团除了这些，还要什么？”田汉向这些剧团（宣传队）明确提出了以“发扬民族精神，鼓吹抗敌情绪，消灭汉奸思想，减除宗教迷信”为主要任务。然而，现实并不像田汉想的这么简单。

当湘剧抗敌宣传队风尘仆仆奔赴各地进行抗战宣传之时，却无辜遭到反动当局的排斥与摧残。有的队被迫解散，如湘剧五队在益阳因演出田汉的《土桥之战》遭到当地军警的查禁，还将队长王华运拘留。一天，伪湖南省会警察局局长唐孟壑将湘剧一队队员姚华定传唤去审讯，问：“田汉要你们干些什么活动？”姚华定理直气壮地回答：“要我们演抗战宣传戏。”又问：“田汉对你们还讲一些什么？”姚回答：“要我们爱国。”鹰犬们哑口无言，却不甘心失败。他们下令“不准用抗敌宣传队的名称，要改成原戏班牌名，方准演出，人员异动，要及时报告”。处处与宣传队为难。而田汉亲自领导的“平剧宣传队”（简称“平宣队”）也受到了种种非难。田汉说，当“我们把长沙恢复得有些眉目的时候，逃到沅陵和重庆去了的国民党湖南省政府人员慢慢回来了。继张治中将军任湖南省主席的薛岳也赶来了……我们的演出也渐渐不顺利了”。一天，“平剧宣传队上演《江汉渔歌》，薛岳派人把广告撕去了，把贴广告的人也抓去了”。“平宣队”被迫由长沙转到衡阳。那时，叶剑英在南岳举办军事训练班。新四军军长叶挺也在那里。他们致信田汉，要求“平宣队”去南岳为训练班演出。田汉接信后即带领“平宣队”去南岳。演出的剧目是《江汉渔歌》，深受欢迎。当时，任光要参加新四军，田汉偕他去见叶剑英和叶挺军长，说明此意。从此，任光就随叶挺到新四军去。后来，任光在皖南事变中不幸牺牲。

在衡阳，“平剧宣传队”的演出活动也受到种种刁难。伪警备司令部的参谋长看了《江汉渔歌》后责问田汉：“你为什么要写今日民生不易，织布的不必有衣穿，种田的不必有饭吃，打渔（鱼）的也难得有鲜鱼吃？”这种断章取义的无理指责，真让人啼笑皆非。田汉说，“他们几乎单为我们剧团设了一个审查机关。”可见田汉与“平宣队”在当时的艰难处境。但田汉不向困难低头，而是同反动派展开不屈不挠的斗争。他在南岳参观天柱峰时曾题诗一首：

天柱峰边一纵眸，
东南烽火几时休。
是谁撑得乾坤住，
赖有人间硬骨头。

不久，田汉便带领“平宣队”转战桂林，开辟新的“战场”。

（节选自刘平著《戏剧魂——田汉评传》）

“平宣队”在湖南[1]

抗日时期，武汉沦陷后，我们一家随戏班逃到长沙；长沙大火时，我们又逃到湘潭、湘乡。那时，我们已经沦为难民，是田汉先生从水深火热的困境中，把我们一家拯救出来，组建了平剧宣传队（简称平宣队），使我们这些流亡艺人有了归宿，走上了抗日救亡的革命道路。我们都习惯的尊称他“田先生”，有时也称他“老师”，但是总觉得没有称“先生”亲切；和他同班辈的人更亲切的称他为“田老大”。有次他和我父亲李永成笑着说：“他们都称我‘老大’，其实，我和你一样，也是老二呀[2]！”因为我父亲在家排行老二。我父亲便也风趣地接过田先生的话碴儿，天南地北、海阔天空的跟他扯起闲话儿来。田先生就是这样的和我们这些普通艺人——旧剧演员，像一家人似的不分彼此。我作为一个曾经追随过田先生，在抗日时期的平剧宣传队员，回思以往，心里很不平静。

见到了田先生

记得是 1938 年 12 月，我们戏班从湘乡回到长沙。田先生很热情地接待了我们这一群难民演员，并且说：“可把你们盼来了。欢迎你们！”这时，有人首先便把我拉到田先生面前说：“她就是李雅琴。”田先生连忙说：“认识、认识。我看过她演的戏，我们早在汉口就见过面了。”接着又问我们是怎样从武汉逃出来的，我回答说是坐最后一班船离开的。这时田先生又说：“真巧啊，我们也是坐最后一班船离开武汉的。”他沉思了一下又问：“你们怎么不来找我们哪？”

---

[1] 本文由李雅琴口述、赵凤池整理。李雅琴，安徽人，1937 年抗战全面爆发，随父逃亡到武汉，翌年进入湖南，在长沙、湘潭、湘乡一带演出。“长沙大火”后戏班被政治部三厅收编，成立平剧宣传队，以演田汉、欧阳予倩新编剧本为主，进行旧剧改革的实验。李雅琴习花旦兼工刀马，为“平宣队”台柱，甚得田汉器重。

[2] 田汉出生前六年，田母曾生一子，三月夭折。

我便不知轻重地回答了田先生的问话说："在武汉时，我虽然见过您，但还不熟识，怎么好来麻烦您哪；况且我们也不知道您也是这时走的，到哪里去找您哪！"这样一说倒把田先生和龚啸岚同志给说乐了。这就是我第一次见到田先生时的情景。

孩子们不要哭

我们住在湖南省财政厅的机关大院里。大院里除了住着我们平剧人员外，还住着好几个演剧队。同时还有一部分收容来的难童，也都住在一起。这些难童由于失去亲人，田先生对他们更是关怀备至，就像对待自己的子女一样关心他们。亲自给他们上课，有时还组织他们上街卖报。

住在一起的这几个演剧队的成员，大部分和我一样，都是20岁上下的年轻人。虽然互不相识，彼此也不知道姓名，但由于青年人的性格，大都热情好动，所以很快就熟识起来了。课余饭后，很自然的聚集在一起，坐在院子里山南海北的话说完了，又情绪激昂地唱起抗战歌曲来。只要有一个领唱，大家便很自然地跟着唱了起来。最爱唱也是最能引起内心共鸣的，还是那《流亡三部曲》："我的家在东北松花江上，……"每当唱到"爹娘啊！爹娘啊！甚么时候才能够回到我那可爱的故乡？甚么时候才能够见到我那可爱的爹娘"时，大家就情不自禁地淌下热泪，紧抱着哭成一团儿，泣不成声了！田先生这时便悄悄地走到我们身边，默默无言地看着我们这一群幼稚的年轻人。当我们抬起泪眼，发现田先生站在我们身边的时候，就更加难过的说不出话来了。看得出来，田先生这时的心情，并不比我们平静，也许翻腾得更厉害，但是他却努力的控制着自己的感情，并爱抚地慰勉我们说："孩子们，不要哭！要想回家？就要把日本鬼子赶出中国去！只有赶走日本鬼子，我们老百姓才能安居乐业呀！你们要好好的参加宣传抗日。只要全国民众一心，我们就一定能把日本侵略者赶出我们的国土！"田先生的讲话，像火种一样点燃了我们这些年轻人胸中仇恨日寇的怒火。但是田先生虽然说："孩子们不要哭！"可他那双湿润的眼睛，已经告诉我们，他和我们是心心相印的。

"平宣队"诞生了

1939年1月至4月间，我们在长沙进行了三个月的集训：一边学习，一边排练演出，一切行动军事化，如站队、早操、跑步，等等，所以，大家无论早操、听课、学文化、学唱歌、排演节目劲头都很足。正如我父亲在听了田先生讲课后说的那样："田先生说得对，只要不当亡国奴，让我干什么都可以。田先生怎么说，咱们就怎么做。没错儿！"我父亲的话，也正表达了大家的心声。因此都抱着一种思想，认为应该团结一致加快步伐，排好节目和观众见面。

我们第一次排宣传抗战的新戏，是田先生编写的《新雁门关》。戏的主旨在于"鼓动国内将帅，消除一切无原则的摩擦，共同御敌”。是很适合当时要团结一致、枪口对外、抗击日寇的形势需要的好戏。

田先生看了几出戏以后，觉得平剧演员多，阵容强。同时也喜欢我年轻有扮相、有嗓子，能吃苦不怕累，能冲杀不守旧；又有武功基础，能女能男、能唱能打，很有培养前途，加上陈月楼、曹百岁等一些演员表演能力也很强（以后又陆续有徐敏初、李迎春等人参加）。因此，他认为以平剧为主，是能适合于宣传抗日需要的。经过演出活动，终于做出了决定，将抗敌歌剧队与平剧合并，成立了平剧宣传队，在田先生指导下，以演新平剧为主，驰骋战斗在湘桂线上。

义演宣传从不后人

无论举行义演或劳军演出以及街头宣传，“平宣队”都是从不后人的。在进行这些活动时，田先生更显得特别忙。如举行募捐义演，将收入票款总是以全队名义，全部上缴交公，以作购置寒衣、药品、慰劳品之用，鼓励前方将士踊跃杀敌。

进行街头宣传，也是我们的一种活动方式。抗战时期的街头宣传，开始唱上几支抗战歌曲。观众也参加到大合唱中来，给人以一种同仇敌忾的气势。接下来便是朱慧秋、朱慧文姐弟俩（是队中最年轻的小演员），演唱时装平剧《投军别妻》，表现妻子送郎上战场的动人情景。田先生也常为这些活动及时编写一些结合宣传抗日、激发民众爱国热情的时事短剧，以丰富宣传演出的内容。

记得有这样一出很感人的短剧，可惜忘了名字，就连剧本也没有保留下来。剧情大意是：一个给日本人充当汉奸的民族败类，领着一个日本兵来找花姑娘。这个日本兵在夺走一个青年农妇的丈夫以后，还要奸淫农妇，农妇悲痛欲绝，坚决不肯受这个兽兵的污辱而怒恼了日本兵，这个汉奸又无耻地帮着日本兵从农妇的怀抱中夺过不满周岁的婴儿，当场摔死在地，并用刺刀挑着婴儿的尸体疯狂大笑。农妇在敌人的淫威下，被逼得走投无路忿不欲生。为了不受敌人蹂躏，保我民族的尊严，这个农妇，最后英勇壮烈的牺牲了。戏每逢演到这里时，围观的民众，无不联系着亡国之痛的心情，义愤填膺，怒火中烧而失声痛哭。同时自发地喊起：“打倒日本帝国主义！”“把日寇赶出中国去！”的口号。

还有一出短剧，好像是为庆祝湘北大捷的慰问演出而写的。这个短剧的剧情是说：一个在战场上负伤的伤员，从火线上被抢救下来以后，把他抬在担架上送往后方医治，但他在昏迷中仍然激愤地挣扎着，挺起身体高呼：“打倒日本帝国主义！”表现了我中华民族不可辱，中华民族不会亡的民族精神。也是每当演到这里时，激动着的观众，便自发地呼起口号来。台上台下感情交融，催人泪下，感人至深。

类似这样的剧目，都是田先生目睹当时发生的时事，怀着忧国优民，仇恨日寇的心情，为揭露敌人暴行，反对内战，激发民众的爱国热情而及时编写的。如《怒吼吧，漓江》就是在日机轰炸桂林的当日编写出来的。我记得这个戏，好像是在他用的笔记本上编写后，撕下来当“单片”[1]发给大家分别背词，然后合成。戏就这样及时上演了。

田先生就是这样为争取抗日战争胜利的早日到来，夜以继日坚持不懈地，寻找各种有利时机，以文艺为武器，团结广大艺人进行战斗的啊！

良师和挚友

田先生平时没有架子，不管对谁都一样，所以队员中无论老幼都和他说得来，愿意跟他接近，并且很尊敬他。他也和我们亲密无间。他经常借着聊天的时候，跟大家讲述抗日战争的形势，激发民族自尊心，坚定我们为抗日工作做贡献的自觉性。同时对有人不遵守纪律或表现觉悟不高的行为，又会毫不留情地提出严肃的批评，使你从歧途上猛醒过来。我就曾有两次受过他的批评，至今记忆犹新。

一次是演义务戏，唱《斩颜良》。由我父亲李永成饰关羽，我反串颜良。“特烦李永成女公子李雅琴反串颜良”的海报一贴出去，小花旦演大花脸，当然很轰动，观众购票也很踊跃。演出时，台下观众情绪热烈，自己也觉得偶尔串演一次很新鲜。颜良的扮相与旦角扮相是截然不同的。父亲替我揉脸，戴上“颏下涛”[2]，两鬓插上耳毛子[3]。自己对着镜子一看这副尊容，很是有趣。当我上场时，掀门帘出去刚一亮相，观众一看我这个小花旦，今天变成了横眉竖目的大花脸，就哄堂大笑。我见观众笑我，一时也觉悟不过来，究竟是因为我哪点扮得不合适引起的大笑呢，还是就因为欢迎我的反串而给予我的赞许。观众愈笑我愈发慌，我愈发慌而表现出来的一付傻相，也就更加引起观众的大笑。这样笑个不止，也就把老早蹩在我肚内的笑声引了出来，台上台下笑在一起了。我父亲扮的是神圣不可侵犯的所谓“关圣人”，过去说法是关圣人不能大睁眼，眼睁大了便要杀人。睁也只能是眯着看人，就是在后台候场，也必须是凛然不可侵犯的样子，所以，他虽然很着急，但也没办法申斥我。这时，田先生也在台下第一排稍偏一点的座位上看戏，他每次看戏，总喜欢坐在这样的位置上。我想观众这样笑我，大概田先生也许会觉得好笑而很高兴吧？心里这样想着，便用眼梢暗视田先生的神情，只见他把戴在头上的那顶帽子越拉越低，简直快把上半个脸都遮住了。等戏演完，我刚进后台，只见他早就站在那里了，还没等我向他打招呼，他就劈头盖脸的批评我说：“你笑什么？你笑什么？你唱的是颜良。不是唱你李雅琴！你一掀门帘出去，那舞台就是炮台，剧场就是战场。你不知道吗？……”这一下子，把我满肚子的高兴劲儿，一扫而光，全给打消了。这时我才意识到由于自己无控制地笑场，所造成的不可弥补的损失，是无可挽回的，是对不起观众的。反串一种角色是为了展

---

[1] “单片”：过去戏班排演新的剧本，因条件限制，只把每个角色的台词分别抄下来发给演员，这样的剧本叫“单片”。

[2] “颏下涛”：髯口的一种，挂在颏下，露出嘴部的胡须。

[3] “毛耳子”：两撮竖直的毛发，插于鬓边，有红、黑两种。

示一下一个演员多方面的才能，并不是单纯的为了卖“噱头”找笑料。自己怎么就不从这方面去领会呢？想到这里，觉得更是对不住田先生平时对我的谆谆教导，我不由得惭愧地低下了头，我哭了！事后，他又耐心反复地给我讲道理，使我认识到一个演员的责任，就是要对观众负责，把戏演好，在台上不能为自己寻开心而破坏艺术的完整性。这事成为我终身的一次教训。

再有一次是某部队接我们到南岳演出。由于是走山路，所以他们给我们安排了许多顶轿子给演员和体弱的人代步，给田先生也安排了，可是他并没有坐，而是让抬轿的人，随在他的身后，空身随行。我和雅秋看着这些轿子很有意思，于是便毫不客气，一人一顶的坐了上去，两个力夫抬着，一闪一闪地觉得既舒服又好玩。两个人一路上观山望景，有说有笑地开心极了。这时只见田先生拄着一根人家刚送给他的豆沙色的新手杖，从后面满头大汗的赶了上来，走到我们面前，他对我和雅秋绷着脸说：“雅琴，雅秋，下来！”我俩很不理解地看着他，也没有下来。心想：“您怎么自己不坐，也不叫我们坐，这派来的轿不就是为我们预备的吗？”他见我们无动于衷，于是又厉声而带着命令式的口气说：“下来！”接着又听他似乎是自言自语地说：“都是一样的人，为什么要人压人呢？”我们见他真的有些生气了，才不太情愿地从轿上走下来。虽然我们没坐轿了，可是心里仍是不以为然。也很奇怪他为什么不坐而偏要走路，并且发出叹息呢？过了许久，我才逐渐悟解到田先生的心情，并不是说他爬山不会劳累而不想坐轿，而是他老人家看到抬轿的人，都是衣不蔽体、食不饱腹、出卖体力的劳动者，不忍心坐上那人压人的轿子。我想当他叫我们下来的时候，心中真不知忍受着多么大的痛苦。可是那时我们太年轻，怎能理解他的心情，所以，连这点起码的觉悟也没有。

田先生平时态度温和，甚至有时还很风趣地引你发笑。“平宣队”过的是集体生活，就是外出郊游也要列队前往。有次全队去岳麓山春游，我和妹妹雅秋扛着队旗，走在队伍的最前面，队员都穿着统一的制服，个个精神抖擞地神气极了。到了山麓，田先生操着湖南乡音，笑着向大家高声地发布号召说：“哪一个先爬上山顶，奖他一碗面。现在开始！”这一声令下，大家都高兴地欢呼跳跃着，向山顶上冲去，谁也不甘落后，结果是我第一个爬到山顶。我兴奋而又得意地对走在半山途中的田先生和伙伴们高喊着说：“田先生！我先到山顶啦！”田先生满意地笑着说：“好。一碗面！”然后，在山上被树荫遮盖着的草坪上，田先生和大家一起，尽情地欢笑，做起各种游艺活动来。

田先生虽然平时对人态度温和，但可以看出绝不是无原则的迁就。从他对我们严格的要求里，体现着他对我们的满怀希望：“改革旧剧界的腐化堕落迷信的生活，使他们生活纪律化，推进剧人的团结，提高旧剧人争取高尚的人格，提高旧剧的精进，使每个剧人了解各种演剧形式，互相尊重，互相学习，更希望每种宣传工作，不仅以言教人，同时要以身教人，做群众的模范。”对我们要求严，正是体现了爱之深。他是恨铁不成钢啊！所以，我们尽管有时受了批评，但事后明白了自己的错误，就更加感到温暖，更加敬重他。

田先生真不愧是我们艺人的良师和挚友。

田先生懂戏曲

过去有一些看不起旧剧的人，认为它已经落后于时代，对今天已经没有什么艺术价值了。以田先生这样的大作家来搞旧剧改革，写平剧本，真是有点得不偿失为他可惜。另外也有些关心他的朋友，认为他不懂戏曲，怕他搞不好有损他的声誉。但是田先生却具有远见卓识，力排众议，在抗日战争时期，毅然以先行者的大无畏精神，领导着“平宣队”，以戏曲这种艺术形式“为抗战胜利”做了大量的工作。

田先生真的不懂戏曲吗？他懂。

有次，我们正在练功的练功，吊嗓子的吊嗓子。我正在外面练功的时候，忽然听到从室内清脆悦耳的胡琴声中传出一句既陌生又熟悉的声音，唱道：“店主东带过了黄骠马……”接着唱完整段《秦琼卖马》的西皮慢板。我好奇地跑到门口一看，啊！原来是田先生正有滋有味、怡然自得地在唱哪。当他唱完最后一句：“但不知此黄骠落与谁家。”唱段结束，余韵犹存。我不禁惊奇地问田先生说：“田先生，怎么您还会唱平剧呀？”他很幽默地对我说：“我呀，当然会唱。我不会唱，怎么能跟你们在一起搞平剧哪？我会唱好几段哩！”接着他在大家的欢迎下，兴致勃勃地唱完了一段《平贵回窑》“二月二日龙发现”，从西皮倒板起整整一个唱段，唱得非常流畅，毫无拖泥带水或忘词的现象。这里虽然列举的仅是田先生在偶然的情况下，唱了两个平剧的唱段，但我们却从中看到田先生在“使旧剧在形式和内容上不断改良，而帮助抗战的胜利”这个前提下，学习演唱，掌握板式，探索规律上的严肃态度。他在研究旧剧是为了改良旧剧方面，付出了多么大的辛勤劳动，怎能说他不懂戏曲呢？

田先生在生活上经常过着窘迫的日子，有时连买香烟的钱都拿不出来，这是一些熟悉“田老大”生活的人都知道的事，但他自己却很乐观，毫不在意。自从他唱过那段《秦琼卖马》以后，有时大家看到他稍有不便的时候，有人便故意地和他老人家逗趣地说：“田先生，您什么都卖光了，还留着那匹马干什么呀，把马也牵出去卖了吧！”直把田先生说得大笑起来。

几十年过去了，那时我年轻幼稚，确实也不懂事，加上年深日久，回忆起来也很困难。但是就在这日常工作和生活中，在接近田先生所感受到的教益里，我却看到了田先生那种寓伟大于平凡中的伟大精神。

（节选自刘鸣泰主编《田汉与湖南戏剧》）

第四章 田汉长沙探亲

随着国民党对国统区进步人士的迫害日益加剧，中共党组织有计划地组织革命文艺工作者从上海撤离，有人去了香港，有人去了北平。1948年6月，中共党组织通知田汉做好撤离上海转入解放区的准备。临行之前，田汉想到长沙战事未熄，想把母亲安置到长沙乡下的亲戚家以躲避战乱，方便照应，顺道把弟弟田洪带到解放区一起参加革命工作。回到家乡之后，乡绅们纷纷议论田汉是“有色彩的”，以致田汉小舅犹豫不决不敢招待田汉一家，田汉一家只好当天返回长沙。回长沙探亲的这短短10天，田汉虽不曾拜访任何人，但昔日湘剧界的故旧、《抗战日报》的同事、少年时代的同学纷纷来访，特别是湘剧界及新闻界人士，在湘春园戏院为田汉举行了盛大的欢迎会。

本章节选了田汉弟弟田洪、湘剧老艺人张文祥、田汉研究者刘平等人，回忆1948年田汉回乡探亲与家人、朋友相聚的境况。

解放前夕的还乡行

抗日战争结束以后，田汉仍回上海从事革命戏剧运动，我和绮霞[1]则回长沙继续搞湘剧，母亲和我们住在一起。

1948年春，田汉接到党的通知，叫他前往解放区工作。那时他们估计，至少还需要5年

[1] 绮霞，即陈绮霞，田汉的弟媳。

时间才能解放长沙。为了安排母亲的生活和后事，哥哥在赴解放区之前，于6月上旬与张英[1]一同从上海回到了长沙。

回长沙之前，张治中曾邀请哥哥一起到西北去。哥哥说："去西北的事以后再商量。我现在要回湖南探亲，请你同湖南方面打个招呼吧！"

张治中给当时的国民党湖南省政府主席王东原发了电报，大意谓田汉回乡省亲，别无他事，请予照顾。哥哥回到长沙后，王东原还请他吃了饭。由于利用了国民党高级官方人士的名义，有了"合法"身份，所以哥哥这次回长沙是比较安全的。

哥哥回长沙的主要目的，是想把年迈的母亲送到东乡的满舅易虎臣家寄居，等待长沙解放。

我们到达满舅家以后，哥哥就向他说明了来意。满舅沉吟了片刻，才说道："若是平时，大姐到我家住是没有问题的。现在这样兵荒马乱，你们兄弟不在，大姐住在这里，如果出了事我怎么担待得起？"

哥哥见满舅犹疑不决，就把我拉到山上，同我商量。

"三弟，组织上本来要我带你一块到解放区去。"哥哥说，"可是母亲不能在满舅家寄居，让她住在长沙，打起仗来没有人照顾是不行的，怎么办？"

他的意思，是叫我留在长沙照顾母亲，直到长沙解放。我表示没有意见，事情就这样定下来了。

哥哥这次回家，受到长沙戏剧界的热烈欢迎。长沙梨园公所理事长王元和赶排了哥哥改编的湘剧《武松》欢迎他，还请他看了京剧和皮影戏。

（节选自田洪、陈绮霞著《回忆田汉》）

田汉偕安娥回长沙探亲

随着国民党对国统区的反动统治日益加剧，中共党组织有计划地组织革命文艺工作者撤离上海，有人去了香港，有人去了北平。1948年6月，党组织通知田汉做好撤离上海转入解放区的准备。这一安排与当时国内形势的发展是密切相关的。当时，中国共产党领导的以粉碎蒋介石反革命"内战"为目的的人民解放战争，至1947年下半年已经发生很大变化。一方面是国民党在军事上节节溃败，政治经济日益破产；另一方面是人民解放军由战略防御转入战略进攻，并取得了重大胜利。与此同时，解放区土地改革运动深入进行，国民党统治区爱国民主运动蓬勃发展，所有这一切都标志着全国范围的新的革命高潮已经到来。在这种形势下，中国人民解放军总部于1947年10月10日发布宣言和口号67条，提出"打倒蒋介石，解放全中国"

[1] 张英，即安娥。

的口号。同时还提出:“联合工农兵学商各被压迫阶级、各人民团体、各民主党派、各少数民族、各地华侨和其他爱国分子，组成民族统一战线，打倒蒋介石独裁政府，成立民主联合政府。”12月25日，毛泽东在中共中央会议上做了《目前形势和我们的任务》的报告，重申了这一政策，并指出：“这是人民解放军的、也是中国共产党的最基本的政治纲领。”1948年4月30日，中共中央发布纪念五一劳动节的口号，其中第五项号召“各民主党派、各人民团体、各社会贤达迅速召开政治协商会议，讨论并实现召集人民代表大会，成立民主联合政府。”5月1日，毛泽东主席又致函李济深[1]、沈钧儒[2],向他们提出关于召开政治协商会议的具体意见。当时各民主党派和无党派民主人士因受国民党反动派的迫害（国民党政府于1947年10月27日下令解散民主同盟），很多人已从国民党统治区前往香港继续进行民主活动。他们获悉中国共产党的“五一”号召后，十分振奋，热烈响应。党组织安排田汉进入解放区，就是为参加筹备新政协成立工作的。

1948年6月，遵照党组织的安排，田汉积极做好去解放区的一切准备工作。临行前在张治中将军保证其安全的情况下，田汉偕安娥回到长沙，主要是安排其母亲的生活。当田汉一踏上家乡的土地，就被文化特务知道了。田汉在其二舅蒋寿钦开办的“红叶咖啡厅”内，被许多采访的人包围了，其中也有便衣特务在场。为了避开采访，田汉当众宣布“我是回来照顾母亲的，什么活动也不参加，什么地方也不去，请在场的记者把这几句话见报吧”。然后田汉与安娥等人一道回家。当走到都正街清香留巷口时田汉看到母亲早已站在门口，田汉急忙跑上前去连喊几声“妈妈！妈妈！”母亲易克勤用手擦掉欢乐的泪花，说：“寿昌，我们娘崽又有几年没见面了吧！”于是，大家一起走进又暗又潮湿的住房。晚饭是母亲易克勤亲自做的，一家人坐在一起谈到深夜。睡觉时，田汉轻轻地告诉田洪，这次回长沙来的目的，是商定送母亲回乡下去住，然后带上田洪一同去解放区。

第二天，田汉全家下乡引起了当地绅士的注意，议论田汉是有色彩的，以致有的亲戚不敢留下田汉母亲,怕招来麻烦。无可奈何,田汉一家只好返回城里。田汉把田洪喊到外面单独谈话，他说，带你去解放区看来不可能了，希望你能照顾好母亲和孩子。田洪知道哥哥是有重任在肩的人,不能让他在外担心着母亲和孩子。于是,田洪说:“请哥哥放心的去吧！等到祖国解放那天，我一定陪着母亲和孩子来看你。”田汉见弟弟这样，也就放心了，便给母亲买了些衣服和用品，也交了些钱给弟弟，作为今后的生活费用。

那几天，田汉虽没有去拜访任何人，可是来访的人不少。有湘剧界的老朋友演出六队的同志们,《抗战日报》的同事，学生时代的同学……6月10日长沙湘剧界和灯影（皮影）、清唱艺人湘剧爱好者及新闻界人士共400多人在高井街湘春园戏院举行欢迎大会。

见到迎候在门口的许多湘剧艺人，田汉快步走上前去，热烈地握着他们的手，劫后重逢，

[1]　李济深：时任中国国民党革命委员会主席。后历任中华人民共和国中央人民政府副主席、全国人民代表大会常务委员会副委员长、中国人民政治协商会议全国委员会副主席。

[2]　沈钧儒：1912年加入中国同盟会，是中国民主同盟的创始人之一。中华人民共和国成立后历任最高人民法院院长、全国政协副主席、全国人大常委会副委员长和民盟中央主席等职。

倍感亲切。在会客室里，湘剧界的名老艺人黄元和、王申和、徐绍清、罗元德、贺华元等围在田汉的身旁，叙述着在抗战中的经历。原湘剧抗敌宣传队第三队队长黄元和说，自 1938 年成立至 1944 年国民党军队大溃退，三队同志始终团结一致，坚持战斗，顶住了国民党反动派的迫害和困苦生活的折磨，辗转在湘中一带农村集镇坚持抗日宣传，从没有到沦陷区为敌人歌舞过，直到抗战胜利后，才回到长沙。田汉非常钦佩湘剧艺人的奋斗精神。当他听说湘剧老艺人欧元霞、吴绍艺、罗裕庭、胡鲁临、董海奎等人均死于国难时一阵痛楚淌下泪来。为表达对这些老战士的悼念之情，田汉挥笔写下了《怀湘剧死难诸友》一诗：

梨园自有寸心丹，
百战罗吴数二难。
歌舞何须唱消歇，
精忠今已照人间。

在欢迎会上，田汉发表了热情洋溢的演说。他首先赞扬了湘剧艺人在抗战时期编写抗战新戏，把旧的形式加入新的内容，起到了抗日宣传作用。在战争年代，湘剧艺人转徙流离，很多人死于国难，他们不为敌人歌舞，民族气节可嘉，是中华民族的忠臣，应该学习、发扬他们的精神。其次，田汉讲到，要培养新一代演员的问题，这是发展湘剧的根本。会后，湘剧艺人招待田汉、安娥看戏，由名演员余福星、陈绮霞演出田汉创作的《武松》一剧。

第二天（6 月 11 日）是端午节，老艺人黄元和约张文祥去看望田汉。黄元和向田汉详谈了湘剧目前的困难——演员阵容不齐，剧目贫乏，后继缺人，生活困难。对此，田汉也无能为力，他感叹地说：“我在湖南无职无权，现在不好解决，只能慢慢来。”“今后会有办法的。”6 月 12 日上午，长沙市戏剧同业会召集各剧团、剧院，包括电影院以及平（京）、湘、楚（花鼓）戏演职员 1000 多人在黄金戏院开会，田汉出席并讲话。他一方面介绍各地剧院、剧团的情况，一方面勉励大家加强团结，共同搞好戏剧事业。下午，在黄金戏院观看皮影戏《哪吒闹海》和《五更劝夫》。观后，田汉同皮影艺人何德润亲切交谈。他说：“皮影戏很好，形式简单，内容生动，容易反映现实，为广大人民群众所爱好，特别是儿童最喜爱，今后必须进一步加以改革，使皮影艺术更发展。”在田汉即将离开长沙时，住在不远的一户姓常的木匠师傅找上门来，他对田汉说：“您是个大文人，想请您给写块招牌，一定会保证我今后生意兴隆。”田汉听后哭笑不得，连连摇头说：“我从没有替人写过招牌。”常木匠再三要求，田汉还是答应了，拿起毛笔写下“谦益祥”三个大字，还在旁边写下“田汉”二字，然后笑呵呵地说：“将来发了财一定要请我的客啊！”几天后，在一个风雨之夜，田汉悄悄地离开家乡奔赴解放区。行前欣然有感，写下五言纪事长诗《湘剧忆事》，记述湘剧演员在抗战中的贡献，悼念牺牲的老艺人。“故人不可见，泪下思如雨”正是田汉这次回乡的所见所闻和所感。

（节选自刘平《戏剧魂——田汉评传》、田洪《回忆我的哥哥》）

梨园同有寸心丹

——田汉 1948 年回乡行[1]

1948 年夏，田汉同志转入华北解放区之前，偕同夫人安娥回到家乡，探望他的高龄老母及三弟田洪夫妇。

长沙湘剧界和灯影（皮影）、清唱艺人、湘剧爱好者及新闻界人士共 400 多人，于 6 月 10 日在高井街湘春园戏院举行欢迎大会。

当时我是戏剧同业公会湘剧部的文书干事，负责筹备此事。那天当欢迎的横幅、标语刚贴上戏院门口时，田汉同志夫妇在田洪、陈绮霞同志的陪同下步行来了。他穿着天蓝色的旧衬衫，系青色领带，当时他年正 50 岁，头发虽已斑白，但身体非常健康，精神旺盛。

当他见到迎候在门口的众多湘剧艺人时，热烈地握着他们的手，劫后重逢，倍感亲切。当时的激动、感慨之情至今如在目前。

在一间住室里，湘剧界的名老艺人黄元和、王申和、徐绍清、罗元德、贺华元、廖申翥、王华运、余福星等，围绕在田老的身旁，叙着在抗战中，湘剧艺术遭受严重摧残，艺人流离颠沛的景况。田汉同志询问及湘剧界旧交如欧元霞、吴绍芝、罗裕庭、胡普临、董海奎均死于国难，这时他一阵痛楚，淌下泪来，在座者亦相对唏嘘……

原湘剧抗敌宣传第三队队长黄元和，向田先生汇报了三队自 1938 年成立后，坚持战斗，特别是 1944 年国民党军队大溃退，三队同志始终团结在一起，顶住了国民党反动派的迫害和困苦生活的折磨，辗转在湘中一带农村集镇坚持抗日宣传，从没有到沦陷区为敌人歌舞过，直到抗战胜利后才回到长沙。田汉听了汇报，又翻看了各地机关、团体赞扬湘剧三队的信件，他十分兴奋，这样才把室内的悲痛气氛转变过来。

这时大家感到田先生这次回来，只有几天逗留，以后天南地北，不知什么时候能够见到，便想请他题诗留念，他欣然接受了。为了不打扰他的构思，除留下我准备纸笔墨砚外，其他人都告退出去了。田先生在桌上拿了一张便条纸，来回踱着，轻声吟哦，站在窗边在便条纸上记了几行字。不到三分钟时间，他便叫我倒杯热水，泡发硬结了的中楷笔，然后对我说："准备写呀！"说着他用秀丽的行草体，手如飞电一挥而就：

梨园同有寸心丹，
百战罗吴数二难。
歌舞何须叹消歇，
精忠今已照人间。

---

[1] 本文作者为张文祥。张文祥，湖南长沙人，1920 年生。长沙市湘剧院离休。1938 年长沙市文夕大火后参加田汉同志领导的湘剧抗敌宣传第三队，任文书。1949 年 8 月参加组织迎接解放，同时筹建长沙市戏剧艺术工作者互助会以及洞庭湘剧工作团和皮影工作队，先后担任剧艺互助会主任秘书等职。1950 年参加湖南省文学艺术界联合会筹建工作，被选为省文联筹委会常务委员。

题款上写着 ：“与元和、申和先生谈裕庭、绍芝及欧董诸君事，感为写此。”

第二首 ：

裂石穿云若有神，
桂江今想翠眉颦。
歌场无限辛酸泪，
不洒千锤百炼人。

题款是 ：“元和先生亦千锤百炼人，当有同感也。”

第三首 ：

漓江重听董莲枝，
艺事精时鬓已丝。
一曲梨花两行泪，
灵均辞赋少陵诗。

题款是 ：“戊子端午前一日，为文祥同志写句。”

并在每首诗下面左侧都签上一个“汉”字。书法中锋、方圆兼备，雄健中蕴含温雅，沉着中偶露飘逸，有拙媚相生的独特风格。

第一首系田老新作，这是书赠整个戏剧界的，既是悼念死于国难的故人更是激励来者。二、三首为 1942 年旧句，原是赠给从事抗日宣传的大鼓名演员董莲枝的。第二首的题款上赞扬黄元和老艺人“亦千锤百炼人”，这是对黄在领导湘剧抗敌宣传第三队功绩的高度评价。

田老题诗以后，在黄元和等老艺人陪同下，出席了欢迎大会。在热烈的掌声中，他发表了演说。

田老首先讲了湘剧在抗战时期的工作情况，指出不少湘剧艺人编写了抗战新剧，有的把旧的形式加入新的内容，起到了抗日宣传作用。赞扬了罗裕庭、徐绍清等同志在这方面做得很好。接着说：在战争年代里，转徙流离，很多湘剧艺人死于国难，他们不为敌人歌舞，有民族气节，是中华民族的忠臣。田汉同志讲到这里时的语调非常激昂，台下的湘剧艺人听了为之感动不已。

田老讲话的第二个要点是要培养下一代演员。他说 ：由于战争的原因，近十多年来湘剧没有正式科班，老艺人健在的寥寥无几，若不及早培养新一代，湘剧诚有失传之可能。

田老讲完话后，全场又一次响起了热烈的掌声。这时他走到放签名单的桌边，发现签名单上都是签的来宾和社会人士，他自己在左边签上名以后，对我说 ：“你拿去要到会的艺人都在这里签上名。”从这一点小事，可以看出田老对艺人的地位与人格的尊重。

会后演出田老过去创作的《武松》，由湘剧名演员余福星、陈绮霞主演。这出戏 1942 年曾由湘剧名演员吴绍芝先生在桂林演出过，唱腔表演，均有许多改革。这次演武松的主角余福星是吴的徒弟，主演潘金莲的陈绮霞系田汉同志的弟媳妇。

戏演完后，田汉同志特意地留住一些来宾和社会人士对剧本和演出进行座谈。

次日是农历端午节，上午黄元和先生约我同去看望田老，汇报湘剧目前的困境，希望得到他的帮助。都正街清香留巷内一所低矮木棚屋，就是田老的家。我们进门时正值田老陪着他的高龄老母亲及弟妹、侄儿在过节，可是桌上仅摆着几个盐蛋和两碗蔬菜，当时我想这样的大文人，生活也如此清苦啊。田老见我们到他家来了，连忙热情接待我们，寒暄一阵之后转入正题。黄元和向田老详谈了湘剧目前的现状。这就是演员阵容不齐、剧目贫乏、后继缺人、生活困难。政府，只在口头上说得漂亮，规定每年 2 月 15 日为戏剧节，其实并不真正扶植戏剧事业。接着他向田老举出一连串的事例：上演剧目要由警察局审批，备受刁难，1944 年在桂林举办的“西南剧展”，我们湘剧要求去参加，不支持；我们要求组织“戏剧演员协会”，不批准；我们想自己办一个“戏剧子弟学校”，也不同意。

田老听了汇报后，沉默了许多，他感叹地说：“我要像予倩（即欧阳予倩）在桂林那样就好办些，他是艺术馆长，我在湖南无职无权，现在不好解决，只能慢慢来。”说到这里，又鼓励我们说：“今后会有办法的。”“我这次到了上海向朋友找些剧本寄来。”当时我们是不理解“今后会有办法的”这句话的含意的。

我们知道田老回湘的接待很忙，不便多留，便向他告辞，田老亲自送我们到门口握手道别。

第三天是 6 月 12 日，这天上午长沙市戏剧同业公会召集各剧团、剧院包括电影院以及京、湘、楚（即花鼓）戏前后台演职员共一千多人在织机街黄金戏院开大会，请田汉先生出席讲话。田老在这次会上的发言主要是介绍各地剧院和剧团一些情况，勉励大家加强团结，共同搞好戏剧事业。这次参会的人很踊跃，田老讲话的时间不太长，这时正在不断有人进入会场，田老便引用郭沫若同志的“我的话想要讲给每个人听，但人总是不断地来了，我的话就只讲到这里”作为他讲话的结束。

下午，长沙的皮影戏，为田老在黄金戏院专场演出《哪吒闹海》和《五更劝夫》。田老看后，同何德润等同志握手交谈。他说：“皮影戏很好，形式简单，内容生动，容易反映现实，为广大人民群众所爱好，特别是儿童最喜爱，今后必须进一步加以改革，使皮影艺术更发展。”

晚上，黄金戏院演出全部平剧《黄金印》招待田老。

田汉同志此次回家乡长沙探亲，共约十天左右，曾到故居田家塅一趟。在一个风雨之夜，他偕夫人安娥，由长沙起程赴上海，行前欣然有感，为湘剧写了五言纪事长诗《湘剧纪事》一首。赴沪路经南昌下车，曾到“百花洲”访友人郑亦秋不遇，无限怅然。住宿一夜到达上海后，由音乐家盛家伦同志伴送从天津唐官屯，过所谓“阴阳河”进入华北解放区。他在给友人的信中说：“倒是非常紧张多趣。”

（节选自刘鸣泰主编《田汉与湖南戏剧》）

第五章 田汉长沙调研

1956年，田汉以中国戏剧家协会主席、全国人大代表的身份到湖南等地考察走访了许多名老艺人和中青年演员。通过视察、交谈，了解到部分演职人员生活困难、住房紧张、剧场条件差、行头破旧等情况，田汉看在眼里记在心里，认为这是亟待解决的问题。为了慰勉参加过抗日救亡的湘剧艺人，更为了全面调查戏剧方面存在的问题，田汉邀请部分湘剧名老艺人在长沙天心阁举行“听雨之会”，听取艺人们对戏曲改革工作的意见。他把调查中了解到的问题和艺人们的实际困难都一一整理成材料，一方面如实地转给了省市有关领导和部门，并向中央汇报湖南等地所见所闻，另一方面在《戏剧报》公开发表了《必须切实关心并改善艺人的生活》这样“引火烧身”的“为民请命”的文章，在当时引起了很大反响，并且得到了中央的高度重视。本书收入了这篇文章。

人民代表为人民
——记田汉1956年来湘视察[1]

1956年5月22日，中国戏剧家协会主席田汉同志，以全国人民代表大会代表身份，与章士钊、翦伯赞等人大代表及向达、李觉、周凤九等几位全国政协委员来湖南视察工作。他们本拟同省里有关部门负责人交换意见后，再分赴各处进行视察。谁知道消息一下子就被戏剧界知

[1] 本文作者为湘剧剧作家陈素耕。

道了。5月23日，田汉和萠伯赞视察长沙市湘绣生产合作社出来，遇上了长沙市艺联湘剧团团长王福梅[1]，在她的陪同下与该团一些演职人员交谈，并看了他们的宿舍。见男女老少、已婚未婚的铺位挨在一起；有的隔一层帐子便是一家；有的单身艺人两个人共一铺；也有青年演员住在两对夫妻的当中的。田汉记在心里，认为这是亟须解决的问题。从第二天起，在省市宣传、文化部门负责人的陪同下，田汉等同志还视察了长沙市湘剧一、二团，工艺湘剧团的演出场所、宿舍，并与部分演员交谈，了解到剧场条件差，行头破旧，住房紧张，部分演职人员生活困难等情况。同时，在胡代炜、刘斐章等同志陪同下，还先后视察了省民间歌舞团、省话剧团、省湘剧团及省花鼓戏剧团。在视察话剧团时，同志们提出可供演出的新剧本太少，想请他为剧团写剧本，他便指出只依靠老剧作者来写剧本是不够的，剧团要培养出自己的创作人员。并提到湖南省有悠久的革命历史，可写的题材多得很。视察省花鼓戏剧团时，询问像肖重珪[2]那样的演员该团有几个？对一些学生出身的花鼓戏演员，给予了鼓励等。在视察省市各剧团时，对同志们提出的问题，他能答复的当即答复；一时答复不了的问题，他都一一笔记下来，说明一定如实地向省委及有关部门反映情况，力求妥善解决。

5月26日下午，在文华剧院观看了由长沙市湘剧一团演出的《文天祥》一剧。这时，文化部发出通知，正向全国各剧团推荐上演《十五贯》。于是，田汉同志应长沙市文化局的邀请，在文华剧院向省会戏剧界介绍了有关浙江昆剧团改编演出《十五贯》的情况。他谈到《十五贯》有着丰富的人民性，相当高的思想性，她不但使古典的昆曲艺术放出新的光彩，而且说明了改编的优秀传统剧目同样可以很好地发挥现实的教育作用，可以说这个剧本是改编传统剧本的成功典型。所以人们说“一出戏救活了一个剧种”。

在谈到如何对待传统剧目时，他说，应本着去芜存菁、推陈出新的方针，既要保留和发扬原作的优点，又要使原作主题的积极方面更加突出，人物性格更加鲜明。此外，他还谈到对《文天祥》一剧的观感。他肯定了编导、演员的革新精神和这出戏的积极意义。同时指出《文天祥》在戏曲化、如何对待艺术真实和生活真实方面，有不足之处。革新并不是要走歌剧、话剧或越剧的路子，对姊妹艺术只能是借鉴，而不是照搬。例如去掉水袖、髯口、角带，而去力求人物造型的生活真实化，则会妨碍戏曲所特有的表演艺术的发挥。不恰当地将分场改成分幕，也会违背戏曲艺术的规律和观众的欣赏习惯，等等。

田汉同志这一次的报告，引起了艺人和戏曲改革干部的兴趣和重视，也为长沙市以后的由《双包案》改编成《追鱼记》创造了有利条件。

5月28日，田汉为了慰勉曾参加抗日救亡的湘剧艺人，为了全面调查戏剧方面的问题，他亲自书写请柬，邀请了龚湘云、贺瑞云、黄元和、贺华元、周圣溪、田华明、何华魁、徐华瑞、黄洪林、黄菊奎、肖金祥、王申和、姚华定、李凤池、梁金鑫、周元华、廖运生、桂希科、

[1] 王福梅：湘剧著名花旦，抗战时参加湘剧抗敌宣传第二队，演出《土桥之战》等剧。解放后热心“戏改”工作，代表作有《追鱼记》《白兔记》等。

[2] 肖重珪：花鼓戏青年演员。1952年参加全国第一届戏剧观摩会演，饰演《刘海砍樵》之胡秀英，获演员三等奖。

傅儒宗、欧阳寿廷、彭春泉、邓海林、廖申翥[1]和田洪同志20余人，到天心阁举行茶会座谈。因为那日天阴小雨，田汉戏称为“听雨之会”。

座谈时，大家都怀念湘剧界许多老艺人，他们在抗日时期，激于民族大义，不为日伪演出，其中有罗裕庭、吴绍芝、欧元霞、胡普临……为全大节而献出生命。艺人们也就戏曲改革和剧团建设及艺人生活等方面，反映了一些问题和意见，特别是对当时少数干部的粗暴作风，不遵循艺术规律，或者不尊重老艺人所爱用的教学方法（应该说这些方法不都是不好的）等问题，提出了强烈的批评。

座谈会上，田汉勉慰大家，新社会是在党的领导下，是革命先烈的热血换来的，我们必须格外珍惜。我们革命文艺工作者要热爱党，热爱社会主义，为繁荣人民的戏剧事业做出贡献。座谈结束后，大家一起摄影留念。之后，田汉将自己的部分稿费，连同工资一起约2000元，分别赠送给实有困难的老艺人或遗孀以示慰问。

这天下午，他还观看了湖南省湘剧团附设演员训练班的小演员所演出的《盘貂》《小将军打猎》《拨火棍》等折子戏。演出结束后，他和省长程潜等同志一道接见了同学们，慰勉有加。训练班系初创阶段，经费有限，所着行头大多为借来的成年演员所用之陈旧衣物，他便请程潜省长予以关心解决。并拿出50元给伙食团，以做增加学员们营养之用。对此，当年的小演员，今日活跃在舞台的骨干分子，记忆犹新。

5月29日，田汉看了湘剧一、二团、艺联湘剧团名艺人余福星、彭福娥、廖申翥、王申和等联合演出的传统湘剧《双包案》。王申和饰假包公，在演出中杜撰了几句台词：“王朝马汉两边排，田青天已到湖南来。尔等有何冤情事，一一从头诉将来。”田汉对此很有意见。休息时即去后台，严肃而和蔼地批评王申和说：“你怎么把我扯到戏里面去了？我不是包公，更不是青天大老爷。要讲青天，那只能是我们的党。再说，唱戏是艺术活动，是应该严肃对待的，怎么能随便改动呢？唱水词这个老毛病，你得赶快改哪！要不，观众会往台上丢草鞋的啊！”几句话，使王申和认识了自己的缺点，也使其他演员受到了教育。看完戏后，他指出这个戏有改编的基础。当时，长沙市文化局局长康德因蒋寿世的关系，与他接触较多。康德拟请他改写此剧，而他因工作太忙，无暇执笔，建议康德自己动手。田汉便邀请康德去北京，住入细管胡同他的家里，以提供方便。田汉对此剧关心与辅导俱多，除帮助拟订提纲外，并在完稿后代为增删润饰。后来长沙市湘剧三团（艺联即其前身）的《追鱼记》的演出，轰动长沙，连续爆满近百场，终成为湘剧之优秀改编剧目。

田汉随时随地关心戏剧艺术和艺人生活，就在这次视察之余，他和弟弟田洪夫妇在药王街李合盛清真馆吃饭，隔邻有个“群众清唱社”，听说田汉兄弟在这里，他们的负责人就找来了，说是清唱的收入低，艺人生活较困难，想购置一些服装、头面等，但缺乏资金。田汉详细询问了情况后，要他们向剧协写一个报告，第二天就批了300元，由中国戏剧家协会开支，交田洪送去，田汉的弟媳陈绮霞也同时将自己的化装镜盒和头面送给了这个清唱社了。

---

[1] 除桂希科外均为湘剧各行的名老艺人与乐师，大多参加过抗敌宣传队。

结束在湘视察之前，他就戏曲方面的工作和存在的问题，收听到的群众意见，向中共湖南省委做了汇报，并提出积极的改进意见。此后，省委根据实际情况，由省文教办公室，省、市文化局成立了戏曲改革领导小组，抽调干部组成办公室，抓好这方面的工作，并由省委拨款20万元，用作推进和改善这方面工作的经费，使湖南省的戏剧事业得到了进一步发展。

田汉同志在长沙半个多月的时间里，他深入调查、研究，密切联系群众，“在许多前所未有的新的气象中也听到一些使人无限黯然的故事，看到一些不能不代为呼吁的情景”。为了切实解决问题，他作为党和人民的桥梁，及时向党和政府反映情况，于是写出了《必须切实关心并改善艺人的生活》和《为演员的青春请命》两篇文章，分别发表于《戏剧报》1956年的第7期和第11期，密切了党群关系，忠实并积极地执行了人民代表的神圣职责。

（节选自刘鸣泰主编《田汉与湖南戏剧》）

田汉的故乡情结

田汉的故乡情结，表现在除了指导家乡抓戏曲改革、促进戏剧繁荣之外，总是把关心艺人的生活放在心上。他经常给湖南湘剧界的老艺人去信，问他们有什么困难需要他帮助，他愿意为湖南湘剧出点力。事实上，在20世纪60年代，湖南湘剧艺人，尤其是老艺人的生活还是比较困难的。1956年5月23日，田汉和翦伯赞同志到湖南长沙市湘绣生产合作社视察，遇上了长沙市艺联湘剧团团长王福梅，了解到湘剧团艺人的生活困难后，第二天，田汉就邀请省市宣传、文化部门的负责人，一同又视察了长沙湘剧一、二团和工艺湘剧团的演出场所、宿舍，并与部分演员交谈，了解到剧场条件差、行头破旧、住房紧张、部分演职员家庭生活困难等情况。同时他还在胡代炜、刘斐章等同志陪同下，先后察看了省民间歌舞团、省话剧团、省湘剧团及省花鼓戏剧团。在视察话剧团时，同志们提出可供演出剧本太少，想请他为剧团写剧本，他便指出只依靠老剧作者来写剧本是不够的，剧团要培养出自己的创作人员。他接着又提到湖南省有悠久的革命历史，可写的题材多得很。他还对一些学生出身的花鼓戏演员给予了鼓舞，勉励他们为发展戏剧事业多做贡献。回到住所，他把调查中了解到的问题和艺人们的实际困难都一一整理成材料，如实地转给了省市有关领导和部门。后来，湖南省委根据田汉的意见，特意成立了戏曲改革领导小组，抽调干部组成办公室，抓具体问题的解决，并拨出专款20万元，用作解决目前问题和困难的经费。同时还明确制定了三项措施：一、帮助整理上演剧目，增加剧团收入；二、拨款具体解决剧团艺人的生活困难；三、尽快改善艺人的演出、居住条件。更让人感动的是，田汉这次回湘，动身时将收到的稿费连同工资一共约2000元，随身带着。到湖南后，经过调查座谈和私下交谈了解，他自己亲手开出了一张生活有困难的老艺人名单。在天心阁召开的老艺人座谈会上，他公开征求大家的意见，后来又补充了几个名单。他深情地对大家说："唱戏有唱戏的困难，政府有政府的困难，建国不久，百废待举，政府还不能全面解决国民党遗留下来的社会问题。艺人的困难固然要向政府反映，党和政府也会尽力解决，但我们要体谅党和政府的困难，艺人的困难也要靠我们自己互助互利解决一些。"于是他把随身带来的2000元分给了生活困难的老艺人。

也就在这次回湘调研之余，田汉和弟弟田洪夫妇在药王街"李合盛"清真馆吃饭。隔邻有个"群众清唱社"。社里的演员听说田汉兄弟在这里，他们的负责人就急忙找来了，并向田汉诉说他们的困难，清唱社演员收入低，艺人生活困难，想购置一些服装、头面等，但缺乏资金。田汉详细问明情况后，要他们向剧协写一个报告，第二天就批了300元，经费由中国戏剧家协会开支。田汉的弟弟田洪、弟媳陈绮霞也同时将自己的一些行头、化妆镜盒和头面等送给了"群众清唱社"。而对后一代艺术家的成长关怀，田汉更是充满着满腔的热情和期待。曹禺[1]曾在《戏剧工作者的良师益友》一文中深情地说：

> 我喜欢田汉同志的豪爽与坦荡。在南京初识他时，我就感觉他家的大门总是敞开的，"座上客常满，杯中酒不空"。他待人接物像一团火，许多中年人、青年人都围绕在他身边，形成一个进步戏剧界的中心。
>
> 他总是议论风生，豪迈不羁，在他面前每个人都感到欢快，有些生活困难的朋友们就把他的家当自己的家。他从30年代起，就团结了许多进步人士。从那时起一直到后来，朋友们背后总称呼他为"田老大"。我一直不懂"罗曼谛克"（Romantic）是什么意思，如果说这是指敢于打破守旧的东西的一个形容词，那么我觉得田汉同志就相当"罗曼谛克"了。
>
> 当时我觉得他充满了要把"旧世界打个落花流水"的精神。今天我重新来看他，那他就不仅是富于反抗精神而已，他确是一位符合人民的要求的、革命的戏剧家。老舍先生曾对我说："田汉同志的诗是我们无法比的，他是个真正的诗人。"我还想谈：他奖掖后进的事迹。他直接培育出来的戏剧人才本来就不少，我是属于他的后一代的，但他对我的写作也很关切。1961年我为写《王昭君》到内蒙古去搜集材料。他见到新闻影片中我在草原上骑马的镜头，便十分赞许。有一天下午，他忽然来到我家，送给我他在宣纸上写好的一首七绝，题目叫《青冢》：
>
> 一鞭大漠马如飞，青冢黄沙带笔归。
> 为教全华团结好，再抛心力写明妃。
>
> 他说了一句："给你！"便笑呵呵地飘然而去。这首诗我当时就装裱起来，挂在

[1] 曹禺，现代话剧剧作家。《戏剧工作者的良师益友》见《人民戏剧》1979年第4期。

墙上，以激励自己把《王昭君》写出来。从他的这首诗，可以看出一位长者如何爱护他的后辈。

这就是田汉，他从未忘记故乡的养育之情，也从未放弃为人民做“牛”的责任担当！

（节选自谭仲池著《田汉的一生》）

记田汉 1962 年故乡行 [1]

1962 年 11 月 27 日，田汉先生偕夫人安娥、戏曲史学家周贻白、电影艺术家郑君里，应邀参加湖南省第三次文代会来到长沙。这是田先生最后一次回家乡。

文代会在湖南宾馆召开，田先生住宾馆六楼西头朝南的一个套间。室里常高朋满座，有代表，也有闻讯来看望的艺术界人士。其中多是田先生的老战友，老部属，如抗战时期三厅和演出队的刘斐章、刘高林，湘剧抗日宣传队的徐绍清、杨福鹏、何德润等。代表中的彭俐侬、王福梅、陈剑霞等，差不多天天来，或听田先生聊天、谈戏，或为行动不便的安娥做些生活服务。她们把田先生看作老师、长辈，亲切如一家人。湘剧老艺人王申和闻讯从湘潭专程赶来，没有代表证被传达室挡驾。田先生知道后派人把他迎进来，像老朋友一样和他做长谈。

田先生在文代会上做了《加强团结，繁荣创作》的讲话，参加了一些座谈和小组活动；还尽量抽出时间看戏，谈戏，到剧团宿舍看望老艺人。他看了湖南省湘剧院的《琵琶上路》《李逵闹江》《三哭殿》，长沙市湘剧的《金丸记》，湖南省花鼓戏剧院的《谢瑶环》，长沙市花鼓戏剧团的《山伯访友》《装疯吵嫁》等剧目；和湘剧艺术家徐绍清交谈了《古城会》改编得失。湘剧高腔戏《古城会》的短折，又名《斩蔡阳》或《古城训弟》，是徐绍清的拿手剧目之一。说关羽千里单骑护嫂寻兄，过了五关来到古城和张飞会合的故事。在当时“左”的思想干扰下，剧中关羽责备张飞不该多疑的一段唱词，被改为张飞责备关羽不该留滞曹营的内容。田先生不赞成这种改法，风趣地说：是古城训弟还是古城训兄？

12 月 3 日，田先生和周贻白、郑君里参观岳麓山下左家垅的湖南戏曲学校。陪同的省剧协秘书长鲍训端邀我同行。汽车到戏校，老教师们已等候在校门口欢迎。田先生下车后与他们一一握手，并准确地道出贺华元、庄华厚、王华运、何冬保等老艺人姓名。行人参观了学校的文化课堂、练功房、学生寝室和学校环境，还挨家挨户看望老艺术教师。嘘寒问暖，话久别后的经历，问未见面故人的近况。午饭是在戏校食堂吃的。田先生的胞弟田洪 1957 年被错划为右派，从湖南剧院经理位上撤下来，此时正在戏校管伙食。兄弟俩打了招呼。下午，大家看湘

[1] 本文作者为凌翼云。凌翼云（1929—），1962 年湖南省第三次文代会代表，原湖南省戏曲研究所副研究员、副所长。

剧科和花鼓戏科学生的基本功表演和几出小戏。

第三天下午，田先生和周贻白、郑君里一行，先到中山西路民众戏院内市花鼓戏剧团宿舍看望演职人员。他们虽一家一间房但仍很挤。田先生到胡华松、谢莲英房中坐了，询问剧团演出情况和生活情况。以后，便去青山祠市湘剧一团宿舍。市湘剧一团为免得田先生逐家拜访，将主要艺术人员聚集在剧团办公室兼会议室的一间大房里。老艺人们都和田先生熟悉，也多认识周先生和郑先生。周贻白是长沙人，年轻时常在湘剧戏房（后台）出出进进，和艺人交朋友，对湘剧的人和事都熟悉。郑君里祖籍广东中山，出生在上海，是田先生早年创办的南国艺术学院的学生，南国社成员，湘剧艺人看过他演的许多电影，因此彼此都少顾忌，谈笑风生。5点多钟，艺人们端出特意从火宫殿买来的油炸臭豆腐和猪血汤，人手一碗，边吃边谈，气氛亲密。余福星、彭福娥、孔艳兰等端出笔墨，铺开宣纸，请田先生题诗。诗才敏捷、倚马可待，又常给艺人赠诗的田先生，这次没有题诗而题了一段辞：

> 坚持在传统基础上革新。革新既要大胆，又不能掉以轻心；既要一新群众的耳目，又不要脱离群众的欣赏习惯。务使群众在喜闻乐见中接受剧的思想，收受潜移默化的效果。
>
> 我们的传统中有精华有糟粕，必须培养和锻炼我们的识别能力，再配合高超的表现力，做到得心应手，将会达到更高的艺术成就。

这题辞开门见山提出革新，不到150字里，涉及革新与继承、内容与表现力、观众和演员、观众爱好与社会效果诸多问题，还有专门一段谈提高识别精华与糟粕的能力，而终结在“更高的艺术成就”，可惜没有来得及理解就被“文化大革命”冲乱了。这题词不仅符合当时艺术界的实际，在36年后的今天看来，仍有着现实指导意义。

（节选自郑兆欣主编《神州一代戏剧魂——忆田汉》）

第六章 田汉与湘剧 [1]

田汉与湘剧,有着深刻的因缘。田汉出生之日,也是湘剧兴盛之时。据不完全统计,湘剧在长沙演出的寺、庙、宫、殿等地多达27处。田汉自幼在叔叔的带领下,经常观看皮影戏和木偶戏,湘剧在耳濡目染中影响着少年田汉。特别是湘剧净行的故事多为铁骨铮铮的勇士,肝胆相照的英雄,也造就了田汉一身侠骨柔肠。

进入长沙城读书后,田汉接触了更大的社会舞台,也见识了更为多彩的湘剧。1910年代,长沙城戏园林立,湘剧演出极其繁盛。一边是灾荒过后哀鸿遍野,一边是燕舞莺歌余音袅袅,在这反差极大的社会风潮中,革命洪流悄然涌动。观看时事湘剧《血战荆州》后,田汉意识到,湘剧同样也能表现革命、宣传革命、参与革命。

卢沟桥事变后,湘剧人义愤填膺。1938年,田汉回到长沙,旗帜鲜明地提出,湘剧也要为抗日服务,遂组织成立了湘剧抗敌宣传队,举办湘剧战时讲习班,并亲自创作《土桥之战》《江汉渔歌》《旅伴》等作品进行抗日宣传。

中华人民共和国成立之后,田汉一如既往地关心家乡湘剧的发展。在长沙解放之际,田汉拜托解放军第十二兵团司令员萧劲光重组湘剧团;1956年、1962年,田汉先后两次回乡调研考察,与演员们讨论戏曲的改革,指导改编经典戏曲作品,关注湘剧文化事业的发展,关心湘剧艺人的工作与生活,并专门写了两篇文章为湘剧及湘剧艺人鼓与呼。

---

[1] 本文作者为孙文辉。孙文辉,湖南省艺术研究所研究员、国家一级编剧、湖南谷雨戏剧文学社社长、湖南省非物质文化遗产专家委员会委员。代表作有《巫傩之祭》《戏剧哲学》《人类的梦境》《草根湖南》等。

风云时代

田汉出生之日，正是中国社会异常躁动之时。

清光绪二十四年二月二十日，时值公元1898年3月12日，夜，田汉出生于湖南省长沙县东乡茅坪田家塅一户殷实却又显露中落的农家里。爷爷给他取名为寿昌。

这一年的1月22日，是中国农历新年。这一天，日全食从非洲、印度、尼泊尔进入中国西藏，黑暗在地球上划过一条线，到内蒙古结束。“天狗食太阳”——这凶兆，让中国朝野上下，人心惶惶。

这一年农历四月二十八日，皇帝召见康有为，康有为猛烈抨击八股对中国社会的危害。居然影响了皇帝。农历五月初五，这在中国人心目中本来不是一个吉祥的日子，偏偏在这一天，光绪帝发布上谕：从明年起，知识分子参加考试，一律废八股，改试策论，致使社会舆情一片哗然。然而，慈禧太后并不同意，结果杀了谭嗣同等六个闹变法的君子。八月二十四日，太后宣布废除帝谕，恢复旧制：仍然以四书八股考试天下。可惜，车轮无法倒转，沸沸扬扬的中国更加动荡……

后来的历史学家称这一事件叫作“戊戌政变”。

田汉出生之日，也是湘剧兴盛之时。

在田汉出生的前几年，一个叫杨恩寿（1834—1891）的长沙人刚刚去世。这个杨恩寿在长沙看过很多戏，都是湘剧。他喜欢写日记。日记中记录了自己的看戏经历，这本叫作《坦园日记》的书，1983年由上海古籍出版社出版。它让我们知道当年在长沙、在湖南，湘剧演出的盛况。

杨恩寿看过的湘剧剧目很多，周建清《出生宦游之家的戏曲作家与理论家——杨恩寿》[1]一文有如下一些数据：

> 杨恩寿在其日记中记载的演出戏班共有17个，其中长沙有泰益部、太和部、仁和部、大庆班、普庆班、庆和部、五云班、玉联部，湘潭有水和部、大顺部，衡州有老天源部、义合班，郴州有吉祥部、清华部、祥泰部、阳泰部，常德有宝华部。这些戏班演出的剧目，仅凭杨恩寿同治元年（1862）三月二十一至四月十一日在郴州看戏的日记记载，就有《闹金阶》《三战吕布》《合银牌》《法门寺》《阳五雷》《芦花

[1] 湖湘文库编委会《湘籍近现代文化名人·戏剧家卷》，湖南师范大学出版社2012年版，第38页。

河》《南楼释犯》《李密降唐》《生祭》《重台》《王英下山打寨》《辅幼主回朝》《程咬金庆百岁》《黑松林》《春生投江》《活捉》《打棍开箱》《一品忠》《披发祖师得道》《空城计》《木门道》《望儿楼》《双带箭》《金沙滩》《金水桥》《过莽》《四门》《吃醋》《扇坟》《黑蛮进表》《采石矶》《大红袍》《三顶本》《斩广》《龙凤阁》《斩波》《三官堂》《买胭脂》《牧羊山》《五台出家》《回营斩婿》《太君辞朝》《马踏五营》等9个全本、3个大戏、34个折子戏。

看戏的场所在哪里?《坦园日记》也给我们“绘制”了一张清代同治年间赏戏的“导游图”。《坦园日记》所载的湘剧演出在寺、庙、宫、殿的有：长沙市区的观音寺、多佛寺、三圣殿、太清宫、天后宫、天妃宫、善化城隍庙、长沙城隍庙、关圣殿、祝融宫、朗公庙、桓侯庙、玉泉山、鲁班庙、万寿宫、白马庙、轩辕殿、洞庭宫、三元宫、马王庙、雷祖殿、南乐行宫、韩公祠、吕祖殿、真人殿、药王殿、判官庙等27处。在郴州有：三公祠、娘娘庙、财神殿、城隍庙、五通庙、寿佛殿6处。此外，湘潭有紫云宫，澧州有护国寺，衡州有财神殿。这一类场所是杨恩寿日记中反映出的、当时湖南的一些重要演出地点。这些演出点，基本上是一些宗教的祭祀场所。官署、会馆等处是另一类演出与观赏湘剧的地方。杨恩寿频繁出入的，《坦园日记》中提到的长沙看戏场所就有：粮署、县署、中军署、学署、藩署、抚署、府署、协署、桌署、楚北会馆、湖北会馆、苏州会馆、江右局、江南会馆、两浙会馆、中州会馆、广东会馆、河南会馆等地方。

城市的演出也波及乡村，幼年田汉居住的地方——长沙东乡的湘剧演出同样不少。

东乡湘剧演出的兴盛，与湘军有关。

1864年7月，曾国藩打下南京后，深谙“狡兔死，走狗烹；飞鸟尽，良弓藏”的古训，他说，“用事太久，兵柄过重，利权过广，远者震惊，近者疑忌。”[1] 意思是拥兵过重，远处的皇帝寝食不安，周围的同僚也猜疑妒忌。于是，他主动解散湘军，让将士解甲归田。从这年7月到1866年8月，曾国藩将自己统率的12万湘军，只留下了9000余人，其余的均遣返回湘。

湘军出外征战10年，特别是打下了南京之后，无论官兵，都发了一点战争横财。长沙东乡的李双谱，是曾国荃的部下，打下南京后，本想在江苏任职弄个“铁饭碗”，不料曾大帅的深谋远虑也让他惊出了一身冷汗。于是，他也就收拾金银财宝，赶紧回到了东乡。他建豪宅、买田庄、修祠堂、养戏班。为了让戏班的演出有水平，他从长沙请来了小普庆班的名伶萧志庆当教师，在家里办起了湘剧科班。科班中就

[1] 《曾文正公全集·书札》卷二十三，中国书店出版社2011年版，第20页。

有东乡陈姓的三名少年：16 岁的陈绍益、他的弟弟陈绍武，以及比他们年龄大不了多少的叔叔陈松年。

自此，虽然外部世界狼烟四起，而东乡却是一派日日鼓乐、夜夜高腔的升平景象。

李双谱的家班演出剧兴盛，其演员也常常吐故纳新，为城里的戏班输送人才。不知不觉，30 余年后，陈绍益已是省城长沙的一代名伶。

田汉的母亲曾与田汉一起，回忆自己家乡的戏剧时，经常提到两位湘剧名人，他们就是东乡人的骄傲——陈绍益和罗元德：

> 我们亲戚里有一位唱戏的，那就是今日湘剧界里有名的二净罗元德。……因为亲友中有名伶陈绍益，元德就学了二净。在城里极有名气，有时也到乡下来唱戏，因为这儿是他的老家。[1]

《湘剧志》是这样介绍陈绍益的：

> **陈绍益**（1882—1944），生行演员，长沙东乡枫林港人。先从小普庆班萧庆志（从恩）习艺，后随师到长沙东乡李双谱的私家科班坐班，习唱工生角。为人勤奋好学，从艺之余，刻苦读书，熟知历史掌故，能自编新词。嗓音宽亮，中气充足，唱词清楚，字字入耳，节奏感强。能戏有《禅台报》《取成都》《哭雄信》等，尤以《铁冠图》最负时誉。他热心湘剧艺术改革，能根据剧情和人物对剧本进行增删；唱腔能兼收并蓄，吸收京剧一些花腔来丰富自己的唱派。在长沙湘剧艺坛被誉为唱工权威达数十年之久。

1937年上海百代唱片公司灌制的部分湘剧唱片

陈绍益是 20 世纪 30 年代湘剧表演的头一块牌：1936 年，著名的百代公司、丽歌公司经田汉介绍到长沙来灌制唱片时，他是湘剧录音第一人；两家公司为他录制了《铁冠图》《马鞍山》《浣纱记》《牛障山》等 4 个剧目的唱片 3 张（6 面）唱片，是当时录音最多的湘剧艺人。

家乡的名人往往是少年仰慕、学习的榜样。陈绍益出名时，田汉还在东乡上小学：

> 枫林港的清源庵办起了一座洋学堂——初等小学。寿昌入学。“清源庵是个大庙，春秋两季接城里戏班子下乡演戏。名伶陈绍益又恰是枫林港人，演的戏非常认真，寿昌从小对戏剧感到入迷，这对他兴趣的启发上无疑有益的。”[2]

---

[1] 田汉：《母亲的话》，湖南人民出版社 1983 年版，第 6 页。

[2] 同上书，第 50 页。

与陈绍益同时代的**罗元德**（1886—1955），也是长沙县东乡枫林港人。他豹头环眼，长相不凡。11岁入湘剧“三元班”学戏，唱二花脸。师父姜星福，是湘剧名教习，罗元德入科后学习勤奋，唱念做打，功底扎实。他有一副令人称道的好嗓子，人称“肉唢呐”，他的“叫喊”，音乐性强，且声音宏大，极具戏剧性。16岁登台，演《摸鱼闹江》之李逵，《白良关》之尉迟宝林，《七郎打擂》之杨七郎，《龙虎斗》之呼延赞，《卧虎山》之伍辛等都很著名。

由于湘剧净行的故事多为铁骨铮铮的勇士，又是肝胆相照的英雄，这对幼年田汉的性格，产生了深刻的影响：若干年后长大成人的田汉，也就一身侠骨柔肠。

《母亲的话》记述了家乡演出湘剧的时间和场地：

……农村生活不尽是苦的。我们附近花果园真人庙内，每年至少要唱两次大戏。那是四月八的禾苗戏和七月二十六庆祝李公真人寿诞戏。[1]

农村的戏剧演出，与“春祈秋报”有关：每年的春种之前，和秋收之后，都会醵赀演戏，农家许愿还愿，家家也会请戏。因此，大戏开锣，一演就是数十天；另一种是寺庙里的祈福演出，都要请大戏，旧时在长沙府，人们所称的“大戏”就是湘剧。

田汉看湘戏，也多在寺庙庵堂。除了花果园的真人庙，还有成佛庵。

成佛庵的一场演出，让田汉终生难忘：

每年春秋两季庵里也唱大戏，寿昌当然是最热心的观众。有次唱“火烧铁头和尚”，用一根绳子捆着一个假和尚，吊在檐边一个弹葫芦上，火光一闪，把那和尚从天空往台上一丢，随即又收上去，这却把寿昌吓了一跳，回家后还有一点怕。[2]

仔细分析这出戏，它可能不叫《火烧铁头和尚》，而极有可能是《目连传》中的“男吊”一折。鲁迅先生曾在《女吊》一文中提到过男吊。他说：

“女吊”也许是方言，翻成普通的白话，只好说是“女性的吊死鬼”。其实，在平时，说起“吊死鬼”，就已经含有“女性的”的意思的，因为投缳而死者，向来以妇人女子为最多。有一种蜘蛛，用一枝丝挂下自己的身体，悬在空中，《尔雅》上已谓之“蚬，缢女”，可见在周朝或汉朝，自缢的已经大抵是女性了，所以那时不称它为男性的“缢夫”或中性的“缢者”。不过一到做“大戏”或“目连戏”的时候，我们便能在看客的嘴里听到“女吊”的称呼。也叫作“吊神”。

[1] 田汉：《母亲的话》，湖南人民出版社1983年版，第5页。

[2] 同上书，第29页。

横死的鬼魂而得到“神”的尊号的，我还没有发见过第二位，则其受民众之爱戴也可想。但为什么这时独要称她“女吊”呢？

很容易理解：因为在戏台上，也要有“男吊”出现了。[1]

男吊的演出，甚是恐怖，也有很高的技巧。某种程度上来看，它就是一个杂技节目，演员要在一根布条上表演“上吊”的动作，并在舞台的上空荡来荡去，既惊险，又刺激，常常引得观众一阵阵尖声叫喊。因此鲁迅说：“这‘男吊’最不易跳，演目连戏时，独有这一个脚色须特请专门的戏子。”乡村演出这个节目，往往不会用高价去请个专门的杂技演员来临时搭班，他们常常用绳子扎一个假人来进行晃荡。

乡村的演出更多的是皮影戏和木偶戏，而在东乡，人们称之为“影子戏”和“木脑壳戏”。在晚清和民国时代，长沙一带演出皮影和木偶，艺人们演唱的都是湘剧高腔。

田汉的母亲记得：

这孩子对戏剧从小就有很深的爱好。我们农村流行一种影子戏，八嫂子的姨父向福生就是唱影子戏的。附近农村遇到了年节、吉庆，总是他领班子来唱戏。寿昌看完影子戏回来，才是学着唱呀唱的。身子也是学着影戏菩萨的走路姿势。有时偷我做鞋底的布壳子学着剪影戏中的人物。向姨爷来我家时，寿昌老问他讨影戏菩萨和玻璃脸子，又用竹纸糊起架子，在青油灯下自己唱着玩。

湘剧，在潜移默化着少年田汉，但**作为真正的艺术家田汉的起步，却要归功于他的母亲**。不是母亲的敏锐和决断，寿昌可能永远只是一个爱看湘剧的寿昌，而不会成为后来大戏剧家的田汉。

我们那边看大戏（湘剧）只有三个地方：一个是隔三字墙不远的花果园，一个是赤石河附近的金龙寺，一个是隔茅坪较近的洪山庙。我在家的时候，也每年常到花果园去看戏，自到田家就没这功夫了。但田家的叔叔们都喜欢看戏，又都喜欢寿昌。每逢有戏，叔叔们总爱带寿昌去。我也给了些钱给他去买东西吃。他一到庙里因为人小怕挤，老是靠柱头站着呆看，偶尔也由叔叔们抱他坐高凳。回家时他仍把钱交给我，一个也没用掉。若问他今天看的什么戏，他能说出戏的情节来。有时还把衣角展动模仿舞台上演员的动作。我见这孩子资质不算差，又很沉静，想让他读书的心思更坚定了。[2]

[1] 鲁迅：《女吊》，《中流》1936 年 9 月刊（半月刊）。

[2] 田汉：《母亲的话》，湖南人民出版社 1983 年版，第 24 页。

田汉在清源庵小学读了一年，母亲决定让他进长沙深造。

1909 年，田汉在清源庵老师的推荐下，进入长沙城里的选升高等小学学习，开始了人生新的旅程。他在不经意间，一脚踏进了湘剧大都会。

后来田汉回忆道：

> 我是如此地热爱戏剧，从幼小就感到离不开它。在长沙乡下我接触了当地相当发展了的皮影戏（我们叫“影子戏”），傀儡戏（我们叫“木脑壳戏”），大戏（即湘戏），也由叔叔们半夜背我去附近山林中看过农民自己演唱的花鼓戏（即四川所谓“灯戏”，云南所谓“花灯戏”）。这些戏剧里面有朴素的现实主义的东西，也有使我的幼小心灵深受激动的浪漫主义。[1]
>
> 非但我的名字叫“田汉”，并且我从小生活在“田家塅”，我的祖父是农夫，一直到我父亲时代，才有农人的革命，中国社会近代化，农民渐渐到都市去了，我们兄弟便是从田园生活到都市中来的。[2]

田汉进城了，他接触了更大的社会舞台，也见识了更为多彩的湘剧。

革命洪流

田汉是从小吴门走进的长沙城。

当他走近那太平军“也没有能攻破的一尺多厚的大铁门，进入那又深又黑只远远望见一线天光的古老的城门洞的时候，的确产生一种紧张和新奇的感觉……”[3]

这一年，是清宣统元年，公元 1909 年，是辛亥革命的前夜。

那又深又黑的小吴门城门，似乎是一种象征：那正是当时长沙市井生活的写照。首先，让人感觉到“紧张”的是时局。

1909 年，南方发生洪灾，各省粮食普遍歉收。湖南几大水系也是洪水滔天，庄稼同样没有收成。本省的稻米本来供应不足，而邻近的省份却仍然像以往丰年一样前来湖南抢购大米。自岳州、长沙开埠以来，那些采购粮食转运出口到国外的商人更是趁火打劫，他们经清政府外务部批准，又取得湖南巡抚岑春蓂的许可，携带巨款来湘抢购，致使湘米大量外流，湖南粮荒

[1]　《中国当代文学研究资料丛书·田汉专集》，江苏人民出版社 1984 年版，第 190 页。

[2]　阎折吾：《南国的戏剧》，萌芽书店 1929 年版，第 157 页。

[3]　田汉：《母亲的话》，湖南人民出版社 1983 年版，第 51 页。

日益严重。1910年3月下旬，省城长沙公私存粮不足30万石，不足长沙城两个月的需要。这时，距新谷上市为时尚早，而米价扶摇直上，一日数涨，往年每石二三千文上下的大米，猛增至每石七八千文。各米店唯恐惹火烧身，皆悬牌预告"早晚市价不同"，其潜台词便是：我也不想涨价，如今涨价，都是外来因素。与此同时，大量遭水灾的湖区灾民纷纷涌入长沙乞讨。长沙城内人心惶惶，怨声载道，局势动荡，迫于饥饿的民众终于铤而走险，长沙爆发了抢米风潮……

令田汉感觉到"新奇"之处，也无处不在。

单说湘剧，在这飞速变化的时局中也有飞速的变化：

这时期，湘剧从寺观庙殿、私家会馆中走了出来，走向了市场。清宣统二年（1910），长沙士绅叶德辉在坡子街东口苏家巷口辟出私宅怡园改建为"同春园"戏园，采用了西方风行的镜框式舞台，场内设包厢、雅座及长条木靠椅，舞台有灯光幕布。叶德辉亲题戏台楹联："车攻马同，抗怀三代；春秋兰菊，竞秀一时。"一时间，湘剧名优皆荟集于此，生意远在各园之上。

"同春园"的剧院演出引发各大戏园老板的仿效，在不到三年的时间内，戏剧界名人徐辛园在织机街桃花井巷内建起"御园"分庭抗礼；易姓老板投资在樊西巷百花村修建起了"霓园"启用女伶招揽生意；生意人李荣斋在马王街建起了"湘舞台"同样请来了坤旦参与竞争；接着，账房先生出身的黄谷春在火宫殿西北侧的高井街集资建"湘春园"；官绅沈察甫也在桂花井建起了"楚舞台"；湘剧福春班的老板在东茅街小瀛洲席少保祠创建了"寿春园"演出……

这一时期，长沙城戏园林立，湘剧演出极其繁盛。湘剧剧目演出丰富，一些传统折子戏，如《打猎回书》《描容上路》《扫松下书》《抢伞拜月》《打雁回容》《赶斋泼粥》《乌龙院》《桂枝写状》《百花赠剑》《水淹七军》《辕门斩子》《黄鹤楼》《借箭打盖》《叫城战荡》《摸鱼闹江》《兄弟酒楼》《哑背疯》《卖画系舟》等，就是在这一时期，由众多名家的长期合作反复磨练，成为湘剧舞台艺术珍品。

一边是哀鸿遍野，一边是燕舞莺歌，在这反差极大的社会风潮中，一股因维新失败转化而成的革命洪流，就在长沙城内悄悄地涌动。

就在此时，少年田汉，走进了小吴门内……

《母亲的话》留下了一段记忆：

> 选升（学校）的先生们差不多都是有新思想的，像教音乐的黄晓东先生，把《民报》上的许多文章收集起来，私下里传给学生看。学校里除了有《长沙日报》等本地报纸之外，还订了一份上海《时报》。《时报》的附刊是《滑稽时报》，时常登载一些讽刺时政的文章和图画，像讽刺亲王奕劻的昏庸误国……
>
> "戊戌"前梁启超在湖南办时务学堂南学会，对当时的学生界影响似乎不太大，但他办的《新民丛报》和《国风报》是可以公开看的，学生中模仿他的文体的可是不少……[1]

[1] 田汉：《母亲的话》，湖南人民出版社1983年版，第55页。

田汉在选升学校上学的时候，社会上闹得最厉害的还是“保路运动”风潮。虽然学生们并不十分清楚事件的来龙去脉，但爱国的热情依然激起了人民群众对腐朽政权的反抗浪潮。选升高小的学生们用纸扎起卖国贼、邮传大臣盛怀宣的头颅，将其挂在课堂上，再以石子砸它。学生们义愤填膺，一个个上台演讲，抨击时政。

田汉也心潮澎湃，跃上讲台即兴演说。虽然不免有些窘态，但毕竟是一个乡下孩子的成功转型。后来，田汉作为一个出色的演讲人，这就是第一次。

十月十日，辛亥革命在武昌爆发，十月二十二日，长沙革命党人奋起响应。北京派出北洋兵前往武昌镇压，湖南派出四十九标军赴鄂支援；两军在荆州郊野相遇，湘人打了一个胜仗。消息传回长沙，湖南军政府立即开了祝捷大会。人们在教育会坪搭起了三个戏台。已经转学到修业学校的田汉与同学们集合去看戏，他发现他的老乡陈绍益编剧并主演的时事湘剧《血战荆州》最受欢迎：

> 名伶陈绍益主演《血战荆州》，他扮演一个革命军官。看戏的人山人海。那晚各学校还参加军民提灯游行大会，千千万万的青年男女唱着：“五千年来，专制恶毒，一旦扫而空……”[1]

田汉意识到，湘剧同样也能表现革命、宣传革命、参与革命。

田汉看到了湘剧的力量，但此时此刻，吸引他的仍然是革命。因为武汉军事紧急，湖南军政府想动员更多的民众武装支持湖北，因此号召组织学生军。田汉报名参加了学生军，也第一次拿到几块钱的军饷，却迟迟拿不到一支真正能打仗的真枪。

在等待开赴战场的学生军三个月训练期间，革命军人看戏不收钱，田汉看了很多新编的湘剧剧目。

辛亥革命后的湖南，湘剧艺人也奋力追赶时代，编演新的时事剧目也成为一种新的时代风潮：周益德的《刺恩铭》、陈汉章的《黄花岗》、罗裕庭的《袁世凯逼宫》、梁荣盛的《蔡锷出京》《袁世凯立洪宪》，为湘剧艺术增添了新的光彩。

《刺恩铭》周益德编剧，陈绍益主演。故事讲述的是：革命志士徐锡麟痛恨清廷腐败，组织光复会，从事反清活动。时徐任安徽巡警道，因谋刺巡抚恩铭被捕，即遭惨杀。

《广州之役》陈汉章编剧。又名《黄花岗七十二烈士》。写孙中山领导的革命党，发动广州起义失败，七十二位革命党人壮烈牺牲。

《袁世凯逼宫》罗裕庭编剧，陈绍益主演。弹腔。写民初大总统袁世凯阴谋复辟帝制，自己当皇帝，带兵入宫，威逼清宣统帝溥仪禅位。

《蔡锷出京》梁荣盛编剧。弹腔。写原任云南督军蔡锷反对袁世凯复辟帝制，袁将其软禁

[1] 田汉：《母亲的话》，湖南人民出版社 1983 年版，第 60 页。

学生军在湖南省议会操坪合影

黄兴与湘剧人

北京。蔡为掩人耳目，乔装沉湎酒色，后在名妓小凤仙帮助下，逃离北京，回到云南，组织护国军通电全国，讨伐袁世凯。

在等待上战场的日子里，**田汉看了不少湘剧时事戏，也从中受到启示**，写出了自己的戏曲剧本《汉阳血》《新教子》。

《汉阳血》也是按照当时的援鄂新闻改编;《新教子》则是仿照传统剧目《三娘教子》而创作。《新教子》以“旧瓶装新酒”，讲述的是在辛亥革命汉阳之役阵亡军人的妻子，教育她的儿子必须继承父志，为民族、为革命去参军当兵的故事。由于剧本既有思想，又有激情与文采，《新教子》很快在《长沙日报》上发表。当时,“湘剧”并没有正式命名[1],而京剧又比较高雅时尚,《长沙日报》发表此稿时，编辑将《新教子》署为“京剧”。

然而，“城头变幻大王旗”，不久南北议和，宣统退位，混乱的时局在妥协中平静下来。由青年学生组成的学生军被解散。民国元年（1912），有些失落的田汉随即考入了在荷花池浏潭寺为校址、徐特立任校长的长沙师范学校。1916年夏初，田汉由长沙师范学校毕业；秋，田汉经时任湖南留日学生经理处监督的舅父易象的安排，考入东京高等师范学校，他开始了赴日留学的生活。

田汉暂时告别了湘剧，但没有告别戏剧；因为从这时起，他不但是湘剧之子，他也成为了中国戏剧之子。

——这个中国戏剧，包括了中国的民族戏曲、话剧和电影。

先生回湘

1937年，田汉39岁。5年前，他加入了中国共产党。此时，他在话剧、电影、文艺理论各个方面成就卓著，已经是著作等身。他已经成为中国左翼作家的重要代表人物和领导人。

而他的故乡人——湖南人，此时也已热血沸腾。

1937年7月7日，卢沟桥事变爆发，湖南人请缨杀敌，省国民政府颁布征兵令，18—45岁的适龄男性公民，均有义务服役当兵。无需太多的动员，应征入伍的青年多达21万余人、加上招募的99450人，合计征兵313160人。

7月，湖南率先实行战时教育。同时开始大规模地募捐劳军。8月18日，湖南人民抗敌后援会改为“湖南人民抗敌总会”，募款68万元、布鞋4万多双、毛巾13万余条、棉背心3000余件、布袜1万余双、防暑药品30余箱。

战祸天灾,同时降临。8月13日上海淞沪会战爆发之时,湖南汹涌的山洪也暴发,四水猛涨,全省30余县遭遇特大水灾。

9月，不断高潮的天怒民怨，摇撼着三湘大地。

湘剧人同样是义愤填膺。9月2日，湖南省会戏剧审查委员会成立抗敌戏剧宣传团，下设湘剧、平剧两组，王华运、贺华元为湘剧组组长。

湖南人对国民党当局也十分不满。湖南省党部、长沙市党部在报纸上公开致电中央：“须当机立断、抗敌雪耻，勿再委曲求全。”长沙人民抗敌后援会扩组为湖南人民抗敌后援会，也发出通电：“现在和平已告绝然无存，牺牲已至最后关头”，恳请中央“当机立断，出师北上，

[1] “湘剧”，最早见1920年在长沙印行的《湖南戏考》第一集西兴散人《序》：“闻之顾曲家，湘剧全盛于清同光间”。

扫荡强寇，固我河山”。湖南“千万人民，准备铁血，听候驱策”。

此时的**长沙已是抗敌戏剧的都会**。话剧的、平剧的、湘剧的，专业的、业余的，大人的、小孩的，共产党的、国民党的剧团，如雨后春笋，遍布市区；《烟苇巷》《勉为其难》《新雁门关》《潇湘夜雨》《父子会》《旅伴》《伯牙扳琴》《周武革命》等抗敌的剧目你方唱罢我登场，翻新不断……

10月，前方杀敌受伤的士兵不断送到长沙；而衡阳130名青年自愿组成的“敢死挺进队”，以及新宁敢死队、长沙市民敢死队、湖南妇女战地服务团，也自发地开赴前线……

10月23日，以湘剧艺人为主体、黄曾甫为主席的长沙戏剧抗敌后援会成立。

各戏班纷纷在陆军医院坪搭起草台，劳军演出。

11月，各戏院轮派名角义演，收入全部做劳军费用，慰问上海作战的19路军。19路军士兵多为三湘子弟。

11月12日，上海南市沦入日寇之手，南京已是烽火连天。田汉在嘉定前线慰问守军后，告别南京，经江西南昌西行，目的地：湖南长沙。然，战火也开始燃到长沙——24日，日寇4架飞机在小吴门和火车站一带轰炸，死300余人……

就在这兵慌马乱的1938年1月，田汉从南京、江西经浏阳，到达长沙。

田汉回来了，消息不胫而走。湖南省戏剧界抗敌后援会、长沙戏剧同业公会，联合在鱼圹街湖北会馆的世界戏院，举行“欢迎田汉先生回湘大会”。会后，部分艺人在皇仓坪远东戏院楼上座谈。田汉提出：**湘剧也要为抗日服务**。

湘剧艺人告诉田汉：他们已经做好了准备。

回到长沙，田汉立即创办起《抗战日报》。他在“代发刊词”中声明:《抗战日报》是“八·一三”全民抗战的炮火声中在上海创办的《救亡日报》的姊妹刊，表明了《抗战日报》是在中国共产党领导下的人民抗日统一战线宣传抗日救亡运动的报纸。

2月17—19日，在长沙戏剧业同业公会组织下公演三天，公演剧目有远东、新世界演出的《血溅沈阳城》，民乐戏院上演的《史可法》，新舞台演出的《汉奸末路》，最新戏院演出的《丰台失马》，万国戏院演出的《卧薪尝胆》，百合戏院演出的《岳飞抗金兵》。田汉观看了大部分剧目，并将《凤阳花鼓》改为《流浪者之歌》，交由湘剧上演。

湘剧感动了、也鼓舞了田汉。田汉在《抗战日报》上告诉世人：

> 离长沙13年矣[1]，亲友相问，多以国事相询。予谓只要大家速取胜利的道路，最后胜利仍属于我们。“楚虽三户，亡秦必楚”，况今日不愿做亡国奴者，固不止三千户耳。[2]

就在此时，郭沫若来到了长沙。

---

[1] 1924年，田汉因夫人易漱瑜病重，曾回长沙应聘在湖南一师教书；1925年五卅惨案后，因易漱瑜病逝，田汉料理完后事返回上海。

[2] 湖南省政协文史委：《神州一代戏剧魂——忆田汉》，岳麓书社1998年版，第317页。

郭沫若的到来本来与湘剧无关，但郭沫若的故事却是湘剧命运转折的起点。

那是 1938 年 2 月上旬，郭沫若来长沙时有些牢骚满腹。他对田汉说："我是为避难而来的，我不想进政治部，打算到南洋去募款，来干我们的文化工作。"原来，国共合作组成抗日统一战线，国民政府军委政治部主任陈诚与副主任周恩来，请郭沫若前来当第三厅厅长，负责抗战宣传。就在第一次部务会议上，陈诚没有与周恩来、郭沫若通气，就突然宣布国民党党棍刘健群担任三厅副厅长。郭沫若知道陈诚别有用心，一怒之下"走为上"，到长沙"避难"来了。

田汉听了好友的陈述，沉默良久，然后缓缓地说：

"我们正在号召团结抗战，不能逃避，也不能退却，更不能走分裂的路。"

在武汉的周恩来听说郭沫若拍拍屁股就走了，忙叫于立群来长沙请郭沫若回武汉。

2 月 13 日，田汉在《抗战日报》上发表了《郭沫若在长沙》一文。文中透露了郭沫若心中的苦闷：

> 当我和他在长沙相见的时候，他的表情变得那么阴郁。他的诗，虽仍是那么豪放，但如"伤心最怕读怀沙，国土今成待剖瓜"或"漫道能先天下忧，欲倾万斛写奇愁"诸绝，音节间不免流露着一脉的感伤。当他在长沙生活的第二天由我们邀他游岳麓的时候，他听到同游者壮丽的救亡歌声，不觉感叹地这样说：
>
> "在武汉一个月以来的闷气才稍稍地一吐了。"
>
> 他深深地感觉艺术家的天地未可轻易捐弃。艺术家的自由被束缚，等于扼杀了他的全部生命，他将无法发挥他的全部力量……
>
> 我是听过他在上海、南桥、嘉定的演说的，他的火一般的爱国热情使他成为那样一个雄辩家。他的话是那样煽动的，几乎每一句都能使听众为之狂热，为之击节……但是到了后方，他反而不说话了。这又该是抗日前途多么大的损失！
>
> 我们迫切期望的是沫若兄迅速地从目前的忧郁和沉默中解放出来，把他的诗才的全部、辩才的全部，贡献给危迫的祖国，贡献给为自由独立而挣扎的祖国。因为他是中国青年的代言者，他的忧郁将引起全中国的忧郁，他的积极和乐观，将成为全中国的积极和乐观！[1]

2 月 14 日，长沙人民在青年会大礼堂举办"欢迎诗人郭沫若先生"大会，会议由田汉主持。社会各界名流，如孙伏园、徐特立、易君左、周邦宪、薛暮桥等人相继在大会上发言；中央军校第三分校（长沙分校）政治部少将副主任葛建时读过《抗战日报》上所发的郭沫若在长沙的消息，他在发言中提到了郭沫若的苦闷，说："您的苦闷是全国青年的苦闷。希望先生领导大

[1] 田汉：《母亲的话》，湖南人民出版社 1983 年版，第 244 页。

家以身许国，为抗战共同奋斗！”在工人、青年、士兵代表发言之后，郭沫若致答谢辞：“今天感谢大家对我的种种启迪，使我的聋聩减少多了。从今天起，兄弟要向大家宣誓：不再悲观了，不再忧郁了！”[1]

郭沫若的转变，田汉做了很细致的工作。郭沫若也感受到了：“寿昌的耐性，我实在是佩服。他的处境应该比我艰难得多，却尽了他最大的努力，来鼓舞我，安慰我。他号召长沙文化界为我召集了一次规模相当大的欢迎会，又时而动员朋友请我吃饭，请我讲演，请我写字，更时而陪我去听湘戏，进咖啡馆，游岳麓山。我凭吊过黄兴墓、蔡锷墓，也凭吊过屈子庙、贾太傅（谊）祠，都是他自去或请朋友做向导，陪同我去的。”田汉带他去了电影明星胡萍的家，在贫民窟，明星生活的惨状令人难以置信；接着又去了胡萍成名前打工的咖啡馆，女招待员的眼神中都充满着改变命运的寄望。看到田汉在无米之炊的情况下，苦撑《抗战日报》的精神；听到报馆的一位同事因家庭生活极端困难，导致母子自杀！活生生的现实把郭沫若的心“放在一个不平衡的天平上，我实在没有办法控制着它，使它不动荡，不再动荡。”[2]

田汉戎装照

那天，于立群到达了长沙，并带来了周恩来的信和一个新的消息：刘健群因桃色绯闻已去重庆，不再担任副厅长。

田汉见此，火上加油激将道：“平时你常说：我不入地狱谁入地狱？朋友们都在地狱门口等你，难道你一个人还要留在天堂吗？”

郭沫若回答道：“看来，你也愿入地狱喽？”

田汉爽快地答道：“当然，不会让你一个人受罪！”[3]

田汉是一个说一不二的人。1938 年 2 月 28 日，他与郭沫若、于立群，还有音乐家张曙、弟弟田洪一起回到了武汉。4 月 1 日，三厅正式成立，田汉任第六处少将处长。

成立式的这天，他穿上了少将服，大马靴、白手套，威风凛凛。田汉清楚地知道，自己之所以愿意披上这张“虎皮”，为的是在战时能顺利地开展抗日宣传工作。

既然是负责宣传，田汉立即组织起 10 个话剧抗敌演

[1] 《长沙文化城——抗战初期长沙抗日救亡文化运动实录》，湖南出版社 1995 年版，第 50 页。

[2] 郭沫若：《洪波曲》载《郭沫若全集》文学编第 14 卷，人民文学出版社 1992 年版。

[3] 湖南省政协文史委：《神州一代戏剧魂——忆田汉》，岳麓书社 1998 年版，第 319 页。

剧队，按照周恩来的意见，分赴广东、江西、山西、湖北、河南、浙江、湖南、广西各个战区进行抗日宣传。

1938 年 10 月，日军进逼武汉，田汉随同政治部第三厅撤退到了湖南。

当时，长沙城内人心惶惶，是什么才能迅速地**安抚人心、稳定时局**？田汉想到了湖南人喜爱的湘剧。

11 月 10 日，长沙太平街太傅里景星园戏院热闹非凡。田汉一身戎装出现在舞台上。仅只有几天功夫，他就把湘春园、景星园、百合戏院三个湘剧戏班的艺人们动员起来，这天，要召开湘剧抗敌宣传队的成立大会。湘剧抗敌宣传队以三个戏班为班底，成立三支演出队。

第一队，以湘春园艺人为主，领队朱仲儒。

朱仲儒（1892—1941），湘潭人。生行演员。自幼孤苦，被拐骗卖入华兴科班学戏。在科班时艺名华美，拜暨镇宝为师，习靠唱，后改名仲儒。他勤奋好学，学艺之外，自学文化，读古典名剧集《缀白裘》打下了戏剧文学基础，后来参加了抗敌剧本的创作。朱仲儒嗓音宽厚，吐字清晰，唱腔如行云流水，舒展自如，24 岁名噪湘潭；接着又以《祭风台》等唱工戏闻名省会长沙。成名后，他在唱腔上对传统湘剧更运用自如，能根据剧情和人物感情自创新腔。他在湘剧高腔《胡迪骂阎》《思妻观表》等剧目上多有创造，使之成为湘剧经典。由他带领湘剧抗敌宣传队第一队。

第二队，以景星园艺人为主，领队罗裕庭。

罗裕庭（1888—1944），宁乡县道林人。净行演员。出身梨园世家，曾祖罗万善，是晚清普庆班擅长高腔的唱工老生。父亲罗德明，是湘剧皮影艺人。罗裕庭幼时读过 4 年私塾，后随父亲学唱皮影戏。吹打弹唱，无一不精。20 岁到长沙同春班，正式登上湘剧舞台。他非科班出身，但能扬长避短，专演以唱工见长的紫脸戏。他唱腔雄浑高亢，慷慨悲歌，形成湘剧紫脸独特唱派而驰名艺坛。他担任抗敌宣传二队领队。

第三队，以百合戏院艺人为主，领队黄元和。

黄元和（1887—1956），长沙市人。7 岁学艺，原习小生，后改丑行。他对生、旦、净、丑各行艺术均有钻研，能串演各行当的许多剧目。他在吸取京剧武功、为湘剧中的武打戏的提高做了很大贡献。黄元和又是湘剧教育家。20 世纪 20 年代初，他在福禄坤班负责湘剧教学，培养出大量的女演员。他任湘剧抗敌宣传第三队领队后，带队辗转演出在湘中、湘南、桂北一带。期间，黄元和率领湘剧抗敌宣传三队到蓝田，与涟源湘剧艺人合作演出田汉所编抗日新剧。从彼时起，涟源湘剧开始发展壮大，至今仍为湘中山区劲旅。

在湘剧抗敌宣传队成立大会上，田汉说：日寇侵入岳阳，逼近新墙河，在此国家艰危之际，我们湘剧艺人们到底怎么办？我们抵抗的武器，就是湘剧。我们要以自己最擅长的武器，把剧场当战场，把舞台当炮台，去号召民众，去鼓舞士气，去打击敌人！为了组织起来，我们把湘春园、景星园、百合戏院的湘剧班分成了三个抗敌宣传队，分赴湘东、湘南作抗日宣传。

田汉宣讲了湘剧抗战的意义，宣布了抗宣队组织的架构，颁发每队宣传经费 600 元大洋和战地工作证，并决定在两天之后立即开赴演出前线。

听了田汉的演说，湘剧界顿时感觉到自己不再是一盘散沙，艺人们成为了抗敌宣传的战士，倍感荣耀，深感责任重大！

11 月 12 日，三个演出队齐集长沙教育会坪，召开出征大会。国民政府军委政治部副主任周恩来、政治部第三厅厅长郭沫若、第三厅六处处长田汉登台讲话。他们正式授予各抗宣队队旗、印鉴，宣布第一队步行赴醴陵，第三队步行至湘潭，第二队乘火车赴衡阳，开展宣传演出。

12 日，称为“文”日。其来由是：自晚清发明电报以来，发送电文是按字论价，为节约用字，“用地支表月份”“以韵目代日”的方法被发明出来。其中“文”字就代表 12 日。夜晚，即夕。“文夕”就是“12 日夜晚”。

说到“文夕”，就让我们想起“文夕大火”。对！长沙“文夕大火”，就发生在湘剧抗敌宣传队离开长沙的那天晚上。

那一晚，国民党湖南省政当局在情报失实的情况下，张皇失措，派遣大批军警在长沙市区四处放火，实行“焦土抗战”。顷刻之间，整个长沙城成了一片火海，大火燃烧了 5 日 5 夜，直到自然熄灭。大火共烧毁房屋 5 万余栋，烧死烧伤市民数千人，20 万至 30 万居民无家可归……

千年古城，灰飞烟灭。

那一晚，湘剧抗宣第二队正在火车站候车，当大火燃起之时，火车停运。由于情况不明，队伍被迫撤离长沙，徒步开赴衡阳。

当“文夕大火”的消息传到田汉耳里，他已经乘政治部的汽车达到衡阳。此刻，蒋介石也在南岳衡山之上，共产党人周恩来和叶剑英，正在此与他商讨长沙大火的善后事宜。

11 月 16 日，周恩来、叶剑英下衡山，至衡阳召开军委会政治部第三厅和八路军驻湘通讯处的干部会议，决定派抗敌演剧一、二、八、九队和平剧抗宣队、湘剧宣传一队和三队共 200 多人立即赶回长沙，组织善后救灾工作。

11 月 17 日，田汉与洪深尊周恩来之命回长沙善后。田汉将湘剧抗敌宣传二队的同志们集中起来：“大家马上集合队伍，回长沙。每人只要带换洗衣服，要腾出空位来，从衡阳多带一些药品和粮食，救助灾民。”

田汉回到长沙，一片焦土、满目凄凉。他吟出了《火后归长沙》一诗：

长驱尘雾过湘潭，乡国重归忍细谈。
市烬无灯添夜黑，野烧飞焰破天蓝。
衔枚荷重人千百，整瓦完垣户二三。
犹有不磨雄杰气，再从焦土建湖南。

也在这一天，蒋介石赶到了长沙，他登上天心阁眺望，满眼惨状，当即下令逮捕首事有关人员，依法严惩，并限两天内结案。18 日在蓉园，军法分监部对长沙警备司令酆悌、长沙警备二团团长徐昆、省会警察局长文重孚进行审判。蒋介石在法庭呈送的判决书上批下“着即枪毙”。20 日，三人在南门口外侯家塘刑场被枪决。

这天，湘剧三支抗敌宣传队都已回到长沙。在田汉的指挥下，大家突击抢救伤病员，抢救粮食和各种物资，清理街道，清查、掩埋死难者的尸体，开设临时供饭点，发放赈灾款，动员灾民回城重建家园。

为“安定人心，恢复市面”，田汉动员开展救灾义演。湘剧艺人在南门油榨巷未曾遭灾的城南戏院上演田汉创作的历史剧《土桥之战》。湘剧高腔《土桥之战》又名《史可法》。南明时期，明将军黄得功镇守仪征，友军移防京口，担心沿途不靖，请求黄得功保护。黄得功率兵 300 人前往迎接军友。镇守瓜洲的将军高杰闻报黄得功出动，误以为黄得功偷袭瓜洲。于是主动出击，一面在土桥设伏，一面派兵去夺取仪征。黄得功行至土桥时，伏兵四起，结果黄得功所带三百骑兵全部被杀。高杰将军的妻子邢夫人深明大义，得知丈夫铸此大错，驰往大营报与督师史可法。史可法大惊，急与邢夫人赶往土桥。途中，高杰追杀黄得功，却被邢夫人所救。史可法在两镇之间进行调解劝和，并以国家大义指责高杰，高杰幡然醒悟，随史可法到仪征给黄得功请罪。

这个剧本是 1937 年田汉在南京所作，它是中国共产党在抗日战争中结成广泛的民族统一战线主张的形象宣传，在当时具有以史为鉴，团结抗日的重大意义。

为了让艺人理解剧情，田汉自己出任导演。湘剧名艺人徐绍清、罗裕庭担任了主演。

剧目很快就上演了。台上的史可法唱道：

叹皇帝误庸臣国破失纽
十七年既有外患又有内忧
到如今河北山东相继不守
眼睁睁神明华胄要作那满洲的马牛……

湘剧艺人在演出中磨砺，既学习了历史，也懂得了现实。

1939 年 1 月，田汉又和刚从法国回来的音乐家任光、戏剧工作者龚啸岚、李也非等一道，组织湘剧和京剧艺人，在长沙三公里公医院举办“战时歌剧[1]演员训练班”，并请当时在长沙八路军办事处徐特立等人到班讲课。

开班不久，学员们就学唱起田汉在武汉为“歌剧演员战时讲习班”创作的《班歌》：

同志们，莫忘了，
我们第一是中华民族的儿女，
第二是戏剧界的同行。
抗战使我们打成一片，

[1] 此时的“歌剧”即指戏曲。

抗战使我们聚会一堂。
我们要教人必先自教，
要强国必先自强。
剧运的盛衰，
关系国家的兴亡。
我们要把舞台当做炮台，
要把剧场当做战场。
让每一句话成为杀敌的子弹，
让每一位观众，拿起救亡的刀枪。
对汉奸走狗，我们打击，打击；
对民族战士，我们赞扬，赞扬。
鼓起前进的勇气，
消灭妥协的心肠。
同志们，大家团结起来啊！
永远为光明而舞蹈，
永远为自由而歌唱。
歌唱，歌唱，
永远为自由而歌唱！

4 月，训练班结束，又续编了四队、五队、六队、七队 4 个湘剧抗敌宣传队，分别在益阳、醴陵、湘潭等地演出。各队演出的主要剧目有：田汉新编和改编的《土桥之战》《江汉渔歌》《旅

1939 年 1 月，歌剧训练班湘剧队合影（中为田汉）

伴》等；艺人罗裕庭、徐绍清改编的《骂汉奸》《讨学钱新词》《新扫梧桐》以及宣传爱国思想的历史故事剧《岳飞传》《雁门关》《梁红玉》等。

1939 年 9 月上旬，长沙会战拉开序幕。战前，第九战区加紧调整部署，严整战备；战区认真吸取南昌会战教训，特别注意破坏一切可资日军利用的道路。湘赣公路、湘鄂公路及九江、武宁、平江、长沙间公路，粤汉铁路岳阳至株洲段、湘赣铁路株洲以东，都在民众的支援下进行破坏或者拆毁，使日军机械化部队及重炮兵难以行动。

长沙城外，百姓怀着“与日俱亡”的悲壮气概，一夜之间，将所有粮食坚壁清野，将所有大小公路挖得沟壑纵横。

第一次会战打响。英勇的第九战区将士，在湘北一带摆开战场。

在长沙南城墙一带，日军好几次撕开缺口攻进来又被打出去。中国军队“敢死队”的军士们将炸药绑在身上，成群的冲入敌阵与鬼子同归于尽。

湘剧艺人们也投入战场，他们在战地上进行鼓动，在医院中进行演出。

1939 年 10 月 15 日，将士们终将日寇赶出湘北，逐步恢复原有阵地。

这段时间，田汉在长沙将主要精力放在戏曲和电影的创作上，他用自己的作品来进行抗日的宣传。

在长沙，他深入湘北抗日战场采访，完成了电影剧本《胜利进行曲》的创作。这一时期，田汉直接领导着一个平剧队和一个湘剧队，为这两个演出队提供抗战题材的上演剧目。

其中最为突出的是两部，一部是《岳飞》，一部是《江汉渔歌》。

田汉想推进戏曲改革，看准了传统湘剧《岳飞》。而这一时期，动乱的时局，并非旧剧改革的佳期。有人很不赞成岳飞的题材，认为当前的对日抗战是我们民族的生机而并非宋末、明末那些颓废的时代。有的人认为，要写历史题材应多向大汉盛唐的时期去找。岳飞这个题材的戏剧作品，田汉看过的不下四五种，从传统戏曲《风波亭》直到现代作家写的话剧、歌剧，总感觉大多摆脱不了中国人传统的阴暗的运命观，岳飞有大功而蒙冤致死，历史材料决定了作品使人“气闷时多，气壮时少”。今天的舞台绝对没有理由通过戏剧作品来散播宋末“朝野间某种灰暗的绝望的情绪”……田汉没有因为反对的意见而停止自己的思考和探索；但批评者的意见犹如一剂清醒的良药。为了鼓舞抗日的决心，田汉撷取题材中“使人气壮的”段落而大胆创作，“那就是从岳母死后，飞练兵鄂州奉诏讨贼，直到朱仙镇大捷为止。”[1] 这部剧本的初稿，动笔时是田汉带领平剧队在衡阳辗转演出的旅行途中，成稿作者已经回到了长沙。平剧队曾经排演此剧招待湘赣将领。湘剧队也曾移植过这部大戏。

《江汉渔歌》是田汉根据湖北《汉阳志》“历史沿革”中的一段南宋史料写成。写的是汉江上的一位渔父，团结江汉渔民，赶走强寇的故事。这部戏，是田汉在汉口动笔，完成了故事大纲，曾以条纲戏的形式、由京剧名老生安舒元和武生王永泉主演。演出时，剧名叫作《渔父救国》。

1939 年，平剧队和湘剧队没有适合抗日宣传的上演剧目，田汉便把这个纲目重新加工处理，

[1] 《田汉论创作》，上海文艺出版社 1983 年版，第 183 页。

完成了剧本。湘剧七队与四队首先在湘潭中华剧院联合演出了《江汉渔歌》。当时，两队都缺少须生行扮演主角阮复成，田汉鼓励吴绍芝由小生改唱须生，果然获得成功。之后，湘剧演出队又将此剧带到了长沙、衡阳、桂林演出。

不久，田汉在桂林榕湖路五美园的一座小楼上再次加工剧本，使之进一步完善。由名伶徐敏初担任主角，龚啸岚担任导演。平剧队在桂林排得很认真，足足排了一个月。公演时，田汉嘱咐把全剧的唱词印出来发给观众，请观众指谬；错误之处，随时改正。

抗日战争时期，《江汉渔歌》成为了很多剧团的上演剧目。

湘剧有了能演出的剧目，但演出的环境却日益艰难。

湘剧《江汉渔歌》到衡阳演出时，据田汉回忆，“抗战形势已经很不顺利。我们三厅的同志们到处受人歧视。我无事可做，就抓住这一‘卑俗’的文体来发舒我的精力。也正因文体卑俗，开始时是比较不受干涉，但等到再回衡阳便不行了。衡阳警备司令部的参谋长问我为什么要写‘今日民生不易，织布的不必有衣穿，种田的不必有饭吃，打渔的难得有鲜鱼吃’？他们几乎单为我们剧团设了一个审查机关。”[1]

这年年底，正当宣传二队回长沙在学宫街洞庭戏院演出《土桥之战》时，国民党的湖南省警察局，竟以宣传队充当共产党喉舌为罪名，无理拘留二队领队徐绍清，并强迫该队解散。

随后，又迫使其他六个队缴出队旗、印鉴，并取缔宣传队名义。但全体湘剧艺人并未屈服，他们又改用“涛声”等剧队名称，继续进行抗日宣传，为国家民族的危亡献出了自己的一份力量。

由于战乱，湘剧演出市场日渐萎缩，艺人生活十分困难。1940 年开春的一天，田汉正准备乘火车去广东曲江，当他听到青年演员李艳柏为出征的将士演出《赵五娘》，决定在乘车之前抓紧时间去剧场看戏。演出过程中，当他知道台上的主演李艳柏已是贫病交加，感慨万分。演出之后，立即给她挥毫题诗：“闻道雄师下江北，买舟昨夜出潇湘。琵琶一曲人千里，抚病劳君唱五娘。”[2]

湘剧《赵五娘》（琵琶记）彭俐侬、徐绍清主演

1940 年 3 月 12 日，是田汉 42 岁生日。

湘剧艺人发起为田汉祝寿，举办春节联合公演。

举行戏剧公演，田汉并不反对。但是到了 3 月 12 日这天，田汉却把湘剧和平剧宣传队的队员们，带到了岳麓山上。

原来 1940 年 3 月 12 日，同样又是伟大的民主革命的先驱孙中山先生逝世 15 周年纪念日。他们来到了黄兴墓、蔡锷墓前，凭吊辛亥革命先烈，田汉给大家讲述了辛亥革命的意义，介绍孙中山、黄兴、蔡锷等人的光辉业绩。孙中山先生告诫后人：革命尚未成功，同志仍须努力。

[1] 《田汉论创作》，上海文艺出版社 1983 年版，第 189 页。

[2] 杜宣：《拾穗——回忆田汉同志片断之一》，《文汇报》，1979 年 4 月 29 日。

平、湘剧队 1940 年春季联合会演纪念时田汉 42 岁生日留芳里合影

田汉借此勉励大家：将抗战进行到底！[1]

这是一次抗宣队员们的誓师大会。3 月下旬，各地湘剧名家都云集长沙，4 月，在又一村民众剧场开始了 3 天声势浩大的联合演出。

让我们看一看演出的剧目单：

第一天：

湘剧弹腔《水擒庞德》，主要演员：欧元霞、吴绍芝、罗元德、徐初云。

湘剧弹腔《打渔杀家》，主要演员：杨福鹏、胡普临。

湘剧高腔《描容上京》，主要演员：徐绍清、筱艳柏。

湘剧高腔《摸包认母》，主要演员：廖申翥、田华明。

第二天：

湘剧弹腔《摸鱼闹江》，主要演员：吴绍芝、罗元德。

湘剧弹腔《捉放曹》，主要演员：廖申翥、陈绍益、廖运生。

湘剧弹腔《宋江杀惜》，主要演员：欧元霞、陈绮霞。

湘剧高腔《旅伴》，主要演员：王华运、李艳雪。

第三天：

湘剧弹腔《拨火棍》，主要演员：张福梅、罗元德。

[1] 湖南省文化厅、省文联、省剧协：《田汉与湖南戏剧》（内部资料），1984 年版，第 73 页。

湘剧高腔《老汉驮妻》[1]，主要演员：筱艳柏。

湘剧高腔《四进士·打痞》，主要演员：周圣溪、李绍臣。

湘剧高腔《三讨战荡》，主要演员：吴绍芝、欧元霞、徐初云、师青云、陈绍益。

4 月 15 日，田汉在长沙北区（今开福区）留芳里住宅召开了茶话会，邀请参加演出的主要创作艺人与会。

聚会是欢乐的，但一丝不安的情绪在大家心中流传：**前方的战争阴云密布，田汉先生又要离开湖南**……

田汉走了，他给抗敌演出各队留下了一封信："此刻春水大涨，敌阀与汉奸有随时向我进攻之可能。吾人当坚定抗战必胜之信心，争取最后的胜利。"[2]

举旗救亡

20 世纪 20—30 年代，正是湘剧艺术蒸蒸日上的时期。但这一时期，日寇的侵华战争，不但延缓了中国现代化的进程，也使包括湘剧在内的中国艺术，遭受了毁灭性的打击。

当国难来临之际，湖南《国民日报》专辟副刊《长沙戏剧界》宣传抗日。一篇题为《苦调中的悲吟》的发刊词登载在显著的位置：

> 我们要抗日，我们要救国，我们要把抗日救国的苦调，使在暴日武力压迫下的中国民众，慷慨悲壮地哀吟。朋友，起来吧！努力吧！我们是时代的反抗者，我们是感情的共鸣者，在这个苦难的悲吟中，共同跃起，抗日救国！撞着倭奴的丧钟，唱着倭奴的葬歌，把它们——倭奴送到自掘的坟墓中去！把我们所悲吟的苦调，变成欢乐的高歌！

这篇如同呐喊般的文字,却不经意地将湘剧的本质和美,概括成四个字——"苦调悲吟"！

1941 年，由于国民军政府撤销政治部第三厅，湘剧的抗战进入最艰难的时期。

这一年年初，导致国共合作抗日统一战线破裂的皖南事变发生。田汉经组织安排撤离重庆回到湖南，他与老母只得蛰居在南岳山下，笔录母亲的话而写成《母亲的话》一书；而湘剧各抗战演出宣传队在反共逆流中备受迫害。

---

[1] 1942 年，田汉将此剧改编为《新会缘桥》，以适应在演员较少的情况下能坚持演出。

[2] 湖南省文化厅、省文联、省剧协：《田汉与湖南戏剧》（内部资料），1984 年，第 71 页。

8月，日寇再次进攻湘北。湘剧艺人们向南撤退……

1942年1月，湘北战局紧张，湘剧抗宣四队自湘潭经衡阳，于1月14日前达桂林，出发前更名岳云湘剧团。田汉也因接待和援救从香港撤退的文化界进步人士而来到桂林。

15日，桂林戏剧界举行茶会欢迎岳云湘剧团，欧阳予倩代表桂林戏剧界致欢迎词，田汉为岳云湘剧团书写“歌动湘漓”四字，以壮声威。

这一年自7月起，戏剧进入了淡季，湘剧演出队被迫飘流四方。一路往西南，不少艺人因为水土不服、加上缺乏营养而患下了“软骨病”。他们不能站立行走，因此更不能演出。一些主要的骨干为了生存也开始另找门路，在桂林的岳云湘剧团也只余下18名演员和30多员家属。不能演出而更要演出，因为“三天不响锣，肚皮就挨饿”，不演出拖家带口的艺人们将失去最基本的生活保障。

不能演出，艺人们居住的高升剧院佃房，就不能继续居住。就在他们无家可归时，田汉托人在桂林郊区找到一家砖窑厂几间简陋的统房，临时借用。艺人及他们的家属安顿下来后，吃饭问题毫无着落。田汉把刚刚领到、正准备去买米的一笔稿酬交给了吴绍芝，并嘱咐他们安排好病人和孩子的生活。

搬进窑砖厂不久，痢疾就开始流行，艺人们无钱吃饭，当然就无钱去看病。患有严重软骨病的净行青年演员曹清和、武场场面乐手言同和，同时患上痢疾。贫病交加，雪上加霜，两天之内二人相继去世。

然而，灾难并没有停止欺凌可怜的湘剧人。就在安葬好曹清和、言同和的第二天深夜，一群国军枪兵闯入了窑砖厂抓壮丁，将吴绍芝等6名男艺人抓走，关进了一栋黑暗的楼房中。第二天一讯问，发现其中梁同美腿脚有残疾，易和生有严重的哮喘病，是丁而不壮，只好放了他们。

那一夜彭菊生因事外出，他就成了漏网之鱼。彭菊生赶紧寻求田汉营救被抓的湘剧艺人。田汉闻讯，立即穿上他的少将军装，去找军方要人。未果，他赶紧去找欧阳予倩求助。

欧阳予倩在广西有很高的声望，他们通过桂系上层的进步人士的斡旋，终于解救了吴绍芝等4位落难艺人。

田汉知道，解救艺人，拯救湘剧，唯一的办法就是恢复演出。他找大家一起想办法，改变目前的困境。艺人们一致同意重组班底，将岳云湘剧团更名为九如湘剧团。人员少，病员多，所有需要众多角色出场的剧目根本无法演出。田汉的弟媳陈绮霞提出：目连戏中有一出《老汉驮妻》，也叫《哑背疯》《老背少》的戏她演过，一人扮两角，通过特技演出，观众非常喜爱。田汉知道那出戏，那是《目连传》中的傅相施财济贫于会缘桥，一位哑老汉驮着自己的瘫痪妻，由花旦一人扮演，上身用旦功，下身有老生功，唱着《劝善歌》来到了会缘桥。

田汉一听，立即赞同。他将剧情放到了明代抗倭战争期间，增加了前面的情节，改编了后面的结尾，所有的内容都溶入了抗拒外来侵略者的思想和唱词，他改剧名为《新会缘桥》，整个剧本焕然一新！

新戏，终于开锣了。

大幕拉开，扮演文焕的吴绍芝悲怆地唱道：

十载守家乡，
精骑射，擅文章。
玉堂金马非吾望，
愿只愿把一腔热血洒沙场。
非关我绮窗朱户恋红妆，
都只为严嵩贼，害忠良，
黄钟弃，瓦釜响；
似蛟龙，困荒江，
辜负我一身力量……

此时的吴绍芝，唱着唱着，悲愤的苦调，让台下的观众流下了热泪……

九如湘剧团找到了希望，但更多的湘剧人还在死亡线上挣扎。

1942 年 8 月 30 日，田汉在桂林《扫荡报》上发表了《为湘剧艺人呼吁》的文章，唤起人们关注危难中的湘剧，苦难中的湘剧艺人。

然而，悲剧还在不断地发生。

1944 年是湘剧艺术最为惨重的一年，这一年，战争，让众多的湘剧精英死于非命！

这一年的 4 月 17 日，日寇悍然发动了“豫湘桂战役”。6 月 18 日至 8 月 8 日，长沙、衡阳相继失守；接着，日军进攻广西，发起桂柳战役，数十万难民从长沙、衡阳、桂林逃往贵阳、昆明、重庆，途中饱尝了炮火、饥饿、疾病、劳顿的煎熬，苦不堪言……

田汉也曾带领桂林新中国剧社同仁们撤往昆明，走在这一条逃亡的路上，他在国难当头之际，发出了自己的悲叹：

湘桂大逃亡

爷有新诗不济贫，
贵阳珠米桂如薪。
杀人无力求人懒，
千古伤心文化人。

陈绍益（1882—1944），长沙人。是这一年较先遇难的湘剧著名生行演员。他是湘剧抗敌宣传队二队队长，被媒体誉为“唱工权威”。1944 年 6 月，长沙沦陷，他在仓惶之中逃出长沙，被日军抓去服苦役，心力交瘁，积劳成疾，终于春节吐血不止，含恨去世。

吴绍芝（1902—1944），长沙人。著名湘剧艺人，产抗宣队第四队领队之一。长沙沦陷后，吴绍芝带领福如湘剧团逃经衡阳、祁阳、永州、东安，入广西经金州、桂林、义林、龙胜，又折回湖南经道县、靖县、洪江、安江、溆浦、邵阳。他与剧团一起，携妻带子向湘西转移。由于，生死流浪，衣不蔽体，食不果腹，爱子先亡。最终，一代名伶吴绍芝在贫病交加中，殒命溆浦龙司潭，“可怜活公瑾，长埋洪江土”。（田汉诗）

谭世早（1900—1944），福如湘剧团舞台检场，拖家带口逃亡大西南，不幸在难民潮中至通道被汽车压死；可怜他孤儿寡妇被遗弃在广西侗乡，至今生死不明。福如湘剧团 120 余人流亡数千里，三四年间死亡过半。[1]

欧元霞（1889—1944），工大靠，以唱工戏见长。他 1938 年担任湖南省戏曲抗敌后援会常委；1939 年参加湘剧抗敌宣传队，任第七队领队。1944 年夏，长沙沦陷，他与一些湘剧艺人逃往湘桂边境，病故于广西宜山。这位在湘剧界享盛名三十多年的生行演员，因战争而遇难，下葬时连一口棺木也没有，“竟同群尸腐”。（见田汉诗）。

胡普临（1878—1944），著名丑行演员，湖南善化县（今长沙县）人。清光绪年间在长沙福临科班从名丑姚春芳学戏。出科后，在清华班唱戏，驰名省城。民国年间，在同春班是当家丑角。抗日战争初期，胡普临在醴陵东冲铺结婚，其妻在东冲铺开饭铺，胡即安家于此。1944 年农历 4 月，日寇犯境，胡患痢疾，缺医少药，病故于家。一说，长沙沦陷，他逃至醴陵板杉铺，被日本军队杀害。

苏迎祥（1884—1944），善化人，丑行演员。长于文丑折子戏。苏迎祥有较强的组织与管理才能，曾任长沙湘剧老郎庙总管。其《活捉三郎》中张文远的表演，曾被媒体称为湘剧“第一名丑”。1944 年，他病逝于逃难途中。

师青云（1885—1944），长沙人。民初湘剧十大靠之一。五云科班出身。嗓音善唱，能戏甚多。尤以“死”戏《拜斗》之孔明、《走雪》之曹福罕有其匹敌者。1944 年夏，日寇攻陷长沙，师青云死于逃难途中。

邹元普（1894—1944），浏阳人，工大靠老生，他身材好，功底深厚，饰演岳飞为广大观

[1] 王申和：《湘剧近百年史料琐谈》，《湖南戏剧》1983 年第 6 期。

众所赞赏。1944 年，随义华班在邵阳一带演出。长沙沦陷后，义华班往湘西方向逃难。7 月至桃花坪（今隆回境），时值酷夏，痢疾流行，义华班 4 天之内，死去大人小孩 5 人，邹元普在其列，死时是孤身一人。

蒋福雷（1900—1944），女，长沙人，净行演员。原系茶楼清唱艺人，嗓音浑厚，擅鼻音。民国初年参加省会水灾义演，初次粉墨登场，获得好评。入福禄坤班学艺，蒋福雷得罗裕庭教授，工紫脸。因《沙陀搬兵》《二进宫》《上天台》等唱工戏名噪一时，是近百年来湘剧第一个习唱花脸行的女演员。1944 年，随邵阳义华班向湘西逃难，病逝于途中。

张仲杰（1901—1944），湘潭易俗河人，净行演员。原为湘剧票友，后入长沙景星园，以《造白袍》《访白袍》亮相舞台，在长沙获得名声，成为湘剧著名花脸。1944 年，随罗裕庭在耒阳演出。罗裕庭被日寇杀害后，流亡于耒阳、衡阳，因贫病交加，客死异乡。

罗裕庭（1888—1944），宁乡人，著名湘剧紫脸净行演员。1937 年淞沪抗战爆发，他鼓励独生儿子罗汉超当兵赴抗日前线，罗汉超不幸阵亡。悲愤之余，罗裕庭便以身许国。当时省会戏剧界成立抗敌后援委员会，他当选为常委，并兼任戏剧编纂委员，编写了不少湘剧新戏。田汉组织湘剧抗敌宣传队，他组织艺人参加，并担任抗敌宣传二队领队之一。1944 年 6 月，他带领剧团在耒阳演出，日本侵略军因探悉九战区司令部设在耒阳，派快速部队突然袭击耒阳。罗裕庭与四儿、媳、大媳被冲散；他与部分剧团成员在涌金戏院被俘，关押于附近的财神殿内。他的妻子、侄媳因病不得医致死，湘剧老生、侄儿罗洪元被日军枪杀。他也遭到残酷毒打，他严词斥敌，最终被日寇杀害。

徐初云（1879—1946），江西泰和县人，净行演员。父亲是皮影艺人，他从小受戏曲熏陶，父早亡，9 岁随人拖车到长沙，11 岁进五云科班学戏，习大花，兼工二花。徐初云身材魁梧，孔武有力，嗓音宽宏，天赋甚高，功底扎实，能戏甚多。为民国初年湘剧六大名净之一，驰名湘剧艺坛数十年。抗日战争期间，参加湘剧抗敌宣传队，与欧元霞同任第七队领队。演剧队解散后，又加入吴绍芝领导的中兴湘剧团。1946 年返回长沙，暴病身亡，战争让一代名伶一贫如洗，是艺友们合力将他安葬。

……

1948 年 6 月，田汉回到湖南。

这一年，国共合作谈判已经完全破裂。中国向何处去？两种命运的决战已经在中国的大地上全面铺开。毛泽东到达西柏坡之后，开始绘制夺取全国政权的宏伟蓝图。

就在这种大的背景下，党组织决定派遣田汉去华北解放区工作，去探索中华人民共和国成立后文化建设的新道路。

为了安顿好年迈的母亲，组织上批准田汉回到湖南处理好个人的家事。当时，长沙还是“国统区”，为了保证田汉的人身安全，此行得到反对内战、主张国共和平谈判的张治中将军的关照。张治中给湖南省政府主席王东原发了电报，谓“田汉回乡省亲，别无他事，请予照顾”。

6 月 6 日，田汉偕夫人安娥回到了长沙。

田汉的行程受到了媒体的关注，也受到了国民党特务的严密监视。在一家咖啡厅，他就被记者和特务们“包围”。田汉当众宣布：“我这次是回来照顾母亲的，什么地方也不去，什么活动也不参加。希望你们把这几句话见报吧！”[1]

田汉信守承诺，但探亲访友、看戏等与生活有关的事，当然不在其列。

虽然田汉没有去拜访任何人，但是来访的客人并不少。来访的客人中，湘剧艺人占了大多数。

湘剧界名老艺人黄元和、王申和、徐绍清、罗元德、贺华元、廖申翥、王华运、余福星等围坐在田汉周围，叙述着抗战中，湘剧遭受的磨难。田汉一一询问起自己所熟悉的艺术家，大家纷纷讲述了他们流离颠沛的生活、以及他们凄惨离世的经过。听着听着，田汉终于控制不住，流下了热泪……

6 月 10 日，长沙文化界、艺术界、新闻界 400 多人在高井街湘春园举行欢迎大会。大会上，田汉谈到了湘剧革新，赞扬了罗裕庭、徐绍清编写抗敌新剧，也盛赞了湘剧艺人宁死不为敌人歌舞的民族精神！他说：由于战争原因，近十多年来湘剧没有正式科班，老艺人健在的寥寥无几，湘剧有失传的危险。

会后，由余福星、陈绮霞主演《新武松》。这是田汉的作品，演出完后，田汉请到会的戏剧界、新闻界的朋友座谈提意见。

6 月 11 日，是农历五月初五端午节。第二天，长沙市戏剧同业公会召集演职人员一千多人在织机街黄金戏院召开大会。会议中，国民党特务不断出现在会场中，田汉在会上做了简短的发言。

面对湘剧、面对亲人，田汉不是没有话说。他将要去解放区，迎接一个晴朗的新世界。他很清楚：湘剧即将迎来一个光明的未来！

两天之后，田汉与安娥告别长沙，那是一个风雨交加的夜晚。田汉想起了那些日夜思念的湘剧故人。他满怀悲愤，写下了一首五言长歌——《湘剧忆事》：

日寇侵中国，铁蹄入庭户。
为作全民战，动员到菊部。
武汉方不守，长沙委一炬。
文章下乡村，戏剧入军伍。
舞台作讲席，振聋发聩瞽。
饥饿与转徙，曾不以为苦。
浅识狃小胜，摧残新乐府。
湘剧十个队，存在不四五。
四次会战后，楚都陷敌虏。
不肯作顺民，岂为敌歌舞。

[1] 湖南省文化厅、省文联、省剧协：《田汉与湖南戏剧》（内部资料），1984 年，第 71 页。

或编抗战曲，或写流亡谱。
辗转湘桂间，民意赖以吐。
寇氛逼耒水，裕庭罹网罟。
骂贼长桥畔，生气犹虎虎。
普临归醴陵，遇贼板杉铺。
铁铲何足惧，剧人不可侮。
元霞走桂柳，一家不重聚。
寂寞宜山驿，遂同群尸腐。
绍芝最卓绝，改革彦英武。
曾歌江汉歌，亦擅新水浒。
不为稻粱谋，愿作开山祖。
英雄怕疾病，忧劳况入腑。
可怜“活公瑾”，长埋洪江土。
我从黄海上，重返潇湘浦。
慰问老成人，如对《录鬼簿》。
绍益逃牧马，海葵弃管鼓。
初云与青云，先后亦作古。
前人移山志，只待后昆补。
精忠贯日月，盛期当复睹。
湘春听旧作，高歌绕梁柱。
福星武二郎，演来亦栩栩。
故人不可见，泪下忽如雨。

田汉的泪水，终于夺眶而出……

情洒沙场

“前人移山志，只待后昆补。精忠贯日月，盛期当复睹”。田汉的愿景，很快就在湘剧的都会——长沙得以实现。

1949 年 8 月 4 日，国民党湖南省主席、长沙绥靖公署主任程潜和国民党第一兵团司令陈明仁领衔，发出有 37 位将领联名的起义通电：在长沙和平起义。8 月 5 日，湖南宣告和平解放！

中国人民解放军十二兵团138师进入长沙

当晚10时左右，人民解放军第十二兵团先头部队第46军138师以威武的队列，雄健的步伐从小吴门进入长沙市区。长沙市十数万群众夹道欢迎解放军入城，鞭炮声、锣鼓声、欢呼声响彻云霄，震荡全城。

早在两个月之前的1949年6月，在北平的田汉写了一封信，请中国人民解放军第十二兵团政治部文艺科李林带给第十二兵团司令员萧劲光同志，当长沙解放后，请军队把湖南的一个主要戏曲剧种湘剧抓起来，搞一个湘剧团。

文化的建设与经济的建设同等重要，但在这时期，文化建设涉及到政权的巩固，因此更应优先。

当解放军进驻长沙时，萧劲光将军被任命为长沙军管委主任。萧劲光立即将解放军第十二兵团政治部兼湖南军区文艺科副科长艾耶找来，命他与地方的文化干部刘斐章、田洪等人联系，在原湘剧抗敌演出队的基础上组建湘剧团。军管委确定田洪为团长，黄元和为副团长，又从军区文工团、平剧团调去曹庭章、张嘉林、邢更生，分别担任指导员、队长、司务长。艾耶为剧团取了个名字"洞庭湘剧工作团"，接着，在小吴门附近找了一座小院（今明星里8号湖南省艺术研究院）做工作团团址。

湘剧工作团的管理是半军事化，享受军队低水平供给制。为了照顾艺人生活上的实际困难，卖票所得收入归团里，再按艺人贡献的大小以传统的方式进行分红。

10月10日，中国人民解放军第十二兵团政治部洞庭湘剧工作团宣告正式成立。

听说湘剧团已恢复，在北京的田汉即以自己的稿酬购置了一些服饰与盔头，作为贺礼托人带到了长沙。同时，他捎去了一封短信："……这，只是我为湘剧出点力而已。"

解放军第十二兵团政治部所属的星火京剧团，从解放区带来了经整理改编的传统剧目《九件衣》。洞庭湘剧工作团请星火京剧团的谭世英为导演，张嘉林为副导演，用湘剧移植、演出了这部京剧。杨福鹏、彭俐侬、张福梅、董武炎、陈绮霞、萧百岁、黄元和、王华运、蒋华金等充任主要演员，真可谓名家聚集、阵容豪华。

果然，演出十分轰动，上座率极佳，《九件衣》成功地提振了湘剧的士气。徐绍清等湘剧名人也申请加入洞庭湘剧工作团。接着，剧团又排演了田汉创作的《江汉渔歌》与《新武松》。

洞庭湘剧团的成功，让全省的湘剧艺人欢欣鼓舞，各地艺人纷纷将自己的班社改称剧团或剧社。据不完全统计，当时，区别于旧时戏班的湘剧社团，全省就有37个。

湘剧的盛世，开始到来。

洞庭湘剧工作团成立合影

从旧中国走过来的戏曲，留有许多旧文化的印痕。为了让旧的戏曲适应新的时代，1951 年，中华人民共和国政务院发布戏曲改革指示，对戏曲改革有着丰富经验的戏剧大家田汉先生，被任命为中央文化部戏曲改进局局长。

为了推进戏曲的改革，文化部决定，在 1952 年举办第一届全国戏曲观摩演出大会。湖南挑选优秀剧目上京会演之前，先期参加了中南地区戏曲会演。

中南区第一届戏曲观摩会演在武汉举行。湖南派出了湘剧《双拜月》《五台会兄》，花鼓戏《刘海砍樵》，衡阳湘剧《醉打山门》和常德汉剧《思凡》。当湖南代表团到达武汉时，田汉也代表文化部来到了武汉。

晚上，田汉、陈荒煤等人与各省代表团的负责人观看了演出。田汉对《双拜月》从剧本、表演、服饰几方面都提出了批评，认为没有进行认真的加工和提高，目前拿到北京去会演还不成熟。他建议湖南代表团，暂时不演《双拜月》，改演已经成熟的湘剧经典《琵琶上路》。

《琵琶上路》在湖南本来就有很大的争议。反对者主要的意见是：第一，男主角张广才在陈留郡三年饥荒的情况下还有银钱和粮食资助女主人公赵五娘母子赴京城，说明他是地主阶级；新中国的舞台不能歌颂一个地主分子。第二，赵五娘是一个封建愚孝的典型，这个戏歌颂这样的封建典型，也有政治立场上、艺术原则上的错误。[1]

田汉断然否定这种观点。他说，我们的传统戏有两重性，既有民主性的精华，又有封建性

[1] 湖南省政协文史委：《神州一代戏剧魂——忆田汉》，岳麓书社 1998 年版，第 502 页。

1952 年第一届全国戏曲观摩演出大会中南区代表团返汉演出留影

的糟粕；区别精华与糟粕要对剧目做具体的分析。张广才在戏中的具体行动是邻里相帮，扶危济困，这正是中国人民的传统美德。赵五娘在连年灾荒的情况下，自己吃糠，把大米留给年迈的公婆吃，后来她又卖发葬亲，双手筑坟，一系列的行动反映了劳动妇女善良的品德。这两个人物都是人民群众喜爱和赞扬的，这是人民性而不是封建性。田汉的观点得到了会演组织者陈荒煤同志的支持，并同意《琵琶上路》入选全国会演。

1952 年 10 月 6 日至 11 月 14 日，第一届全国戏曲观摩演出大会在北京举行。全国 23 个剧种的 37 个剧团、1600 多名演员为大会演出了 82 个剧目。这是一个空前的聚会，是中国戏曲文化优秀遗产的一次盛大检阅。

《琵琶上路》到了北京，田汉邀请欧阳予倩、梅兰芳、萧长华、王瑶卿等戏曲界大腕为湖南的会演剧目做指导。湘剧百年的经典加上一流专家的指点，湖南的剧目果然在北京的舞台上大放异彩！

然而，到了评奖会上，《琵琶上路》又引发了激烈的争议。政务院总理周恩来也赶来参加了评奖会议。

周恩来听了大家的发言，会后征求田汉的意见。田汉说：“多少年来，长沙戏班里有这么一句话，叫作‘打不死的蔡伯喈’，因此这个戏又叫《打三不孝》。只要戏班生意不好，就上演《琵琶记》，就能引来不少的观众，可以说是百演不衰。”周恩来听后点头赞同：“看来《琵琶记》还是受人民欢迎的，是有人民性的剧目，不然怎么能百演不衰呢？”[1]

最终，评奖结果出来了：

湖南省参加第一届全国戏曲观摩演出获奖名单：

演出奖：二等奖：《琵琶上路》

[1] 湖南省文化厅、省文联、省剧协：《田汉与湖南戏剧》（内部资料），1984 年，第 63 页。

演员奖：一等奖：徐绍清（《琵琶上路》）
二等奖：陈剑霞（《打猎回书》）、彭俐侬（《琵琶上路》）
三等奖：杨福鹏（《五台会兄》）
奖状：罗元德（《五台会兄》）

通过会演，湘剧演员扩大了眼界，振奋起精神。在毛主席提出的“百花齐放，推陈出新”方针的指引下，各地湘剧团都在当地文化部门和戏曲改革机构的指导下，进行传统剧目的摸底、排查、挖掘、整理工作，在表演上，删除了各种野蛮、凶杀、恐怖、淫秽等丑恶的舞台形象，改革了舞台上饮场[1]、吐痰等旧习俗，大力发掘并发展了湘剧中健康、进步的因素。

这一时期，长沙市的湘剧上演剧目由200多个增至400多个，并及时抢救了行将失传的湘剧剧目320多个。省市湘剧团重点加工整理了《拜月记》《追鱼记》《金印记》《拨火棍》《珍珠塔》《访白袍》《百花公主》《白蛇传》《辕门斩子》《血掌印》《黄飞虎反五关》等70多个剧本，其中有20个获得发表和出版。《拜月记》拍摄成为湘剧第一部舞台艺术片。

1956年5月，田汉又一次回到长沙。

他是作为全国人大代表、文化部艺术局局长、戏剧家协会主席来湖南考察的，同行的有湘籍历史学家、北大副校长翦伯赞。

1956年，是中华人民共和国历史上极为重要的一年。中共中央党史研究室著《中国共产党的七十年》这样写道：这一年——

> 社会主义制度在中国已经建立起来，中国社会主义的经济、政治和文化应该怎样建设和发展？这是党所面临的全新的课题。全党上下精神振奋，急切地想做出一番新的伟大事业。[2]

这一年，文化建设如火如荼。

1月1日，全国报刊横向排版，颠覆了中国人几千年来的阅读习惯。

1月10日，中共中央转发民族事务委员会党组《关于少数民族语文工作中几个问题的报告》的批示，指出：帮助少数民族创立和改革文字，是中国共产党迫切需要解决的一项重要问题。

2月1日，第一批230个简化字由《人民日报》公布。

2月6日，中国国务院发布了《关于推广普通话的指示》，在全国范围内推广普通话。

4月28日，中共中央政治局扩大会议提出“百花齐放，百家争鸣”的文化艺术双百方针。

就在这样的大背景之下，5月23日，田汉与章士钊、翦伯赞、向达、李觉、周凤九一行来到了长沙。

---

[1] 饮场：戏班的旧俗。旧时在演出中间，由检场人员上台递送茶水，给演员当场饮用润喉。

[2] 胡绳：《中国共产党的七十年》，中共党史出版社1991年版，第328页。

像远方的游子回家一样，田汉没有惊动地方政府和省市文化局，而是把行李放到省委交际处（今九所宾馆）后，就与翦伯赞一起，去五一广场附近的湖南剧院看望在那里工作的弟弟田洪。

多年不见，喜出望外。田汉让弟弟带他们到湘江边上走走。他们到大西门沿江游览不久，就转到了鱼塘街长沙湘绣厂。湘绣厂与长沙艺联湘剧团比邻而居，他们从湘绣厂出门就遇到了演员王福梅。她热情地将他们请到了剧团驻地。

听说田汉到来，老艺人都纷纷围了上来，递烟泡茶，嘘寒问暖。

不一会，省文化局副局长刘斐章同志也赶来了。他是到火车站接站时，与考察组的成员失之交臂，再一路追问过来的。

艺人们要留田汉一行吃饭。

翦伯赞回答：晚上来看戏。

作为人民代表，田汉到长沙的任务与以往不同。以往，是为了建立一个新中国，他号召文艺界的战友们以文艺为武器而团结战斗；而这次，他是为了如何建设社会主义中国的新文化，而进行一次深入地实地考察。

担负起新文化建设的是人，对文化人的关心是开创新文化局面的首要前提。

后来人们回忆起田汉1956年对长沙湘剧的考察，都是满满的感动……

省文化局副局长刘斐章在《他就像一块吸铁石》一文中就回忆了他从火车站接站失误、而后寻找过来到剧团时，听到的和看到的情形：

> ……艺人们纷纷叙说，有的在说解放后艺人的地位提高了；有的还在回忆全国第一届戏曲会演的盛况；而更多的是在谈当前的实际问题，有的说剧场破烂，服装过于陈旧，特别是谈到宿舍问题，一致认为实在太挤，生活很不方便。有人当场就要求田先生看看他们的住处。田先生说："这次回湖南原是要看看大家的。"说着就起身，要我也一道去看看。
>
> 这个剧团的所谓宿舍，实际上是间不规则的大厅，光线不好，拥挤得像客轮上的大统舱，当时没有数一数到底住了多少户。总之，过路的地方只容得一人侧身而过，一家一户都是以床和蚊帐为界；各家床前生有火炉，这就是厨房；床前摆上一张小桌或较大的方凳就是饭厅，其他洗脸洗衣用具和日常生活必需各物都塞在床下，真是百闻不如一见。这时田先生一言不发，脸色严峻，眼角微微闪着泪花。他轻轻地对我说："我们都有责任啊！"走出艺人宿舍，他恢复了爽朗精神，对艺人们说："我们国家还很穷，还有很多重要事情要办，可是党和人民政府都关心你们，眼前的困难一定会得到解决的。"[1]

湘江剧场经理、不久后又兼任省湘剧团副团长的陈迈众陪同田汉视察了省湘剧二团的宿舍。

[1]　湖南省文化厅、省文联、省剧协：《田汉与湖南戏剧》（内部资料），1984年，第139页。

陈迈众的女儿艳群在文章《老照片中的田汉》描述了父亲的回忆：

> ……第一次见面，父亲分明感受到田汉的人格魅力和对戏剧事业的注重。那是在1956年5月，作为全国人大代表，田汉与湘籍历史学家、时任北大副校长的翦伯赞一同来长沙视察。田汉当时是文化部艺术局局长、戏剧家协会主席。视察完省湘剧团后，父亲又陪同他们参观了位于樊西巷湘剧二团的宿舍，演员的住宿条件让田汉揪心的痛："上下两层楼房住了140个人。楼下大厅住了十几户人家。隔一层帐子便是一家。单身艺人两个人一铺。
>
> 也有青年女演员住在两对夫妻的当中的。人既拥挤，地也潮湿，身体和精神的健康都不能保证。属于国营的省湘剧团，与民营的湘剧二团之间相比，艺人的表演技艺无甚高低，但待遇却有天壤之别。"[1]

田汉把演员们的住宿情况看在眼里，记在心里。

考察的另一主要内容是湘剧后续人才的培养。听说湖南办起了一个湘剧小演员培训班，他要看一看。

在培训班教务主任黄元和、教师罗元德、廖运生、萧迎祥的陪同下，他们来到了培训班的排练场。这是一间大房子，光线很暗。学员们已经集中好，是一群十一二岁的孩子。他们中就有以后成名成家的湘剧演员左大玢、王永光等。田汉在一条矮板凳上坐下来，看孩子们展示刚刚学到的才艺。

几个小节目中有一出《盘貂》的折子戏，王永光扮演关羽，左大玢扮演貂婵。这是一出唱功戏，左大玢唱得很好，田汉认为这是一棵好苗子。貂婵的慢板叙诉缠缠绵绵，关羽闭着眼睛细细聆听。左大玢终于唱完了，本应是王永光接应，结果大家发现王永光这小子，竟在悠悠的吟唱中睡着了。众人哈哈大笑，黄元和很生气，但看到田汉也乐呵呵地开怀大笑，也就知道田先生没有责怪，也就跟着笑了起来……

小演员的服装很不合身，更不得体的是关羽，他身上穿的是女蟒！田汉对此很不满意。黄元和解释道："孩子们身体长得很快，做了新的，不多久就不合身了。"田汉对这一辩解并不认可，他回答道："你们难道只办这一个班？小了，以后还有小的穿嘛。"黄元和不再吭声，田汉知道他们是经费困难。因为他此前已经听说过了，培训班本身没有行头，也没有场面设备。平日排练，是教师嘴里念锣鼓经、哼曲调过门对付。到了演出，都是黄元和出面到外借行头，请场面。他缓和了一下自己的口气："难道湖南就那么穷？为了培养孩子，我愿意捐点稿费。"[2]

田汉自己不富裕，但他总是扶贫济困。弟弟田洪回忆道："田汉这次回长沙，连同工资和稿费带了1000多元。听说有几位老艺人生活困难，他从口袋里拿出一张名单念了一遍，又补

---

[1] 艳群：《老照片中的田汉》，《文学自由谈》2014年第6期。

[2] 湖南省文化厅、省文联、省剧协：《田汉与湖南戏剧》（内部资料），1984年，第45、140页。

充了几个名字，‘我想给这些有困难的同志送一点钱……我并不是来做什么好事，只是表一表老朋友的心意，也是为了感激大家在抗日战争中立下了功劳。”[1]

田汉把这些情况带回北京后，向周恩来总理汇报，并在《戏剧报》上连续发表了《必须切实关心并改善艺人的生活》《为演员的青春请命》两篇文章。他说：

> 上述的这些情况跟新中国当前突飞猛进的建设是极端不相称的，跟按比例发展文化艺术的要求也是不相称的。发展任何运动，人的条件是最主要的。爱护祖国的戏剧文化首先要爱护祖国戏曲文化所寄托的人——广大艺人和他们的子弟后辈。要使老艺人能够得到适当的安养照顾，把他们的才能经验传给后一代。随着国家伟大经济建设的发展，目前这一个数目的艺人其实是十分不够用的，我们应该更有远见地培养广大艺人，提高他们的组织能力和表现能力，也要设法改善他们的生活条件，注意他们身体和精神的健康发展。国家正对全国职工进行适当的工资增长，甚至对小商小贩的营业和生活也有周到的安排，对这十几万文艺工人不应该摆在考虑之外。我们对某些艺人这些年也做了照顾，但我们的考虑面应该不止是露面的一些先进人物，而是更广大的演员。至于如何培养各剧种的后一代那是发展艺术教育的问题，但也和运用青老艺人的潜力分不开的。[2]

全国人大、政协访湘视察团在结束视察前，代表、委员们向省委汇报了这次视察的情况，并提出了改进的意见和建议。此后，省委针对戏曲方面的问题，做出决定，由省委文教办公室、省市文化局成立戏曲改革领导小组，抽调干部组成办公室具体负责这一工作。省委拨款20万元，作为推进戏曲事业发展的经费。

一如既往，田汉一直关注着湘剧的剧目建设。

他在长沙市湘剧团看了传统戏《双包案》的演出，此剧源于杂剧《观音鱼篮记》，有加工革新的基础。演出后，田汉提出了一些很中肯的意见。长沙市文化局长康德邀请田汉先生改编此剧。田汉说，我实在太忙，根本没有时间改戏，我看你自己就能改。康德根据田汉的意见，做了一次修改。不久康德的改编本到北京演出，又请田汉去指导。看到演出不太成功，田汉觉得还是剧本的问题。田汉对康德说：这样，你就先不回去，住到我家，我指导你修改。结果，康德入住了田汉在北京细管胡同的家，帮他重新搭建结构，指导他怎样起承转合，最后还帮他增删润色。半个月后，《双包案》完成了自己的华丽转身，更名为《追鱼记》。

视察团到长沙的调研考察，促进了湘剧事业的发展，也取得了很大的成果。1956 年 6 月至 7 月，以湖南省二届戏曲观摩会演优秀剧目和各剧种名老艺人为主体组成的湖南戏曲艺术团，赴北京汇报公演 41 场。湖南湘剧团演员训练班的小学员们亦随同赴京观摩实习。

---

[1] 《中国当代文学研究资料丛书·田汉专集》，江苏人民出版社 1984 年版，第 323 页。

[2] 田汉：《必须切实关心并改善艺人的生活》，《戏剧报》1956 年 7 月号。

6月15日，在田汉的安排下，湖南省湘剧团在中南海国务院礼堂演出《拜月记》，由湖南省省长程潜陪同，周恩来、贺龙、董必武等中央领导观看了演出，对该戏的表演艺术大为赞赏。演出结束，大家意犹未尽，仍站在微凉的秋夜中闲聊。周总理很客观地对程潜说，“你们的戏演得那么出色，戏服却如此逊色，两者悬殊太大啦。湖南省有千万人口，每人出一个铜板，都足够制些漂亮的戏服了，是你省长舍不得出这个钱吧。”程潜说，我们会引起重视。旁边的贺老总心直口快，说我是湖南人，我先凑一个铜板。董必武听后附和道，湖南湖北是一家，我湖北的也凑一个铜板。总理哈哈大笑，说，不用你们出，我来出。

果然，隔日上午，一辆国务院副秘书长办公室的专车驶进了剧团所在的招待所，将一万元支票送来。演员们激动得一夜不寐。剧团用那笔钱在苏州买了一批绫罗绸缎，回来缝制戏服……[1]

6月至7月，徐绍清等应邀参加中国戏剧家协会在北京连续召开的《琵琶记》讨论会，湖南湘剧团为会议专场演出传统剧目《琵琶记》上下集。

6月18日至9月28日，彭俐侬、廖建华、陈建霞、余福星、王福梅等湘剧演员参加文化部举办的第二届戏曲演员讲习会，彭俐侬、廖建华为中国共产党第八次全国代表大会演出了湘剧《抢伞》。7月9日晚，湖南省湘剧团在中南海怀仁堂为毛泽东等中央领导演出。

当年8月至次年2月，长沙市各湘剧团在长沙市戏曲改革工作领导小组办公室领导下，开

[1] 艳群：《老照片中的田汉》，《文学自由谈》2014年第6期。

展以“不断扩大丰富上演剧目，提高演出质量”为中心的先进工作者运动，进行剧目整理、改善经营管理等工作。运动结束时，汇报演出了《血掌印》《访东京》《珍珠塔》《卖水记》《杀四门》《托亲讲情》等重点整理剧目。这期间，挖掘了传统剧目 106 个。

湘剧，在这一时期，达到了鼎盛!

精忠昭日

1962 年 11 月 27 日，田汉再一次回到了长沙。他是应湖南省第三次文代会主席团和湖南省文化局的邀请，与夫人安娥、戏曲史学家周贻白、电影艺术家郑君里，专程来湖南参加第三次文代会的。

这是田汉先生最后一次回家乡。

时任《长沙晚报》副刊编辑、湖南戏曲史家凌翼云的《记田汉 1962 年故乡行》一文，记录了田汉的这次行程。[1]

湖南省第三次文代会是在湖南宾馆召开的。湖南宾馆始建于 1959 年，1962 年才正式营业。宾馆毗邻湖南烈士公园，院内翠树芳华、环境幽雅，至今仍是知名度和美誉度很高的宾馆。

在湖南剧院工作的田汉的弟弟田洪，曾通知去火车站接站。但田洪此时有个特殊的身份——被管制的“右派分子”，因此，在众多官员接站的火车站门口，兄弟俩只打了个照面。田洪夫妻俩沮丧地回到湖南剧院，不料想回到家里，哥哥已经给他送来了一张亲笔字条，告诉了他在宾馆的房间号码和电话号码，叫他打电话给他。田洪赶紧到剧院用单位的电话打给了田汉。在田汉的再三说服下，自觉身份有些不便的田洪终于来到了宾馆……

田汉住在宾馆一栋六楼靠西头朝南的一个套间。只要不是开会的时间，他的套间里常常是高朋满座。前来拜访的有田汉与湖南文艺界长期交往的故友，也有田汉以前的战友或部属，还有前来汇报工作的文化干部，更多的是湘剧界的老演员和参加文代会的会议代表。他们把田汉看作是先生长辈，亲人挚友。会议期间，省文化局请田汉先生给省会的文艺界人士讲讲课，地点选择在五一广场附近的湖南剧院。田汉得知这一消息，马上告诉弟弟田洪，说：明天我到湖南剧院讲课，中午到你家去吃饭，并给他 10 元钱买菜。田洪不知所措，与湘剧老艺人商量。艺人们说，你不要急，我们来办，家里地方窄，地点就选在你宿舍的楼下。

第二天中午，田汉讲完课，田洪就把哥哥和嫂嫂安娥接到了仓后街 3 号自己的家。兄弟俩叙旧不多，但田汉了解到了弟弟的现状。饭后，田汉、安娥与田洪一家，步行到解放路的华昌照相馆照了相。田洪的女儿田灿回忆道:“伯伯与我全家一起照了相。他在照相馆还提笔写了诗。

[1] 湖南省政协文史委：《神州一代戏剧魂——忆田汉》，岳麓书社 1998 年版，第 475 页。

在文化大革命时期，这张照片连同家里的字画、伯伯的书信、相册，都被造反派给拿走了。那年我8岁，照完相我就上学去了。”[1]

田灿上学去了，田汉也回宾馆去了。开会时间紧凑，田汉还是尽量抽出时间看戏，谈戏，看望老艺人。会议期间，他看了湖南省湘剧院的《琵琶上路》《李逵闹江》《三哭殿》，长沙市湘剧的《金丸记》，湖南省花鼓戏剧院的《谢瑶环》，长沙市花鼓戏剧团的《山伯访友》《装疯吵嫁》等剧目。

看戏的过程中，田汉常与演员们讨论戏曲的改革。他充分肯定了艺术家们的创造精神，也常常与演员探讨改革创新的得失。湘剧高腔戏《古城会》又名《斩蔡阳》，其中有一折戏叫《古城训弟》，是名演员徐绍清的拿手剧目。戏剧说的是关羽千里单骑护嫂寻兄，过了五关之后来到古城和兄弟张飞会合的故事。在当时“左”的思想干扰下，剧中关羽责备张飞不该多疑的一段唱词，被改为张飞责斥关羽不该留滞曹营。田汉不同意这种改法，他说：是“古城训弟”还是“古城训兄”？

会议期间，田汉尽量安排时间去看望湘剧艺人。他去岳麓山下左家垅的湖南戏曲学校访问，也到了中山西路民众戏院内的长沙市花鼓戏剧团宿舍看望演职人员，之后又去了青山祠市湘剧一团宿舍。到了吃晚饭的时间，艺人们从火宫殿买来的油炸臭豆腐和猪血汤，人手一碗，边吃边谈。田汉先生书法与诗歌都写得特别好，余福星、彭福娥、孔艳兰等准备了笔墨纸砚，请田先生题诗。此次归来，田汉的心情似乎不是很好，他没有题诗。端思良久，他题写了如下两句话：

> 坚持在传统基础上革新，革新既要大胆，又不能掉以轻心；既要一新群众的耳目，又不要脱离群众的欣赏习惯，务使群众在喜闻乐见中接受剧的思想，收到潜移默化的效果。
>
> 我们的传统中有精华有糟粕，必须培养和锻炼我们的识别力，再配合高超的表现力，做到得心应手，将会达到更高的艺术成就。
>
> 田汉
>
> 一九六二年十二月五日

文代会散会之后，田汉就回北京去了。

田洪后来写道：“哥哥离开长沙的这一天，我去送行了，没有想到这就是哥哥与家乡亲人的永别。他再也没有回来了，再也听不到他那爽朗的笑声了……”[2]

这一年，国际形势复杂而又紧张。10月17日，印度向中国边防发动大规模进攻，中国边防部队被迫反击。这一年，美国在南越成立驻越南军事援助司令部，准备入侵北越，中国开始

---

[1] 2019年7月6日，笔者采访记录。

[2] 湖南省文化厅、省文联、省剧协：《田汉与湖南戏剧》（内部资料），1984年，第65页。

向越南民主共和国无偿提供大量军事装备。而在1961年苏共“二十二大”以后，中苏关系已近破裂的边沿。就在这种腹背受敌的情况下，国内的政治形势也趋于紧张。中国共产党第十一届中央委员会第六次全体会议一致通过的《关于建国以来党的若干历史问题的决议》(1981年6月27日)对这一时期的历史是这样总结的：

> 1962年1月召开的有七千人参加的扩大的中央工作会议，初步总结了“大跃进”中的经验教训，开展了批评和自我批评。会议前后又为“反右倾”运动中被错误批判的大多数同志进行了甄别平反。此外,还给被划为“右派分子”的大多数人摘掉了“右派分子”帽子。由于这些经济和政治的措施，从1962年到1966年国民经济得到了比较顺利的恢复和发展。
>
> 但是，“左”倾错误在经济工作的指导思想上并未得到彻底纠正，而在政治和思想文化方面还有发展。[1]

田汉是这一时期“政治和思想文化方面‘左’倾错误”的最先受害者。

在湖南省第三次文代会之前——1962年3月2—26日，文化部和全国剧协在广州联合召开了话剧、歌剧、儿童剧创作座谈会(后来被简称为“广州会议”)，会议由田汉与阳翰笙同志主持，周恩来总理在会上做了《关于知识分子问题的报告》。然而没多久，“四人帮”就把广州会议诬陷成为“黑会”，田汉成为了会议的“黑手”和“文艺黑线”的主要干将和领导人。

1962年2月，田汉先生根据陕西碗碗腔《女巡按》改编而成、由中国京剧院杜近芳主演的京剧《谢瑶环》，在人民剧场正式演出。此后，全国地方院团纷纷移植改编演出《谢瑶环》。

田汉祝贺杜近芳在《谢瑶环》中的成功演出

但是不久，有消息传来，中央书记处书记康生认为此剧“有很大的问题”。

黑云压城城欲摧。田汉虽然问心无愧，但那些来头不小的重重阴霾，总让人倍感窒息。果

[1] 中央对外宣传办、党史研究室《人民网》，http：//cpc.people.com.cn/GB/64162/64165/66026/4463769.html。

1962年，《谢瑶环》演出获得成功，全国人大常委会副委员长郭沫若（左七）、中国戏剧家协会主席田汉（左三）、中国戏剧家协会副主席曹禺（左九）等文化界领导上台接见杜近芳（左五）等演员并合影。

然，1966年2月1日《剧本》月刊第1期、2月2日《光明日报》同时刊登《田汉的〈谢瑶环〉是一棵大毒草》。此后，批判田汉《谢瑶环》的文章在全国各地报刊铺天盖地而来。不久，"四条汉子""叛徒""特务""黑帮分子""反革命修正主义分子"……一顶顶大帽子又飞将过来。

1966年12月4日，田汉被捕入狱。

1968年12月10日，田汉在北京301医院去世。

1979年，田汉的冤案得到平反昭雪。4月25日，在八宝山革命公墓，为田汉举行了隆重的追悼会。田汉去世之后，他的骨灰没有找到。骨灰盒里放下了一页精制的《义勇军进行曲》，一本封面烫金的精装剧本《关汉卿》，一顶田汉生前用过的帽子，两方名章和一支笔……

田汉曾在《〈田汉戏曲集〉第四集自序》[1]中写道：

> 和没有想到在严冬的寒风中会开出鲜艳的蔷薇花一样，没有想到在这样艰难困苦的时候我会写这样优游暇裕、低徊既往的文字。
>
> ……
>
> 笔啊，你的毫是产于那晚上深山里饿得叫起来的狼和风雨晦冥中发出喔喔的啼声的鸡底身上；你的杆子许是产在君山吧，不然为什么也洒上几点湘妃的泪？你的白的小帽是那憨直而爱蛮干的"湖南牛"的骨头；你的整个的价值是那典型的手工业都市的工人的熟练与勤劳的产物。
>
> 你的身上实在寻不出半点的罪啊，希望你不要开罪了"闻者"吧。

[1] 田汉：《母亲的话》，湖南人民出版社1983年版，第216页。

1983年12月5日，湖南省会文艺界《田汉同志诞生八十五周年逝世十五周年纪念会》在长沙召开。中国戏剧家协会的负责人和田汉在京的亲属专程从北京来到长沙。

12月5日上午，纪念会在湘江宾馆举行。400多人出席了纪念会。当天下午和第二天上午，大会又举行了“忆谈会”，田汉的亲人、朋友、学生在会上发表了感人肺腑的发言。晚上，湘剧艺人演出了田汉的湘剧代表作《新会缘桥》《五台会兄》。电影院放映了戏曲艺术片《关汉卿》《追鱼记》……

12月6日下午，在长沙的湘剧艺人举行了情深意切的“追忆演唱会”，演唱的形式是湘剧，演唱的内容都与田汉相关：

湘剧演员彭俐侬演唱了《白蛇传》中的一段：

杀出了金山寺怒如烈火，
法海贼无故起风波，
许郎不该辜负我，
害得妻子受尽了折磨。

西子湖依旧是当年一样，
看断桥桥未断却寸断了柔肠。
鱼水情山海誓他全然不想，
不由人咬银牙埋怨许郎。

湘剧老生李正喜演唱了《江汉渔歌》中的一段：

适才间曹太守对我言道：
道敌人要夺我锦绣天朝。
安陆县被包围看来难保，
敌骑兵已杀到汉川近郊；
怎奈是汉阳城兵微将少，
因此上命老朽把列位来招。
休道是打渔人力量太小，
老百姓发了怒地动山摇。
一个个回家中整顿旗号，
一个个回家去磨洗枪刀。
敌向前就把他后方来扰，
敌上岸就把他战船来烧，

骑兵来将他的马腿砍掉，
坚壁清野还要拆断河桥。
一时不觉得红日落了，
带他们到府衙去走一遭。

老艺人李云霞，艺名为筱艳柏。她以湘剧高腔演唱了田汉先生在1940年给她题下的两首诗：

闻道雄师靖北江，买舟昨日出潇湘。
琵琶一曲人千里，扶病劳君唱五娘。

艳说精忠武陵柏，艺心应似柏心丹。
是谁赐尔佳名字，好似青松耐岁寒。

田汉先生对彭俐侬也有类似的褒奖。此刻，她的耳旁响起了田汉先生的声音：

俐侬，为什么你评了二等奖，福鹏评了个三等奖？是不是你比她强呀？……伢子，你要是这样看就错了。比艺术声望，你还差得远哩！刚出茅庐嘛！福鹏这次演了配角，她的大靠把戏没机会让她演；更重要的是党对青年演员的鼓励，因为你们是新中国成立后的第一代青年演员。这么年轻就成了全国得奖演员，比起福鹏她们学戏时的旧社会，真是天壤之别呀！[1]

彭俐侬默默地回答：“谢谢先生！”

她的眼里噙满了泪水……

在高亢悲壮的高腔声中，艺人们似乎看到了先生正微笑着向他们走来……

[1] 湖南省文化厅、省文联、省剧协：《田汉与湖南戏剧》（内部资料），1984年，第180页。

第七章　田汉长沙纪事

田汉是在长沙出生、成长，成人后去日本留学的，从1919年于留学期间第一次回长沙探亲，到1962年最后一次回长沙考察，43年中先后11次回过长沙。田汉一生怀有浓浓的乡情——对故里的感恩和报答，伴随着田汉的一生。田汉作为伟大的诗人和戏剧家，他为中华民族的自由解放事业贡献出了《义勇军进行曲》，这首被世界公认的代表中华民族精神和中国形象的歌曲，成为中华人民共和国国歌；他为中国的新文艺事业——戏曲改革、进步电影、新音乐，做出了开拓性的贡献，被公认为“不仅是戏剧界的先驱者，同时也是文化界的先驱者”。成为国歌词作者和新文艺事业的先驱者，这是田汉对家乡长沙的最好回报，也是长沙引以为骄傲和值得夸耀的一个存在！

田汉（字寿昌）1898年3月12日（农历二月二十日），生于湖南省长沙县东乡花果园田家塅茅坪一个农民家庭。

1902—1903年，4—5岁，开始接触民间戏曲。

1904年，6岁，开始入私塾“发蒙”，从王益谦先生读书一年，“成绩很好”。

1905年，7岁，到陈家冲求学，获准入杨怀周的家塾，师从“饱学先生”王绍羲；为邻居写对联；成佛庵看戏，与彭道人很谈得来。

1906年，8岁，转学到黄狮渡，师从叔外公易雨生。

1907年，9岁，丧父；到新塘桥张鼎新家重新跟王绍羲先生读书。新塘桥是个茶叶巨镇，寿昌初次接触到城镇大企业经营管理的规模和工人的集体劳动生活，使他很感兴趣，还第一次见到外国人和读到几本《马可福音》之类的书。

1908年，10岁，在槐树屋结识风雅的老太太梁三娭毑，听她讲《西厢记》，接触到中国古典文学，眼界大开。

1909年，11岁，随母迁到仙姑殿下面的栖凤庐梁家居住，认识了仙姑殿里的王道人，常向王道人借些小说、传奇之类的书看。当地乡下开始倡办新学，多将庙宇辟为学校，枫林港的清源庵也办起了一堂"洋学"——初等小学（相当于高小），寿昌入该校住读，"开始片断地接受一些现代知识"。清源庵是个大庙，春秋两季，总有城里戏班子来演出，因此得到不少看戏机会。

1910年，12岁，考取长沙城里选升学校（相当于初中），开始接触新思想和京剧。

1911年，13岁，考取革命空气更为浓厚的修业中学，更加关心国家大事，武昌起义，辛亥革命爆发，毅然参加学生军支援革命。

1912年，14岁，1月学生军解散；2月考入徐特立任校长的长沙师范学校读书，改编京剧《三娘教子》为《新教子》；编办《祖鞭报》，抒发救国爱民思想。

1913年，15岁，3月在《长沙日报》发表京剧《新教子》剧本；欧阳予倩回长沙组织"文社"，演出新剧，引起寿昌"对新戏剧事业的无限向往"。

1914年，16岁，与黄素等同学在学校编《青年》杂志，并在上面发表一些论文，还有两篇根据京戏改编的剧本（剧目佚）；因姜济寰校长代为支付学费而能够继续在长沙师范学校读书。

1915年，17岁，在上海《时报》副刊《余兴》上发表戏曲剧本《新桃花扇》。

1916年，18岁，由长沙师范学校毕业，8月随舅父易象赴日本留学，途经上海时，随舅父易象拜会长沙同乡辛亥革命元勋黄兴。

1919年，21岁，7月由日本回国省亲回长沙；9月携表妹易漱瑜（易象之女）离长沙，二人于10月从上海赴日本。

1924年，26岁，11月伴送易漱瑜回到长沙乡里养病。

1925年，27岁，1月14日妻子易漱瑜病逝；春在长沙第一师范学校任国文教员；5—6月在长沙《大公报》副刊《现代思想》发表话剧《黄花岗》、诗歌《黄浦怒涛曲》；7月离职赴上海。

1936年，38岁，5月田汉的二表舅蒋寿世通过"软禁"在南京的田汉的帮助，邀请上海百代唱片公司来长沙，灌制了湘剧唱片30余张。参加灌制唱片的演员有陈绍益、吴绍芝、筱菊奎、罗裕廷、田华明、唐树生、王华运、郭福全、杨福鹏、周福昆、陈福峰、徐福贵、彭福仙、郑福秋、李福可、廖福芬等16人。

1937年，39岁，11月底由上海到内地宣传抗战到长沙，发表七绝《返长沙》（《从上海到长沙》七绝诗30首之最后一首）；12月初与陈铭枢一起离开长沙赴武汉，参加大规模戏剧公演的组织工作；《抗战与戏剧》一书由长沙商务印书馆出版。

1938年，40岁，1月初由武汉抵长沙，住远东戏院楼上；在八路军驻湘办事处主任徐特立的支持下，经过与王鲁彦、廖沫沙、张曙、蒋寿世等人在短期的艰苦筹备，于28日在皇仓平28号远东戏院楼上创办了《抗战日报》，任社长、主编，亲撰《创刊之词》，发表宣传抗战的文章多篇、诗词多首；聘请董每戡做《抗战日报》“戏剧与电影”专刊主编；2 月 28 日携张曙、田洪与郭沫若、于立群一起离长沙赴武汉，参加三厅的筹备工作；11 月为入长沙的平剧宣传队和在长沙的湘剧团体约二三百人举办“战时讲习班”，将三个湘戏班组成长沙湘剧抗敌宣传一、二、三队，分别派赴到醴陵、衡阳、湘潭开展抗敌剧宣活动；12 月特为湘剧抗敌宣传队题字：“演员四亿人，战线一万里。全球作观众，看我大史戏”；接周恩来指示，率演剧队赶回长沙从事大火后救灾善后工作，作七律一首：《大火后重返长沙》；与廖沫沙、龚啸岚、刘建庵等发行长沙大火后的第一份报纸《新长沙报》。

1939 年，41 岁，1 月初至 4 月初，在长沙举办为期三个月的“长沙旧剧演员讲习班”；1 月上旬，将湘剧《蒋世隆抢伞》改编成《旅伴》，开始改革湘剧工作；2 月，七个湘剧宣传队云集长沙，演剧祝贺田汉 41 岁生日；4 月中旬，率平剧宣传队由长沙抵衡阳；冬，在长沙完成大型戏曲剧本《岳飞》，是抗战时期戏曲改革的一个成功实践。

1940 年，42 岁，2 月由长沙出发赴湘粤桂前线，为“拟写以两广会战为题材之电影剧本”“搜集材料”；为湘剧名演员筱艳柏题诗七绝二首；3 月为长沙的湘剧演员杨福鹏、姚碧林新婚题诗七绝一首以贺；4 月平、湘剧队以祝田汉 42 岁寿为名，举行春季联合公演；5 月应召离长沙赴重庆继续参加三厅工作。

1948 年，50 岁，6 月上旬携安娥回长沙探亲，题诗七绝一首《怀湘剧死难诸友》，作五言长诗《湘剧忆事》，特书在桂林时所作的七绝二首分赠湘剧名演员黄元和及湘剧管理干部张文祥。

1949 年，51 岁，7 月致信肖劲光（时任中国人民解放军第十二兵团司令员、湖南省军管会主任），希望长沙解放后，把湘剧这一主要剧种抓起来，建立一个湘剧团；8 月肖劲光得田汉信后，立即决定成立“中国人民解放军第十二兵团政治部洞庭湘剧工作团”；9 月该团成立，任命田洪为团长，黄元和为副团长。

1956 年，58 岁，5 月以全国人大代表身份考察长沙戏剧界，视察省市剧团、走访艺人宿舍、检查演出场所，邀请湘剧名、老艺人在天心阁举行座谈会（即“听雨会”）；6 月在北京由中国剧协组织湘剧高腔《琵琶记》讨论会；7 月发表《必须切实关心并改善艺人的生活》一文；8 月发表《谈湘剧团的人和戏》一文；10 月发表《悼战斗的老艺人黄元和之死》一文。

1957 年，59 岁，11 月田汉应约为访问西欧载誉归来在京汇报的湖南省木偶皮影剧团题词：“内容多样，色彩明艳，成为向全国人民特别是广大儿童进行社会主义教育重要武器之一。”

1960 年，62 岁，5 月为湖南省话剧团演出创作剧目《赤胆忠心》题诗手迹。

1961 年，63 岁，11 月湖南湘昆剧团成立，在田汉的支持和引荐下，该团有 16 名中青年演员赴京拜师学艺。

1962 年，64 岁，11 月赴长沙参加湖南省第三次“文代会”，与友人访“船山学社”并题诗七绝一首，为湖南省博物馆题写 1938 年《大火后重返长沙》诗词旧句；12 月为长沙市湘剧一团题词，参观湖南省博物馆并题诗七绝一首。

1963 年，65 岁，4 月题诗七绝一首《赠徐绍清》，勉励他将湘剧艺术发扬光大；5 月又题诗七绝一首《赠彭俐侬》，为与她谈戏曲改革而作。

1964 年，66 岁，3 月为长沙师范学校同学黄素题诗七律一首《贺黄芝冈七十岁寿》

（郭 超撰）

第二辑　田汉长沙作品

第一章 田汉关于长沙的文章

白梅之园的内外

花坛上的蔷薇

告诉我什么是悲哀呢?
那是一个花园里的花坛,
又什么是欢喜呢?
那是生在那个花园里的一朵小蔷薇。
——*Stoddard: Sorrow and Joy*

今天是3月3日了。从我和漱瑜永不会忘记的那一天1920年12月25日——算到今天,约莫有两个月零几天了。好快的日子!欢乐中间的日子,听说过起来非常之快。难道悲哀中间的日子,过起来也这么快吗?这两天没有出去,因为昨天有一个神经过敏的日本巡警先生硬要来保护我,我却不愿意受"大臣待遇",所以还是维持我的"乐居静处,持笔深思"的生活。今天上午正安排做这篇文章,又有一个朋友远道儿来访,直谈到下午三时才去。去后略收拾房间,就位,伸纸,援笔,蘸墨,将续做下去,忽听得窗外有小鸟儿啾啾唧唧的叫声,推窗一望,远松额外地青,近柏额外地绿,微风生树间,绿摇青动,仿佛示我和漱瑜以希望无穷之意。可是小鸟儿到底不知在哪一枝树上叫?

此地是东京市外,虽然也有小孩子们吵闹,到底比市内清静得多。而且这儿近边有一个户山原,是日人跑马练兵之地,每逢夕阳欲下的时候,到这儿来散步,倒也是悲哀之中一件快乐的事。刚上那个原头，便看见左边一带平林，苍烟漠漠。通过广原，便是一个斜坡，坡左苍松成阵，夕阳穿林而来，如十万黄金之弹，同时射出。站在广原中西望，可以看见富士山千年不消的雪峰，峰头白雪，此时也不免感黄金之威力。散步而归，走过电车道的时候，便可看见打靶场头那两嶂等边三角形的土山，从侧面看来却正像埃及几千年前的金字塔。晚边，打靶停止了，每每有人独立在那山尖上，高声啸歌，或练习军中口令。一想到埃及的金字塔是古帝王埋骨的所在，这两堆像金字塔的土山，却供杀人机械练造成白骨之用，而此造成白骨者，将来也只是一堆白骨而已，不觉俯仰兴叹，以为人类误谬的观念所生的罪恶，将和这两个金字塔同是有限的不灭呢。

其实最有味的还是雪夜之游。记得有一晚青松之杪，月华真清亮得爱人，微雪之后，薄寒中人，不甚好夜游的漱瑜再三邀我出去，连邻居的 H 女士也勉强邀来了。三个人都着了外衣，我遂拿着手杖，戴着帽儿，从前门出去。左折通过墙阴，泥泞颇滑；过某家庭园侧边的时候，大家的口里，都不觉冲出一个“好”字。你看雪落之后，满园的花木，就好像排在一铺白绒花毡上面似的。清亮的月儿，衬着那带些儿残雪的松枝，更显得和天女一般，没有可以品题她的话。寒风偶来，和松枝细语。松枝飕飕地略颤，雪花和月影同时飞舞。一条横路的尽头，便是那家书室。也有三五枝松树，叶茂荫浓，把月光遮了。可是漆黑的板壁上嵌着的纸窗格里，电灯的光把窗纸映得通红。窗前灰暗色的雪地上，也受些儿反射。使人不解什么缘因，觉得春夜当窗读书的快乐！

我们的目的是到户山原去观月，所以随即离了那儿。通过了几条小巷，儿道短垣，便上了练兵场侧边的大路。举目一望，雪花开满了原野，月光吻遍了雪花，那兵足踩翻了的衰草，马蹄踏破了的黄泥，不知搁向哪里去了。一两寸深的雪地上，趣谷趣谷的谐音，随着脚步儿迭奏，较之夜间火车通过时那种克拿克拿的噪音，真有仙凡之别。我们候火车过后，走过铁道，跑上白绒毡似的坡，穿平林而前。看地上时，只有我们三个人影，和疏疏的无数枝树影。一条野犬站在土堆上曳尾，回头见我们来，也不发一语。四野寂然，不见其他人影。走出平林，皓皓然满目皆白，仿佛夜行西伯利亚积雪皑皑的广漠无垠之野，又如身在亚拉斯加所摄的电影中，又令人艳羡吉勃须式的漂浪生活。我挥杖戴月而归的时候，用我那冻呆的舌头对漱瑜及 H 女士说，这是我悲哀之中第一次的乐游呢。

我们俩是今年正月中旬得到我们俩所谓最悲的消息的。自是以来，我们就没有真快乐过一天。漱瑜至今还时时以泪珠洗面。因为我失了一个至爱的舅舅，她失了一个至爱的父亲。我九岁的时候，也曾失了我至爱的父亲，我也曾哭他很哀，但是一来我年纪小，二来我父亲不常在家，和我关系不深，所以毕竟没有哭她的父亲这样的哀。因为自我的父亲过后，她的父亲就是我的父亲：他帮助我的母亲，教养我的弟弟，精神上物质上指导我读书做人，可是现在她的——同时是我的——最爱的父亲却也失掉了！我们俩都做了没有父亲的孤儿了！啊，天哪，这是什么运命！

我们自遭了这种运命的虐待，遂使我们不能不由分居生活改为同居生活。一来经济上可以省几个钱，二来忧患之中，也可以互相慰藉，互相勉励。所以我由本乡的中华学舍，漱瑜由岩川白山御殿町的女子寄宿舍先后搬到现居的这个地方。光阴箭一样地快，我们又同居有一个半月了。最初的半月，漱瑜时时啼泣，我同样地伤心，正无从得着慰藉，却把什么话去慰藉她呢？我们唯一的方法，就是抱着脸儿一块儿哭吧！记得去年春假游京都九州的时候，在福冈的博多湾上寓楼和郭沫若兄各选所爱海依雷 (Heine) 诗若干首，我所选的中间有一首今尚存 Franklin John-son 的英译。录其前段曰：

把您的脸紧贴着我的脸，
如是咱们俩的眼泪就可以一块儿流，爱啊，
而且把你的心紧压着我的心，
如是咱们俩的心焰就可以一道儿升，爱啊！

我到现在才觉得这四句话的好处，才体验得这一首诗的妙味。我们俩虽然日在悲哀之中，同时却感到一种欢喜，这一种欢喜，超实利，超肉感，为我二十三岁的生涯中所未经尝过者；无以名之，名之曰“神秘的欢喜”(mysitc joy) 而已。我常以为“欢喜”与“悲哀”并非两元，实为一物之两面。此理多经东西文人学者想象过实验过。王尔德的《狱中记》从悲哀之中认出美，感出来连“悲哀”这个东西，都要拿去享乐，这是诸君所知道的。我们的悲哀，自然和王尔德所感者内容不同，而其为悲哀则一。因为上说的缘故，也能从悲哀中看出神秘的欢喜来，这一来便把这悲喜两元生活微妙地调和了。日本现代评论家厨川白村氏膺足疾割断左脚，在病院中呻吟时，曾忆及从前读过的英国诗人亨黎 (WilliamErnest Henley，1849—1903)《在病院里》(ln Hospital) 之诗，每于到手术场交换绷带的时候，就喜欢取他的诗来玩味。因为那首诗是亨黎十八岁因病切断左脚在病院中生活时所作，于厨川氏之境遇心情契然而合，所以厨川能于那首诗的里面，看出疾痛惨怛之自己，因而得多少之安慰。我自离忧以来，也喜寻西洋忧愁之诗来读。Ward 的 Poetical Quotation 的中间，我所最不欢喜翻检的字如“死”(death)、“忧”(grief)、“悲哀”(sorrow)、“眼泪”(tears) 等字现在却成了“爱用的题目”(Favorite title) 了。我从《悲哀》题下，翻出了三节斯托达德 (R. H. Stoddard) 的诗，总题目是《悲哀与欢喜》(Sorrow and Joy)，第三节我写在前面了。还有两节我都写在下面吧：

告诉我什么是悲哀呢？
那是一个无边的海。
又什么是欢喜呢？
那是海水围着她打圈圈的小珠儿。

告诉我什么是悲哀呢？

那是一个阴暗的鸟笼。
又什么是欢喜呢？
那是从那笼中听得她的歌声的小鸟儿。

这三节诗写我们俩的心境恰到好处。诗境上也把悲哀和欢喜之情调和到恰到好处。我尤喜第三节——就是在前面所引的——所以我自称我住的地方是花坛 (garden-bed)，把花坛上的小蔷薇象征我们两个人。

同情之泪

不要隐藏您的眼泪；
只管高声地哭……堂堂皇皇地拿出
大丈夫的气概
来挥洒流动的德行；
因为那是表示良心的自然记号。
愧死那些不能以他人之悲哀
为自己的悲哀的铁石心肠的禽兽。
——*Aaron Hill: Alzira, Act.* Ⅱ

自舅舅梅园先生遇害后，听得这个消息的亲友写信来慰问我和漱瑜的颇多。盛意高情，极可感激。父执邓峙冰先生来书极短简，末了曰：“寿昌吾弟，尔平日景仰之三舅，今已成隔世人矣，呜呼惨哉！”我每读此数句未尝不鼻酸心苦泪涔涔下。迩来努力要忘记的惨痛，皆一一唤起。咳！邓先生，我和先生在东京目白郊外散步时的谈话，在上海环龙公园内散步时的谈话，至今耳鼓还留有余波。我两次谈话中间都有怨三舅不了解我的心境的话，而孜孜焉必欲有以自见，以恢复三舅对我的感情，咳！其实我的三舅对我何尝不了解，感情又何尝有丝毫变更，不过他用心很深，不想助长我的虚荣心，增加的我 romantic 的程度而已。去年来几回的通信，读来无不令人含泪、啮唇、奋发、兴起。三舅的爱乡爱国爱儿女的意思，一回一回，一层一层地明白了。谁知道刚明白了他的意思，他便要舍我们而去呢？我读嚣俄的《哀史》(VictorHugo：Les Misera-bles)，读到最后当马柳丝 (Marius) 知道张威长 (Jean Valjean) 是他救命的恩人，是一个伟人，不是他心中所误想的那一种人，急忙偕着珂翠特 (Cosette) 驱着马车，驰往张威长的寓所，登楼入室，想迎接他回邸，而张威长已要临终的时候，我的眼泪不知何由而来。张威长一生辛苦，一生惨痛，一生受人误解，一生受人侮辱和压迫，虽为时很暂，终得见马柳丝极端之悔悟和感激，终得受珂翠特纤手的扶将，香口的温慰，终得把两只手分置在珂翠特、马柳丝的头上安安然遂其伟大之死。咳，张威长之死，真可谓死于幸福了！其临终最后的话说：

你们俩要常常互相热爱。世界除“互相爱着”以外，恐怕也没有别的事情。你们有时候也许想起死在此地的这个可怜的老人。……你们也想一想我，你们是受福的动物，我也不知道是什么缘故？我看见一道光明。你们还站近些。我死得幸福，让我把手放在我所热爱的你们俩的头上。

看了最后这两句话，令我想起我舅父“你二人本是我最喜欢的，因此对于你们希望更切……”的话来。咳，天哪！如何使我们俩有这样一个热爱我们的父亲，却没有让我们的父亲把两手分置我们俩的头上而遂其伟大之终焉的幸福呢？如何却让我们的父亲膏豺虎之毒牙于湖南，而让其 dear beloved 的儿女远处异乡闻报且迟而不审呢？我越想越感泣，越想越愧悔，越想越愤恨！

他救了我的生命。他还做了更多的事情。他把你给了我。他救了我之后，他把你给我之后，珂翠特啊，他自己怎么样了呢？他牺牲了他自己。这个人就在这里。他对于我这样一个不知恩的，我这样一个健忘的，我这样一个无同情的，我这样一个有罪的，还说多谢！珂翠特，我把全生涯来承欢于他的膝下还恐不足。那个防垒，那个阴沟，那个熔炉，那个 cloaca，他为我和你，哪里不曾走过。珂翠特，他冒万死把我背出来，备尝艰险。可是他只要自己晓得，总不让我知道。全勇气、全道德、全英烈、全神圣，他全都有了。珂翠特，这个人就是天使！

这是马柳丝听了张威长的陈谢，愧悔感激之情不能自已，对珂翠特说出来的话。我看了，除了两三句不合我们情形的话以外，就都像是我要对我舅舅说的一样。我舅舅他为我和漱瑜虽然没有遇过防垒、阴沟、熔炉、cloaca之险，却曾日日为我们九回其肠。我在长沙师范学校毕业后，精神上身体上都有废颓的倾向，赖舅舅之力，挈之东征，既使无后顾之忧，又教以向上之道，在经理处同居两载之间，耳提面命，唯恐其不成材，无以对其可怜可敬之老姊。咳！如舅舅者岂止救了我的生命，直救了我的生命以上之生命。我舅舅既给我以生命，又给我以与生命同体之“爱”之漱瑜。啊，舅舅啊！我把全生涯来承欢你的膝下唯恐不足的，乃使我于春申拜别后便成永别——有这样残酷的事吗？

虽然舅舅你死了也不必悲。天下后世毕竟会有人知道你的，同情你的。你的强壮的身体可以朽，但你的诗歌将使你不朽！你的儿女将使你不朽！你遇害的消息传到东京之后，虽稍知舅舅者无不为之痛惜，再进则“拍案痛叹泣下数行”，更进则“仰天痛哭无泪可挥”，总之无不为我们这两个孤儿洒一掬同情之泪。如日本女友五岛义子女史者，至为我们俩的苦痛，数晚不能成寐，以久病新痊之躯，屡含泪为我们作慰藉之书。咳！虐哉，运命之手！美哉，同情之心！摘译五岛女史来书一节以终此节吧：

“您们想要哭多少，就请哭多少吧。

“你们想要苦多少，就请苦多少吧。”

我诚心诚意地这样说（吞着泪）。

我到现在还没有逢过父母亡故的事情。但是死的经验和爱的人离别之悲却逢过几回。我因为没逢到你们这样的惨事，或者我说的话错了也不可知。不过，我在我自己，觉得人家对我是这样说反倒愉快些，心里仿佛真受了人家的同情似的。而且到现在，实际好几次逢着亲爱的友人失了父母的时候，我总送他们这几句话，于是他们听了皆大欢喜。

您想要哭多少，请你哭多少，我也和你一块儿哭。

春风送来的梦话

我便问我的表妹觉得这能不能是一个梦，她答道她也正是这样想。于是我们俩都疑我们莫不是睡着，而且假如是的，倒不知谁是正在做梦的人，谁又不过是梦中的人。讲到这儿，不觉都有味起来了。

——*From"Three Men in a Boat"*

今天是3月8日了。距今天3日前晚上我做了一个梦，梦见我的舅舅到这儿来了。他的样子和生前一样，并且对我说，他在湖南遇害的事，虽然有这个话，但是他当时用一种很巧妙的方法逃出来了。我喜欢得了不得，执着他的手说：“舅舅你现在既然到了这里，就永莫回去，和你的爱女爱甥，一块儿从事学问事业吧。”他听了我的话望着我苦笑。我欢喜之余，又深恐我正在做梦而他不过是我梦中的人，所以我趁他不留神的时候，在他身上触了几下，哈！他不是漱瑜的父亲却是谁！我如是更欢喜了。——不知如何忽然醒来，才知道我毕竟不过做了一个梦。A dream，a dream-it is all a dream;a strange, sad dream ,in good sooth. ——它毕竟不过是一个梦 (The one that was only a dream)。我喊醒漱瑜和她说了，一会儿她在被中哭起来了，不想却引动了我绝大的、永劫的悲哀，我对她说：“我何必哭，横竖我们做梦的也不过是一个梦呀。”说后，我瞑目一想，假如我现在忽然被“死”神的魔手捉了去，把我向地狱的口中一丢，那时候名誉有什么？几年来苦心搜罗的书籍有什么？画片有什么？文章有什么？乃至母子、兄弟、朋友的情爱有什么？乃至自己视为自己的化身的艺术又有什么？乃至我的“爱”的寄托者又有什么？想到这里，不觉心里大恸。

凡事必有一个“因”，我这个梦，和这场悲感之因，则伏在日中和漱瑜谈松浦一氏的《文学之本质》的时候。我说日本现代的西洋文艺批评界中，使我受感动最多的人物除厨川白村之外，当推松浦一，而他们俩都各有所苦，各有很深的觉悟，所以发出来的言论，都能多少触人

性 (Human nature) 之真。厨川先生渡美之前，不幸左脚害了病，在京大病院割断了，由美归国后所成《北米印象记》一书中收《左脚切断》一文，以辛辣机警之笔，传疾痛惨怛之声，说他生来身体虚弱，又为种种不可思议的运命所播弄，而天殊不足，又夺其左脚。在病院中受手术后元气衰弱的时候，每思及己身之过去辄几晚不能成寐，但又信人只要根本的"生之力" (Life force) 没有失掉，肉体上受多少损失，原不甚要紧，并举自动车负伤之友人法学士某君之令妹，及同年切断了右脚之法国老女优沙拉伯拉尔自励，谓她们虽受了苦痛，然一则依然出现于日本之乐坛，一则更活动于欧美之剧界，自己以后若不较前两三倍的努力，则真无以对此等妇人云云。可知他的评论文真是他的"苦闷之象征"，和其它举世滔滔的西洋文学贩卖店不同呢。松浦一的论文学的书有《文学之本质》与《生命之文学》两种。而这两种已足以使他不朽，因为据他自己说是"被齐死生的宇宙之力从他的胸里绞出来的"话。啊，他在《文学之本质》的序上说：他的文学的信念是由他的儿子宏之死培植来的。他有一个爱子名宏，刚满半年，不幸害了消化不良的重病，医生命行残酷的断食疗法，遂于明治四十四年五月闷死于大学病院。当入院之后，他和他的夫人同在院中看护他儿子的病，他的儿子那种波动的胸，那种哀求的眼，诉愁的眉，渐渐低下去的泣声，已足以伤他的心而有余。他看护倦了，宏的病况也略有起色，他便回家想休息一晚，然终辗转不能安枕。就枕后不几时电话忽来，告以宏儿的病势忽恶，速其登院。那晚是暗夜，他乘着人力车从牛込奔往本乡，星光有意味地亮着，街灯像鬼一样地列着。他那好像有千斤重的心对他说："啊！大的东西死掉了，儿子死了，奔去送儿子之死的自身，刹那之间虽然活着，转瞬也是死吧，这便是一切的结论。凡不接触这个结论的研究，忘却这个结论的议论，毕竟都是牧猪奴戏的学问，捏扯道理的研究。从此算了，率性以歌抒情诗终此一生吧。所谓学问的权威，一接触人类第一义的问题，大抵烟消雾灭。贯通生与死的第一义！不咬穿到此处的学问，都是死学问。厌了，厌了，死学问厌了，死学者也厌了。"

他说他这种感想后来逢着乃木将军的悲壮之死及其亲友鹤田君之死，而其力愈加。所以他此刻觉得非立足于人类第一义的问题的研究，至少也得非像文学一样，研究人类的心灵的学问，便不肯烦他的心力。我读他这篇序的时候，触发我的旧痛，曾和漱瑜说了一些感想，那晚便做了那样一个的梦，梦后便又兴了那样一种的悲。我也和松浦先生一样，不接触人生第一义的一切研究、一切议论，都厌弃了。宏之死可以使松浦先生生那样大的觉悟，我爱舅之死，而不能使我生丝毫的真觉悟，得丝毫的真学问，我又何必多此一生呢?

讲到做梦，真使我发生许多感慨，我觉得世间尽有许多不可解的事情，不是我们现世这一点科学知识解决得来的。远的不说，即如我舅舅遇害是去年十二月二十五日早晨的事。我和漱瑜得他遇害的消息，时在今年正月中旬。但是去年十二月二十四五的晚上，漱瑜从华友寮到中华学舍来玩，我送她回去走一高寄宿舍的侧边过身的时候，她对我说："我近来精神很觉不安，不知家里到底怎么样的？我昨晚做了一个恶梦，梦见满叔（梅园先生之弟，张敬尧祸湘时，曾遭一次大险，于九死中初得一生，今居乡间）被害，抬回来的时候，把他的头放在侧边，却另接一木制之头，家中人看见了都大哭起来，我也哭了，一哭便醒来了。醒来把我吓得什么似的。"

我当时听了，以为此不过思家之情幻结而成，初不足信。满舅遇险的时候，全家震骇，或者漱瑜所受惊骇的潜在意识再现于梦寐之间，也是可有的事，所以并没有太注意它，只劝她发愤读书，不必为无谓之忧虑而已。然总觉得此梦有些讨嫌，因联想到亲友所传舅舅已经回湘之信，及日本报上所载李仲麟司令等被害之事，心中不能无所危惧，然谁料到这“天外飞来”之横祸竟降于我“忠信待人，与物无竞”的梅园舅父呢！

虽然举世纷纷都是一个梦，不过有好梦，有恶梦而已。做好梦的人唯恐他的梦醒了。《沉钟》剧中的海里熙 (Heinrich) 对仙女绿天德籁 (Rautendelein) 说的话就是做好梦的代表：

我一定是在这儿做梦。……是的。不是。
是的。不是。
我真莫名其妙，若是梦就让我做下去吧！
您问我觉得确实是梦吗？我可不知道。
啊！管他是什么，是梦也好，是生活也好——
这是实在的。我感着，我见着，
——你是活活现现的！
管您是实的也好，幻的也好，
在我内的也好，在我外的也好，
是我脑海想象的儿童也好，
或者您是别的什么也好，
我仍旧地爱您，因为您是您自己，
爱煞人的精灵儿，您莫去，您千万莫去。

做恶梦的人便唯恐他的梦不快快地醒。J.K.Jerome 的滑稽小说《小船中的三个人》的主人公和他的表妹游湖遇瀑，又迷归路，主人公说：

我们到底在什么地方呢？我们到底逢着了什么事呢？我想，这必然都是一个梦，我现在必是真睡在床上，不一刻就会醒来，而且时辰钟必会告我 10 点过了。

他们虽然不真是做梦，然最可以表示做恶梦者的心理。我的舅舅去年满 40。他 40 年中绝少如意事。举其大者，他本想完成他的高等教育而困于家境，限于时会，没有如他的意；他本想学陆军，而苦于近视没有如他的意；他本想在天下找几个朋友，而其所谓好朋友中，逢势利之来有转眼若不相识者，没有全如他的意；他毕生想得一个爱之寄托者，而自己早做了旧家庭的牺牲，没有如他的意；他生平想实行一夫一妻的理想制度，而激于痛苦，没有如他的意；他生平想把我和漱瑜好生教育出来，做他可敬可怜的老姊的慰安者，和他自己理想的后继者，和中国开国的好学生，然见漱瑜虽好，不肖汉之弱点如山，不堪造就，也恐怕没有如他的意。最后自己激于爱乡爱国之情，挺身回里，而二三日之间，反为豺虎所食，那也大不如他的意。——因为为乡国而死是其本意，而死于黑白混淆、豺虎当道之湖南，不见得是他的本意呢。——咳！“不如意事常八九，可对人言无二三”。这是我梅园舅父40年间生活史的总评！我可以说他这40年间的生活，只当是做了一个恶梦！做恶梦的人，唯恐他的梦不快快地醒，我舅舅近一两年间在上海醇酒妇人的生活，不知者每多责难之辞，殊不知他只是要他的梦快快地醒吧！看啊，看啊，他的40年间的长梦，卒为赵恒惕的毒弹惊醒了；他到梦刚要做完的时候，他已经觉悟他的一生事业都是一个梦了！他遇害前留有绝命辞一首曰：

天外飞来事可惊，丹心一片付浮沉。
爱乡爱国都成梦，留与来生一憾吟。

咳，舅舅呀！人云一个国家只当小儿日中在海边团沙积石做成的城廓堡垒，夕阳西下的时候观之，则仍旧是几堆散沙乱石而已。建乡建国是梦，爱乡爱国安得不是梦，又何必“留与来生一憾吟”呢，即使来生舅舅复生，居然把乡国弄得城廓旌旗焕然变色，湖南好乱之民，中国野心之士，又不难把他弄成几堆夕阳影里的散沙乱石，恐怕舅舅又要发“留与来生一‘憾’吟”之叹。是这样循环下去，舅舅的精神所留与乡国者，恐怕只有一个“憾”字！虽然你那梦中的乡国、乡国的人民，或亦有能窥到你那一点“丹心”的时候，那么你那二三十年来“爱乡爱国的梦”就不虚做了啊！——梅园先生旧作中有《索梦》四章，其前四章曰：

索梦梦何处？香魂杳无着。
含泪背银釭，细数当时约。

秋心方瑟瑟，珠帘浸新月。
陇畔有残云，未补人间缺？

又他甲辰年讲学南湘，梦中得“誓将铁血红，研就乾坤碎”之句，癸丑秋八月足成之，其间相去逾10年之久。诗曰：

大块无古今，人情有向背。
春水何茫茫，一去不复悔。
誓将铁血红，研就乾坤碎。

梦后索梦，梦中得诗，这也可谓梅舅40年大梦中的episodi-cal dream了。于今立誓研就乾坤碎的血也染了，春水茫茫一去不复悔的人也去了，含泪背银釭而细数的当时约也过了，舅舅啊！你那陇畔残云补不尽的人间缺，留与我和漱妹来补吧！

三月九日上午十时顷

（原载《少年中国》第2卷第12期，1921年6月15日出版）

论翻译答江绍原先生

记者先生：

我在东京高等师范英文科预科的时候曾译过一部莎翁剧《哈孟雷特》，我开始这种尝试的时候也实在费了不少的苦心。因为我们中国虽然有许多优秀的英文学家却从不肯替我们开过半些儿研究莎翁剧的路，所以只能让我这个浅学的人暗中摸索。稿子寄到上海许久了，我到上海后又改正了一些地方，因为要就正当世的师友及斯学的先辈便把它出版了。出版之后满拟可以得一些有益的指正，无奈当世的英文学家都不肯见教，只有友人郭沫若兄说过一两条，我马上就改正了。直到今天我的朋友某君说你们办的《现代评论》上有批评我的《哈孟雷特》的文章。我急于欲问“善言”，便找来读了。原来是江绍原君批评的。我看见直接批评我的莎译的以此为第一篇，我不能不感谢江君的“看得我起”，和对于英文学之“忠勤”了。

但是我把江君的批评读完之后却使我有禁不住颦蹙的地方。我是个颇能虚心的人。我这译本又本是就正有道的试译本。但凡有错处应修正处，我是不惜挖版、改版，甚至毁版重译的。我是不愿意做莎翁的罪人的。我这译本中许有许多罪过，我是万分期望海内外的师友能使我寡过的。江绍原君“配”批评我的莎译时，尽可以把我的错得岂有此理的地方指出，并加以模范译；尽可以说我这种白话译法不对，却应该取一种什么更好的译法。我以为这两种是批评我的译文的必具的资格，也是我极想晓得的。但事实上江君却没有十分满足我的要求。他对于我译这书的动机无起码的同情，对于此种苦心的尝试无应有的敬意。起首说一段俏皮话，接着指摘了两段译文。他所指摘的地方我此刻因为原文与译文本都不在身边，不能仔细答复，但我相信原文中极有情趣的文字，在我的译文中不见得都是若稻草。江君所举的一段记得是 Hamlet 他的相识的戏子说的白口。这一段语调本非常难译，我所译的也许诚有如江君所说的失策之处。但江君如能示以更自然、更精练的模范，惠我岂不更多。观剧之时那 Hamlet 拒绝他母亲的话：“No, good mother，here's metal mare attractlve. ”依江君那样一写似乎我根本不懂得 Hamlet 要亲近他的恋人故而拒绝他的母亲，但这句话本是一句譬喻的话，即把 Ophelia 比作一块动人的金属，今译作“这块金属更动人些”有什么大不了的错处呢？依江君怎译呢？

再如 Haratio 与 Hamlet 的对话中“Strange”与“Stranger”两字之为“Play of words”（玩

字）不待西林先生而后知，此种“玩字”实一切莎翁剧译者的难关，因为无论哪一个脚本都可以遇得着。比如《*Romeo and Juliet*》中的第一幕第一场便是以“玩字”起。

S. Gregory,O' my word,we'll not carry coals.
G. No, for then we should be colliers.
S.I mean'an we be in choler,we'll draw.
G. Ay, while you live,draw your neck out o'the collar.

请问江君遇了这样的难关将如何通过？我不能说我的译法是很理想的，但那两句话既然与原意无忤，江君又不能具体地举出更好的译法，我们也只好以此满足了，虽说我不断地求着更好的方法。

那样难译的莎翁剧被江君等严正地指摘也仅得这一些有限的错处。我也可以聊以自慰了。我暑假中再到上海去我自然要把这译本再仔细地改正一番，或是重新译过务使近于完美。我们求学问的人但凡能以真挚的态度向着所探求的方面努力，这种努力是不空费的。Arthur H. Clough 的诗说得好：

Say not, the struggle naught availeth,
the labour and the wounds are vain,
The enemy faints not, nor faileth,
And as things have been they remain.

For while the tired waves,vainly breaking,
Seem hear no painful inch to gain,
For back,through creeks ,and inlets making,
Comes silent ,flooding in, the main.

所以我的莎译事业是一息尚存不会终止的。我的一切著译的价值都可使一切“Stranger”的否认，但我的热心与诚意，是无物可以否定我的。仿佛听得康白情兄说江绍原君在美国研究宗教的。他的朋友杨金甫不知是个什么莎翁学大家。不知道关于莎翁学的研究是和一切学问一样由粗而日进于精。他却学一般乡下的愚夫愚妇希望配译莎翁剧的真命天子出现！你想想世间的事情有谁配谁不配？我们不配还有谁配？用世界最高的标准批评起来，中国的大学都配称大学吗？中国的学者配称学者吗？还不是要我们慢慢地努力使他由 worse 以进于 better，best 吗？

田汉 湖南省立第一师范学校

离乡的滋味

“黯然消魂者别而已矣。”这句话一点也不错，但也要等待你年纪大了一点，尝过了些人生的滋味，你才真正了解它是何等黯然销魂的事，不然也就不觉得怎么样。

民国五年(1916)秋，我在长沙师范毕了业，许多朋友都打点去当教员，我算是特别幸福，可以不必到教育界去 Struggle for exis-tence（竞存），反有到外国去继续读书的机会。因为我的三舅父梅园先生被任为湖南留日学生经理员，他要带我到东京去进高等学校。我听了这种命令时，赶忙和家人一起清检行李预备启程，又跑到那些相契的朋友那里去辞行。我动身前的几点钟还在吕铸嘉兄那里呢，随后回家别了母亲、兄弟、舅母和已有婚约的漱瑜，随着三舅于八月一日晚上搭沙市轮船动身。我这时心里充满了小孩子的欢喜，充满了宗悫式的雄心，充满了诗人的想象，毫不觉得“别”这个字含着何等甚深意义。这是我第一次离开长沙。

第二次离开长沙在民国八年(1919)，也是一个秋天。我从东京归国，在上海会了三舅，便回长沙。一回长沙，便使我理会得第一次离开长沙的意义了。我的同学死去了好几个，有的病亡，有的被兵匪杀了。在省城时，长好和黄衍仁、汪铁士到他家去谈天的吕铸嘉，我第一次离开长沙的前几点钟还和他相约将来如何同到欧洲留学的吕铸嘉，早已于半年前害了痨病死了。因为我在报上做了一首长诗追悼他，一天在街上遇了他的父亲，他老人家那惨淡消瘦的面容上还含着微笑向我道谢，我那时心里真是说不出的难过，寻不出话来慰藉他老人家。

还有惨过于此的，便是我的七叔七婶之死。我的七叔和九叔本在乡里种田，因为当时有许多人到江西某地开垦，回来的都把那地方说得非常好：地价如何便宜，开垦事业如何有望。也是因为湖南那几年收成不好，生计艰难，所以我九叔便邀了七叔变卖了所有的家具，携了家小，千山万水地走到江西。不想天不从人愿，冒万苦千辛，披荆斩棘地刚垦了半年，这些移民当不住那山岚瘴气，十人九病，我七叔便也病得不堪。因为病了，更是不名一钱。我七婶总算竭尽心力地在看护他，不想一天因为煎药偶然失慎，那小小的茅房顿时着了火，我的七婶赶忙把七叔从床上扶了出来，七叔因为还想到茅房里抢一两件东西，拼命地又跑到火里去，不想他老人家刚进去，茅房便倒了下来，我那可怜的七叔，便烧死在离乡千数里的江西了。

七叔死后，七婶从江西归乡，后来改嫁到某家，却因张敬尧祸湘，到处兵匪纵横，七婶因为要避免兵匪的污辱，和他家的姑嫂一并投在塘里自尽了。如是我七叔夫妇俩人，便一死于火，一死于水。

亲类中的惨事，不一而足。最使我伤感的便是我姨妈之死。我常说我的外祖母做了两件“好”事：一件是代我三舅讨了一个好妻子，一件是代我姨妈配了一个好丈夫。她老人家以为这“男婚女配”是尽了她老人家的爱儿女的心，不知却是替他们预定了一条黑暗的、死的路程，叫他们一天一天非向那条路上走去不可。我的姨母的结婚生活中似乎不曾感过什么幸福，她只望生一个男孩子，将来大了也替她出出气。谁知也是天不从人愿，一连生了四个女孩子，直到后来，总算毕竟生了一个男孩子，但她腿上生了病，又没有好的医生替她诊，后来烂穿了七个洞，便于我外祖父家的西厢房里，断送她那三十年间的黯淡的生涯了。

这些惨事本来很够我觉悟人生的滋味，不过究竟死的是朋友、叔叔、婶婶、姨妈，于一个正在饥求着爱的甜味的青年，有什么多大的打击？世间有许多不幸的事，但那些究竟是降在别人身上的。我们却是运命的宠儿，但能于梦一般的幸福生活中，对于不幸者表深厚的同情便够了。所以那年八月中秋前，我为家人所送，冒着潇潇的晚雨登一小小轮船时，我的心里也不觉得怎么难过，并且还希望那船越开得快越好，因我带着漱瑜妹同行，而她的出门是没有得着她的祖母和她的母亲的同意的。这次旅行，虽是一种冒险，但实是我有生以来最甜蜜的旅行。我们都商量着将来的梦，对于故乡和亲人的留恋之情是很轻的。这是我第二次离开长沙。

我本不想这几年有机会到长沙去的。我和漱瑜都因为梅园舅父在长沙为豺狼所害，而此等豺狼尚盘据长沙，豺狼一日不去，我们是不回去的，所以我们宁可把母亲弟妹接到上海来住。不想去年漱瑜在沪染病，误于庸医，日益衰弱，她急想归乡调养，莫奈何只得送她回去。那时我母亲也得了外祖母危笃之报，急欲归乡侍疾，便带了小孩子一起回去。可怜从上海动身，经过无穷的辛苦，无穷的危险，费去了三个多月的日子，才算勉强把她送到了长沙。在长沙乡里又住了三个月之久，只望她早占勿药，重登幸福的旅途，谁知运命的女神对于她的宠儿，亦无所假借，竟于去年末夺我漱瑜而去！我才知道“不幸”这件事不是单降于某种人的，是可降于任何人的！不是单降于他人的，是连我也会遭遇的！

我们不单是他人不幸的同情者，有时也是需要他人同情的不幸者。去年阴历十二月二十日黄昏，距我漱瑜之死的六点钟前，我从城里跋涉七八十里之长途，奔回我外祖父的家里来看她的病，她那时已经是病骨支离，欲哭无泪，坚嘱我莫离开她，要我送她的终。

我说：“我今天心里很宁静，我确信决没有那回事。”感觉得运命的严肃的她，冷然地说：“咳，我最初也确信决没有这回事，像我们在东京确信我爹爹决没有遇害那回事一样，但是我的许多确信都次第打消了。”我又说：“你放心吧，上帝决不会轻易把你召去的。”意思是上帝还得使你在世上多受些苦难，不肯轻易解除我们的责任。但是漱瑜毫不感觉得安慰，她绝望地说：“上帝要召我们去是很容易的……你今晚务必要送我的终……我今晚死了是幸福。”我听了她的话，虽然心里像刀也似地割，但我仍是确信决没有这回事，至少隔那“不幸”的距离还远。所以我外公坚劝我去睡觉时，我也和衣睡了一会。谁知我第三次起来看她，并依她的意思，扶她起来斜卧在我的右臂时，她竟在我的怀里长睡不醒了。我那时的心里仿佛遇着迅雷疾风，山崩海啸，只觉得宇宙的威力之不可抗，只觉得渺小短促的人生之无意义，只觉得运命之绝对的严肃。啊，严肃！我们曾否严肃地观察过人生？曾否严肃地创造过什么艺术！不！不曾有过这事，因为我们总以为不幸究竟是他人的事，究竟轮不到我们俩！

第三次离开长沙却是这回的事。在长沙的愁惨的空气里呼吸了将近一年，到了非离开长沙不可的境遇，年不过半百而白发如银的慈母虽然十分不想我离开长沙，但看见我的精神上和物质上都有走的必要，所以也只好让我走。

行李都已搬到城里去了，好就近搬到船上去。吃完了早饭，便同三弟到城里去找开汉口的船，有什么船便搭什么船去。母亲先说要同进城去送我的行。我们说："不必。"母亲便抱着我那可爱的孩子海男——嗳哟，海男啊！我是多么爱你，多么不能离你，爹爹写到这里，眼泪滴了一纸呢！——送到门前路上，她老人家站在一棵松树旁边，嘱咐我们一路好生保养，又特别嘱咐我"以后别那样喝酒"时，我那孩子似乎也感觉得他爹爹此次进城和往常不同些。他并不嚷着要"爹爹买些条丝糕回来把海男吃"，却在她祖母怀里闷闷儿地，做出莫名其妙的表情，大约是他的冬姑妈告诉他"爹爹同三叔到上海去了"吧。

我们走到那松林里时，早听得海男哭起来了，一直走过那松林，还听得海男在那里哭。我听了他的哭声，想到长眠在枫子冲头的他的母亲。嗳呀，漱瑜呀，恕我没有到你坟上来辞行。我是何等想来哟，但又是何等不忍来啊。我吞着带咸味的眼泪，一声也不响，撑着伞，只是走，走到新刷了粉的白皮靴上面飞满了很厚很厚的黑尘，这才对三弟说："水又退了许多呢。"因为已经到了湘水之滨了。

（《从悲哀的国里来》之一，选自《田汉全集》第 13 卷）

梦里的故乡

从青年会里别了柳、罗两君，和赶来送行的诸位朋友同到船上时，已经八点钟了。船小人多，房舱又恰在火舱侧边，蒸闷得不堪，一时头上汗如雨下。只得重偕他们上岸，在江边立谈。谈起这半年间的影事，又谈到将来的计划，杂着又说了些笑话。站在江边警戒的兵士，等着接河江生意的车夫，在码头上卖水果的小商人们，听得我们时而笑谈，时而叹息，都睁着好奇的眼睛望着我们。我们谈到差不多要开船的时候，我五弟也提着篮子赶了来，我嘱咐他发愤读书，并且要他赶快下乡到妈妈那里去。因为妈妈骤然离了她两个儿子，心里一定寂寞得不堪，何况又在一番人生的悲哀以后呢？我和送行的诸位好友一一握别了，五弟同九叔重又送我上船，船本说晚上九点半钟开，但直到十一点钟才开，所以他们谈到很晚才去。后来汽笛一声，卖水果吃食的人都上了岸，这才听得机声轧轧，轮身打了个大兜转，向湘水下流直驶，一时水声震耳，清风飘衣，蒸闷之气为之一散。这总算真离了长沙了。我和同行的三弟、叶鼎洛君坐在船边的石凳上，手攀着铁栏，望着夜雾迷茫中的湘水，望着万家灯火的长沙，望着新由云中出来的半圆的明月，像都引动了各人的愁绪，相对无言，这时的情境，正所谓"晚风叹息白浪吼"(The nightwinds sigh，the breakersroar)，我低吟着拜伦的《去国行》(*My native land*，*good night!*)，不觉泪下。

船行极慢，只听得船两边竹篙打水之声，与报告“四尺五”“五尺”“五尺一”“五尺三”……之声。夜越深，水也越深，风也越冷，他们也不打水尺了。我们劳苦了一天，昏昏思睡，便下到舱里去寻找我梦里的故乡。啊！故乡，当于梦里求之耳！我们去年不是为求故乡而归的吗？去年在南通时，友人左舜生兄劝我们归上海，我们不是厌倦上海的喧嚣，想要到我们的故乡求暂时的安息吗？我不还引着威廉·易慈 (William Yeats)《银泥斯瑚理之湖岛》(*The Lake Isle of Innisfree*) 的首章：

好，去吧，到银泥斯瑚理去，
到那里去用泥和树枝建一间小屋；
去栽九块豆子，养一箱蜜蜂，
独在那蜂声嗡嗡的山径里享人间的清福。

来表示我们的忆乡之情，婉谢他的劝告吗？但我们一回到我们的“银泥斯瑚理”时，才发现我们还是异乡人。我们带的钱，在路上都用罄了。口称回去，其实无家可归。我们祖上留下来的唯一一栋房子，就是我的诞生地，早已卖给人家去了。我走那所房子面前经过时，几乎不曾哭出来，因为连我小时候攀援过的那些果树都被新主人砍掉了。我们“上无一尺天，下无一尺地”，却到哪里去找泥和树枝建小屋，更到哪里去栽豆子、养蜜蜂呢？我们后来只好都住在外祖父家里。漱瑜在养病，我们便在山里捡捡柴，舂舂米。我外祖父家里本来养了两大箱蜜蜂，平常每年要出十几斤蜜，可巧自从我三舅被刺之后，那些蜜蜂子都跑了。所以漱瑜气喘的时候，想要弄点蜜给她润润肺，得托人四处去讨，在平常是用之不竭的。乡里人都说，蜜蜂跑了主人丁不利。不想漱瑜果然也应了蜜蜂的预言，一病不起。人生不过数十寒暑，无贵无贱终于一死。她虽然不曾如她自己和我的愿，多做得一些事业，多过得几天畅快日子，但她总算归了故土了。最难得的是她死时所睡的床，便是她生时所睡的床。更难得她葬在她二姑妈即我二姨妈旁边，也可以不寂寞了。

我有一晚梦见读她寄给我的诗，醒来也做一首：“是耶非耶谁能保，梦中忽得君诗稿。倦鸟欣能返故林，小羊姑让眠青草。平生好洁兼好静，红尘不若青山好。只怜尚有同心人，从此忧伤以终老。”她算倦鸟似地宿在故枝上了，小羊似地眠在青草上了。但我于她死后虽在生我长我的故乡生活了半年，却依然是个异乡人，依然是“上无一尺天，下无一尺地”，依然天天感着精神上生活上的不安。我的故乡人，爱我的，希望我以于我不甚适合的希望；恨我的人，也罪我以于我不甚适合的罪名。我时常城里住得厌了，又下乡；乡里住得不安了，又上城。我总觉得我眼里的故乡，还不能慰藉我的乡愁。我觉得我在异乡异国受了侮辱、冷遇，感着人生的凄凉的时候，我所景慕、我所希求、我所恨不得立刻投到她怀里的那个故乡，似乎比这个要光明些，要温暖些，我光景是回错了！我的灵魂他又引我到所梦想的那个故乡去了。啊！梦里的故乡！

（《从悲哀的国里来》之二，选自《田汉全集》第 13 卷）

荆棘之路

她的心常做些可爱的事，
充满我枯槁的心胸以纯朴的花儿；
在我岑寂的心弦上弹着和谐的调子，
使我在不欢愉的时候得着欢愉。

——*From John Masefield's "Her Heart"*

她眼中所见的最后的信

十四年十二月二十日（阴历）的事，这是我再也忘不了的。我听得漱瑜危笃的信，由省城急速回乡。这天真如同伴者皮达三君所言，是“轻风细雨天”，天虽示了我许多不祥的前兆，但昧于运命的我，并不觉得。他只觉得所谓“危笃”，不过是他所爱的人催他急速回到她的床榻前的有效的符咒，这种心里的不安像风过后的湖波马上便要平静的。他始终怀着和她快会面的爱人在花前月下清谈，山颠水涯携手的希望，尤其是希望他的爱人因这次大病之后一变前此保守退婴的态度，下勇猛的决心，继她那贡献了碧血丹心于其乡国的父亲梅园先生之后，和他向人生的战场进攻。他相信这是有把握的。因为她的态度实在已经大变了。第一她从前是非常朴素的，布衣布裙与罗绮满身者立不以为耻，现在她忽然要穿穿美丽的衣裳了。她说她的少女时代不曾花过一下，不曾穿过一件红的衣裳，太可惜了。她于黄衍仁兄与罗曼女士结婚的席上居然赶成了一件水红的袄子穿了。那天她很高兴，她侥幸她身上虽然瘦得不堪，而脸上还不十分瘦，她细意地化妆，在她那爱戴的黑绒帽子边上，还安上了一朵鲜花。倘若不是因为她的脚上无力，走起路来非常吃苦，谁不以为这朵病的蔷薇 (sick rose) 重向春风颤抖，涅槃后的凤凰 (phoenix) 又从死灰中复活呢？不过这终是我们的希望吧，蔷薇终于要谢了，凤凰终于要成灰土了。那回之后，我们永不看见我那粉妆玉琢的漱瑜了。

我同皮达三兄走到离我故乡不远的崩塌了。雪后的村市，屋角林间残留着许多白块。因为细雨不止，没有铺着花岗石的路上都被往来的货车轹成一条条的辙痕。绕着这村市的是一湾就干的河水，一排倒垂的枯柳下停泊着几只鸬鹚船，鸬鹚都闲在船篷上，因为水太浅了，轻易找不着它们的牺牲了。他在村头眺望了一会，回到达三所坐的茶店里来。这茶店，一家杂货店的贴邻，那杂货店便是邮政代办处所，他们窗上排列着许多无法投递、或盼人亲自来取的信件。我们的信件是照例由枫林港邮局代转的。此处本不必有他的信。他不过好奇地在那里看看。只见许多白封子上面印着或粘着红条，受信人无非是张大公、李九老爷、粟抚生、何有信、胡二娘、齐三太太之类，但他忽然发见了一封和他有关的信：

长沙东乡枫林港邮局转歌棣塘易崇德堂
易 漱 瑜 女 士 收 启
湖南省立第一女子师范. 黄寄

他想起了，当他同漱瑜回湘住在黄衍仁兄家里请他的令尊看病的时候，曾有一个比漱瑜还年轻的女学生来看她的病。据漱瑜说，她是她吉林幼稚园时代的老同学，那时漱瑜刚 6 岁，她的同学只得 3 岁，但他们之相亲相爱就同嫡亲姊妹或多年好友一样，一刻子也不能分离。但人生多故，她后来不能不随父南归，她的同学不能不随祖母到青岛。她的同学 10 岁由青岛归长沙，在乡里的自己家里读了两年书，听说漱瑜在省城里朱剑凡君办的周南女校读书，便由乡赴省，也加入这个学校，这时漱瑜已是高小三年级了。她的好友虽不和她同级，却和她同在一个自修室里读书，同在一个床睡觉。早晨起来，漱瑜替她梳辫子，她上课后，漱瑜把她从教室里接出来。这是她们第二次的战友重逢了。漱瑜在周南中学一年级的时候，我刚从日本回，接漱瑜赴日，漱瑜由校中动身的时候对她的朋友说：

“我的祖父病重，我不能不回去招扶，反正等一两个礼拜又要回来的，你别记挂我，好好地读书，一切的事都拜托三姐了。你晚上可以同她睡吧。”

三姐是她们称朱剑凡校长的令侄的。这是漱瑜和她的朋友数载的交游中第一次撒的谎。她的朋友课也不上，泪盈盈地把她送到学校的大门外，反复嘱咐漱瑜：“别多在乡里耽搁，快些回校。”但她不久发现漱瑜的小小的不诚实了。因为第四天早晨，她便接了漱瑜从武昌寄来的邮片，报告她要同我上东京了。

在衍仁家的看病是她们俩第三次的重逢。她来看过漱瑜两三次。漱瑜说她头冷，她曾替她打过一顶帽子。漱瑜由衍仁家动身下乡，她曾到桥边送她。她听衍仁的父亲说漱瑜的病甚为危险，她曾哭过一个月。现在这封信便是她写的了。漱瑜的短的一生，更兼落落寡合的性格，她的好朋友不能算多，及重病归乡，真能看护她、帮助她、挂念她的，只有这黄女士。我赶忙把这封信取下来揣了，依然同达三赶路，因为时候已经不早了，打车子的人有些已经预备落店，过渡的人也渐渐稀少，太阳渐渐要“飞蛾贴壁”的那一带山，山边的人家有的已冉冉冒出炊烟了。过了枫林港，又是一座山，形势环回伟丽，我不觉停步，黯然低首了半晌。达三似乎知道了我的意思。他说：

“梅臣先生便葬在这个山里吗？”

我点点头，他也潸然下泪，因为梅舅生前曾以“浑金璞玉”许达三，吾舅遇难后，达三困顿无聊，于兹三载，一日遇吾舅之坟，不能无知己之感。我们感叹了一回，匆匆上路走过那山腰，回首一望，还望见吾舅坟头的一株松树巍巍然矗立于夕阳之中，就像华表一样。我心里默祷道：

“三舅啊！您的爱女病得好苦，您老人家要保佑她快好啊！”

但我的默祷不为三舅所听取，当我们到了我外祖家，我一入漱瑜的病室，挑灯掀帐，看见我那病骨支离的可怜的病人时，我早已知道她快要不为我所有的，快要到她的父亲膝下承欢去了。

“你回来得好。你可以送我的终。我能够今晚死便是幸福。”

“哪有的事，你别这样忧虑。好好地静养吧。你看密司黄还有信来问你的病，并且替我们辞年呢。”

我拆开黄女士的信，——一封信，一张花邮片，——送到她的眼前，她模糊地看了一下，点点头，好像回忆着什么似的，但是什么也没有说。这封信，是漱瑜所看见的最后一封信，因为六点钟后，她便靠在我的手上与她的一切亲爱的人长辞了。这时候的情状，我不愿意回想。下面这首诗——悼亡十首之一——是个简括的实写：

两闻危笃殊难信，细雨寒风奔到门；
掀帐挑灯看瘦骨，含悲忍泪嘱遗言。
生平一点心头热，死后犹存体上温；
应是泪珠还我尽，可怜枯眼尚留痕。

（原载上海《良友》画报第 15 期，1927 年 5 月 30 日出版）

杏姑娘

（原载《银色的梦》，上海良友图书印刷公司 1928 年版，收《田汉全集》第 18 卷）

春之再来

（收入本书第二章）

河西生活

（收入本书第二章）

最初的剧本

我不知道我为什么在文学部门中择取了戏剧文学做了我的主要的研究对象。许是因为我的性情特别和它相近些，同时客观环境也确是助成了我这样做。——这也不要去细管它。事实上我十年以来写了好几十个剧本。虽然也曾做过诗歌、小说方面的尝试，但在质量上是比不上剧本的。因此在荒野似的文化落后的中国文坛我是被认为“剧作者”。我曾以此自见，以此会友，以此得生活资料，以此领导一个运动，而且曾以此贾祸，累许多朋友和一些未知的青年甚至以表演我的剧本而丧失他们的生命或是自由。

检查我的经历的，总问什么是我最初的剧本。这因为年代已久而我又转徙各地，文献散佚，而我又生性健忘，已经找不出来了。但记得当辛亥革命那年（我 13 岁）“革命军”在湖北起义，“黄鹤楼上血钟一鸣，天下响应”。一代枭雄的袁世凯赶忙命冯国璋带领北洋兵到武汉来镇压，很快地夺取汉阳。那时湖南已反正了，派了些军队去赴援，死在汉阳之役的颇不少。刘玉堂便是一个。在省教育会的热烈的追悼会，引起了少年们的泪的纷飞和血的腾涌，特别是那匹披着白球时而低头啮草、时而引颈长啸的棕色战马。

我不久就加入了学生军。预备北伐!

南北议和，“革命军”和帝国主义与封建势力妥协之后我们不用“北伐”了，因此我们也退出学生军，考入了不要学费的长沙师范了。那时我就开始写一些文章投在报纸或杂志上。小时嗓子好，欢喜哼几句戏，当学生军时因为军人看戏照例不要钱，便时常到“三尊炮”那儿去看京戏，所以我最初的戏剧作品取了京戏的形式。《长沙日报》上登的我一个剧本叫《新教子》的就是由京戏《三娘教子》改编的。写一个汉阳之役阵亡军人的寡妻教训她的儿子继他的父志为国家民族尽力的故事。后来我们同学自己编了一个杂志叫《青年》，黄素、黄德安、曹典琦、杨正宇在今日已各自站在各自的阵营互相敌视的，当时是很要好的朋友和“编辑同人”，我在这上面发表过一些论文，也有两篇剧本。名字却忘记了，大体是由京戏改作的。有一篇似乎是写李克用。

由改编京戏而至改编曲本，那便是投稿到上海《神州日报》，居然蒙他们登载了送了我一些有正书局的书券的《新桃花扇》。这时是袁世凯要称帝，连我们校长都有些动摇，我们青年学生慨叹“国事日非”因而借《桃花扇》的调子讥刺时政的。里面的词句虽是费了许多工夫，现在一点也记不得了。

在长沙时，欧阳予倩氏和他的朋友回湘组织“文社”在文庙里演《热血》等戏，我们的体操教员蒋某是参加的。校长徐先生也曾对我特别介绍过。但我因为穷，事实上只看过放在外面的他们的布景，没有真看过他们的演戏。新戏还是我高不可攀的东西。我长时期是在梁启超的《新罗马传奇》的影响下。

18 岁首次过上海时，我随舅父梅园先生看过麒麟童、高百岁、三麻子们的京戏，觉得比起在长沙看的京戏来要好得多，但不曾看过新戏。同宗白华去听过一次京韵大鼓，刘翠仙唱的，给了我很大的感动。这反映在我最初的话剧本《梵峨璘与蔷薇》。这是在东京写的。到东京后适逢着岛村抱月和名女优松井须磨子的艺术座运动的盛期，上山草人与山川浦路的近代剧协会也活动甚多，再加上由五四运动引起的新文学运动的大潮复澎湃于国内外，我才开始真正的戏剧文学的研究，第一的尝试——《Violin & Rose》自然是缺乏现实性的失败的作品，但是《少年中国》发表也曾引起一些反响，这鼓励了我，才继续写以李初梨兄的经验做题材的《咖啡店之一夜》，这在后来我的戏曲集里面成为我的“处女作”。也从此才走上了我的戏剧创作的康庄大道。

（《创作经验谈》，选自《田汉全集》第 16 卷）

旧师之死
——悼姜济寰先生

一

人之一生，殆为各种因果关系的连续，特别是教育，在幼少时代从师友所受的只言片语的影响，到了他的壮年期，会在任何机会生出果子来。是湖南三十年代的青年的一定会联想到十余年前主持湖南教育的一些老师宿儒们，其中值得人们怀念的姜济寰先生就是一个。姜先生做过三任长沙府知事，其后又保有许多更大的官衔，但我们认识他的，与其是作为政治家的姜先生，毋宁是作为教育家的姜先生。他在长沙师范校长时代的讲学，特别是关于阳明学的阐扬，对于学生们的印象是非常深刻的。一部分的同学该记得姜先生念“险夷原不滞脑中……”等名句时的神态吧。至于我，所负于姜先生的又不仅一般的启迪了。我在长师时有一学期的膳费即系姜先生代出。系金陵狱时，姜先生适居曾公祠，家母及素斐来京探狱，必访姜先生。姜先生也必定多方地帮忙。狱中苦无书可读。一天，姜先生竟因素斐送来一部《阳明全书》，在铁窗下与难友们翻阅那部书时，我是多么兴奋，多么充满着怀旧之感啊。我好像依然住在长沙荷花池畔的宿舍里，还是那么一个壮怀如火的少年。重读“险夷原不滞脑中”之句时则更使人亲切有味，使人大彻大悟啊。旧师哟，你给我们的德意太深厚了。

二

出狱后的第二天，我同素斐去曾公祠看过我们姜先生。在那儿也遇着有壬先生。姜先生呢，还是那样的胖，但也还是那样的和蔼而亲切。他看见他的旧学生的头上白发比他的还多，也不免感慨系之。及至听得到我的说话并没有衰老之相，他终于放心。他是57岁的人了，但他对于做学问却是那样地精勤，那样地用志不纷，那样地勇往迈进，不知老之将至。这一点他仍不愧为三十年代湖南青年的好先生。他那时写的是“论语学”，他感觉得儒家思想对于中国支配力之伟大而久远，我们要推进中国新的思潮，对于这一有力的学派不能不有较详确、精深的研究，这姜先生年来辛勤的业绩是相当满足地回答了。我们也谈到对于中国近世史，特别是中东战后以还的史实之研究，姜先生也抱着和我同一的雄心，我们想有一个经常的讨论会。

我们的计划没有实现，我就以背痈入鼓楼医院了。一月以上的医院生活使人郁闷不堪。一出院我就去看姜先生，姜先生却也病了，原因是用脑过度，影响到消化系统，打不起精神，终日奄卧，食欲不进。

“现在，别的病倒没有什么，最苦的是不能吃东西，每天只喝点白开水，你瞧我现在已经不胖了。”

“是啊，不吃东西怎么能支持这伟大的组织呢？并且整天睡着，好人也要病的。家里决不是养病的地方，人客又多，房子光线也太暗淡，不如移到医院或什么阳光充足的地方，每天扶着杖走动走动，食欲就要增进的。关于家事和论语学，最好暂时不管。”

他也有一点赞成我的话，不过他很相信一位中医，说吃他的药似乎好一些，我本想给介绍一位叶先生，但一想介绍医生是很难的。我们谈了一回同学们的近况，辞了出来，但谁晓得这就是与旧师最后的一面呢。

三

听到姜先生的噩耗已经是他去世后的第五天，而且是从上海友人的信中晓得的。我赶到姜宅时，姜先生的遗体已经在莫愁路的仁孝殡仪馆了。那样好客的姜先生的书斋变得那样冷清清的。成排的藏书都把架子反转来盖上报纸，好像这些新旧的典籍也在服它们收藏者的新丧。姜夫人更不用说了，抱着她的两岁多的最幼小的孤儿，在那儿频频拭泪。孱弱多病的她，从姜先生于颠沛之际，今日又怎禁得起这样悲哀的重压啊。听她的令妹黄小姐凄咽地谈到姜先生临终前后的情形，及其最后不忘对于子侄学生的督励与期望，真使闻者不能自禁其热泪之纵横。

“我不知如何春气渐渐地弱了，时局如此，不能不望你们担当天下。你们还记得清末民初那时的情形么，那时我们好像都有一股锐不可当的春气。——这春气是应该好好保持的。”

没有想到姜先生对于我们的激励语却暗示了他自己的运命。

四

姜先生是没落的小地主出身。他的父亲琼山先生以教书为业。弟泽寰则为一自耕农。起先，姜先生也如一切读书人一样，想由科第以致身青云的人。在23岁的青年，他且曾进过学，及至清季内政不修，外祸日亟，欧、美、日本民主思想复通过当时革命志士们前仆后继的牺牲渐次浸润于急进的湖南青年的脑中。因此，他也曾与友人数辈组织朋党参加排满革命运动。又与曹孟其先生等发起自治筹备会，从事乡村改革。这时的姜先生已经是一个反封建的战士。辛亥革命成功，姜先生受谭延闿氏的知遇，联任长沙县知事。及后湖南历经事变，北洋军阀数以湖南为争夺蹂躏的对象，姜先生善处其间，于桑梓多所保全。然而姜先生的英气却也消磨不少。十一年由湘赴粤，姜先生思想才来一个大的激动。他不复以前此成就自足，北伐之役实开始站在中国民族反帝运动的前线，又几经顿挫，乃还真返璞，以垂老之身，治将绝之学。古词人有言，不为无益之事，何以遣有涯之生。况姜先生所从事的又不为无益，或者司马迁发愤著书差可比拟。我们学生辈于姜先生57年的生涯，也可以看出中国近代史的一个侧面。姜先生一生思想之发展，实亦我们青年思想发展的缩图。

五

姜先生之死，他的长子治方远在比利时不能回来奔丧。治光就学上海交大，体非甚强，遇此卒变，几不能堪。姜先生的学生虽满天下，而在南京的苦不甚多，姜先生生平却又真能“不事生产”，薪俸所得除买书外，殆尽用以照拂朋友、奖掖后进。身后萧条，非夸张之语。本月十日上午十时在京同学拟公祭姜先生于莫愁湖之殡仪馆。是日暂葬之永安公墓，羁魂未返听楚些以伤神，手泽犹存对遗编而陨涕。尝在微山湖边见有棺材为黄水漂流远去者，亦有白波之中半露小碑，即既葬土中又葬水中者，亦有尸挂村边无有葬处者。况北风大起，严霜将至，沧海横流，天远勿届，则姜先生之能暂时安眠于紫金山畔或者还是难得的幸福吧。哀痛之余，以告世之知姜先生者。

十一月八日

（原载1935年11月9日南京《新民报》日刊）

《抗战日报》创刊之词

（收入本书第三章）

“一·二八”—“八一三”抗日名将
张治中将军印象记

“八一三”沪战一爆发，张治中将军的名字重新为广大爱自由独立的国人所称道、所珍重。为的是中华民族的伟大精神寄托于六年来两次的沪战，而张治中将军实为两次沪战的实际的参与者。他指挥着忠勇的将士和我民族的死敌——日本帝国主义者做过血腥的无限壮烈的斗争。假使这两次沪战，在中华民族解放史上有着伟大的历史意义，那么历史对于张先生的负托不能说不重。我们爱国民众对于这一历史人物不能不加以甚深的注意。

张治中将军以前敌总司令指挥着初期“八一三”淞沪战争的时候，我正在南京从文化战线的岗位做着一些抗敌的工作。每天从上海传来的战报知道我将士冲破了租界的神圣，着着建立歼敌的殊勋。在某次画刊看到张治中将军在他的司令部招待各国观战记者报告抗战的经过，一种从容宁静的态度充满着对于胜利的确信。鼓舞欣慕的结果使我们不满足于较平淡的后防生活，终于冒着敌机轰炸的危险和交通的不便，走向上海前线去。及至到了上海，虽则两月间驰驱东战场各线，却已无缘亲近张将军的英姿。上海陷落后由南通辗转返金陵，才听得张将军有长湖南的消息，很为我桑梓庆贺。因为两月间的经验，使我深信从前线归来的将领以战地血的教训常抱有进步的意见。他们几乎无例外地认识军民不能密切合作为此次军事挫折的主因之一，因而一般地都强调民众之组织与武装。张将军的主湘如能对于湖南民众的动员有及时的切实有效的措施，的确不仅是湖南人的福。我是由南京坐车经徽州、浮梁、南昌、浏阳回长沙的。到长沙就听说张将军在敌机首次轰炸长沙之后履新了。因为急于到武汉去会晤各方友人，我在长沙只住了一天，来不及对张将军致敬。直到由武汉返湘半月后的昨晚，才算得会晤张将军的机会。无疑地他是一位抱有英锐的进步意见的革命军人。他的计划是那样的多，那样地周密而具体。他不是那些以无为和敷衍为能事的官僚。在这样的紧迫关头，他的施政方针成功与否即民众能切实动员与否，关系着整个民族战争的前途，我们每一民众每一文化人必须用最大的力量来帮助他的计划的实现。

张将军虽是一位叱咤三军的军人，但看了他那白皙长身的潇洒的丰姿，使人疑心他是我们这一行的文士。他的口音极像当年的蒋光慈，原来他是安徽巢县人，正是光慈的大同乡。他曾看过十年前南国社在南京公演的剧，还很直率地批评到当时的印象。又谈到《三叶集》的朋友。说“八一三”战役中，沫若曾到他的司令部住过一晚。他们很熟识。

因为《抗战日报》将于“一·二八”六周年纪念日出版，我对这位抗日名将提出了好一些问题。首先我问到“一·二八”战役和“八一三”战役有什么不同。他很明快地说：“‘八一三’战役和‘一·二八’战役在军事上最大的特点是敌人空军的进步。在‘一·二八’战役中敌人虽使用空军，但在质与量两方面还是不足道的。‘一·二八’以后六年以来他们运用实战的经验极力扩张空军，到这次‘八一三’战役中就充分发挥它的威力。原来敌人步兵的攻击精神是远不及我们的。他们全靠的是飞机大炮。如攻击我虬江码头之役，在不满百米的正面集中四十条军舰的主炮副炮，再加上飞机投弹。差不多把地面都翻过来了。我们士兵的耳朵都给震聋了。……若单是步兵对步兵，我们早把敌人赶出去了。在这八年之间，我们空军当然也有相当准备。可惜开战之初，我们空军未能收到理想的战果。如是我们决定靠步兵的力在敌人大军未集以前迅速占领虹口加以破坏，然后退出来。汇山码头的占领差不多全靠的是士兵的血肉。我们的轻重机关枪对于敌人的钢骨水泥工事不能发挥何等破坏力。我们只靠人去冲。一班倒了，一排上，一排倒了，一连上。这样惨烈的牺牲精神使敌人也为之丧胆，各国为之起敬。”其次，他接触到政治上的特点。他以为“一·二八”战役之爆发，敌我两方不必先有在上海作战的决心，而为一时空气的激荡而成。那真是一个“事变”。“八一三”战役却不是一个单纯的事变。中国民众对敌人的进攻大体有三个阶段。第一个阶段是敌人打我们，我们不还手。第二个阶段是敌人打我们，我们还手。第三个阶段是我们对阵地战敌人进攻的企图加以迎头痛击。所惜者我们的准备尚未十分完成。为着支持各条战线，军力不敷分配。阵地战和普通游击战不同。所谓牵一发动全局。大场与金山卫不守以致在东战场全线动摇，真是怅然的事。

最后他说到民众动员。在“一·二八”战役中，我们使用的兵力虽不如今日之大，仍能支持一月有余，获得光荣的胜利，一般地都承认是民众帮助军队作战之故。在这一点，“八一三”战役反有愧色。这是许多将领共同扼腕的事。我们的张将军也没有例外。他下车之后观察湖南军政情实一月有余，慨然有肃清一切积弊，“建设新湖南”，以为支持目前抗战的主要堡垒之志。为着这，他主张使湖南一切力量服从抗战。那首先是民众广大有效的动员。过去民众之基本组织主要的是保甲制度。但保甲制度实包含许多缺点。他以为不仅要“修正”，而且要进一步“改革”它。为着改造这一旧的制度，他很贤明地动员着一种新的力量，那就是广大有知识有热情的知识分子。他想首先训练五万个知识青年，让他们到民间去，迅速完成这一动员民众参加抗战的任务。没有问题，张将军的主张是对的。但良法美意必须通过坚强的干部，也必须配合民众自身的力量。如何帮助政府养成干部，并帮助这些干部顺利地执行其任务，应该是我们文化人的责任。因此张将军在回答了我的许多发问之后，也对我们提出了这样的问题：“文化人怎样帮助我们实现这些方案呢？”

辞出主席私邸，已经是十一时了。在灯影里握别我们的革命的军人政治家时，我感着无限的热望和信任。因为“新湖南”的建设能否成功，将暗示“新中国”建设的前途。这不是张将军个人政治能力的试验，而是湖南人乃至中华民族政治能力最后的试验。因为新湖南建设的失败将等于湖南的沦陷。我们必须用一切力量来帮助他的主张的成功。

（原载 1938 年 1 月 28 日长沙《抗战日报》）

抗战期中民众教育与组织

以“文抗会”之邀，在抵湘的最初一周内曾在银宫大戏院做过一次公开讲演。可惜是在空袭警报之后，没有说几句话，空袭警报又来，就停止了。第二次继续讲演我改了这个题目，总算匆匆地说完了，本文根据熊岳兰女士的笔记略加改正以付本刊。

现代战争不仅是武力的比赛，也是教育和组织的比赛。谁的教育与组织好，谁就能取得胜利。

在教育方面说，我们当然赶不上敌人。日本人民大多数会写字，我们的文盲却占百分之八九十。

在组织方面也是一样。这次战争工作，首先暴露了我们的无严密合理的组织。拿国家机关说，往往同一目的的工作，却有许多重复的叠床架屋的组织。敌人除在战时有大本营指挥一切外，自“九一八”以后差不多一切都战时化了的。在轻工业方面，江南无锡一带工厂所遭受的损失，就可以证明我们在战前没有很好地准备。

其他国家，对于生产机关，总是在很好的掩护之下建立的。而我们却不甚注意，又未能及时迁徙，一旦有事，不免委诸敌人的破坏和攘夺。

以东战场的印象说，我们到处看到一种慌乱。比如上海的搬家，有的人从南市搬到闸北，有的从闸北搬到南市，现在粤汉路上又是如此。每天从武汉到广州，从广州到武汉，乘客都同样地拥挤。这充分表示我们的民众没有组织。

我们的军事，也是一样。我们各条战线不能互相呼应，指挥和补充也未能统一。

此次上海战争牺牲得非常壮烈，平均每天须要补充两千多人，但我们武器虽不如人，人口是比敌人多得多的。我们常备军两百万人，连民团一起达四百万人，壮丁更不用说。可是作战三月只喊无以为继了，因为民众政治认识既非常低，户口调查又不甚确实，土豪劣绅又从而鱼肉乡民，征兵的成绩是不好的，甚还酿成许多悲剧。

根据这次血的教训，我们再看我们的教育是如何地不彀。我们的教育近年来是一步一趋地模仿欧美。但欧美是工商业国家，我们是落后的农业国。我们学工业的人常常因为回国实无事可做，不免转入政治之途，这也是欧美式的教育弊病之一。但我们不是说，我们要使中国留在农业阶段。

我们要救正欧美式的教育也不是复古、读经。敌人在东三省、平津一带已开始教我们读经复古，那也是使我们始终留在落后的状态，永久做他的殖民地。在今天，我们应该有个深深的认识，我们要知道今天不仅是我们的危机，也是我们的生机。我们要迅速把教育来一次改造运动，使一切适应战时的需要。

“八一三”以后许多大学搬到长沙。但现在又要向贵阳、昆明、成都搬了。这里虽然离前线还很远，大家却不想到迅速建立我们文化的堡垒。

我们精神的堡垒是不容易被占领的，被击破的，在上海被敌人的飞机大炮所陷落后，但我们的精神堡垒却依然存在。

形式主义，也是我们目前教育的缺点之一。如过去各地大学建筑非常伟大堂皇，结果徒然成为敌人轰炸的目标。记得南京某部新屋落成时，一外人说，这屋子好虽好，可惜没有围墙。这位外国人的话是很幽默的，他分明讽刺我们不重国防而重面子。

我们过去一般教育家，也是站在国防的反面的，他们不许学生抗敌，却教他们多读书少管国家。某大学生曾告诉我，他们的校长曾要他们“少谈国事，多看梅兰芳”。这样的教育方针应该在全面抗战中来一大大的改变。

形式主义的另一面，表现在长沙乡城所见的许多标语。许多标语是用隶书式美术字来写的。一般小市民和农人认也不认识，却怎么能受这些标语的鼓动。这显示我们的宣传家只愿自己满足，堕入形式主义的泥坑，而忘了他的工作的主要任务。

我们应该更本质地做我们的工作，克服我们工作上的形式主义。

国防教育不必注重校舍，如陶行知先生就反对校舍。不过校舍又何尝不可围呢？完全反对校舍却也落入形式主义。我们的要点只在训练广大群众。随地可教，随地可学，随人可教，也随人可学，是打破教育上形式主义的最好的炮弹。

关于难民的教育，据有些做难民工作的朋友告诉我，长沙的难民和上海的不同，他们多半是有知识和技能的。他们是从他家庭中选拔出来的优秀分子，他们家人对于他们是抱着一种极悲痛的希望，是预备将来他们不特替他们的家族传代，还替国家复仇。对于他们若不能加以很好地爱护、教育和运用，实在是抗战时期一种极大的损失。

又在湖南省城的伤兵已逾一万五千，随着战争延长，将来也许会增到六七万，现在伤兵医院最多只能供给他们娱乐和鼓动，而未能施以系统的教育。这是非常不够的事。

现在敌人怎样在我们军队和民众中进行他们的组织工作呢？在前线欺骗农民，运用饥饿失业组织我大小男女工人。他们更没有忘记用各种方法组织我国的失业军人、政客……等，处处形成汉奸组织。我们要使汉奸组织不致在我们中间产生和扩大，只有加强我们自己的组织。那是以组织来消灭组织。以前我们的国策未决定，使敌人有隙可乘，现在我们再没有妥协的余地了，敌人虽有很好的教育与组织，但也有很大的弱点，如他们说，他们为正义而战，但他们实站在正义的反面。真理只有一个。他们是侵略者，真理不在他们那一边，因此他们只能用武断宣传和宗教迷信来笼络麻醉他们的老百姓。如果我们不给他们一个无情的打击，他们更要发狂。如果我们坚决地抵抗他们，使他自失，他们将一蹶不可收拾。

胡兰畦女士本着她在战地服务的经验，在她的一篇文章里也说过："敌人每个人身上有一个神，但我们士兵们身上只有一个牺牲的决心。"这便是我们战胜敌人最大的资本。日本人也曾说，湖南是个小的日本。湖南有三千多万人，如果很好地动员起来，从保一家一乡进而知道保一国，那将是一个伟大的力量。

我坚决相信只要加强抗敌教育和组织，湖南人不会是很坏的战士。

（原载 1938 年 1 月 29 日长沙《抗战日报》）

守岁与守土

（原载 1938 年 1 月 31 日长沙《抗战日报》，收《田汉全集》第 18 卷）

钱亦石先生略传

钱亦石先生，初名介盘，湖北成宁人。毕业武昌高师，尝任中学教师。慷慨有大志。北伐军兴，先生任湖北省党部组织干事。后就学新俄，归国后为神州国光社编《国际政治经济年报》，始用啸秋名。张志让先生等创办大中中学，聘先生为物学教员，旋入中华书局任编辑，《新中华》之改革即先生之力。后又任上海法学院讲师，国立暨南大学教授。生活书店成立，先生尝为主编《世界知识》，风行全国。于救亡运动尽力尤多。其间曾偕其女友赴日做短期旅行。归国未久而七七事件爆发，先生热血忿涌，推动抗敌工作不遗余力。"八一三"沪战起，先生以沫若先生之介，识张向华将军，任第八集团军总部战地服务少将团长。出入弹烟炮火中，从事于战地民众之教育与组织，在南桥、浦东、嘉兴一带尝召集军民大会等使军队与民众打成一片。不幸以过劳并患伤寒，九月十四五号由南桥入某战地医院。金山卫不守，南桥受攻，先生方卧病中，几沦敌手，几经困难终得归沪，入仁济医院，颇呈好转，而不知终以不起也。第二阶段每抗战开始，失一忠勇的文化战士，识与不识无不痛悼。然亦只有极力动员民众支持此神圣战争始足以慰亦石之灵也。

（原载 1938 年 2 月 2 日长沙《抗战日报》）

迎沫若

十年城郭曾相识，千古湖南未可臣。
此处尚多雄杰气，登高振臂待诗人。

接沫若第一电是大前日的事，那告诉我他将于七日飞长沙，要我等他。这真使我和许多朋友们高兴。沫若是在北伐时代到过长沙的，那时候我不在湖南，没有能参与当时壮快的远征军，至今引为恨事。1928 年之后沫若重赴日本，居千叶海滨达 10 年之久，埋头故纸堆中，于甲骨文尤瘁其最善之精力，然热肠之人未尝须臾无故国之思。九一八事变起，沫若好几次想报效祖国而苦不得闲。直至"八一三"事变前我政府已决心团结一切力量与敌人抗战到底，沫若才在这时候离其久住之渔村，抛其至爱之妻子，冒大危险，孑身归国。抵上海后受广大革命青年爱戴，沫若亦奋其百战之勇气推动救国运动。“八一三”事变起，淞沪一带展开惨烈悲壮、龙搏虎掷的民族战，沫若复在敌机轰炸下驰驱各战线，或慰劳士兵，或鼓励将帅，或为介绍政治工作者改善军民间的关系。在前期上海战役中沫若的贡献实无可否认地大。当时我还留居首都南京，虽然每日在空袭的威胁下过生活，读每日上海华报，总不觉心意飞跃。因于送家母归湘后翌日（二十一日），断然偕三弟由京锡线辗转赴上海，一到上海才知道沫若却到南京找我去了。幸而不久沫若从南京回来，我由夏衍兄的引导到了他的寓楼。多年不见的朋友在抗战的炮声中握手，快慰可想。但旅途的辛苦使他谈了半小时的话便呼呼地睡去了。我不忍惊醒他。和夏兄掩门而出。但自是而后，我们常常在一道。我们数次访张向华将军于南桥，访罗卓英将军于嘉定。共同追悼逝去周年的鲁迅先生，发起文艺界救亡协会，筹备俘获文件物品展览会等，十年睽隔而报国之心初无二改，真是人生难得之乐事！

不幸上海终于陷落了。在南市退出的前夜我曾打电话给问他：

——你知道我军已退出新湾吗？

——知道，我们现在是住在孤岛上了。你安排怎样？

——我安排设法快走。照预定计划扩大抗敌宣传。你呢？你走不走？

——我暂时不走。等到非走不可时再走。

这样我们就分别了。到第二天早晨再打电话，他已搬了家。我于十二号上船，在浓烟猛火中离开上海和许多文化战友了。但无时不思念沫若，留心他的安全。后来，在武汉，由孙瑜君知道他已经抵香港了。随后听说他确在广州主持《救亡日报》的复刊，这才安心了。陈诚将军请他赴武汉，他当我尚在汉口，经长沙时没有停留。及到武汉才知我已回了长沙，所以他说要飞长沙相访。抗战紧密了我们的关系，抗战增厚了我们的友情，让我向抗战致谢吧。

但他于前电发后续来一电，说飞湘作罢，要我赴汉去看他。我正拟于报纸基础略稳固后重作武汉之行。不想他又于今晨搭车来了。看见了他真使我又是欢喜，又是意外。长沙卑湿地很光荣地也可以暂驻诗人的吟鞭了。我们祝他有一个愉快的短期旅行，恢复数月来身心的疲劳，同时在南北战场再度紧张之际重复为唤起民众鼓励士气而努力。

沫若虽已经是四十七岁的人，但他在精神上或体貌上还是那样地年轻，那样地豪迈。在武汉时曾与陈真如、黄祺翔、叶挺等四人合摄一影，题为《五光图》，系以诗曰：“将军主任何辉煌，仿佛当年克武昌。十载风流云散后，惟馀棍子五条光。”又赠某女士诗云：“邂逅在武汉，聚首一天半。两情慨以慷，相期赴国难。倏忽赋骊驹，君行我失伴。剩有腊梅花，馀香犹未散。”今晨在天心阁上指点云山之后聚饮银富侧之三和楼，沫若盛称湖南“凉薯”之美。说四川叫凉薯作“地瓜”，广东叫“沙果”。一时兴至我们便有了另纸的唱和。“各有豪情同宰府”指当日赴九州博多湾访沫若同游太宰府看梅花时事。梅丛烂醉时曾摄一影，互以歌德、雪勒相期许，狂态可掬。忽忽十数年，学殖荒落，百无一成，在故乡迎我老友且喜且愧，沫若拟游衡山，阻于风雪，明日拟与诸友登岳麓，一试高呼，三湘七泽间必有兴起者。

（原载 1938 年 2 月 6 日长沙《抗战日报》）

沫若在长沙

洞庭落木馀霜叶，楚有湘累汉逐臣。
若与吕伊同际遇，何缘憔悴作诗人？
——和寿昌原韵 沫 若

若干年前，沫若到东京访我，在我们户山原的寓所住了两三天，我们得他的教益很多。比方我虽是生长田间，却并不曾多识鸟兽草木之名。我们一块在田野里散步的时候，彼此指着许多花草相问。在一个有过深厚理科素养的人的面前，我简直显得“不辨菽麦”。这以后我才努力想补充一些人生应有的常识。颇拟写一篇《和沫若的三日间》，志当时的游踪，却没有写成。直到十数年后的今天，沫若到了长沙，在这一关系民族存亡的伟大历史时期和我们相处了四五天，我才觉得应该鞭策我自己写下一些生活的印象，告诉广大关心沫若的青年。

沫若此来给我最大的印象是他的爱国之情之如此挚切。几乎他所写的每一行，他的日常生活的每一断片都表现他对于民族运命的关心。但显然地，中国的进步速度不能像他刚归国的时候所估计的那样高。许多复杂多歧的现实使一个烈火似的革命诗人不能不冷静起来，沉郁起来。记得在上海战争还壮烈地进行的时候，他丝毫不考虑他的安全，驰驱战火之中，常常以行军毯裹着身子在军车里过着战场之夜。北新泾退兵的时候我打电话告诉他，他说：

“这有什么值得惊怪的。这是我军应取的行动。不如说退得太迟了。”

当时他真是那样地兴奋，那样地乐观。十月间，他那带着子女留居千叶的夫人安娜女士，被日警捕去毒打之后监禁一个月之久。安娜女士来信劝他珍重，不要时常上前线。她说：

“您若是被他们捉去，可不得了。”

沫若虽则是伉俪情深，却丝毫不曾因此动摇其抗敌救亡的信念。他仍旧大胆地英勇地上前线跑，为鼓励将士，为联合军民而奋斗。

相隔不过两三月，当我和他在长沙相见的时候，他的表情变得那么阴郁，他的诗虽仍是那样地豪迈奔放，但如“伤心最怕读《怀沙》，国土今成待剖瓜”，或“漫道能先天下优，欲倾万斛写奇愁”诸绝，音节之间不免流露着一脉的感伤。当他长沙生活的第二天，由我们邀他游岳麓的时候，他听着同游者壮烈的救亡歌声，不觉感叹地这样说：

“在武汉一个月以来的闷气才稍稍地一吐了。”

他深深地感觉得艺术家的天地未可轻易捐弃。艺术家的自由被束缚，等于扼杀了他的全部生命，他将无法发挥他应有的力量。过朱张渡时，划子为着争先取了捷径，不知反而搁在浅滩上，舟子下水推挽，船才稍动。望着邻舟绕道下流的反而先达，沫若对着那船饱孕着春风的白帆不胜艳羡，他说：

“瞧，他们真是一帆风顺啊。”

因而他谈到世间许多事也真像这样欲速反而不达。同时，许多事看去似乎顺利而暗礁却异常地多。显然地他不能无所感慨，不像上海抗战时期那样乐观了。

许多朋友们听得说沫若来了，多想找他讲讲话，我们更因友谊关系好几次要他写点文章，但终于被他婉谢了。我是听过他在上海和南桥嘉定的演说的。他的火一般的爱国热情使他成为那样一个雄辩家。他的话是那样煽动的，几乎每一句都能使听众为之狂热，为之击节。因此在上海陷落后，大家认为让沫若留沪，不仅很危险，也是抗战的损失，因为可以运用他的雄辩力、煽动力，对后防广大民众做救亡宣传。但是及至到了后防，他反而不说话了。这又该是抗战前途多么大的损失！我们迫切期望的是沫若兄迅速地从目前的忧郁和沉默中解放出来，把他的诗才的全部，辩才的全部，贡献给危迫的祖国，贡献给为自由独立而挣扎的祖国。因为他是中国青年的代言者，他的忧郁将引起全中国的忧郁，他的积极和乐观将成全中国的积极和乐观！

沫若的长沙生活却是非常有趣的。他刚到的那天，我邀他上南门城上天心阁指点太平军过长沙的战迹。胡萍小姐来了，同赴银宫旁一酒楼。醉中索笔狂草，茶房在一旁，赞叹不置，他问胡小姐：“这位是谁？写诗不假思索，挥洒自如，就像我们扫地似的。”胡小姐把茶房的批评转告沫若，沫若大笑成一绝，有“作书如扫地，把酒欲问天”句。前日午前，天又晴朗，邀游玉泉山，寻所欲古书，仓卒中无所得。漫步至民众俱乐部参观何云樵所筑箭场，沫若谈北伐战争时过长沙事，谓十年日月若不浪费，何至让日寇猖狂至此？晚题短纸赠某氏，因有“何来后羿箭，射日破愁天”句。沫若欢喜吃长沙的凉薯（四川叫“地瓜”），曾于赴宴归途买四毛钱的，分量以不如平时的多，沫若少之，请“客气点”。卖凉薯的回答得妙：

“不是我不肯加，你怎么拿得了呢？”

沫若因大赞长沙人的幽默。自来此间“人吃人”殆无虚日。沫若盛赞李合盛的百叶，于长沙酒家及远东中菜部亦有好感。为理解长沙市井生活，曾偕登北门外某茶馆店。他颇感叹于谭组庵派书法在长沙的普遍，说连“登楼大发”的字条都有“谭味”。在吃包子春卷的时候，他谈到少时在他的故乡成都做“弹神”（不良少年）时候的故事，说在戏场里看戏丢手巾把子的艺术三昧，不下于今日技巧派的作家。最后有一位“瘪三”一类的人上楼来，老要我们“抽彩头”，说“蛮灵验的”，不过又补足一句说：“句子是好歹都有，不可见气。”熊岳兰女士去抽一条是“去年好，今年差”。她点首称是，说：“可不是吗？去年在上海《立报》做女记者，今年在长沙做难民，自然差得多了。”沫若抽一条可吉利得很，有四句偈语似的话：

孔明借箭，只有三天。
一桩好事，就在眼前。

我们都替他道贺，说不仅时局有好转之象，说不定还有什么意想不到的好事等着他。他说："至少只有三天的话是验了。我三天之内必离开长沙的。"末了，轮着我们三爷，却抽了一条这样的东西，说：

有鬼有鬼，内中有鬼，
拉的拉脚，扯的扯腿！

这把我们都笑歪了。亏着沫若安慰三爷，他说："您别怕鬼，我们得打鬼，比如我们要想创造一个独立自由幸福的国家，日本鬼子却拉的拉脚，扯的扯腿，所以我们非打倒日本鬼子就别想过太平日子。"

我想沫若的话是对的，我们大家努力吧。

（原载 1938 年 2 月 13 日长沙《抗战日报》）

致蒋寿世书

二舅：

手谕收到，寿麟归湘想来已面禀一切，甥想利用余暇赶写鲁南纪行，即寄《抗战日报》发表。保罗兄从第五战区寄来之通信请登载。关于长沙某些小报的中伤，忙中实无暇理会，但亦不妨为长沙广大革命民众说明几点：

一、政治部除设计委员会外其他各厅皆未采用女职员，因此颇为外间，特别是许多要求工作的革命女性所不满，但亦未尝没有好处，即中伤者少许多口实也。

二、胡萍女士为纯来汉医病，其在汉大部分日月消磨于天主堂医院，若非其女友两度接血，几至不起。其令尊曾有快信来托调查近况，经一钟太太代告始知。此间艺术界同情此艺人者多曾往探视，以见社会尚非浇薄。胡女士为我言："病塌上闻墙外游行群众唱救亡歌曲呼口号声，深以累于疾苦不能参加为恨。"我亦曾警告胡女士，病好后若不能努力群众救亡工作，其名字将渐次为人忘去。胡女士颇首肯。后闻偕王熙春女士赴湘，想病已全愈矣。

三、胡女士之为社会重视，纯由其在沪时在艺事上自己之努力，今后如何亦纯由其努力之方向与程度为断，因此也希望吾舅代为勉励胡女士不要走向中伤者所希望的道路。长沙某些小报动辄举其曾充"远东"侍女而轻薄之，不啻自暴其思想见解之陋劣。语云"英雄不怕出身低"，出身低从不妨害一个真肯努力向上的人为英雄为豪杰，也不妨害一个真肯努力向上的女人为"艺术家"，为"文化人"，只有靠着门第出身不肯努力的人才真正不可救药。抗战以来铁的事实证明许多出身高贵的封建余孽竟以汉奸姿态出现。我们今日乐意为胡女士们说话，也就是反对封建思想的一端。王熙春亦然，她虽是歌女出身，但她不为敌人歌唱，就比今日南京的登场傀儡们高贵不知多少万倍！因此，我坚决地说，我不以认识胡萍、王熙春为耻，而以看见抗战的开明的湖南依然有这一类陋劣的专以造谣中伤为事的“报纸”为耻。

四、甥于四月二十九日得第五战区青年军团潘教育长电召并派钱庚梅同志来迎，赴鸡公山抗敌剧社演讲，以事前曾得白副总长面托不能再却，因偕康弟同往。旋以前方战事颇为紧张，又偕潘教育长宜之兄赴徐州，五月四日平安到达，当晚访李司令长官致敬。五·五偕王昆仑夫妇、袁冠新先生，及抗敌剧团两同志赴前方晤白副总长及孙连仲总司令，旋改访台儿庄，摄有照片多枚（回头当次第发表），并捡得敌军刀一把，刻存家中，《在鲁南风雪中》的一照即携此军刀所拍。五月六日上午到徐州车站即遇警报，至正午开车，七日晨抵郑州，以待车之便，遍游名胜，颇以未到海滩寺一观铜佛为惜；但饱听河南坠子、梆子，大吃黄河鲤鱼，又得晤第一战区长官部李处长，得知当地许多情形，收获亦不算少。五·八归斤，五·九清晨即赴汉阳参加雪耻兵役宣传周闭幕礼。此间工作人员自四月一日开始办公以来每日无不极度紧张，真有席不暇暖之概，殊无如外边所想象之悠闲。自在前方视察，更觉后方工作仍未能紧迫之时局配合，现在更将工作时间延长至使抗敌宣传能渐次深入普遍。……即请将此函发表以释各方疑虑，但甥与此间同人仍极欢迎严正深刻的批评，在执行如此重大任务时任何人亦难免缺失也。手此敬请

钧安　并祝

诸同志健斗！

甥　汉敬禀

五月十八日

（原载 1938 年 5 月 28 日长沙《抗战日报》）

长沙会战与《胜利进行曲》

我是长沙人，但因在外头日子久，乡土观念不是太强，时常多少年也不回去。但是在长沙大火中我跟我们苦难的故乡发生感情了。

由于日寇沿江突进，我军放弃武汉。当时军委会政治部三厅雇了一条轮船向长沙转进。在

长沙工作了一个时候。按在武汉的办法，我们办了一个战时戏剧演员训练班，参加的有平剧、湘剧、楚剧、杂技等剧种的演员约二百来人。除了一般的业务的讲话之外，主要在提高他们的爱国感情，既要大家编组队伍，通过艺术进行抗战宣传，鼓舞军民战斗意志；也要他们留下来的或不幸与敌人遭遇的，千万不要为敌人歌舞。

后来的结果证明这个训练班是适时的，必要的，有效果的。撤守以后长沙紧张，这些戏曲演员分别组织了“平剧宣传队”和“湘剧宣传队”等，由政治部发给他们符号、证件、旗帜和一定经费，让他们到各地演出，开展抗战宣传，也解决他们的生活。他们都这样做了，有的还做得很好。像吴绍芝（湘剧名小生）那样，率领他们的队由长沙一直演到广西桂林。他们的精彩表演激励了广大军民，但折回到湘西洪江时，他不幸染病倒下了。他是个技术和政治热情一样高的艺术家，他的死是湘剧界几乎无法补偿的损失。罗裕庭先生那一队在湘中湘南一带演出了许多优秀节目之后，也不幸在耒阳忠勇殉国。罗先生是长沙有名的红净，能唱能写，富有正义感、爱国感情，子侄都受他的影响。他的儿子是军人，在“一·二八”上海战争中战死在吴淞；他的侄儿，也是唱净角的，参加他领导的宣传队。日寇侵入耒阳时，他们叔侄俩在长桥骂贼不屈，同时遇害。罗先生和抗敌演剧九队的关系很深，至今他们还能唱罗先生教的《张先生讨学钱》之类。

1938年11月12日我们奉命撤出长沙。我领三厅工作人员步行出发。出发前我跟大家说了话，我鼓舞大家，说不久一定能胜利地回长沙来，但我们的心情是悲愤的，敌人还隔那么远，为什么就要撤退，而且听说要火烧长沙？

为了避免敌机轰炸，我们出发时已经不早了，怕是下午五点了吧。走到易家湾，天已经大黑。回头望长沙，红了半边天！我的故乡在遭受浩劫！我忍不住热泪。出发前周恩来同志——那时他是政治部副部长，告诉我们怎样做群众工作，说谁不会亲近群众，今晚谁就找不到地方睡觉。那晚我们敲开一家农民的门，在他家灶头下垫了些稻草睡了。仿佛辛汉文同志跟我们一道。

第二天一早出发，因为住得很散，虽则要交通员四出通知，集中还是比较困难的。从长沙到湘潭下摄司，一路车辆拥挤，靠近渡河点挤得更厉害，我心里只担心敌机来轰炸扫射，可能牺牲很大。幸而这样的悲剧没有出现。但因此我们走得颇为迟滞。我是很会走路的，尽管穿着马靴也还是能走，但我要照顾各方面，又加扶着一位走不动的同志（他的名字，我却忘了），行军的速度就难如理想，以致使坐车先到下摄司的同志们等得着急。但据钱远铎同志（他是那次行军的交通员）告诉我：“郭（沫若）先生在《洪波曲》（载《人民文学》）里说你在游山玩水、一路照相，所以迟了。”我很不平。我也找《人民文学》上的沫若兄的文章看了。情况是的确有些出入。第一，由长沙动身那天下午，天快黑了，无法照相；第二天忙于收集流散的人、整顿队伍，也不会有心思照相；我身边实际也没有照相的人，当时也没有留下过任何沿途行军的照片（湖南史料机构向我征集这类材料，当时真能照下几张倒好了）。第二，我的确对美丽雄奇的山水有些爱好，只要有可能我总不放弃欣赏机会，但也要看是什么时候。我还不失为爱乡爱国的人，我既受命领队撤出长沙，刚对大家悲愤地讲话，一到路上我忽然甩开队伍不管了，游山玩水去了，我能是那样没有心肝、没有责任感的人吗？再说由长沙到下摄司，平畴百里，兵火仓皇，公路上人车相接，又有什么可游玩的山水、可留连的风景呢？沫若兄是坐汽车先到下摄司的，他当然是听了别人的话。应该说，这位同志的话是不确实的，有恶意的。

我们由下摄司到衡阳，刚在一带树林子里停下来，我们仰卧坟头草地上，听张曙同志唱歌（这是我最后听他唱歌，他几天后由衡阳退到桂林，就在桂林遭敌机轰炸牺牲了），忽然接到命令回长沙救火，我和演剧队的同志们分乘五六辆大汽车又开回长沙去。

车子过了易家湾就闻到一股枯焦气，这时离长沙大火已经四天了，但火还没有全熄，有些地方还在冒烟。我和演剧六队、九队的同志们传递着水桶，救熄了皇仓坪的余火，保全了四百多石谷子。正是这时候，周恩来同志也赶回长沙来了，记得他也帮着提过几桶水。

湖南人被称为"湖南牛"，是有几分牛脾气的。一家酱园老板回城，见他的店子烧得精光，他不是哭而是笑，说："这个放火司令的焦土政策才是完善哩！不过，不要紧，还剩下了两口缸，我还能搞起来！"其它这样的故事很多。我们以财政厅旧址为根据地，就开始了长沙再建工作。当时写过这样一首诗：

长驱尘雾过湘潭，乡国重来忍细谈？
市烬无灯添夜黑，野烧馀焰破天蓝。
携雏挈妇人千百，破瓦颓垣户二三。
犹有不磨雄杰气，再从焦土建湖南。

为了让老百姓能有些资本再从焦土重建家园，我们发了一次赈款，不分男女老幼每人给五元。因为全部赈款是通过演剧队队员的手发给的，由于队员们高度的政治热情和周到的组织工作，每元钱都到了人民手里，所以很解决问题。这也是党所领导的戏剧工作者的荣耀！

我们把长沙恢复得有些眉目的时候，逃到沅陵和重庆去了的国民党湖南省政府人员慢慢回来了，继张治中将军任湖南省主席的薛岳也赶来了。我们起先由财政厅搬到东城根一所破法院。我们的演出也渐渐不顺利了。平剧宣传队贴《江汉渔歌》的海报也被人撕去了，队员被捕了。终于我们被迫由长沙转到衡阳。在衡阳的时候，恰逢日寇向长沙进犯，遭我军民邀击，形成所谓"长沙大捷"。

在重庆的中国制片厂，决定拍摄以"长沙大捷"为题材的影片，派导演史东山到长沙来，并约我就近到湘北各部队和民间搜集材料，写成剧本。他们预备叫它作《胜利进行曲》，这是《青年进行曲》以后我和东山第二次合作。我对于处理对敌斗争题材，表现抗日的英雄人物是有兴趣的，也把这当作自己的责任。但是"外战外行"的国民党军阀们，在抗日的实际战场虽不积极，而在怎样通过电影夸大或捏造他们的战绩上却有很大兴趣。我和东山在长沙"长官部"和湘北各部队了解材料，听到他们的夸大宣传，自不必说。由于争功，人物出场先后和分量的官司，一直打到制片厂和军委会政治部。这影片的本子也是经过中国制片厂反复修改了的。对长沙会战的战绩，根据薛岳供给的材料吹了很大的牛皮，如说，敌人兵力“合计约十八万余人”，“血战亘二十余昼夜，歼灭顽敌逾四万众，毁敌舰艇六百艘，俘获多至不可胜计”。

我原来的故事也不可能无所夸大，明知他们要争功，但当时我们想，只要你愿争抗战的功总是好的。我们着重的是部队和山野义民英勇抗敌的那一部分。

故事是这样的：

1939年（民国二十八年）秋，日本军部头子阿部信行继平沼骐一郎组阁，声称要全力解决所谓“支那事件”，趁第二次世界大战爆发，派遣西尾（寿造）、坂垣（征四郎）到中国来，统一军事指挥。经四个月准备，想克期侵夺长沙、衡阳、西安等处，威胁重庆，迫我订城下之盟，然后使汉奸汪精卫粉墨登场，以完成其征服整个中国的梦想。9月14日起，以长沙为第一个目标，敌人开始了军事冒险。

自从岳阳沦陷，长沙大火以后，这个贾谊悲歌过的楚人旧都已经像风中的枯叶，但长沙保则西南安，三湘在则军食足，这个关系重大的抗战前哨，必须全力加以保卫。

当时敌人用了六个师团的兵力，合海空军、机械化兵、化学兵等共约十余万人，自9月14日起分由赣北、鄂南、湘北三路会攻长沙，水陆齐下，正侧并重，不过几天就过新墙，登营田，越汨罗，迫白水，有一举而下长沙之势。

敌人既迫近长沙，我军把握良机全线反攻，并填井毁路，空室清野。敌寇冒进深入，首尾失顾，给养困难，士无斗志，终至全线溃退。

当时湘北一带山野百姓，遭受敌人淫掠烧杀，无不义愤填膺，各运其勇敢机智，奋起杀贼。老弱妇女也多显出英雄身手。我军官兵为保卫抗战前哨长沙，流了宝贵的血。草鞋岭、比家山、王阳街诸役，营长史恩华，排长管振中，列兵任连子、曹锡等，或身临大敌，镇定如山，或身负重伤，奋战不屈。战地民众如大慧寺的慧海和尚，开物学校的三个高小学生，沙田乡的何大嫂等，皆临难不苟，杀身取义，其爱国感情与浩然正气当与日月争光！

剧中所说的大慧寺的慧海和尚，在敌寇要污辱藏在庙里的妇女时引起他无比愤怒，断然破了杀戒，缁衣溅上了敌人的鲜血，他自己也被敌人杀死。开物学校在长沙金井附近的隐珠山下。敌寇侵入该校的时候，捉住了三个小学生，拿出汪精卫的照片问学生们可认得是什么人？学生们说：“这是汉奸汪精卫！”敌寇打他们的嘴巴，要他们承认是“领袖”，向他敬礼。学生们不屈，也被鬼子杀害了。我们访问过这学校，对校方和学生们做了鼓励。沙田乡的何大嫂是一个壮健的农妇，当敌寇要侵犯她的时候，她正在塘边洗衣。她跟敌人扭打，死死不放而与之一齐滚进塘里，与敌人同归于尽。还有一位黎老人，有五个女儿，敌寇侵到他家的时候，五个女儿一齐投莲塘牺牲了。我们访问的时候，黎老人领我们凭吊了埋葬他五个女儿的坟。我写了一首诗，现在只记得两句是：

天下伤心处，长沙五女坟。

应该说，在民族危难的时候，这种不可侵犯的志节不是属于消极的封建道德范畴，而是像毛主席评“没有丝毫奴颜媚骨”的鲁迅那样，这是一种“殖民地半殖民地人民高贵的品质”。

当时搜集到的此类动人的故事还很多，但没有采入影片，“五女坟”就是其中之一。最近修《湖南省志》的同志也注意到“五女坟”的故事，我想他们可以到金井去调查一下。

这影片的故事，曾同时由演剧九队编为话剧上演。主题歌是由贺绿汀同志作曲的。通过歌词比较能正确地表现出我们对长沙会战的态度：

九宫幕阜发战歌，
洞庭鄱阳掀大波。
前军已过新墙去，
后军纷纷渡汨罗。
战友们，杀呀！
敌人残暴如疯魔，
烧我房屋夺我禾，
父母妻子遭戮辱，
吃我们猪牛吃鸡鹅。
我们只有战到底，
谁与敌人言平和！
团结不怕紧，
动员不怕多。
老头子，老太婆，
小妹妹，小哥哥，
拿扁担，当干戈。
穿草鞋，不用靴，
高山峻岭走如梭。
我们一条心，
敌人兵多将广怕什么？
我们有锄头，
敌人大炮坦克奈我何？
胜利已接近，
敌势已下坡，
枪要快快装，

刀要快快磨，
赶走日本鬼，
恢复旧山河！

母亲的话

（1941 年记录于南岳；原载桂林《人世间》第 1 卷第 1—6 期，1942 年 10 月至 1943 年 11 月出版；桂林《当代文艺》第 1 卷第 5、6 期合刊，1944 年 6 月出版。节选收入本书第一章）

张西曼墓志铭

西曼，长沙人，生于 1895 年，适当甲午战后。西曼英年忧国就学海参崴，即已投身革命。尝在中俄边境募反满骑兵。俄国十月革命影响西曼至深。1919 年“五四”与李大钊等创社会主义研究会，竭力介绍苏联文物制度。孙中山先生的联俄联共等三大政策，西曼实为建议者之一。及蒋介石背叛革命，西曼耻与合作，敝屣权位，专力教育著述，当时革命青年多得其救护。抗战军兴，汪精卫叛迹日著，西曼在武汉公开声讨，请诛逆贼，闻者服其胆识。蒋介石名为抗日，阴实反共，终于发动反革命内战，西曼在反动凶焰下口诛笔伐，不忧不惧，先后主持中俄大学、中苏文化协会、《民主与科学》杂志、民主宪政促进会，尽力民主事业。1948 年冬，西曼由金陵挈妇携雏，冒风雪险阻渡江而北入解放区，目击新中国艰难创业规模，不胜其欢慰感动，复毅然参加民主东北参观团，遍历关外山河，访问努力生产支援解放前线的工农大众。正期不断再学习，尽展其平生抱负为人民服务，贡献于新中国之光辉诞生，乃归平之后，忽因肺癌不治，赍志以殁。知与不知，无不为西曼叹息。西曼病床赋诗云：“卅年革命为人民，绝未投机背此心。”因为之铭曰：

权位不动 威武不屈 反帝反封建 四十年如一日
风雪万里 追自由之光芒 埋骨于此 山岳皆香

田汉作 李济深书

（转引自张小曼编《张西曼纪念文集》，中国文史出版社 1995 年 6 月版）

关于易象

我外祖父易道生有两女两子，我母是长女，从小帮着操持家务极为能干，三舅（两房排行，应是大舅）易象是我母带大的，所以他极感谢姐姐，极力帮助姐姐和外甥。易象小时很聪明，十几岁入城南书院，成了秀才。

戊戌政变后，易象醉心革命加入同盟会，在吉林劝业道工作时，认识同乡林祖涵，两人极相友善。民国成立后，三舅易象曾在北京办《亚东新报》，宣传民主革命。袁世凯叛国称帝，三舅和一些同志亡命日本，组织神州学会，发愤读书，研讨革命问题。1916 年我在长沙师范毕业后，舅父就把我带到日本。那时舅父在东京兼了一个职务是湖南留学生官费经理员。

为了参加一个爱国运动我曾归国一次。我和表妹易漱瑜相爱，但除三舅外，她家里别的人多不赞成，我只好同漱瑜离开长沙到上海。后来得舅父的支持又同到日本。这时舅父住上海宝康里办《上海晚报》。林（伯渠）老住在他的对面楼上。我常常陪林老到大世界听大鼓。林老和我舅父是很老的民族民主革命同志，都是拥护孙中山的。清末在吉林劝业道共事，辛亥革命后一道搞反袁斗争，反北洋军阀斗争。为了替中山先生打通湖南这一北伐要道，他们几次入湘工作。当 1920 年湘桂（谭浩明）联军打下长沙的时候，林老和我舅父都参加了当时的湖南政权，舅父当过两个多月省政务厅长。后来岳阳战败，他们都离开湖南了。舅父写过一首绝句咏此事：

指日雄师破武昌，楼船日夜下潇湘。
金牌不敢还天子，恭顺原来有定王。

定王指的谭延闿，因他勾结北洋军阀，出卖革命，我舅父对他攻击最力，也结怨最深。当时湖南军人中忠于孙中山的是程潜。谭延闿是两面派，主要靠近北洋军阀。赵恒惕是北洋军阀的代理人。我舅父和林老先后任过程潜第六军秘书长。谭延闿曾制造材料中伤程潜，我舅父办上海晚报也是为程潜辟谣的。程部有力的将领李仲麟从他醴陵防地到长沙，扶赵（恒惕）倒谭，谭延闿走后，李仲麟还逗留长沙。我舅父原要到广州去的，程潜却要他赶到长沙，劝李仲麟速归原防（因我舅父与李同学至好，李比较听他的话）。舅父因改回长沙。李仲麟听了我舅父的劝告，决定第三天回醴陵。赵恒惕就在第二天晚上发动对程派的全面袭杀，李仲麟之外遇难者七人之多，我舅父也在木牌楼寓所门外遭了毒手。舅父临难前写了一首诗：

天外飞来事可惊，丹心一片付浮沉。
爱乡爱国都成梦，留与来生一恨吟。

舅父之死对于我是极大的打击。不再有人严格督导我了，得靠自己摸索了。舅父在日本时曾介绍我和李大钊同志通信，后来我参加了他所领导的少年中国学会。正是少年中国学会的关系，我认识了宗白华，由他介绍我和郭沫若通信，我到九州博多湾去找他，同游太宰府，我们成了好朋友，后来参加了他所领导的创造社。我在创造月刊上发表了《咖啡店之一夜》等剧。

（节选自《田汉自述》）

第二章 田汉关于长沙的诗歌

悼亡诗

两闻危笃殊难信，细雨寒风奔到门。
掀帐挑灯看瘦骨，含悲忍泪嘱遗言。
生平一点心头热，死后犹存体上温。
应是泪珠还我尽，可怜枯眼尚留痕。

叔道交春占勿药，病中频问：几时春？
春来侬满廿一岁，病好真为两世人。
葬玉埋香偏不免，上天入地总无因。
箧中侥幸存遗稿，十万珠玑认化身。

历尽艰辛愿尚乖，双双忍见旧时鞋。
随将沧海无边月，踏遍樱花第几街？
南通旅况不可忆，西子游踪难去怀。
待到一身人事尽，猖狂乞食到天涯！

爷葬枫林女枫子，两山霜叶一般红。
深情此日埋黄土，浩气当年化白虹！
自有心肝呕纯爱，可无血泪泣孤忠？
从今十载磨词笔，文字当为举世雄。

一九二五年

梦中怀漱瑜

是耶非耶谁能保，梦中忽得君诗稿。
倦鸟欣能返故林，小羊姑让眠青草。
平生好静兼好洁，红尘不若青山好。
只怜尚有同心人，从此忧伤以终老。

一九二五年

黄浦怒涛曲

一

白波荡漾的黄浦江，
是我们平和的祖国的入口。
浦东有绿草芊芊，
浦西有依依的杨柳，
牧儿在绿草上骑牛，
野叟在绿杨边喝酒，
指点那万片的黑帆
孕着春风徐走——

二

这一种平和的乐园，
是百数十年前的旧梦！
祖宗积下的明珠，
一粒粒，等闲断送。
绿草上不许你短笛横吹，
绿杨边不许你笑倾新瓮，
只许木屐儿策杖行吟，
碧眼儿挥鞭引鞋。

三

他们是吸血的魔鬼，
他们懂什么叫人类之爱？

他们只要自己的脑满肠肥，
哪管中国人的筋疲骨碎！
杨树浦如林的纱厂，
烂掉多少中国工人们的肺；
可是弱者泣血的呼声，
哪能达吸血鬼的耳内！

四

“拥护无援的劳动者！”
“打倒资本的帝国主义！”
一般纯洁无垢的青年
投笔奋肩起！
他们的意气干云，
他们的呼声震地，
他们想以群众的意志
惊觉他人的鼾睡，
岂知黄浦江头，
又涌起漫天的血泪！

五

他们的队伍迤逦而来，
正要走入英人的租界，
早有英人的狗——挡着路儿，
一个个凶狠地挺着枪械。
他们仗着正义而前驱，
英人的狗——杀人如草芥！
死了我七个有望的青年，
还有十几个也被他们伤坏！

六

他们或打破了头，
他们或打穿了腰；
他们的心裂如帛，
他们的血涌如潮；

他们的旁边，可以听得日人的热骂，
英人的冷嘲；
绿杨的哀泣；
黄浦的怒号；
寂然无声的，
是他们最亲爱的同胞！

一九二五年六月三日作于城南书院

勉胡萍女士[1]

涉险登高健绝伦，湖南儿女几军人。
江山共待争兴废，纤手何劳拂战尘。

一九三七年十月八日

返长沙

轰炸声中到远人，故乡景物倍堪亲。
长沙岂止三千户，众志犹堪御暴秦。

离长沙十三年矣。亲友相遇，多以国事相询。予谓只要大家速取胜利的道路，最后胜利仍属我们，将宜放弃一切幻想，加紧改革耳。“楚虽三户，亡秦必楚”，况今日不愿做亡国奴者，固不止三千户耳。

一九三七年十一月

哭亦石

驰驱烽火返潭州，却报东南失啸秋。
战马吞声人不语，招魂应在浦江头。

戊寅元日

一九三八年一月卅一日

[1] 胡萍，20世纪30年代年代著名戏剧、电影演员，原籍湖南。——编者

回到前线去

战友们，回到前线去，
守土是我们的本分，
战场是我们的家。
我们的子孙，
不做敌人牛马，
我们的田园，
不让敌人践踏。
形势紧迫了，
快拼着我们血肉，
保卫我们中华。
战友们，回到前线去，
守土是我们的本分，
战场是我们的家，
我们的家！

一九三八年二月三日

长沙迎沫若

十年城郭曾相识，千古湖南未可臣。
此处尚多雄杰气，登高振臂待诗人。

一九三八年二月七日

衡阳道中纪行

（一）

猎猎秋风卷柳丝，将军慷慨誓雄师。
画囊在背琴悬肘，齐向乡村出发时。

（二）

雄歌一片出长沙，断瓦颓垣几处家。

廿载未知离别苦，乡关回首暮云遮。

一九三八年十一月

大火后重返长沙

长驱尘雾过湘潭，乡国重归忍细谈。
市烬无灯添夜黑，野烧飞焰破天蓝。
衔枚荷重人千百，整瓦完垣户二三。
犹有不磨雄杰气，再从焦土建湖南。

一九三八年十一月

为湘剧宣传队题字

演员四亿人，战线一万里。
全球作观众，看我大史戏。

一九三八年十二月

麻林桥挽黎家十一口并慰四公

豕突狼奔遍陆空，马家冲内血潮红。
一家同日沉冤死，壮绝黎家七十翁。

豆篱击贼绕塘行，肯向刀头苟且生？
只因碎尽黎家玉，传遍湖南刚烈铭。

一九三九年

五女坟

玉碎发清响，兰焚有奇芬。
天下伤心处，麻林五女坟。

一九三九年

胜利进行曲

九宫幕阜发战歌，
洞庭鄱阳掀大波，
前军已过新墙去，
后军纷纷渡汨罗。
战友们，杀呀！
敌人残暴如疯魔，
烧我房屋夺我禾，
父母妻子遭戮辱，
吃了猪牛吃鸡鹅。
我们只有战到底，
谁与敌人言平和！
团结不怕紧，
动员不怕多。
老头子，老太婆，
小妹妹，小哥哥，
拿扁担，当干戈，
穿草鞋，不用靴，
高山峻岭走如梭。
我们一条心，
敌人兵多将广怕什么？
我们有锄头，
敌人大炮坦克奈我何？
胜利已接近，
敌势已下坡。
枪要快快装，
刀要快快磨，
赶走日本鬼，
恢复旧山河！

一九四〇年

快走上复兴民族的战场

弟兄们,
我们上，我们上!
快走上复兴民族的战场。
军民要合作得紧,
胜利要抵抗得长;
报国是丹心一片,
杀敌是英勇无双。
杀，杀尽这惨无人道的凶手,
杀，杀死这世界公敌的魔王!

弟兄们,
我们上，我们上!
我们已看见胜利的曙光。
敌人陷入了泥淖,
我们走上了平阳。
敌人是愈战愈弱,
我们是愈战愈强。
杀，杀开这帝国主义的锁链,
杀，杀出个自由幸福的宗邦!
自由幸福的宗邦。

一九四〇年

垦春泥

日出东来又到西,
军民合作垦春泥。
种出桃花红满地,
种出棉花白满畦,
种出杨柳好遮荫,
种出谷子好防饥,

种出自由无价宝，
不分高来不分低，
不愁食来不愁衣。
哪怕敌人波浪涌，
我们结成一道铁长堤，
欢欢喜喜不相离。

一九四〇年

破路

你一肩，我一肩，
挖土抗战要争先，
山要变成海，
路要变成田，
赶走鬼子过新年。

你一挑，我一挑，
挑得路儿一锅糟，
战车不能走，
重炮也徒劳，
千万锄头杀气高。

一九四〇年

赠筱艳柏

闻道雄师靖北江，买舟昨日出潇湘。
琵琶一曲人千里，扶病劳君唱五娘。

艳说精忠武陵柏，艺心应似柏心丹。
是谁锡尔佳名字，好似青松耐岁寒。

粤北大捷随友人路过湘潭，湘剧四队招歌，艳柏同志扶病演出赵五娘。君材料极佳，必有厚望矣。

一九四〇年

贺杨福鹏、姚碧林新婚

万里鹏程栖碧林，桃花源水比情深。
当时若不乖天意，不负期来报国心。

一九四〇年三月

贺徐老寿

懋师人中圣，乃产卑湿地。
二十村学究，三十有大志。
断指争国会，食肉惊民意。
辛亥创长师，艰难尝已备。
始在化龙池，再营汾潭寺，
人才相继出，高风良未坠。
当时及门人，亦有师所弃，
今方假民主，卖身干禄位！
四十赴欧洲，初习横文字，
角逐少年场，发愤忘眠睡；
归来报祖国，革命正火炽，
伤哉桃李花，十中死三四；
一片外婆心，满腹哀时泪，
愤然投烈火，举起人民帜。
仓皇入莫京，风雪炼卓识；
五十学游泳，自谓得奇致，
愈觉生命强，不信有难事。
六十参长征，七十司鼓吹，
但为解放战，不知老将至。
湘徐与皖陶，教育之双瑞，
陶死徐虽老，犹能兼人食，
学生遍天下，春风吹无被。
寒极暖亦近，雪深柏弥翠，
海上举金尊，共为老人醉。

一九四六年十二月二十日

怀湘剧死难诸友

梨园自有寸心丹，百战罗吴数二难。
歌舞何须唱消歇，精忠今已照人间。

与元和、申和谈欧、董诸君事感为写此。
一九四八年六月十日

湘剧感事

日寇侵中国，铁蹄入庭户，
为作全民战，动员到菊部。
武汉方不守，长沙委一炬。
文章下乡村，戏剧结队伍。
舞台作讲台，振聋发聩瞽。
饥饿与转徙，曾不以为苦。
浅识狃小胜，摧残新乐府。
湘剧十个队，存在不四五。
四次会战后，楚都陷敌虏。
剧人宁饿死，不为敌歌舞。
或编抗敌曲，或写流亡谱。
辗转湘桂间，民意赖以吐。
寇氛逼耒水，裕庭罹网罟。
骂贼长桥畔，生气犹虎虎！
普林归醴陵，遇贼板杉铺。
铁铲何足惧，剧人不可侮。
元霞走桂柳，一家不重聚。
寂寞宜山驿，竟同群尸腐。
绍芝最勇锐，妙技兼文武。
曾歌江汉歌，亦擅新水浒。
不为稻粱谋，不被困难阻。
英雄怕疾病，忧劳摧肺腑。

可怜“活公瑾”，长埋洪江土！
我从黄海上，重返潇湘浦，
历问老成人，如对《录鬼簿》。
绍益逃牧马，海葵弃管鼓。
初云与青云，先后亦作古。
凄咽湘江流，凋伤麓山树。
忠良宜有后，盛期行复睹。
湘春听旧作，高歌绕梁柱。
福星武二郎，演来亦栩栩。
故人不可见，泪下忽如雨。

一九四八年六月

观话剧《赤胆红心》

一

揭竿当日几英雄，崛起浏河渌水中。
粗豪刚烈传潘虎，智永坚贞说赵弘。

二

古庙穷山聚义师，星星终见燎原时。
人间尚有刘天佑，永把红心护战旗。

一九六〇年十一月

与友人同访船山学社

从来多难兆兴邦，一炬烧开百尺窗。
何止孤忠刘越石，姜斋而后又湘江。

一九六二年十一月廿八日同访船山学社，兽炭熊熊，煮茗高谈长沙大火时事，写此为念。

丕烈先生邀观湖南博物馆并话抗战旧事

举酒烽烟十丈高，重逢池馆满琼瑶。
何当避雨牛灯下，楚管纵横写屈骚。

一九六二年十二月

赠徐绍清

并世能寻几广才，长安争道听歌来。
豪情如火怀如谷，应有新声上舞台。

文联大会中与友人谈绍清同志演《琵琶上路》，对绍清同志人物塑造之精到记忆犹新，写此寄兄并表示巨大期待。

一九六三年四月廿八日下午五时于细管六西厢

赠彭俐侬

唱断铜琶传《上路》，舞来白兔喜《回书》。
人情深入功夫到，挥洒歌坛意自如。

一九六三年与俐侬同志谈戏曲改革嘱书

贺黄芝冈七十岁寿

贡院荷池记忆鲜，相看都近古稀年。
庙中驱鬼雄于火，狱底助人仁动天。
鸣鼓反修思《短棍》，挑灯论曲有长篇。
东风又绿燕台柳，同把新声入管弦。

一九六四年三月十六日

第三章　田汉创作发表的与长沙相关的剧本

大戏剧家田汉一生创作的戏剧剧本有近百部之多！他的戏剧剧本创作始于他在长沙第一师范学校读书的学生时代——14 岁时依据京剧《三娘教子》改编创作出他的戏曲剧本处女作《新教子》。田汉一生创作的与长沙相关的剧本有七部：京剧《新教子》（1913）、院本《新桃花扇》（1915）、话剧《获虎之夜》（1924）、话剧《黄花岗》（1925）、京剧《新雁门关》（1938）、湘剧《旅伴》（1939）、京剧《岳飞》（1940），均收入《田汉全集》。本书由于页码所限，不能全文收入这七部戏剧作品，只列出剧本名目及其发表日期，以供读者了解。

京剧《新教子》

（1913 年 3 月 14、15、16 日发表于湖南《长沙日报》剧曲专栏。署名：汉儿。）

院本《新桃花扇》

（1915 年 5 月 26 日至 29 日发表于上海《时报》“馀兴”副刊。署名：汉儿。1916 年 5 月收入《馀兴》杂志第 16 期。）

话剧《获虎之夜》（独幕）

（1924 年 1 月《南国》（半月刊）第 2 期起连载，同年 12 月收入中华书局版。《咖啡店之一夜》剧本集。）

话剧《黄花岗》（二幕）

[1925年春发表于长沙《大公报》（未完），同年10月起又在上海《醒狮》周报附刊之《南国特刊》第7至20期连载（亦未完）。]

京剧《新雁门关》（十三场）

（1937年12月写于武汉，1938年1月30日起连载于长沙《抗战日报》，同年6月汉口上海杂志公司出版单行本。）

湘剧《旅伴》（高腔）

（1939年1月作于武汉。据《拜月记·抢伞》改编。同年1月13日，由湘剧抗敌宣传二队首演于长沙民众俱乐部；6月，连载于上海《中国艺坛画报》第14期至第20期。同年，新长沙报社出版单行本。）

京剧《岳飞》（上下两集，四十四场）

（1939年秋、冬间创作于衡阳、长沙，1940年4月首演上集于长沙；同年11月、12月连载于桂林《戏剧春秋》第1卷第1期、第2期。1941年10月，桂林白虹书店出版单行本。）

第四章
田汉创作发表的与湖南戏剧有关的文章

关于旧剧改革

旧剧改革问题提起了数十年，迄不曾得十分满足的成就。这有许多原因：一、改革者多属“外行”，内行本身始终没有十分动。二、外行改革者也不过动于一时的兴趣。事过境迁，兴趣亦减，多不能持之以恒。三、旧剧有其深厚之传统，枝叶的局部的改革曾不能动摇其根本。这样便使一部分戏剧改革者丧失了他的自信。

这一问题直到抗战开始后重复提得很强。为的是要争取抗战胜利，必须动员广大军民。而广大军民最熟悉的艺术形式便是旧剧。因而改革旧剧使适合当前需要成为迫切之课题，盖无疑义。同时，一、由于抗战发展的结果，不仅“外行”动了，许多内行戏剧工作者也踊跃地参加抗战戏剧战线。二、戏剧改革者们觉悟到旧剧改革为一极艰巨的长期工作。三、并且觉悟到必须有全面的整套的努力才能收改革之实效。这些条件只有在持久抗战中才可能，因而目前实在是改革旧剧最好的机会。政治部在长沙火灾前曾开始旧剧界的组训工作，虽时间短促亦颇有成绩。在成为焦土后的长沙，很迅速地有了两个戏院分演平剧、湘剧。在政治部原意，在令此种剧团悉演抗敌戏剧。无如我等此来原为参加临时救济工作。戏剧文献，毫无凭藉。诸事纷繁，拟新作之剧又常至无法动笔。结果一时仍只好让此辈艺人演他们老的那一套，聊以止市民当前艺术上的饥渴。少数同志则方竭全力于下列三点：

（一）改革旧剧演员生活，使他们过得像一个文化上的民族战士。

（二）团聚其硕果仅存或少壮有为之人才。

（三）充分预备抗战歌剧材料。

我们相信，假我以相当时间与援助，我们必能实现旧剧之较有力的改革，使在抗战中发挥较大效果。在抗战成功之后，旧剧当在全国全世界放出意想外的光辉。

（原载《新长沙报》小丛书《旅伴》，约 1939 年 2 月出版）

岩下纵谈
——艺人的行路难（节选）

冒着暮春的细雨，走进九如湘剧团。开演前夜的高升戏院的灯光还没有装好，昏暗的光线下，十来位男女艺人正在辛勤地工作着、讨论着。有着艺人的细腻和落拓的吴绍芝，短小精悍的徐绍清，懂得音乐更懂得人生甘苦的彭菊生，还有老伶工欧元霞、初云诸君，他们都以绝高的兴趣，努力于他们的新阵地的布置。因为他们不能失败，他们是湘剧的选手，他们的成败关系今后湘剧对全国的进出太大了。湘剧有她的特点，甚至和其它地方戏一样，也有她断然的优点。这些特点和优点，应该拿来向更广大的观众介绍，向各地先进的或姊妹的戏剧请益。可是这一趟却不能算是最好的介绍。这不因为这趟来的不是好的队伍，恰恰相反，这一队是湘剧界技术比较最优秀的队。但无疑地，他们的阵容还不十分匀称和新锐，他们的准备工作如宣传介绍等也不够充分。两年前在长沙的时候，我们曾计划到湘剧远征队的组织，即从各剧队选拔出代表的人员，经过周到的剧目的排定与整理，等等。其实地方戏剧艺术，小之代表一地方的文物，大之代表一国的神明，此类工作原应由地方政府或文化机关来主持。无奈今日戏剧的一般处境，维持其存在已经不容易，谈不到被提倡保护的话。又兼他们来桂系受第三次长沙会战的影响，仓皇兵火之间，有的团员如元霞、升翥连服装行李也给丢了。负责人又不必有文化的眼光，以致湘剧原有的特色既未能尽量发挥，战后新的心态更无从表现。摆在桂林文化界眼前的，不过是一个普通的湘戏班。甚至同情该团的朋友们要帮忙也帮不上，这真是使人遗憾的事。

他们在“银宫”末期可以说苦极了。自从营业不振，他们没有拿过一次所谓“包银”。起先听说除伙食外每天还有 30 元买食盐和小菜的钞，后来把这也取消了。他们不仅没有菜吃，甚至有两个礼拜不沾盐水。徐初云先生那样在湘剧净行可以说是湖南“省宝”的人手上长了一个疔疮，终日痛苦至于泪下，但找外科医生诊察的钱都没有。欧元霞、吴绍芝这些湖南代表的名角，每天也只能吃两顿稀饭。这实在不是我们西南文化界特别是湖南人太光荣的事。

然而，他们没有替湖南人“丢人”。他们尽管怄足了内外的气，尽管吃不饱喝不足，尽管有的不服水土害着满身的病；尽管前些日子连旬阴雨，观众少到可数，但是这些艺人们一上台依旧那么精神饱满，和满座的时候没有两样。这是旧剧职业演员的可宝贵的德行，这也是湖南人难得的硬干精神，很值得那些因“上座不佳”而在台上“吃豆腐”的戏剧工作者们深刻地学习。

因为惩于“银宫”两月的经验，他们和“高升”订了现在的合同，决定自己负起责任来开拓自己的运命。演员虽然都不曾拿得生活费，为着团体的发展，从元霞先生以下他们谁也愿意苦干到底，不肯让湘剧坍台。行头虽然给“银宫”扣下了，他们以赵璧兄的介绍租了陈月楼君的箱子。人材不够整齐的，由于友军的帮忙，孔福凤女士以外如华定、华政们也陆续地到来，似乎他们的路又可以勉强走得通了。

长沙这几年是多灾多难的。湘剧演员更是多灾多难。从长沙大火以来他们所受的种种痛苦，我是比较了解的一个，因而对于他们运命和其一切挣扎我不能不特别关心。为着争取桂林社会特别是文化界对他们的认识，这些日子我邀了许多朋友去看他们的戏。很光荣地这中间包含着多数留港剧人。他们虽不曾看过湘剧，但他们对一般戏剧艺术的理解是那么深刻，我相信他们的印象是新鲜的，正确的。如宋之的兄夫妇于该团演员中特别满意绍芝的表演。许幸之兄承认湘剧在地方戏中形式比较完整，而觉得他们的唱做的速度是那么快，不像昆剧、平剧的悠闲。沙蒙观《翠屏山》后于其素朴的生活描写甚为赞许。小丁擅昆剧，于湘剧《赵五娘》高腔戏，看出其与昆腔许多相通之点。对《题碑》几场认为非常精彩，对《八义图》一类的戏认为表演比平剧真切而唱法则比较简单。夏衍、郁风虽以语言隔阂，于高腔词句艰于理解，而于“赵五娘·抢粮”各场的表演亦感兴趣。葛一虹兄在大雷雨中坐第一排看《赵五娘》始终不动。蓝马、风子、舒强都次第做了湘剧热情的观众。此间文化人孟超兄亦甚喜《赵五娘》之“抢粮”，谓其民间气极重，因而极真实。《野草》编者秦似盛赞元霞的《水淹七军》与《翠屏山》，他不甚懂高腔戏，但仍满意《赵五娘》最后一场张广才（徐绍清饰）的表演，此外初云的《造白袍》，淑岩的《金沙滩》等。熊佛西兄一连看过三次湘剧，每次都加深了对湘剧的兴趣。欧阳予倩兄与元霞、绍清为浏阳小同乡，与元霞且为同宗，他对于湘剧的理解欣赏自在一般以上，27日晚看绍清的高腔戏的《斩三妖》，在剧场即席成诗两首云：

勾弋元音不入时，多君才艺足支持。
高歌破阵扬威曲，快写波澜壮阔辞。

湘桂梨园一脉传，风流并代各呈妍。
中兴谁与开宗派，应有新声被管弦。

这些专家们的欣赏和赞许，应该是他们此行绝大的收获，也就是他们今后绝大的鼓励。

他们并不以表演老戏为满足。他们比平剧演员更知道旧剧的危机，也更知道该把自己的艺术贡献给抗战。他们不仅要求国家、要求文化界领导他们的改革，他们自己就在自发地改革。他们拥有好几位能自己编剧的演员，净行如罗裕庭、生行如徐绍清诸君都编过许多优秀的戏。此次在桂林表演的《新九龙山》《周武革命》《扫梧桐》等都出自徐绍清的手笔。虽然细处还有许多待商量之处，但大体上可以看出他们的才智和忠义之气，这应该是湘剧绝大的夸耀。《江汉渔歌》原是为平剧队写的。因为需要演员人数颇多，别的剧团不易上演，在湘剧各队中敢于尝试这戏的只有这个队。他们第一次在湘潭上演《江汉渔歌》的时候，我受了他们的邀请，带了好几位平宣团团员去参观。其初，我以为只是平剧的模仿，结果使我们惊喜过望的是许多地方都能表现湘剧的特点，甚至若干的独创。显然地，湘剧这一艺术形式在更好地运用之下有更高完成的可能。她不应被我们淡漠，她的更高完成将是民族新歌剧的一个有力的要素。

在贫苦颠沛中挣扎的湘剧艺人们，你们将不寂寞！

（原载 1942 年 4 月 1、7、13 日桂林《扫荡报》）

为湘剧艺人呼吁 [1]

湘剧毕竟是潇湘间的产物，有其强烈的艺术韵味，自湘剧团首次来桂，欧元霞、吴绍芝们的妙技曾博得此间文化界颇高的评价。予倩兄赠诗云："湘桂梨园一脉传，风流绝代各呈妍。"方镇华先生们亦云："湘剧与川剧有甚深之因缘，其名伶可与浣贾等媲美。"乃以天时人事波折甚多，湘剧艺人，农民性深，又不习江湖生活，以致高陞辍演后，一部工作同志贫病交深欲归不得。吴绍芝君以湘中小生祭酒，感于湘剧无论艺术本身或演员生活都需加以改革，而遇此时势，改革即甚艰难。乃毅然团结留桂同人，移居北郊，将为湘剧革新做坚贞努力，不幸剧团工作同志多以沾染风湿及营养不良而致疾。在该团第一次在高陞演出时，我曾写一文名《艺人的行路难》，此辈湘剧艺人以脚气病而真欲"行路难"的一时达五六人之多，病最深的如名伶廖申翥的徒弟曹清和君，竟于 8 月 24 日晨间病殁，年才 22。接着已故名伶小桂云的唯一遗子言同和君又于昨晚午夜去世。该团已经艰窘异常，因此而遭遇人力物力上更大的困难。吴绍芝君竭力于苦痛中挣扎，虽在风雨和烈日下排演不辍，并决于 9 月 1 日重在高陞戏院演出《新会缘桥》《桂岭双忠记》《火城记》等剧，以图突破目前困难，为湘剧奠中兴的基础。语云："人有善愿，天必从之。"何况桂林文化界素多纵谈艺人的进步人士，留桂十数万同乡更当不忍此乡土艺术之花遭受风吹雨打，而乐观其成长，谨再代述该团经过为桂林各方人士告。请以热情的眼和严格的批评指导这些艺术光明的追求者，受益和感德的当不仅他们吧。

（原载 1942 年 8 月 30 日桂林《扫荡报》）

[1] 此文发表后的第三天，1942 年 9 月 3 日，中兴湘剧团于桂林正阳路高陞大戏院正式成立。——编者

关于《新会缘桥》的信

佛西：

因为你催得紧，而且说不拘什么体裁，所以我大胆地将这《新会缘桥》交给你，向你和广大爱好戏剧的社会人士请益。

这是一个为新近成立的中兴湘剧团写的高腔剧本。高腔虽然至今还保存在好几种地方剧里面了，但是我以为湘剧的高腔是比较最完整也最可听的。它现在还保存着170来种曲牌。一般地说，高腔是从昆腔脱胎的。也有人说：这一唱百和的精神实在是极原始的东西，某些调子实在比昆腔更古。这两种看法都有根据，因为高腔一般地比昆腔更自由奔放。它没有昆腔那么谨严的格律，大部分的调子都可以“放流”。它可以容纳相当丰富而复杂的感情。这也是我们为什么偏爱高腔的缘故。为着理解并实验这一体裁，我曾将湘剧《世隆抢伞》改为《旅伴》。那曾引起我很高的兴趣。这《世隆抢伞》，川剧、桂剧都有，我也都看过他们名伶的演出，常常同《双拜月》一道出现，原是同以昆腔《拜月亭》为蓝本的。于今我这再度地尝试《新会缘桥》，也原是从昆腔的目连戏来的。平剧、桂剧也都有这本子。在桂林甚至是桂剧名伶小飞燕的拿手戏。一名《哑子背疯》，在湖南叫《会缘桥》，也通称《老汉驮妻》。平剧叫《老背少》，只限于正月间做灯彩戏演，湘剧、桂剧却是常见的节目。湘潭李燕柏女士以演此剧著名，妇孺皆知。李小姐在街上走，甚至有人叫她是“老汉驮的”。我在长沙过41岁的时候，平、湘剧的朋友们曾各演佳剧为寿，李小姐就曾特为从湘潭赶来表演此剧，唱做扮相都非常成功。当时李小姐把剧词抄出，要我把其中孝顺歌给改一改，我一直不曾着笔。

吴绍芝、欧元霞诸君与湘剧四队同志到桂林，出演于高隆戏院，我弟妹陈绮霞女士亦以余暇参加。某日绮霞从入学此剧，我偶然获读剧词，触及前尘，忽动雅兴，想把这一有趣的旧台面加以新的解释。因以数日之力写成此剧。也就是说给《会缘桥》那一场加了一个大头和一个小尾，同时赋予它以完全不同的意义。为着给每段唱词系上适当的曲牌，也曾花了不少的时间，和绍芝的长公子润生君斟酌每一字句，直到唱起来大致妥帖为止。要是写皮簧（南北路）戏就没有这么费事了。写话剧许更要爽快些。为什么我要这么自讨苦吃，而且常常做些费力不讨好的事呢？因为我始终认为建剧是整个的，改革地方剧现在是最好的机会，但要改革它必先理解它，研究它，以至自由驱使它。不如是就不能把握它的技术，也就无法加以改革。

会缘桥上的那一段当然是全剧的高潮，从但剧本和实际演出是不同的。剧本上当然是文焕扮一老人驮着他的妻子范氏过桥。实际是范娇骞以一人扮两个脚色：即上半身是范氏，下半身是文焕。所谓“老背少”就是她一个人玩的把戏。越能使观众得出男女两个人的印象越是成功。因此上半身务要是一婉丽的少妇，腰以下务要是一个龙钟的老年男子。在本剧中文焕驮妻过桥后受敌兵追逐，他越走不动而其背上的妻子越急着催他快走。这儿也要求很好的技术。演得逼真时相信是有兴趣的场面。最后拔刀与敌兵斗当然是文焕本人登场了。因此这真假两个“假面”务求其相似。

湘剧在桂林已演过半年，给此间文化界的印象，可以说好坏参半：好的是湘剧在许多地方剧中比较完整高级，她的好演员、好戏与平剧无多让，甚且有其独到的地方，如动作的朴素，感情的强烈，都是难能可贵之处。但坏处是洗练不够，有的戏还存在许多余渣。一般演员生活习惯虽比一般平剧演员农民性多一点，江湖气少一点。但自长沙整训之后，这几年又回复到原来的散漫落后，吴绍芝、彭菊生、庄华厚诸君虽在大队回湘之后另组中兴湘剧团，如团名所示，想团结一些好的分子从事湘剧的中兴，他决心苦干到底，把湘戏班提高到文化工作团体的地位。他们想多演有益抗战的新戏，整理旧剧使它适合今天的需要；多量采取昆剧、平剧以及其他姊妹戏剧的好处，求湘剧艺术的提高。古话说得好，“人有善愿，天必从之”，何况我们原是干戏剧运动的，又与湘剧有着深厚的因缘，因此在他成立之始，我把这剧本交给他。通过他们的照演，特别是绍芝他们好的技术，我想必能给我们一些什么。同时我也想把这当作一个起点，给新湘剧的建立投下更多的基石。你也看过这儿的湘剧，你也认识他们，希望你也给他们更多的援助，使他们能突破今日的困难。

昨晚在大众餐厅做了稀有的畅谈，我也希望更振作一点，对你的工作，以及整个剧运能有什么寄与。实在的，我身体甚好，老母既然大病新愈，一切对于我似已较为顺利，天气也到了新秋，我这火山上也有了三分凉意，或者能不太让朋友们失望也未可知。

匆此。即候

撰安并请教正这个尝试

弟 田 汉
八月十八日

（原载桂林《文学创作》创刊号，1942 年 9 月 15 日出版）

关于汉剧和湘剧几个演出剧目的小见（节选）

再谈谈湘戏吧。《双拜月》是紧接着桂戏《抢伞》之后的，出于元末南戏的《幽闺记》中的一出，当时荆（《荆钗记》）、刘（刘智远，即《白兔记》）、拜（《拜月亭》即《幽闺记》）、杀（《杀狗记》）号称南戏的四大传奇，这个《幽闺记》虽然很有名，却不一定是好戏。作为一个爱国主义的戏来看，它的背景是北宋年代，但没有一点能够表现出来中国人民在民族危亡的严重时候所表现出来的高度爱国主义的品质，更与北宋时代激昂的民气毫无关系。蒋世隆是一个知识分子，北宋以陈东为首的太学生，政治活动也很激烈，这些在蒋世隆身上一点也找不到，这出戏所表现的，只是少爷小姐们的感情游戏。像翦伯赞先生所提的北宋时代大河南北的人民从集结的抗敌御侮的义社组织，那是多么轰轰烈烈的大事，在这里同样也找不到一点影子，诚如沈云陔同志所批评的，我们在这个戏里找不出异族统治者所给予我们的灾难，而只有一个乘人之危善于“偷香窃玉”的公子。蒋世隆后来的结果也很糟，这和当时的人民所要求的“疾风知劲草”的考验是完全不相符合的，这正是当时安居在温（州）、杭（州）一带悠闲的文人们的心情，把这一民族灾难中的离乱作为结合的契机，反而把民族灾难成为第二义的东西了。因此，在戏中一直遗留下来未改的一句台词，听来很刺耳，那就是把当时民族敌人的“金国”称作“大金”，如“大金天子入汴京”之类，那是很不好的，我们今天能够说“大日本”如何如何，“大美国”如何如何吗？这当然不可以，但我们在改戏的时候就没有注意到这一点，这是应该彻底改掉的。

当然不能单凭这一点来评定湘戏演得不好，这两个演员是演得很好的，对湘戏高腔优美的风格，刚才戏曲界的同志们也有了定评，由于这次《双拜月》这个节目，可以说也替湖南的高腔戏重新做了一番估价。记得抗战时，有一次我们曾把《抢伞》改为一个新的小戏叫《旅伴》，排在京戏前面演出，那些为了听京戏而去的观众，不愿意听高腔，在台下鼓噪起来，那两位湘剧艺人，记得小生是杨福鹏同志，发挥了湖南人的性格，一直坚持着演了下来，今天在全中南区的艺人同志们的检阅之下，已经认为高腔的帮腔唱法是一种很好的伴奏，这种伴奏有什么不好？同时，我认为湖南高腔和四川高腔有不同的地方，就帮腔的一点来说，湖南高腔是依演唱的人为主，帮腔随着发腔，因此比较和谐；四川高腔的帮腔，常常不管演员调门高低，他有一定的高度，因此有些不协调，但它也有好处，那就是伴奏唱法有时可以先唱，能够帮助演员的动作，总之，两者各有所长，应该很好地互相学习。特别在今天，是人民的时代，高腔有它的群众基础，也有它一定的艺术评价，我们应该重视它可以发展的方向，而加以利用和发挥。

另外，这戏里面的青衣和花旦，在服装上是宋人穿了清装（裙子袄子），这也是不大适合的，裙子袄子成为戏箱中的戏装，是清代时装戏攒进去的，虽然是小问题，不可以不知道，也应该注意；女演员所梳的水头也是如此，以前地方戏是没有梳水头的，这是受了外来戏曲的影响，主要是京戏的影响，湘剧梳成了“高髻”，有些古香古色，但还应该加以研究和改造。

《醉打山门》已为同志们所肯定，我在这里还想谈一下。任何戏都包括有昆曲、高腔、皮簧这几种来源，昆曲的来源虽是一样，到了各地方，就各有变化，在湖南的成为湘昆，在四川的成为川昆，在云南的成为滇昆，但基本上仍然是一个东西。4 日晚演出的《醉打山门》，有一个地方改了，改得很好，原本是鲁智深吃了酒没有给钱，还和酒家打闹，这是“佛头着粪”，把一折好戏弄糟了。这是不符合鲁智深的性格和当时的事实，第一，鲁智深是很同情别人也很细心的，如他对金氏父女和林冲就是那样；同时，鲁智深下山以后还打戒刀，说明他不是没有钱，也不会吃酒不给钱。“做和尚是被迫的”，同志们这一点提得很好。鲁智深出家，有个阶段，当杀人逃亡，的确是被迫出家，在五台山时，他不是菩萨低眉而是金刚怒目，他那时的心情，不会模仿罗汉的姿态，而罗汉却是他打的对象，因此，戏中所表演的“罗汉架子”与剧情是有矛盾的，如果说此时他“佛性既深”，后来打坏哼哈二将又怎样解释呢？我主张这里把这些技术可以移用到别的地方去，否则会予人以错觉。鲁智深真正的出家，是在梁山弟兄不幸被出卖、被杀害以后，他们的革命事业在丧权卖国的汉奸摧残之下彻底失败了，传说中他才到杭州去的，因此六和塔中还有他的神像，在五台山的鲁智深，可以不必做那样的描写。

《思凡》是目连戏中的一段，赣戏里面也有，今天有机会不妨互相观摩一下，今天我们是有必要很虚心地互相学习的。当然这个戏也还演得不错。至于刚才同志们提到《思凡》如让一位女艺人演或许会更好一些，可是，女艺人演女性，她要不能集中表现一个女性时，也会演得不好的，这如外国的剧评家批评梅兰芳先生一样，“我们不能说是男人演女人，而应该说是一个男子在那里描写女子”。今天的女艺人要学也还不迟，但不要忘记了，即令是一个女性来表演女性，也要善于抓住女性的特点集中表现出来，那样才是艺术，才能赋予角色以生命。

4日晚的几个戏差不多都是破坏偶像的，也都是反佛教的，连《断桥》也是如此。我们反对迷信而不是反对宗教信仰，共同纲领中有宗教信仰自由的规定，今天友邦中还有不少是信仰佛教的国家，我们国内也有几百万佛教徒，因此对节目的挑选，要有高度的政治认识。当然，反对封建统治者利用迷信麻痹人民的斗争意志这一点，我们还是坚持不变的。

《刘海砍樵》这个戏，我个人认为狐狸精也不可怕。中国人民对自然界与所谓的异类都很亲近。蒲松龄写《聊斋志异》，把狐狸写得很可爱，那不是他的创造，而是根据多少年来的民间传说写的。《白蛇传》的白娘子不也是蛇，不也很可爱吗？当然，狐狸也有很坏的，但，刘海所遇到的是一个很美丽很好的狐狸，在民间已经有许多年的传说了，可以不必改成仙女。再说，一个打柴的刘海，在他的生活的想象中，狐狸可能要接近些，仙女则距离得太远了。

至于刘海抱着美女下场，不是可怕，是还不够美。今天刚从封建的思想意识中解放出来的人，或许看见可怕，甚至看不惯，这样舞蹈的姿式，在苏联和欧洲的国家是很平常的。刘海下场的时候不是抱不抱的问题，而是怎样抱得更美的问题。我们应该把我们的舞台动作，谨慎地引导向美丽健康的方向去发展。

《断桥》在地方戏里演得很多，也是民间所欢喜的东西。祁阳戏演《断桥》，看起来比较“瘟”，因为这还不能算是《白蛇传》最主要的场面，单看这一段的人物性格与腔调的处理，是没有更多的发展的。同时，别的剧种动作较多，尤其是奔走的气氛，祁阳戏还不能够把白娘子这时战败之后又将临蓐前的颠连困苦的心情完全刻画出来，她这时只有怨恨，是不可能有笑容的；白娘子要许仙向青儿叩头，也很不必要。从这出戏看到祁阳戏和桂戏的关系是很密切的，甚至连念字方面如“人”字读桂林音作“银”，等等。今天听说还有些发展源流的争执，祁阳戏和桂林戏也是如此，这是不必要的。祁阳戏在湖南没有得到很好发展，在桂林经过马君武、欧阳予倩先生等用过一番功夫，特别是欧阳先生所投下的力量，这是不可否认的事实，所以反过来又影响了祁阳戏，这是很自然的事。因此，我们希望在这一次大会师当中，都能起到相互影响，互相学习的作用，倒不必斤斤计较那些谁是正统的问题。

这只是 4 日看了两场戏以后一些片断的印象，提出来供同志们研究和参考。

（啸岚、惠良记录）

（原载《中南区第一届戏曲观摩会演大会会刊》第 6 期，1952 年 9 月 7 日）

楚、湘、豫剧的现实主义的考察（节选）

《琵琶上路》是《琵琶记》的一折，高则诚的名著。通过湖南人民的创造，人民性更多了。如这一折中“赵氏女离故乡”以下的赵、张临别赠词，人情味的丰富动人，是原著所没有的。但市民的封建观点也多了一些，如最后打三不孝之类。梅兰芳先生最近发表的《中国戏曲的新倾向》，也承认中国的旧戏曲有它的两面性，即有它好的即民主性的一面，也有它坏的即封建性的一面，因而认为戏改的道路只有照毛主席指示的方向，吸取其民主性的精华，剔除封建性的糟粕。我们对这个剧也是如此看法：它的确有地方是在做封建说教，但我们决不能单从那一面去看，我们今天要肯定并发扬其人民性民主性的一面，《琵琶记》之所以能保存到今天，正是因为它这一面。陈留郡大旱三载，人民痛苦流离的生活，与长安封建统治阶级骄奢淫逸的生活成为强烈的对比，特别是蔡的一家，父母在家乡活活饿死，而儿子在京都一举成名，赘入牛丞相府过着豪华享受的日子，由赵五娘的行乞寻夫更贯串了这强烈的生活对比。五娘对公婆尽孝，自己吃糠让公婆吃好一点的东西，以至卖发营葬，兜土成坟，不能单看作是封建道德，而应看作在天灾人祸中，人民相互间深厚的感情表露在公婆与儿媳之间。“描容”一段的高腔与高则诚原著略有变动，如“公公画得像，婆婆走了样”，因她婆婆亡故了，记不真了。但基本与原作相同，原作是：“不是我不会画着那好的，我从嫁来他家，见他两月稍悠游，其余都是愁。那两月稍悠游我又忘了，这三四年间我只记他形衰貌朽。这真容啊便叫他孩儿收，也认不得是当初父母。休休，纵认不得是蔡伯喈当初爹娘，须认得是赵五娘近日来的姑舅。”这是他们在患难中建立起来的多深厚的感情！张广才是中国戏曲写邻人之爱最成功的人物。他是那样乐于帮助别人，又极守信约，正如原作中他对蔡伯喈说的：“自古道千钱买邻，八百买居，老汉既忝在邻居，你但放心前去。”后来蔡伯喈临走再托他时他又说：“受人之托，必当忠人之事。昨日已许秀才去后决不相误。”赵五娘上京时托他照管她公婆坟墓，他也是拖着老腿依嘱扫松。他又正义感极强，爱憎分明，他虽曾劝伯喈求上进，但陈留郡大饥，蔡父母饿死而伯喈留恋京都富贵不归，他责骂他如责骂自己的子侄。他代表中国农民作为邻人的美德。有人说张广才是地主，但地主在他的本质上从来不是好邻人。他们只有剥削邻人、兼并邻人而不会忠实地帮助邻人。

按高腔原词，张广才也有一些封建世故的地方，如他对五娘说她丈夫在京可能是高官显爵，另有所娶，要她不要过于认真，“图一个安乐”，等等。昨日徐绍清同志唱时把这几句删去了，削弱了张的旧人情世故，抹去了封建灰尘，民主的光芒显露出来了。本来，高则诚原作一开场便说：“论传奇，乐人易，动人难。知音君子这样另作眼儿看。休论插科打诨，也不寻宫数调，只看子孝共妻贤……”在封建时代他要处理这样有关“贤”“孝”的题材不可能不包含许多的封建说教。但他想戏曲不止要“乐人”而要进一步“动人”是对的。又正因他处理了“佳人才子”“神仙幽怪”以外的现实题材，接触到苦乐不同的生活，不可能不吐露一些人民的民主的精神。但看《抢粮》折暴露了“义仓”的情弊，和里正们怎样侵害饥民，又如《剪发》一折赵五娘痛叹此发若长在阔人家女子的头上该怎样“珠围翠绕，兰麝香熏”，而“我的头发却这般苦”，一那都是好文字。湖南高腔里更把原作精神通俗化了，也更强调了。对于这样一个辉煌的作品不要仅从其封建的一面去估计，而应透过或揭去其封建的表层找出其人民性民主性加以发扬光大，才算是祖国艺术遗产的聪明的继承者。

（原载《中南区第一届戏曲观摩会演大会会刊》第 11 期，1952 年 9 月 15 日）

必须切实关心并改善艺人的生活

艺人——戏曲演员是今天中国广大人民文化娱乐活动最经常的主要的担当者，他们通过戏曲演唱服务于人民，也以此取得生活资料。在过去他们是过得十分苦痛的。正如周总理所指出，封建统治者喜欢戏曲却轻视戏曲艺人。直到解放后，艺人们才翻了身，才由“高台叫花”，由“戏子”的身份成为“文艺工作者”，成为“知识分子”，成为“人类灵魂的工程师”，许多有名的艺人并成为全国的或各省市的人民代表，参与国家政治活动。不只是社会地位提高了，他们的生活也得到大大的改善。剧团剧场的封建把头和戏剧资本家的压迫剥削被推翻了，旧的师徒制也废弃了，一般地说，艺人们过得比以前好多了，这也是他们何以那样热烈地为生活在中国共产党和毛主席的时代，生活在人民政权下而欢欣鼓舞的缘故。

但可不可以说今天艺人的生活情况已经得到我们足够的关切和安排而毫无困难了呢？

不，情形有的还不十分好，他们还有困难，特别是老艺人还有我们所注意不及的困难。北京的情况是要好一些，但是我们也还不时要接触一些求救的呼声。上海的老艺人如赵如泉卖掉住房，寄食诸子，算比较还过得去的。陈翔云（欧阳予倩同志的老师）和某几位老先生就听说常常断炊。他们都是“戏包袱”，他们身上留有许多优秀的遗产和丰富的经验、掌故。三年前在上海曾请老先生们来开过会，请上海文化方面的领导同志给他们尽可能的照顾，并找人去记录他们的艺术经验，这工作据说后来因干部不足和预算限制，还没有认真做。

内地的老艺人就更困难了。这次我们以人民代表大会的任务南下视察。到了长沙和桂林，在许多前所未有的新的气象中也听到一些使人无限黯然的故事，到一些不能不代为呼吁的情景。

湘剧名演员在对日抗战中已经牺牲得十分惨烈的了，罗裕庭、吴绍芝、欧元霞，胡普临们都成了国殇，给湘剧界造成了难以补偿的损失。彭凤蛟老先生和名净罗元德都是硕果仅存的前辈，这次却看不到他们了。彭先生（此次到北京演出的名旦郑福秋的师父）七十多岁了，年老家贫，还有一位老妻，无以为生。曾在街头卖过两年蚊烟草纸，日子过不下去，一度自杀未遂，文化局知道了，津贴了他一些钱，但不解决问题，他又不愿多向人求告，终于自杀了。

其后又有罗元德、唐华政、秦达岭、陈炳奎、陈新燕的事。罗是名净，1952 年第一届全国戏曲会演时演出《五台会兄》，得过奖状。在旧社会，他在男女问题上有过精神负担。因而越是人民政府给他荣誉，他自己便越感到惶愧。我们又没有多方启迪他，帮助他解除心里的疙瘩。他在湘剧训练班担任教学时，干部也不够尊重他所爱用的教学方法（这些方法不都是不好的），充分鼓舞他工作上的积极性，以致酿成同样的悲剧。

造成这些悲剧，有许多主客观原因。长沙市人口六十五六万，而演出单位过多，抗日战争中主要演员又损失过大，剩下的老的老了，小的小了，再加戏曲工作还存在缺点，省市领导意见还不够一致，干部与艺人合作得还不够好。以致新剧目难产，演出质量不高，票价又低，卖座欠佳，不能不严重地影响到艺人的生活。

湘剧艺人一般的生活待遇低到每月十五元，十八元，最高的也不过三十二三元（国营湘剧团高的到一百二十元，但技术上并无甚高下）。这些艺人说：“湖南谷米比较便宜，我们也还不致饿饭，但不能生病，一生病就只能拼着性命去拖。”他们也参加了工会，并按时交会费，但工会对他们的保健没有安排，卫生机关也拒绝为他们的医疗免费，或减价，他们没有实际享受文艺工人的待遇。

他们的居住条件是很差的。曾经参观过樊西巷益昌里湘剧二团宿舍，上下两层楼房住了一百四十个人，楼下大厅住了十几家人家。隔一层帐子便是一家。单身艺人两个人一铺。也有青年女演员住在两对夫妻的当中间的。人既拥挤，地也潮湿，身体和精神的健康都不能保证。

这同样的情况桂林也严重，我逐一参观了几乎所有桂林桂剧艺人的宿舍。一处低湿的大统间住了九对夫妇（原是十对，后来搬走了一家）。楼上也是好几家一间房，而且每家一个灶，万一失火，那真是不堪设想。

不止一般演员住得很苦，有名的桂剧武生小兰魁夫妇和名旦玉芙蓉都住得很苦。玉芙蓉为我们演了神话剧《金精戏仪》，她是一位值得人民珍视的女艺术家。我同郭其中局长访问过她的宿舍。那是在一个小铺面的过道上，没有房门。板壁外面的一个床铺，那便是桂剧名艺人李芳玉的家。板壁里面横搁了一张床，玉芙蓉的保姆领着她的几个女孩子住在这儿，正面一张较大的床，那便是玉芙蓉夫妇的了。接着另一张横开着的床，住着另一位艺人的老娘。这些床都紧紧连着。

我们去访问她的时候玉芙蓉正在进午餐，只有一样菜——辣椒粉拌苦菜叶。她苦笑着让我们拍了一个照。人们劝她少吃辣椒，免得坏嗓子，但她说："不吃辣椒叫我吃什么呢？"她今年二十八九了吧，生四个孩子，但唯一的男孩去年死掉了。为了挽救她孩子的生命她曾花了好些钱。因此她负了几百元债。她赚的几十元一月的薪水，养家之外还得还债。

桂剧老艺人名丑王金凤，六十六了，患肺病、风湿，不能工作，剧团同仁由于同行义气，每月拿出十元钱养着他。老艺人罗杜生，有病，一家九口，住在一间小房子里，为要照顾孩子他每晚只能睡三小时，生活也很困难。

二团一位音乐师金凤冈患了吐血症，他说从民国十几年起到今年五十岁，耍了几十年桂剧音乐，只赚得相当于演员三分之一的代价。但他埋怨的不是薪水少，而是无人跟他学艺。他说桂剧中会打小锣的也不多了。一位管箱的工人有妻有子，但每月只能拿五元钱。这些活不下去的演员们，工作人员们，只好卖东西过日子，从下卖到上，从卖衣服到卖行头，卖帐子，桂林天气热，蚊子多，帐子是不能缺少的，卖掉了帐子，大半晚你得跟蚊子斗争，睡着了你就成了蚊子的攻击对象。第二天他们在舞台上常常精神不振，脸也肿起来了，怎么谈得上饱满的艺术创造呢？

长沙的老艺人周圣溪有一次在座谈会上说："我们的演出质量是低的，目前是有困难的，但只要留得命在，到了社会主义，共产主义总有好日子过。几年来政治学习，大家都有了进步，艺人思想好了八成，只有两成余气，要求多有些真懂得湘剧爱好湘剧的人帮助艺人把剧本改好，把艺术提高，艺人也改过一些本子，就是拿上去便如石沉大海，不知要得要不得。这倒比没有饭吃还苦。"同样我也听得桂剧老艺人邓芳同说："我们生活很苦，但比反动派时代好得多。"他记起东安恶霸唐卿云压迫他的旧事。"那时我父亲刚死，他用枪押着我到他家唱戏，又不给钱，那时才是苦。"他也提起他改过的《岳飞》说："苦的是自己文化低，改不好，排戏的同志对老艺人又有看法，以致老戏拿不出，新戏没有份。我们晓得的一些东西只好带回土里去，只要有人耐心帮助改戏，使我们有用武之地，我为党为人民粉身碎骨也是甘愿的。"他们这话虽很激动但说得很对。

长沙桂林的艺人还有这样的困难苦痛，那就难保别的地方没有同样的情形。山东郎咸芬同志反映济南新生评剧团，收入极苦，一天得演三场，主要演员花淑芳因过劳小产。潮州生活甚高而潮州戏演员收入，一般从十八元到二十八元。北京天桥演员也有每日收入只有几毛钱的。艺人生活改善问题跟改进戏曲艺术，发掘优秀剧目，繁荣剧本创作改编问题紧密相关。我们领导戏剧改革的也都知道该如何尊重传统，接受遗产，爱护艺人点滴的进步贡献。而在实际工作上人们对艺人的生活困难并不那样关心，甚至对一些名老艺人的死也不真正可惜。这说明我们还是不尊重传统，轻视这些"活的遗产"的。在戏曲改革问题上，多是按照干部的主观意图去改戏，常常把戏改得脱离群众，不被人民喜闻乐见，而一些有本事的老艺人却没有用武之地，只好把他们晓得的那些“带回土里去”，这是人民多么大的损失！

周总理曾经指出浙江昆苏剧团“在解放后也还是受压迫的”。当然在解放后不见得还有人当真压迫一个剧团，但由于党和政府在人民中有极高的威信，我们注意什么，什么就得到提倡；我们不注意什么，什么就得不到改善和发展，这常常在客观上形成一种“压迫”。党中央和政府是一贯尊重艺人关心艺人生活的。中央今年五月公布减轻文化娱乐税，而且免征两年，就是为的发展戏剧艺术，照顾艺人生活，帮助剧团向企业化方向发展的。但以我所闻各地体会和执行这个命令就不一致。一般地是免税了，有的地方却是减而不免，有的地方甚至以剧团所得税的名义，反而加多了（如海南岛方面）。有的地方免是免了，但依然扣下来保存在那里，预备给剧团添置服装之类，有的地方（如上海）免税后文化领导部门就要剧团减低票价，以致广大困苦的艺人“不能直接受到国家免税的恩惠”。这也说明我们各地贯彻中央指示和命令还是不平衡的。我们要求中央把各地文化娱乐税免税命令执行情况普遍检查一下。

上述的这些情况跟新中国当前突飞猛进的建设是极端不相称的，跟按比例发展文化艺术的要求也是不相称的。发展任何运动，人的条件是最主要的，爱护祖国的戏曲文化首先要爱护祖国戏曲文化所寄托的人——广大艺人和他们的子弟后辈。要使老艺人能够得到适当的安养照顾，把他们的才能经验传给后一代。（为着这个目的必须在中央和各地加紧成立“剧人之家”的组织。）随着国家伟大经济建设的发展，目前这一个数目的艺人其实是十分不够用的，我们应该更有远见地培养广大艺人，提高他们的组织能力和表现能力，也要设法改善他们的生活条件，注意他们身体和精神的健康发展。国家正对全国职工进行适当的工资增长，甚至对小商小贩的营业和生活也有周到的安排，对于这十几万文艺工人不应该摆在考虑之外。我们对于某些艺人这些年也做了照顾，但我们的考虑面应该不止是露面的这一些先进人物，而是更广大的演员。至于如何培养各剧种的后一代那是发展戏曲艺术教育的问题，但也和运用青老艺人的力量、发掘老艺人的潜力分不开的。

在各地视察中接触了许多问题，在大家讨论艺术工资待遇问题的时候，谨提出关于艺人生活的部分见闻，争取各方面的注意。

（原载《戏剧报》1956 年第 7 期）

在《琵琶记》讨论会上的发言

（收《田汉与湖南戏剧》）

谈湘剧团的人和戏

秋风八月，在上海又看到湘剧的《拜月记》。

当湘剧团在北京演出中，我看过他们的大部分主要剧目，只有《金印记》没有看完，原想赶到天津去看完的，因忙没有如愿。为参加安徽省第一届戏曲会演过南京，停了一宿，恰遇湘剧团在南京演出，我到剧场访问了他们。这次由合肥赶到上海参加剧协分会成立，湘剧团恰也巡回到了上海，跟他们在上海乐团握晤，真感到分外的亲热。我故乡的这些艺人以前主要在省城或湘水流域活动，向北到过武汉，对日抗战中到过桂林，算最远的了。直到解放后，湘剧参加 1952 年的全国会演，一些古典剧目如《琵琶记》《白兔记》（特别是其中的《打猎回书》）等得到奖励，湘剧跟中南区各主要剧种访问过北到沈阳、南到广州等全国主要城市，也访问过上海，得到上海人民的称赏。而这次在北京汇报演出后，又和上海人民见面了。

1955 年湖南举行过第二届戏曲会演。在这次会演中发掘了 11 个剧种和许多优秀剧目。这次到北京汇报演出的就有长沙、衡阳、常德的湘剧、祁阳戏、辰河戏、巴凌戏，以及长沙、邵阳各地花鼓戏等 9 个剧种。北京演出后，祁阳戏、辰河戏、巴凌戏和花鼓戏等都回去了，来上海的只是长沙省城的湘剧。湘剧有百多年的历史。它的主要腔调不同于川剧的“昆（昆腔）、高（高腔）、胡（南北路丝弦戏）、弹（梆子）、灯（花鼓戏）”，它不唱梆子，把花鼓戏也让给花鼓剧团，它只唱“昆、高、胡”三种。如曾经在北京、上海演出的谭宝成的《醉打山门》和此次在北京演出的《芦花荡》是湘剧保有完整的昆腔剧目的明证。湘剧团带来的《拜月记》《琵琶记》《金印记》《昭君出塞》《打猎回书》《潘葛思妻》等都是高腔，《辕门斩子》《三打严嵩》《坐楼杀惜》等都是丝弦戏。

这些戏都经过多次整理，像《拜月记》，从长沙出发经武汉、郑州、石家庄到北京，不断吸收观众和专家的意见有所改动。此次在上海看了《拜月记》“驿遇”那场，原是王夫人发现家人六儿，才一家相遇的，于今改成了王瑞兰直接发现失散了的母亲，可知在由北京到上海旅途中又吸收了观众意见了。这个整理旧剧目的态度也正是很好的创作态度。

《琵琶记》在第二届长沙会演中曾改为《蔡伯喈马踏赵五娘》，但观众不批准这样的做法，他们才把《琵琶记》全部恢复原来面目，做两个晚会演出，向各方面征求意见。全国剧协特为此剧举行了五次座谈会，根据专家们的意见，湘剧团正在进行慎重的剪裁工作。据徐绍清同志说，在天津和南京，他们已经把《琵琶记》撷取精华做一晚演出，南京演出中有了很大进步，在上海，他们也将努力演出新的改订本征求意见。

《金印记》就是《苏秦六国封相》，湘剧此剧以前是很长的，经改编者做了很大的提炼。

听说观众是欢喜这个古老节目的，虽说我还没有全部欣赏过。

高腔剧目中的《昭君出塞》原是祁阳戏，是一枝梅老艺人传授的。这出戏传达出一种爱国主义的悲愤感情，不同凡响，我以为很值得京剧等兄弟剧种参考。一般的出塞似乎在卖弄趟马身段，没有这样丰富的思想内容。《思凡》原是从常德高腔传来的，三年前在上海也演出过，与昆腔《思凡》同一内容，但感情的表达似乎更为生动。

由于到北京的演员有些留京学习，这次《拜月记》就换了一些演员。庄丽君的王瑞兰我还是第一次看到，她是后起的演员中很值得人们期待的一位，在《琵琶记》里她胜任地演过牛小姐。

演《拜月记》蒋世隆的刘春泉原是演老生的，她还年轻，但得名极早，曾被人称为“六岁红”。在即将演出的《辕门斩子》中还可以看出她在这方面的修养和天分。在北京演出蒋世隆的廖边华也是老生出身，因此他们都是“大嗓小生”。观众也不难听出湘剧丝弦戏虽用小嗓，而高腔生旦是可以用大嗓唱的。

演《拜月记》王大人的徐绍清先生对高腔研究极深，他的做派极近周信芳先生，因此有些人称他为“湖南麒麟童”。几年来他曾和彭俐侬在上海演出过《琵琶上路》等剧，上海观众还能记得他吧。

《拨火棍》是湖南会演中得奖作品，写到打孟良止，剧本处理得很紧凑，张福梅的表演也极有特色。她是个多才多艺的名演员，出色地演出过《拜月记》的王夫人，等等，但刀马旦是她的本工。她出身于湖南最早的女科班“福禄坤班”，跟她同科的还有郑福秋等。郑又是已故名老艺人彭凤蛟的徒弟。

湘剧老艺人除徐绍清、庄华厚、王华运（小生）之外应首推64岁的贺华元。他是华兴班出身的名净，擅演《造白袍》等剧。此来可以看到他《辕门射戟》的张飞，《辕门斩子》的焦赞，和《打严嵩》的严嵩。

湖南名小生吴绍芝、名老生欧元霞在抗日战争中都做了国殇。但我们在这次演出中还可以看到吴绍芝的女儿吴淑岩，欧元霞的徒弟杨福鹏，她们这些艺人都是我们抗敌演剧队各队在西南工作中极熟悉的同志。

还有一些老辈如彭俐侬的父亲彭菊生（音乐工作者）和青年艺人王福明、王艳雪等这里不一一介绍了。

我曾经对湘剧团同志们说：“此行望好好演出，争取中央的领导，征求各方面的宝贵意见，观摩兄弟剧种的成就来丰富和改进自己的艺术。”他们这样做了，中央和所经各省市都对他们做了指导和帮助。作为湘南出身的戏剧工作者，我也要求上海各方面人士给他们有力的支持，使这棵拥有深厚传统的艺术花朵得到应有的发荣滋长。

几年来湖南省在戏曲改革上有了一些成绩，但也还存在着困难。直到最近有些艺术思想才较为明确起来。倘使早点这样，成绩应该更大。他们走的路有些是值得我们参考和警惕的。

地方戏各有其特色，这也是所以要求“百花齐放”的理由。周信芳先生看过《拜月记》，说：“地方戏都来得十分优美，很值得京剧学习。”其实湘剧还有其强烈的一面，那几乎代表了湖南人民辣椒般的性格。试看《坐楼杀惜》吧，京剧演来优美，而湘剧就十分强烈。那阎婆惜简直是十足的湖南女人！还有《李逵闹江》的李逵，那也活画出一个不屈的湖南农民，可惜这次他们没有带这个戏。

（原载 1956 年 8 月 25 日《解放日报》）

悼战斗的老艺人黄元和之死

9 月 20 日，北京的秋夜二时半，在西四人民医院四楼一室，一颗平凡的，但又勇敢地战斗过来的心停止跳动了。那是文化部从长沙接来就医的湘剧老艺人黄元和老先生因食道癌医治无效，不幸逝世了。他的战斗的一生说明了党和政府为什么那样关心他。

黄元和老先生今年 66 岁，长沙人，系长沙湘剧老科班三元班出身。跟他同科的有名老生欧元霞，名净罗元德等。他原是学丑的，对《打花鼓》《活捉三郎》等剧有精到的造诣。但他的兴趣宽，勤于钻研，生旦净丑无所不能，尤其爱演小生戏。到晚年，只要有演小生的机会，他不惜牺牲他的胡子，早几年，他还跟罗元德合演过《李逵闹江》里的张顺。他还爱武戏，除湘戏原有的武工之外，也吸收京剧武戏的长处来丰富自己，湖南一些剧里的武生和武行很少不是他培养出来的。他每天起得绝早，欢喜上茶馆去吃些茶点，然后回到剧场台上等着徒弟们来练工。他擅演《岳飞传》里的马前张保，创造了许多翻打来表现张保忠勇的性格，因此他有"活张保"的外号。他又懂场面（戏曲音乐），会打鼓。

黄先生办过有名的福禄科班，科里全是女孩子。现在的彭福娥、龙福凤、杨福鹏、张福梅等等都是这个科班出来的。旧社会看不起"戏子"，尤其是女"戏子"，那些有钱有势的家伙们多方破坏、欺侮她们。为着保卫艺术教育和妇女职业的神圣性，黄先生勇敢坚决地跟这些恶势力斗争。甚至男女徒弟们到外码头演戏受流氓地痞恶霸欺侮时，只要他知道，他就带起敢于战斗的徒弟去那儿保护他们，凭着他那股子正气和舍死拼命的坚决态度，流氓也惧怕他三分。他就是这样跟旧社会的恶势力斗争过来的，也给湖南留下了一些纯正的艺术种子。

黄先生在科班里对学生一视同仁。科班是分行负责的。有些先生对自己负责以外的徒弟就不大关心，而黄先生对别人的徒弟也一样认真地指点。解放后他在剧团的时候，青年一代都愿意在他的督劝下练工，他离开剧团到湘剧训练班去了之后，他们就像"散了箍"。但他跟各剧团也还是没有失掉联系。他曾抽出时间到艺联剧团教他们《岳飞传》里的把子。他不只是关心湘剧，也曾替花鼓戏剧团教把子。后辈的演出只要请他看，他总是热心看到底，细心直率地提意见，每每说，"伢子，好好搞，这戏不会太弱"，多方鼓励人家。

他就是那样热心帮助别人，后辈们、徒弟们有的失业生活困难，找他时，他无不尽力，再次三番去跟剧团负责人商量解决他的工作。有些人就了业之后老毛病又犯了，领导上不满意，他就赶忙去劝他，说："老弟呀，这机会得来可不容易，旧毛病不能再犯哪。"许多人被他的诚恳态度感动了，把毛病改掉了。

黄先生政治上很开朗，常劝人家争取政治进步。他鼓励后辈说："你们要放紧搞啊，瞧我老朽还不肯落后哩。"

黄先生是一个爱国者。我是在抗日战争初期的 1938 年秋天认识他的。我们从武汉退出，到长沙又办了一个短期的戏剧演员训练班。黄先生也参加了这个班。结业后已经是长沙大火前夜，我们编了十个湘剧宣传队，给了些钱，要他们到各地去展开抗战宣传。黄先生领的是湘剧宣传第三队，出发到湘潭、衡阳、耒阳、郴州一带工作，由于演出剧目的现实性和技术性强，很受人民欢迎；但也跟其他的队一样遭受国民党反动派的忌恨，开始受他们的压迫，回长沙后他在湘春园旧址湘剧二场演出。后来组织精精剧社、群力湘剧团等，解放后又率青年演员二十来人参加军区领导的洞庭湘剧团，就是现在湖南湘剧团的前身。黄先生对这个剧团的巩固发展尽了一定力量。

从长沙市湘剧一团调到湘剧幼年训练班是近几年的事。他跟罗元德、廖运生、萧迎祥等共同热心从事湘剧第二代的培养。这个训练班以前不是很有计划的，也没有得到省领导的物质支持。他们没有行头，甚至连起码的场面设备也没有。教戏的时候由先生嘴里念锣鼓经，哼胡琴过门。黄先生就是这样教徒弟的。学生对外演出时，黄先生得四处借行头、请场面，还自己背刀枪把子。湘剧训练班的学生随湘剧团到北京演出，他们的《小将军打猎》，甚至毛主席也看过。这一功劳应该归于黄先生和其他先生们。听说学生们回去就滋长了一些自满情绪，不大听先生的话，那就很不好。一定要更好地向老先生们学习，学习他们的表演技术和热爱艺术的精神。艺人生活一般是很艰苦的，黄先生的收入（每月 70 元）大部分照顾了一些困难的朋友。他去世后身上还剩 20 元。他去世那天正是他 66 岁的生日，他原想拿那 20 元请朋友们吃一顿的。没想到他的生日成了忌日。

黄先生有一位老妻。他们有三子三女。但他的儿子都先他去世了。他的长子叫宝儿，起先不听话，很使老人伤心。但后来，像换了一个人似的，成了他很好的帮手。剧团在攸县演出中遭受很大困难的时候，宝儿挑起剧团行头下路要到衡阳去，又被旅馆阻止，他悲愤之余，服毒自杀了。黄先生原恨他这儿子，及至他"归正"以后，又十分疼爱和倚靠这儿子。因而宝儿之死给了他极大的悲痛，他曾十分惨痛地哭他的儿子，因而也加倍地痛恨旧社会罪恶势力。老话说"忠良不绝后"，黄先生留下了一个刚满五岁的小孙子，叫端午，因为是端午前一日出生的。希望大家照顾这孩子让他继承他祖父的事业和高贵品德。

（原载 1956 年 10 月 5 日《人民日报》）

谈《赤胆红心》

（原载 1960 年 7 月 3 日《人民日报》）

同湘昆小演员的谈话[1]

你们这次来北京观摩学习，很好。从湖南郴州到北京，跑这么远，真不容易，机会难得。

来到北京，不只看北方昆曲剧院的昆剧，还要看看京戏、评剧、歌剧和芭蕾舞剧。中国是个大国，历史悠久，文化丰富，各种各样的剧种很多。昆曲是个很优美的剧种，明代中叶开始盛行的。魏良辅是明朝嘉靖年间的戏曲音乐家，他和一批名艺人把曲调加工改革，创造成宛转细腻的昆山腔，用昆山腔唱曲体文，所以叫昆曲。昆曲流传到各地，结合当地语言、生活习惯，吸收当地地方剧种的表演艺术和音乐场面，又成为各地的地方剧种了。湖南山区的桂阳、嘉禾，发掘了湘昆这个古老剧种，真是山窝里飞出个金凤凰。现在全国不只有北昆、苏昆，还有川昆、滇昆，你们就是湘昆。各地昆曲有它的共性，也有它的个性。因为各地的昆曲唱腔风格基本上相同，但又不完全相同，这是因为语言的关系。北昆说的是北京音，苏昆讲的是苏州音，湘昆当然是湖南话了。当然应该吸收中州韵。湘昆应该有自己的独特风格。川剧为什么这样"狠"呢，就因为有它的特点，保留了许多自己的而别人没有的独特风格。川剧处在四川，那是个四面高山、石阁栈道交通不便的地方，受外界影响较少，风格特点保留得多。他们的《秋江》演得真好，那些舞蹈动作，就是根据嘉陵江滩险水急的特点设计出来的。本来《玉簪记》的《秋江》是一折过场戏，但是川剧把《秋江》丰富发展了，创造成为很有风趣又富有艺术性的一出折子戏了。湘剧处在长沙，南北交通必经之地，受外界影响大，自己的风格就冲淡了。有些老艺人相继去世，一些好的传统表演艺术未能继承下来，是个损失。艺术上当然不能固步自封，既要吸收别人的优点，又不能丢了自己的特点，你们要注意这两点。湘昆若能搞得一两个好戏出来，到北京演出是没有问题的，这就看你们努力不努力。浙昆就是一个《十五贯》轰动全国，同时国际上都有名，真是为国争了光。周传瑛、王传淞他们把《十五贯》改好了，演活了，思想性艺术性都很高。东德、日本好几个国家也演《十五贯》。周总理称赞昆曲是朵兰花呢。

这一次你们来北京，向北昆拜师学艺，这种求学精神很好。你们还要与北昆联欢演出两场，看看湘昆的特点，看看你们学得怎样。到时北昆老前辈白云生、侯永奎、侯玉山他们要示

[1] 1961 年 11 月 23 日下午，田汉在他的书房接见湘昆剧团赴京学习的小演员，并同他们进行了亲切的谈话。——编者

范演出。可惜梅先生去世了，要不，他一定会来看湘昆的表演。另外还要到文联大楼汇报演出一场，文化部的领导和戏曲界的许多专家都会来看。你们这次来北京，看看别人的演出，就会知道天高地厚了。光在郴州没有出来过，年轻人是不懂得天高地厚的。我认为你们还要游览名胜古迹，像故宫博物院、革命历史博物馆、颐和园、十三陵和人民大会堂，并且去看看长城。看长城要过居庸关，元世祖是从居庸关打进北京来的，后来元朝末帝被明太祖又从这里赶出去。这地方有许多故事，而且很有意义。北京还有佘太君点将台、穆桂英挂帅台的传说。你们看一看祖国的名胜之地，就知道天高地厚了。作为一个演员，要加强文学艺术的修养，要从各方面去丰富知识。司马迁之所以成为很有学问的人，就因为他勤奋学习，走遍天下，游览名山大川而获得的。我建议你们去看看长城那些地方，既然来了北京，就不要错过这个机会了。回头你们可去上海，看看上海戏曲学校的昆曲。俞振飞是上海戏校的校长，是当代的昆曲名小生。他们学校里的昆曲学员学得真好，演得不错。你们可派一些演员和司鼓、吹笛的去学习一段时间，通过学习几个节目来提高自己的表演艺术。同时看看人家如何办训练班的，向人家学习一些教学方法和教学经验。外国人也向中国学戏，我们中国也向外国学戏。这次我们中国派演员向缅甸学戏，学得很好。你们下个决心，一定去上海学一学。我们要记住毛主席的话："虚心使人进步，骄傲使人落后。"年轻人要虚心诚恳地向别人学习。要尊师重道，不要欺师灭祖。不仅要在艺术上认真刻苦地学，还要努力学习政治，做一个又红又专的文艺工作者，好好地为人民服务。

（李楚池记录整理）

（原载《湖南戏剧》1981 年第 3 期）

第三辑　长沙纪念田汉

第一章 田汉诞辰纪念

田汉诞辰 85 周年纪念

为纪念杰出的无产阶级文化战士、中国话剧运动奠基人、戏曲改革的先行者田汉同志诞辰 85 周年、逝世 15 周年，湖南省文化界、戏曲界于 1983 年 12 月 5 日至 6 日在长沙市举行了隆重的纪念活动。

田汉诞辰85周年、逝世15周年纪念大会于5日上午在湘江宾馆举行，由湖南省委宣传部副部长车文仪主持。在会上讲话的有：湖南省委常委、宣传部部长王向天，中国戏剧家协会书记处书记杜高，中国戏剧家协会湖南分会主席铁可，田汉同志的亲属田海男。他们在讲话中介绍了田汉同志的光辉一生，指出纪念田汉和学习田汉同志崇高的品德和孜孜不倦的工作精神，有着重要的现实意义。在纪念大会上，中国戏剧家协会书记处书记陈刚代表全国剧协向省文化厅、省文联、省剧协分别赠送了最新出版的《田汉文集》。

5日下午和6日上午，田汉同志的亲友、省会文化界、戏剧界人士一起举行了忆谈会。6日下午，在湘江宾馆四楼礼堂，省会湘剧界老艺人围坐在一起，举行了纪念田汉忆谈演唱会。他们大都是在抗日战争时期参加过抗敌湘剧宣传队的队员，与田汉同志交往颇深，过从甚密。迄今几十年了，田老的谆谆教诲，犹历历在昨日。他们忆谈的都是田老关心湘剧事业和艺人生活的生动事例；他们唱的都是田老当年改编的注入了抗日内容的剧目。彭俐侬、刘伯涛、李霞云、陈绮霞、李桂枝、王福梅、肖百岁、姚云秋等著名湘剧演员演唱了田老的作品。陈楚儒、李云鹏、董武炎均表示要“振兴湘剧慰英灵！”

5日晚上，省湘剧院、艺术学校、湘剧老艺人之家还联合举行了湘剧演出晚会。

田汉诞辰95周年纪念

为纪念国歌的词作者、人民戏剧家、文化名人田汉同志诞辰95周年，由湖南省委宣传部牵头，省文化厅、省文联、省剧协，长沙市委宣传部、市文化局、市文联，长沙县委、县政府等九单位联合举办了系列纪念活动。

3月12日上午，在湖南剧院前厅，来自文化部、中国文联、中国剧协的有关领导，以及全国各地文艺界的知名人士、研究田汉的专家、田汉同志的亲属、生前好友与湖南省委、省人大、省政协；长沙市委，长沙县委、县政府；省、市文化领导机关、群众团体的负责人和省文艺界的代表数百人聚集一堂，为全国第一尊田汉铜像在湖南剧院前厅落成，举行了隆重的揭幕盛典。

纪念田汉同志诞辰95周年暨田汉铜像揭幕典礼，由湖南省委宣传部长周特新主持。中国戏剧家协会副主席、中国戏曲学会会长、著名戏剧理论家张庚和湖南省委常委、长沙市委书记夏赞忠为铜像揭幕。周巍峙代表文化部、葛一虹代表中国戏剧家协会和中国田汉研究会致辞。

周巍峙代表文化部、文艺界、戏剧界，祝贺田汉同志诞辰95周年暨田汉铜像揭幕典礼的隆重举行，向田汉同志表达由衷的崇敬和深切的怀念，并向湖南省委领导、省委宣传部、省文化厅、省文联、省剧协领导，向长沙市、县党政和宣传文化部门的领导，表达诚挚的谢意。周巍峙说：全国第一尊田汉铜像在长沙落成，“为田老家乡人民、全国人民和文艺界，做了一件

1993 年 3 月 12 日上午，田汉铜像落成揭幕仪式在湖南剧院前厅举行，湖南省委副书记杨正午同志致辞

1993 年 3 月 12 日，长沙纪念田汉诞辰 95 周年座谈会会场

大好事。这不仅对我国文艺界、戏剧界和田老的亲属是一种安慰、一种鼓舞，了却了大家一桩心愿，而且对海外文艺界也会产生很好的影响。”

湖南省委副书记杨正午在讲话中热情洋溢地赞扬田汉生平业绩，表达了家乡人民深切的缅怀之情。他说：“我们作为田汉同志家乡的人民和文艺工作者，与全国各地的来宾以及他的亲属汇聚一堂，隆重地为这位文化名人的第一尊塑像举行揭幕仪式，对他的戏剧活动和作品进行研讨，组织他的作品纪念演出，以缅怀田汉同志的历史功绩，继承和发扬田汉同志忠于党、忠于人民、忠于生活、忠于艺术的优秀品格与精神，这是非常必要的。尤其是在我国进一步加快改革开放和现代化建设步伐的新阶段，在我国建设有中国特色社会主义文化的新时期，举办这次活动，更将产生不同寻常的现实意义与深远的影响。”

中国文联副秘书长邓兴器宣读了大会组委会顾问、中国文艺界老前辈夏衍、阳翰笙、曹禺、吴作人的书面发言及中国文联的致敬电。

这次塑造的第一尊田汉铜像，是由著名雕塑家朱惟精设计创作的。为田汉塑像的捐赠倡议在文艺界一呼百应。一些耄耋之年的老艺术家纷纷赶来长沙参加纪念活动并捐赠。著名京剧表演艺术家“武生之王”厉慧良先生在天津为田汉第一尊塑像举行义演并捐款，又赴长沙参加纪念演出。新中国剧社一些健在的老同志踊跃捐款并派代表自费从全国各地赶来长沙参加纪念活动并献上捐款。老戏剧工作者曹孟浪、蒋柯夫、陈云夫妇、程漠、黄俪夫妇等人特意赶来长沙捐款以表达他们对田汉的无限敬意。70多岁的杜继昆老人专程赶来长沙，代她已故的丈夫刘冠武老先生，向田汉塑像捐款，以了却丈夫生前的遗愿。三十年代在上海曾演出过田汉剧作的电影明星、旅美侨胞李孔暐女士，特从海外寄给她在北京的妹妹伍仟港元，辗转捐赠给纪念大会。

3月12日晚，纪念田汉诞辰95周年戏曲专场演出在湖南剧院举行。著名京剧表演艺术家“武生之王”厉慧良先生演出了京剧《长坂坡》《汉津口》等折，著名湘剧表演艺术家刘春泉、董武炎、左大玢以及著名湘剧演员刘少英、曹汝龙、贺小汉、朱球球、曾金贵、俞小玲等演出了湘剧《将相和》《断桥》《酒楼》等折。艺术家精彩的表演，使全场观众更加深切地缅怀田汉。

田汉诞辰 100 周年纪念

省会各界隆重集会纪念田汉诞生100周年

周巍峙郑培民文选德唐之享出席

本报讯 3月12日是田汉100周年诞辰，为了纪念这位文坛巨擘，省会各界隆重集会，郑培民、文选德、唐之享，中国文联主席、田汉基金会会长周巍峙，田汉的亲属，田汉创建和领导的原演剧六队、原湘剧抗敌宣传队的老同志等各界来宾近200人参加了纪念大会。

田汉同志出生在长沙县东乡。他是我国革命戏剧运动的奠基人和戏曲改革的先驱，我国早期革命音乐和电影卓越的倡导者、组织者和领导者，杰出的剧作家和诗人，中华人民共和国国歌的词作者。

纪念大会上，郑培民、周巍峙先后讲了话。郑培民在讲话中称赞田汉是一位具有强烈爱国主义思想的共产主义战士，是我国当代中国先进知识分子的杰出代表，是团结广大文艺工作者的典范。他要求大家继承和发扬田汉同志的精神，努力繁荣社会主义文艺事业，迎接建国50周年和新世纪的到来。周巍峙在讲话中高度评价田汉同志在中国现代文艺、文化的建设与发展中，在反帝反封建的新民主主义革命和社会主义革命与建设中所作出的卓越贡献。周巍峙还向与会代表通报了北京及其他一些地区在纪念、研究田汉的历史功绩方面所做的一些工作。

田汉同志的长子田海男先生在回顾父亲的一生时感慨良多，在会上吟诵了一首"七律"表达自己的深切缅怀。

纪念大会由省委常委、省委宣传部部长文选德主持，原演剧六队、原湘剧抗敌宣传队的代表及青年文艺工作者代表也在会上发了言。

（本报记者 曾衡林）

《湖南日报》，1998 年 3 月 12 日头版关于田汉诞辰 100 周年纪念大会的报道

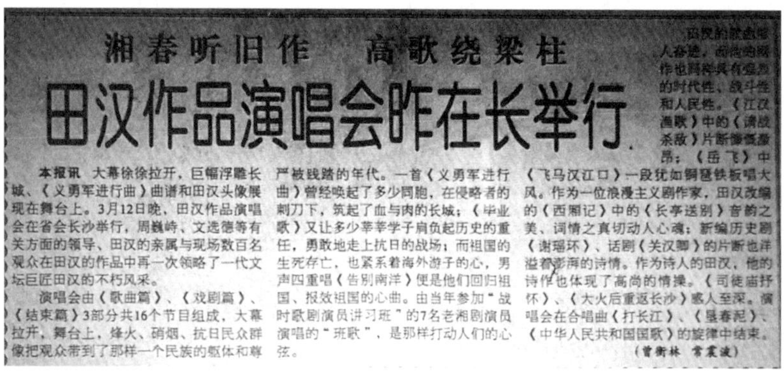

湘春听旧作 高歌绕梁柱

田汉作品演唱会昨在长举行

本报讯 大幕徐徐拉开，巨幅浮雕长城、《义勇军进行曲》曲谱和田汉头像展现在舞台上。3月12日晚，田汉作品演唱会在省会长沙举行，周巍峙、文选德等有关方面的领导、田汉的亲属与现场数百名观众在田汉的作品中再一次领略了一代文坛巨匠田汉的不朽风采。

演唱会由《歌曲篇》、《戏剧篇》、《结束篇》3部分共16个节目组成，大幕拉开，舞台上，烽火、硝烟、抗日民众群像把观众带到了那样一个民族的躯体和尊严被践踏的年代。一首《义勇军进行曲》曾经唤起了多少同胞，在侵略者的刺刀下，筑起了血与肉的长城；《毕业歌》又让多少莘莘学子肩负起历史的重任，勇敢地走上抗日的战场；而祖国的生死存亡，也紧系着海外游子的心，男声四重唱《告别南洋》便是他们回归祖国、报效祖国的心曲。由当年参加"战时歌剧演员讲习班"的7名老湘剧演员演唱的"班歌"，是那样打动人们的心弦。

田汉的歌曲[illegible]人[illegible]，[illegible]作也[illegible]具有[illegible]的时代性、战斗性和人民性。《江汉渔歌》中的《请战杀敌》片断[illegible]昂；《岳飞》中《飞马汉江口》一段犹如铜琶铁板唱大风。作为一位浪漫主义剧作家，田汉改编的《西厢记》中的《长亭送别》音韵之美、词情之真切动人心魂；新编历史剧《谢瑶环》、话剧《关汉卿》的片断也洋溢着澎湃的诗情。作为诗人的田汉，他的诗作也体现了高尚的情操。《司徒庙抒怀》、《大火后重返长沙》感人至深。演唱会在合唱曲《打长江》、《垦春泥》、《中华人民共和国国歌》的旋律中结束。

（曾衡林 常震波）

《湖南日报》，1998 年 3 月 12 日头版关于纪念田汉诞辰 100 周年田汉作品演唱会的报道

缅怀一代文艺大师 继承巨人精神遗产

省会各界隆重纪念田汉诞辰 100 周年

[illegible]讯 昨日，省会各界纪念田汉[illegible]辰 100 周年大会在蓉园宾馆隆[illegible]，中国文联主席、中国田汉基金[illegible]周巍峙，田汉同志的长子田海[illegible]田刚，省领导及有关方面负责[illegible]、文选德、唐之享、游碧竹、刘[illegible]健明、谭谈、覃晓光，市领导阳[illegible]兴祥、郑佳明出席大会。

[illegible]由省委常委、宣传部长文选德[illegible]省委副书记郑培民和周巍峙同志[illegible]上讲了话。

郑培民说，田汉同志是我国革命戏剧运动的奠基人和戏曲改革的先驱，我国早期革命音乐和电影卓越的倡导者、组织者和领导者，杰出的剧作家和诗人，中华人民共和国国歌的词作者。他是中国现当代先进知识分子的杰出代表。郑培民说，田汉同志是湖南人，湖南人民以拥有这样一位受人崇敬和爱戴的文化巨人而自豪。我们要学习他忧国忧民的爱国主义情操、"俯首甘为孺子牛"的为人民服务的工作作风、无私无畏的献身精神，继承和发扬他忠于党、忠于人民、忠于生活、忠于艺术的优秀品格，努力繁荣社会主义文艺事业，迎接新世纪的到来。

周巍峙说，田汉同志是湖南人民的骄傲，也是全国人民的骄傲；他既是文艺界的一代大师，也是文化界的百年巨人，一位忠勇无畏的无产阶级文化战士。在田汉同志波澜壮阔、迎风披雨的一生当中，他始终站在时代的前沿，为中国现代文艺、文化的建设与发展，为反帝反封建的新民主主义革命和社会主义革命和建设作出了多方面的贡献。他无愧是一个真正的时代之子、世纪之星。

田海男同志和原演剧六队、原湘剧抗敌宣传队的老同志代表，省会青年文艺家代表，田汉家乡长沙县的代表也在会上讲了话。

（本报记者 [illegible]）

《长沙晚报》，1998 年 3 月 12 日头版关于田汉诞辰 100 周年纪念大会的报道

田汉诞辰 110 周年纪念

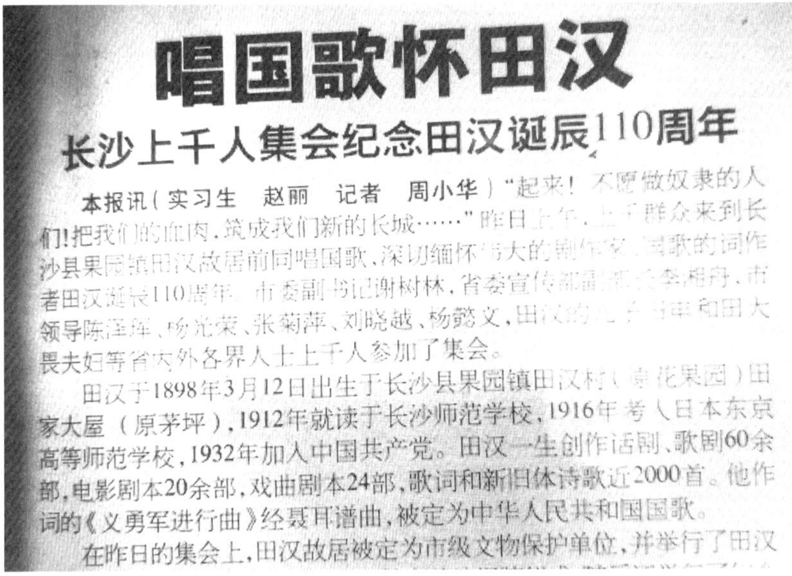

唱国歌怀田汉

长沙上千人集会纪念田汉诞辰110周年

本报讯（实习生 赵丽 记者 周小华）"起来！不愿做奴隶的人们!把我们的血肉，筑成我们新的长城……"昨日上午，上千群众来到长沙县果园镇田汉故居前同唱国歌，深切缅怀伟大的剧作家、国歌的词作者田汉诞辰110周年。市委副书记谢树林，省委宣传部副部长李湘舟，市领导陈泽珲、杨光荣、张菊萍、刘晓越、杨懿文，田汉的[illegible]田申和田大畏夫妇等省内外各界人士上千人参加了集会。

田汉于1898年3月12日出生于长沙县果园镇田汉村（原花果园）田家大屋（原茅坪），1912年就读于长沙师范学校，1916年考入日本东京高等师范学校，1932年加入中国共产党。田汉一生创作话剧、歌剧60余部，电影剧本20余部，戏曲剧本24部，歌词和新旧体诗歌近2000首。他作词的《义勇军进行曲》经聂耳谱曲，被定为中华人民共和国国歌。

在昨日的集会上，田汉故居被定为市级文物保护单位，并举行了田汉

《长沙晚报》，2008 年 3 月 13 日头版关于长沙县隆重举行田汉诞辰 110 周年纪念活动的报道

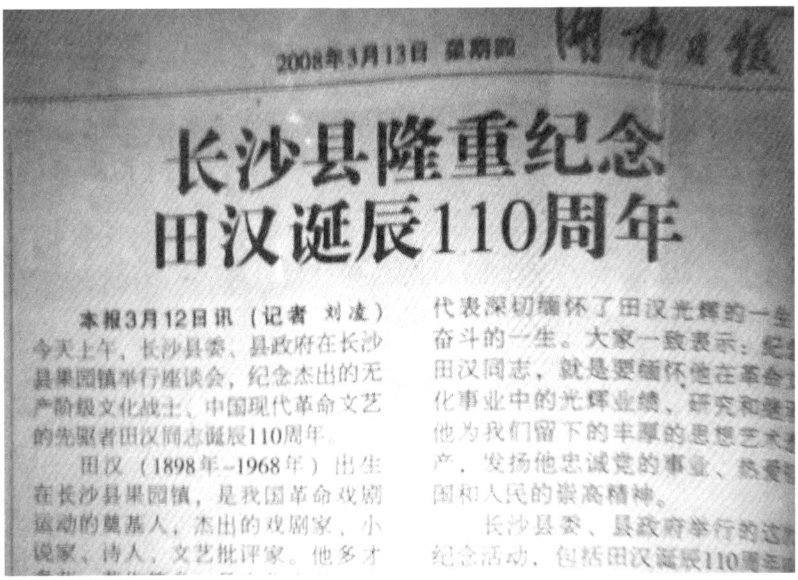

2008年3月13日 星期四 湖南日报

长沙县隆重纪念 田汉诞辰110周年

本报3月12日讯（记者 刘凌）今天上午，长沙县委、县政府在长沙县果园镇举行座谈会，纪念杰出的无产阶级文化战士、中国现代革命文艺的先驱者田汉同志诞辰110周年。

田汉（1898年–1968年）出生在长沙县果园镇，是我国革命戏剧运动的奠基人，杰出的戏剧家、小说家、诗人、文艺批评家。他多才

代表深切缅怀了田汉光辉的一生、奋斗的一生。大家一致表示：纪[illegible]田汉同志，就是要缅怀他在革命[illegible]化事业中的光辉业绩，研究和继[illegible]他为我们留下的丰厚的思想艺术[illegible]产，发扬他忠诚党的事业、热爱[illegible]国和人民的崇高精神。

长沙县委、县政府举行的这[illegible]纪念活动，包括田汉诞辰110[illegible]

《湖南日报》，2008 年 3 月 13 日关于长沙县隆重纪念田汉诞辰 110 周年的报道

田汉诞辰 120 周年纪念

（一）纪念座谈会

2018 年 3 月 28 日，纪念田汉诞辰 120 周年座谈会在田汉故里长沙县举行。中国文联办公厅主任邓光辉，著名京剧表演艺术家、中国戏剧家协会原主席尚长荣，中国雕塑学会名誉会长、中国美术家协会雕塑艺术委员会原主任、著名雕塑家盛杨，田汉长孙、田汉基金会理事长田钢，中国田汉研究会会长周光，中国唱片集团有限公司总经理、中国戏剧出版社社长樊国宾，中国田汉研究会副会长、秘书长郭超，田汉次孙、国防大学教授欧阳维，湖南省政协原副主席、省文联原主席谭仲池，省文化厅党组书记、厅长禹新荣，省文联党组书记、副主席夏义生，长沙市委副书记徐宏源，市政协主席文树勋，市委常委、宣传部长高山，市人大常委会副主任罗衡宁，副市长陈中，长沙经开区党工委书记、长沙县委书记曾超群，县领导杨莉、李建章、王益枝、杨溢、喻志刚、曹艳萍、彭迟平、彭正球、陈沃辉以及长沙市、县有关部门的负责人约 200 人参加座谈会。

座谈会由市委常委、宣传部长高山主持。曾超群、田钢、尚长荣、禹新荣、邓光辉、徐宏

长沙县举行纪念田汉诞辰 120 周年座谈会会场

源先后致辞、发言和讲话，与会领导、学者和嘉宾深情地追忆了田汉同志的光辉一生，缅怀他的革命历程和艺术贡献，学习和弘扬他崇高的爱国精神、炽热的人民情怀、自觉的时代担当、坚定的艺术追求。

高山在主持中指出：田汉作为优秀的无产阶级文化战士，为发展中国特色社会主义留下了大量宝贵的革命文化作品，培育了社会主义核心价值观的精神宝藏，具有重大政治意义和现实意义。

市委副书记徐宏源指出：纪念田汉同志，要学习他紧跟时代、献身革命的坚定信念，学习他心系群众、热爱人民的崇高品格，学习他严于律己、团结同志的优良作风。

（二）田汉铜像揭幕仪式

2018 年 3 月 27 日，在田汉文化园举行了纪念田汉诞辰 120 周年铜像揭幕典礼。中国雕塑学会名誉会长、中国美术家协会雕塑艺术委员会原主任、著名雕塑家盛杨，田汉长孙、田汉基金会理事长田钢，中国田汉研究会会长周光，中国唱片集团有限公司总经理、中国戏剧出版社社长樊国宾，中国田汉研究会副会长、秘书长郭超，田汉次孙、国防大学教授欧阳维和长沙县政府领导以及各界群众约 300 人出席了田汉铜像揭幕仪式。

田汉是国务院 1982 年公布的第一批中外历史文化名人之一，是中共中央宣传部 1985 年规定的可以在全国各地塑像纪念的历史文化名人之一。

长沙县果园镇田汉故里的田汉铜像

坐落在田汉故里——长沙县果园镇田汉文化园里的田汉铜像，是国内继田汉半身铜像、田汉坐式全身铜像后的第一尊田汉立式全身铜像。本尊田汉铜像由中央美术学院雕塑研究所所长、著名雕塑家孙伟教授创作。

由长沙县、果园镇、中国田汉研究会、田汉基金会等单位领导共同为田汉铜像揭幕。

在田汉铜像揭幕仪式上，中国雕塑学会名誉会长、中国美术家协会雕塑艺术委员会原主任、毛主席纪念堂雕塑组组长、著名雕塑家盛杨先生代表嘉宾讲话。88 岁高龄的盛杨先生说：他在少年时期，在重庆聆听过田汉先生的演讲， 中华人民共和国成立后也有几次接触过田汉先生。田汉先生的平易近人、和蔼可亲、慢言细语给他留下了极为深刻的印象。本尊田汉立式全身铜像的创作，形象地表现出了田汉先生所彰显出的中国精神气质。

（三）《田汉画册》首发式

田汉是中华人民共和国国歌的词作者和杰出的人民艺术家，是从长沙走向世界并为中国人民赢得世界声誉的历史文化名人，其一生伟大豪迈壮丽辉煌。田汉不仅是戏剧界的先驱者，同时是文化界的先驱者，不仅是杰出的诗人和戏剧家，同时还是著名的艺术教育家和社会活动家。为纪念田汉诞辰120周年，由中国田汉研究会田汉著作编辑委员会编辑出版的《田汉画册》，于2018年3月27日上午在田汉故里长沙县举行了首发式。

出席首发式的领导和嘉宾有：中国戏剧家协会原主席、著名京剧表演艺术家尚长荣，中国雕塑学会名誉会长、中国美术家协会雕塑艺术委员会原主任、著名雕塑家盛杨，中国文艺评论家协会副主席张德祥，田汉长孙、田汉基金会理事长田钢，中国田汉研究会会长周光，中国唱片集团有限公司总经理、中国戏剧出版社社长樊国宾，中国田汉研究会副会长、秘书长郭超，田汉次孙、国防大学教授欧阳维，长沙县政协主席王益枝，长沙县副县长彭正球。

首发式由长沙县委常委、宣传部长杨溢主持。

中国田汉研究会副会长、秘书长、田汉研究专家、《田汉画册》主编郭超介绍了《田汉画

长沙县委常委、宣传部长杨溢主持《田汉画册》首发式，
中国田汉研究会副会长兼秘书长、《田汉画册》主编郭超介绍《田汉画册》编辑出版过程

册》的编辑出版过程。他说："《田汉画册》编委会从多年来搜集到的 1300 多幅历史照片中，精选出了 900 余幅珍贵的历史照片，分上下两编、7 个历史时期、27 个子目，编成《田汉画册》，完整地记录了田汉的生命历程和创作历程，客观地阐述了田汉对中华民族解放事业和中国新文艺事业所做出的卓越贡献，彰显出田汉精神和田汉风骨。画册收入了大量田汉早期的照片、书信、作品、手迹等，价值极高。尤其是收入了 1934 年刊出的电影《风云儿女》本事和 1935 年刊出的电影《风云儿女》文学剧本，这两个文字本为研究考证《义勇军进行曲》歌词的创作时间提供了原始资料，填补了《田汉文集》和《田汉全集》之空缺。"他说："《田汉画册》是中国文联和长沙县支持的一项出版工程，是全国多家著名档案馆、图书馆、博物馆通力协助的史料结晶，是研究中国现代史和文艺专门史、政治专门史不可或缺的重要史料集，也是开启'田汉学'研究和推动'田汉学'繁盛的基础研究成果之一。"

中国文艺评论家协会副主席张德祥介绍了《田汉画册》的学术价值和现实意义。他说："《田汉画册》彰显了田汉精神和田汉风骨，将为学术界研究田汉、研究 20 世纪中国文艺专门史和政治专门史提供宝贵的第一手史料。"

《田汉画册》由中国戏剧出版社出版。画册从版式设计风格、封面色彩、装帧形式等方面，不仅体现出高雅、飘逸、大气的品位，而且体现出田汉淳朴、简约、平易的品质。

（节选自《新湖南》）

（记者范远志 李治 通讯员 鞠文霞）

中国文艺评论家协会副主席张德祥介绍了《田汉画册》的学术价值和现实意义

（四）中国京剧院《谢瑶环》《白蛇传》专场纪念演出

2018 年 3 月 27 日、28 日，为纪念田汉诞辰 120 周年，国家京剧院在长沙实验剧场，连续演出了田汉的戏曲代表作《谢瑶环》和《白蛇传》。

《谢瑶环》和《白蛇传》均为国家京剧院经典保留剧目。《谢瑶环》是田汉于 1961 年根据碗碗腔《女巡按》改写的历史剧，1962 年由著名京剧表演艺术家杜近芳首演，为杜近芳的代表作之一。

《白蛇传》是田汉在整理民间神话和传统戏曲的基础上创作于 1944 年，修改完成于 1954 年，堪称“十年磨一剑”的经典剧目。《白蛇传》由著名京剧表演艺术家杜近芳首演后，几十年来多次赴日本、美洲、欧洲等多国演出，成为中外文化艺术交流的经典演出剧目。

主演《谢瑶环》和《白蛇传》的著名京剧表演艺术家丁晓君，是梅派传人、著名京剧表演艺术家杜近芳的入门弟子，多次获得国家级金奖。国家京剧院的艺术家们两天的精彩演出，给田汉家乡的戏曲爱好者带来了极大的精神享受。

《谢瑶环》剧照

《白蛇传》剧照

弘扬国歌精神，文旅融合建设田汉故里

田汉，湖南省长沙县人，《中华人民共和国国歌》词作者、忠勇无畏的无产阶级文化战士、杰出的人民艺术家、新中国第一批历史文化名人。

田汉文化园位于长沙县果园镇，是全国唯一一个系统展示田汉同志生平业绩和人格风范的主题文化公园，有着“田汉故里，国歌摇篮”的美誉。文化园占地 352 亩，内有田汉故居、田汉文化展示馆、田汉艺术学院、游客服务中心、国歌广场等文化场馆和设施 11 处，能提供讲解、餐饮、住宿、培训、演出等服务。田汉文化展示馆内有大型展览《杰出的人民艺术家——田汉生平事迹陈列》，综合运用图片、场景重现等展示手段，形象生动地展现了田汉一生的历史功绩。田汉故居复原重现了田汉出生和成长的家庭环境。

为深入挖掘国歌精神和田汉文化内涵，田汉文化园联合各界优秀专家组建田汉研究宣讲团，开发的党课《国歌的力量》被评为湖南省精品党课，《以笔为旗，为国而歌——田汉不朽的一

田汉故居

生》和《田汉先生的家国情怀》被评为长沙市精品党课，累计开展党课现场教学近 150 场，得到前来学习参观的广大党组织和党员的高度认可。许多党员表示：“到田汉文化园了解国歌的故事，汲取国歌的精神力量，高唱国歌，这样生动有内涵的党性教育很振奋内心”。

田汉文化展示馆序厅“人民艺术家——田汉”主题雕塑

田汉铜像广场“为国而歌”活动

红色舞台剧《田汉眼中的中国》

2019 年，田汉文化园联合运营公司推出了原创红色舞台剧《田汉眼中的中国》，通过戏剧艺术的方式展现田汉风骨，诠释国歌精神，舞台剧演出超过 100 场。2020 年，新推出户外行进式情景演出《田汉与国歌》，引导游客边游、边看、边体验，了解田汉先生成长和创作国歌的故事，至 2020 年 7 月演出超过 70 场。田汉文化园通过发展演艺旅游，让游客在休闲中潜移默化接受红色教育，实现红色教育和红色旅游的深度融合，实现文化事业和旅游产业的双赢发展。

2019 年以来，田汉文化园和田汉故居参观游客达到 60 万人次 / 年，社会效益和社会影响力与日俱增，先后获评国家 4A 级旅游景区、湖南省爱国主义教育基地、湖南省省级文物保护单位、湖南省第一批涉侨文化遗产、湖南省中小学生研学实践教育基地、湖南省社会科学普及基地、长沙市党员教育培训示范基地、长沙市十大文化消费园区、长沙市社会科学普及优秀基地（连续三年）等称号和荣誉，成为长沙市乃至湖南省开展党员党性教育、全民爱国主义教育、未成年人思想道德教育、青少年戏剧艺术教育的重要目的地。

（长沙县田汉文化园事务中心　张柱撰文）

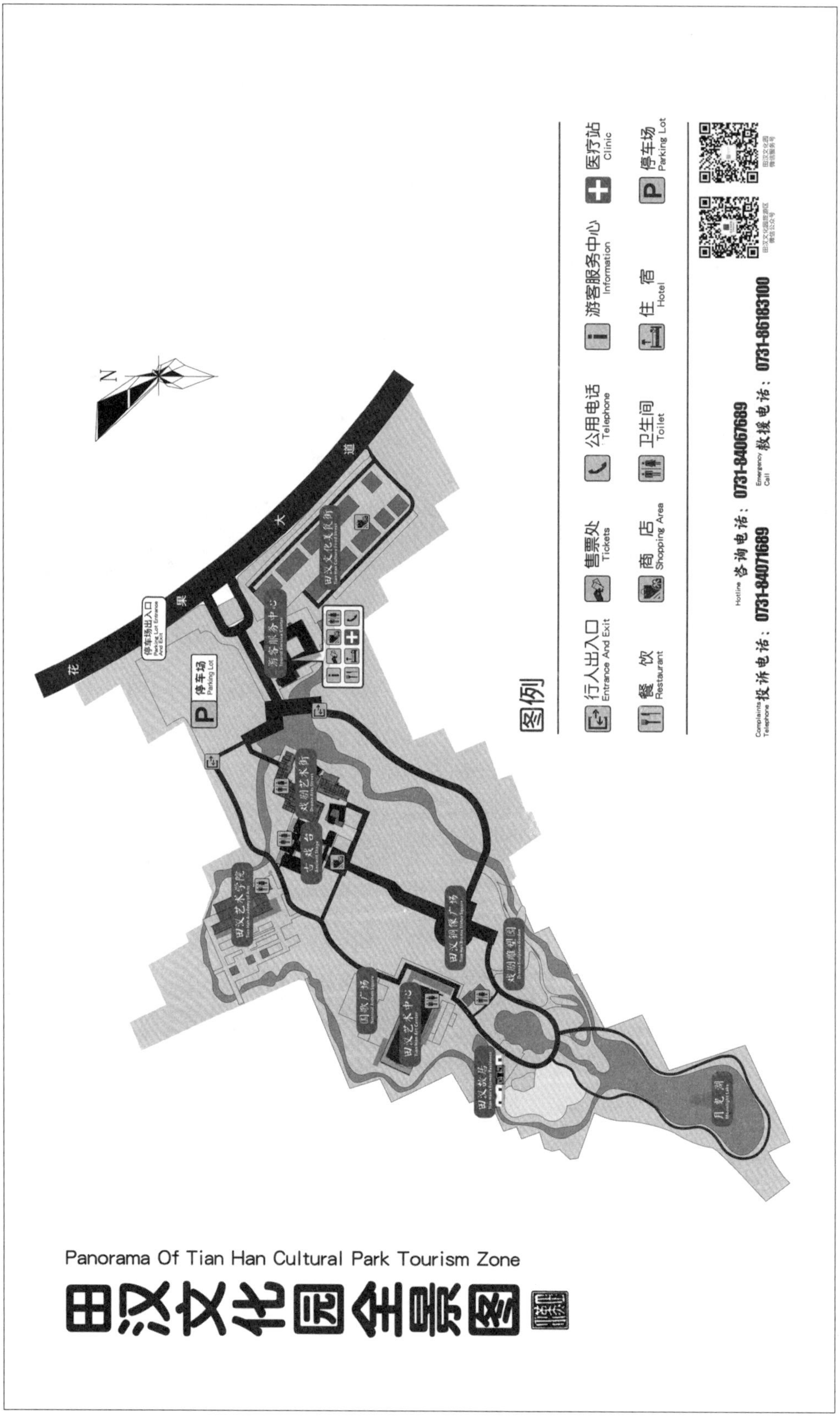
田汉文化园全景图
Panorama Of Tian Han Cultural Park Tourism Zone
图例
行人出入口 Entrance And Exit
售票处 Tickets
公用电话 Telephone
游客服务中心 Information
医疗站 Clinic
餐饮 Restaurant
商店 Shopping Area
卫生间 Toilet
住宿 Hotel
停车场 Parking Lot
咨询电话：0731-84067689
投诉电话：0731-84071689
救援电话：0731-86183100
花果大道
停车场出入口
游客服务中心
田汉文化美食街
戏剧艺术街
古戏台
田汉艺术学院
田汉铜像广场
戏剧雕塑园
国歌广场
田汉艺术中心
田汉故居
月光湖

田汉文化园全景图

第二章　田汉研究学术研讨会

1986田汉研究学术研讨会

1986年10月28日至11月1日，由中国戏剧家协会、中国田汉研究会、湖南省文化厅、湖南省文联、湖南省剧协联合举办的“田汉研究1986年学术讨论会暨中国田汉研究学会第二次学术研讨会”在长沙举行。这次讨论会的目的旨在交流田汉研究的成果，议定新的研究选题，为当代戏剧的创新与发展提供借鉴。来自全国各地的领导、专家、学者、艺术家以及中、青年田汉研究者一百多人出席了会议。

湖南省文联主席康濯主持开幕式。中国戏剧家协会党组书记张颖致开幕词。中共中央宣传部副部长贺敬之、文化部原代部长周巍峙分别做了重要讲话。

贺敬之在讲话中说：“田汉是‘五四’以来新文化的巨人，也是‘五四’以来我国话剧、新戏曲的奠基人，革命歌剧的开创者，有重要成就的重要代表作家之一，在文艺界还是一位有功绩的组织家和有威望的领导人。因此研究和宣传田汉是促进新时期文艺发展的重要条件之一，应该重视对田汉的学术研究和宣传工作。”

在研究方法上，贺敬之说：“要提倡以科学的、全面的观点，研究著作，研究作者的整个的活动、思想和艺术。看杰出的人物都应该是这样的，对待田老也应该如此。研究时要尊重历史的真实，不为今天的需要去打扮，又要以今天的时代精神研究田汉，以产生巨大的力量。”

在谈到对田汉的研究和宣传时，贺敬之指出：“田汉的战斗性和革命性是始终一贯的。他是在自觉的要求下，掌握马克思主义世界观、文艺观的。这是他的特点。他是一个大艺术家，也是一个革命家。他始终没有走错方向，在艺术风格和创作方法上，他的浪漫主义精神和方法是比较显著的，他是这个方面的大师。田汉的创作是我们民族传统的创造性的发展，他是革命左派，从不拒绝外国有益的经验，但他完全是我们民族深厚文化传统的体现。”

贺敬之强调：“对鲁迅、对田汉的研究和宣传，都不是过了，而是不够，文化艺术的前进、发展，不能像体育比赛那样说从零开始，而是要在继承的基础上发展、开拓。”

周巍峙在讲话中着重谈了要重视田汉的诗和歌词的研究。他说：“田汉作为大文豪，又是中国写歌词的带头人，无产阶级大众音乐运动的开拓者，广泛开展民族新音乐运动的组织者和领导者。他一生写歌词 80 多首，聂耳、冼星海谱曲的有 29 首。许多歌词影响很大，如《义勇军进行曲》《毕业歌》，等等。他的诗和歌词题材多样，对象多样，形式风格多样，可以说是文采横溢，广博精深，主题鲜明，非常生动感人。”

周巍峙认为：“田汉的创作、思想、品德、遭遇有这样几个特点：思想与时代同步；感情与群众共鸣；工作与革命统一；文采与品格比美；厄运与时间俱增。他是一代文化巨人，作品是万古传世珍品。对田汉诗和歌词创作方面的功绩要大书大颂。正如郭沫若同志说的，田汉‘是我们中国人应该值得夸耀的一个存在’。田汉可与裴多菲、歌德媲美，在历史上起的作用比他们大。”

中国田汉研究学会名誉会长夏衍在书面发言中认为：“田汉是当代的关汉卿，是中国戏剧史上一座高大的丰碑。”“他对国家民族，对文学艺术做出的贡献，灿如金玉，不可磨灭。”

中国田汉研究学会会长阳翰笙在录像发言中说：“田汉在文学领域中的贡献，都是开创性的，具有深远的历史意义。撇开了田汉，我国的话剧运动和电影发展史都将无从下笔。在现代音乐史上，如果撇不开聂耳，也就撇不开田汉。广大的戏曲界和戏曲观众忘不了田汉，戏曲发展史上少不了田汉。”“田汉的一生是爱国爱民，忧国忧民，为国为民而奋斗不已的一生。”

中国戏剧家协会主席曹禺为会议题诗祝贺：“笔落惊风雨，诗成泣鬼神。乾坤红紫遍，不忘栽花人。”中国田汉研究学会副会长廖沫沙也做了录像发言。

湖南省委常委、宣传部长夏赞忠致词，认为田汉的作品不仅属于过去，而且属于现在和将来；不仅是中国人民的，也是世界人民的宝贵财富，研究田汉是具有强烈的现实意义。

湖南省委书记毛致用，副书记刘夫生到会看望与会代表，并进行了亲切交谈。湖南省委常委、秘书长沈瑞庭，湖南省委常委、宣传部长夏赞忠，省委宣传部副部长、省文联党组书记周特新，省文联主席康濯，省文化厅厅长谢作孚，省剧协主席铁可等参加了会议。

来自全国各地的著名艺术家、作家、学者冯法祀、凤子、常任侠、石炎、杜宣、吕复、李雅琴、尹羲、金素秋、刘斐章、董武炎等 40 多人，相继在开幕式后的四天讨论座谈中做了发言。冯法祀等提出了为田汉塑像、印邮票、拍电影和电视剧的倡议；长沙县副县长欧阳伟昌建议修复田汉故居和兴建田汉戏剧活动中心，得到了与会代表的热烈支持。

在为期五天的讨论中，与会者交流了各地田汉研究的情况和取得的成绩，交换了对田汉评价的看法，不少与会者指出，中华人民共和国成立以来几部新文学史著作和大学的文学教科书中，大多没有把田汉及其作品列为专章论述，一些文学史家重小说、诗歌而轻戏剧，对于作为戏剧家的田汉仅仅一带而过，而对于作为杰出诗人和文艺理论家的田汉也未予以重视，这是很不符合实际的。中华人民共和国成立以来，在“左”的思潮和做法影响下，对田汉长期排斥、有意贬低，把他看作“右派”，而海外有的文学史家却因为田汉是左派作家、共产党员作家，对他抱着政治偏见而否认田汉在文艺上的成就，否认他在五四新文化运动中伟大开创性作家之一的地位，这都是很不公平的。

讨论中多数人认为，评论田汉创作道路及其作品不应只以他自己在1930年所作的显然过头的自我批判为根据，而应当以他的作品和活动的实际为依据，进行科学的研究和实事求是的评价，他自己所谓“感伤主义”“唯美主义”等等是有的，但并不表现为主要的倾向，田汉早期作品基本倾向仍是积极的、革命的，至于有的论者认为是现实主义的主线贯串始终，有人认为是浪漫主义特色始终保持，则可以进一步论证。

发言中有人谈及田汉是西方现代派诗歌、戏剧的最早介绍者之一，也是我国朦胧诗、象征主义戏剧的最早写作者之一，他十分善于从外国文艺中吸收营养融会贯通，运用在自己的作品中；他又善于继承自己民族的传统文化，特别对传统戏曲艺术十分重视，他又是戏曲改革的倡导者、先行者，田汉在早期写作中取得了多方面的成就。也有人认为田汉晚期作品成就更为突出，他不仅是伟大的作家，又是出色的活动家，为推动革命戏剧运动及保护、壮大革命戏剧队伍付出了大量精力，以至相对减少了写作时间，但他的作品到后期越显成熟，晚期的剧作《关汉卿》可说是迄今无人超越的艺术高峰。

讨论中还有不同的看法，有的与会者认为田汉戏剧作品所表现的现实主义战斗传统应当发扬；也有人认为要突破用现实主义的框框去看田汉，要从一个艺术家的发展道路、从美学的角度去研究田汉。

（中国田汉研究会学术活动部）

1993 田汉学术研讨会

为纪念田汉诞辰95周年，由湖南省委宣传部牵头，省文化厅、省文联、省剧协、长沙市委宣传部、市文化局、市文联、长沙县委、县人民政府在长沙联合举办了“纪念田汉诞辰95周年”系列活动，其中田汉学术研讨会是继1986田汉研究学术研讨会后的又一次全国性的研究田汉的学术盛会，中国田汉研究会组织了全国各地研究田汉的学者参会。文化部顾问、原代部长周巍峙，中国戏剧家协会副主席、中国艺术研究院原副院长张庚，中国艺术研究院顾问、中国田汉研究会副会长兼秘书长葛一虹，中国文联原副秘书长、中国田汉研究会副秘书长邓兴器，湖南省委宣传部、省文化厅、省文联、省剧协及长沙市委宣传部、市文化局、市文联、长沙县委、县政府的领导同志出席了研讨会。研讨会上学者们就田汉文艺思想、戏剧理论、话剧和戏曲作品、诗词艺术以及田汉研究的现状与前瞻等问题，呈现出高水平的学术成果。会后将会议论文20余篇结集，作为中国田汉研究会主编的《田汉研究》（专辑）第一辑出版，由戏剧理论家、湖南省剧协副主席乔德文同志担任执行主编。

（中国田汉研究会学术活动部）

2018“田汉与国歌”学术研讨会

为纪念田汉诞辰120周年和《国歌法》的颁布实施，中国田汉研究会和长沙县委宣传部于2018年3月27日在长沙联合举办了“田汉与国歌”学术研讨会，有来自北京和湖南的有关专家学者30多人参会。研讨会着重探讨了田汉创作国歌《义勇军进行曲》歌词的历史过程。中国田汉研究会副会长兼秘书长、《田汉画册》主编、《国歌历程》作者郭超研究员，通过分析解读一手史料文献——田汉创作的电影《风云儿女》的两个文字本——即电影《风云儿女》本事和电影《风云儿女》文学剧本，在其《〈义勇军进行曲〉歌词创作考》一文的论证基础上，进一步论证了《义勇军进行曲》歌词创作时间：1. 创作于1935年1月，即创作于电影《风云儿女》文学剧本的结尾；2. 既不是创作于1934年秋冬的电影《风云儿女》本事（即电影故事提纲）里，也不是后来于2月下旬在狱中补写的。为在国歌宣传中杜绝讹传提供了基础研究成果。

（中国田汉研究会学术活动部）

2019“田汉在长沙”学术研讨会

“田汉在长沙”学术研讨会于2019年5月29日上午在长沙市图书馆举行。这是中国田汉研究会藉此在长沙举办“田汉生平事迹图片巡回展”之机，为编辑出版《田汉在名城》丛书之一《田汉在长沙》一书，委托长沙市图书馆承办的一次重要的学术会议。承办方邀请了湖南省政协、文联、剧协、艺术研究院、文史馆、湖南大学等省直和长沙市委宣传部、政协文史委、文旅广电局、湘剧院、历史学会、档案学会、师范学院、图书馆等市直有关单位，以及来自北京的专家学者约30余人参会。研讨会由中国田汉研究会副会长兼秘书长、田汉研究专家郭超研究员主持，与会专家学者就田汉在长沙的学习、创作、社会活动诸方面进行了深入研

讨，取得了可喜的成果。专家发言，收录如后。（以现场发言先后为序，根据录音整理）

永远活着的戏剧魂

谭仲池[1]

中国人应该夸耀的一个存在

今年，是国歌诞生 70 周年，举办“不朽的人生——田汉生平事迹图片展”是一件非常有纪念意义的活动。田汉先生写国歌不是偶然的。他一生中，在长沙长大，受舅舅易象、母亲易克勤、师范教师徐特立的影响，然后去日本留学，学成归国回到上海。他一路走来，伴随着我们国家发展的轨迹。田汉青年时期，最早是唯美主义成立南国社；到加入左翼联盟投身左翼文化运动之中；再到倡议《到民间去》接地气，发生了根本的转变。所以田汉写了国歌。

田汉是从长沙县这片土地走出去的。他走过漫长风雨历程，走进光明的岁月，成长为中国共产党党员，人民艺术家，“中国文化先驱，中国人应该夸耀的一个存在……然而他的一生一定是无穷的永远。”（郭沫若语）

1947 年，著名历史学家翦伯赞就评价田汉：“你用戏剧用诗歌，为了中国苦难人民而歌而哭而呐喊。你的戏剧，不是戏剧，而是三十年来中国社会之缩写；你的诗歌，不是诗歌，而是近三十年中国人民之哭叫。你不是戏剧家不是诗人，而是时代的速记，是人民的代言人。”

时代之子、大地之子、人民之子

田汉 11 岁时，黄兴率部参加广州黄花岗起义惨败的消息传到长沙，读高小的田汉就参加游行并登台演讲，还与同学柳之俊、陈剑伍、张伯陵一道，改名为柳英、陈雄、田汉，以“英雄怀汉”表示对黄花岗起义烈士的纪念。可见少年时的田汉就胸有海岳，志存高远。

读田汉的诗歌，唱他作词的歌曲，看他写的戏剧，品赏他的书法，聆听他的演讲，就会真切地感受到田汉激烈跳动的时代之子、大地之子、人民之子的耿耿丹心。这颗心将祖国、民族置于一切之上，将戏剧视为灵魂，将人民视为父母，将艺术视为生命。他始终将全身心扑向时代，将满腔热血激情融入为时代、民族、人民抒写抒怀抒情。田汉是一个有信仰、有血性、有担当、有坚守、有追求，博古通今、学贯中西、才华横溢、浪漫率真、重情重义、性格如火、嫉恶如仇、胸无城府、心直口快、自信豁达、乐观容忍，甚至能洗心革面，赎身洗罪的“湖南牛”和好汉。

[1] 谭仲池：诗人，作家，曾任湖南省政协副主席、湖南省文联主席、长沙市委副书记、市长，代表作有《芭蕉雨》《月之梦》《岁月与梦幻》《田汉的一生》。

田汉一生共创作了话剧 63 部，戏剧 27 部，电影 12 部，歌剧 2 部，新旧体诗两千余首。曹禺曾动情地说：“田汉的一生，就是一部中国话剧发展史。他对中国话剧的主要贡献表现在：第一，他是中国话剧运动的卓越组织者和领导者；第二，他在中国话剧历史上，是一位具有开拓性的剧作家和中国话剧诗化现实主义艺术传统的缔造者。”他的话剧《关汉卿》《获虎之夜》《名优之死》，戏剧《谢瑶环》《白蛇传》，电影《三个摩登的女性》，歌词《义勇军进行曲》《毕业歌》《夜半歌声》《天涯歌女》《四季歌》等代表作，堪称史诗性的经典之作。

1934 年，田汉生命的一个高峰

就在白色恐怖越来越严重的时刻，田汉毅然决然地向中国共产党递交了入党申请书。上海的党组织考虑到田汉的安危，决定让他暂时留在党外活动。但田汉坚决要求入党。1932 年 2 月，由瞿秋白代表中共中央宣传部主持了田汉入党宣誓仪式。

1934 年，是田汉对中国先进文化建设做出最大贡献的一年，达到了他生命的一个高峰。这就是电影《风云儿女》的公演和《义勇军进行曲》的创作、传唱。《风云儿女》以生动的故事情节，深刻的人物形象塑造和圆熟的艺术技巧，满腔的赤烈情感表现了民众抗日的高昂热情和一往无前的进攻精神；《义勇军进行曲》从此化作狂飙在中国辽阔的大地飞扬、旋转、激荡，成为全中国人民抗战的共同呼声和战斗呐喊。

1935 年 2 月 19 日晚，田汉被捕入狱。在狱中田汉受到百般磨难，始终坚贞不屈。同年 7 月 27 日，田汉经徐悲鸿、宗白华、张道藩保释出狱，那天正逢《风云儿女》在南京上演，主题歌《义勇军进行曲》响遍全城。

中共直接指挥下冲锋在抗战第一线的战士

1937 年 5 月下旬的一天，在南京一条深巷中的一个公馆里，周恩来亲切接见了田汉。周恩来对《义勇军进行曲》给予了很高的评价，说西安事变发生时，他曾在西安看见爱国学生成群结队高唱着激昂、豪迈的歌曲，无所畏惧地行进在大街上，后来他才知道这首歌的词曲作者是田汉、聂耳，都是共产党员，这让他感到十分欣慰。他安排田汉去见博古同志，听他安排。博古要求田汉暂时仍然以地下党员身份留在南京，公开身份还是作家、爱国人士，继续努力工作。田汉心里明白，这是党对自己的高度信任和期待。1938 年 2 月 28 日，田汉被任命为军事委员会政治部三厅第六处处长，主管艺术宣传。田汉明白，这个安排肯定是周恩来决定的。

田汉到三厅工作后，精神面貌发生了明显的变化。不仅已经是一个自觉的很有影响的革命文艺家，而且成了共产党直接指挥下冲锋在抗战第一线的战士。如长沙发生“文夕大火”，田汉、洪深率三厅 130 多人抵达长沙，组成“长沙大火善后突击工作队”进行善后工作与宣传。田汉还提出要“把戏场当战场”，指挥湘剧抗敌宣传队奏出了一首首“再从焦土建湖南”的雄伟交响曲。

创作的高峰，圣洁的初心

歌词创作筑就的高峰，放射的万丈光芒，自然应首指《义勇军进行曲》。他1958年创作的话剧《关汉卿》和1961年创作的京剧《谢瑶环》是两部思想性和艺术价值最高的杰作。前者为他一生所景仰的中国剧人树立了一座永恒的纪念碑，后者则正气清扬，淋漓酣畅地抒写了一生为国尽忠为民请命的赤子情怀。

1956年8月，已年届58岁的田汉徒步登五岳之首泰山，以惊人的意志，踏上数百级盘道，征服了南天门，登上泰山极顶玉皇顶。看到"孔子小天下处"的摩崖石碑，忽然魂飞万里，思接千载，感慨不已。田汉几十年来，一步一步脚踏实地，不畏艰难、曲折、坎坷、险阻，攀登一座一座的艺术高峰，让自己用信仰、理想、心血写出的作品在人类艺术的峰巅绽放一缕光芒。在创作中不断修改《关汉卿》时，田汉自己就这样说过："这次得再沿着关汉卿性格的台阶，继续攀登一次创作山。"

所有这些巅峰之作，都无一不烙上了田汉圣洁的初心，那就是：忠于党，忠于祖国，忠于民族，忠于人民，忠于事业，无论在什么时候，都初衷不改，一以贯之，始终理想之光不灭、爱国之情不淡、奋斗精神不减，宁苦不曲，宁折不屈，体现了共产党人的优良品质和田汉特有的正气冲天、倔强刚烈而又感情奔涌如雪中红梅的独特个性品格。

周巍峙在纪念田汉诞辰100周年学术研讨会闭幕式上说：每当国旗升起、唱起国歌，田汉似乎就站在我们前排；田汉的丰功伟绩、高风亮节、音容笑貌，他的憨厚而又耿直的"湖南牛"硬汉子性格，便如巨石大树浮现在我们面前。

祖父心中那不变的乡情

田钢 [1]

长沙是祖父田汉生长的家乡，在他的血液里流淌着浓浓的乡情。家乡养育了他，培养了他，教育了他，也锻炼了他，为他能为国为民做出突出贡献奠定了基础。在我们的感受里，长沙对于祖父田汉的一生来说意义重大，我们今天开会的主题是田汉与长沙，这说明田汉对于长沙也具有重要意义。这里主要谈三点思考。

长沙培育了田汉

田汉出生在长沙，东乡花果园田家段茅坪是他生长的地方。那里的茅屋、池塘、寺庙和乡亲们在他的记忆里都散发着浓浓的乡情。虽然清苦，但心灵是纯净的，情感是真切的。田家祖上历代忠厚和睦，从不与人家吵架；母亲含辛茹苦把他拉扯大，给了他一个艰苦却受到呵护的

[1] 田钢：田汉基金会理事长、田汉先生长孙。

童年。

在这里他接触了大量的民间戏曲，为幼小的心灵灌输了民族戏曲艺术的乳汁。祖父自己说过："我是如此的热爱戏剧，从幼小就感到离不开他。"他喜欢家乡的影子戏，也是他后来投入"银色之梦"的原因之一。他还喜欢"木脑壳戏"，也就是木偶戏。后来扩展到了湘剧和花鼓戏这些大戏。乡下的李公真人庙、金龙寺、红山寺、清源庵这些名胜古寺，都成了田汉学习和艺术启蒙的地方。他觉得，这些戏剧里有着朴素的现实主义的东西，使他幼小的心灵受到浪漫主义的影响。在家乡，他还爱上了中国古典文学，接触到了西方新学，使"他大开眼界，仿佛看到另一重天地"。在仙姑殿听到的关于老虎的传说，加上他亲眼看到过猎户家捉到活老虎，成了他后来创作《获虎之夜》的素材。

到了长沙，正值辛亥革命的动荡时期。在这里，他上了正规的学校，使"小乡巴佬"走上了人生的轨道。长沙打开了他新思想之门。黄兴先生领导的广州起义，黄花岗烈士的鲜血和牺牲精神使他感动，激发了他初期的创作热情。要富贵不能淫，威武不能屈，要爱国，做人的良知在这里逐步形成。在长沙修业中学，他胸怀豪情，把名字从寿昌改为田汉，参加学生军，开始了早期创作。《新教子》《新桃花扇》发表在长沙的报刊上。他开始大胆议论国事，抒发爱国爱民思想，也看到了焦达峰都督的人头挂在了长沙的东门上。

欧阳予倩在长沙"文社"的演出活动，引起了他对新剧事业的无限向往，他戏剧的根子扎的更牢了。在长沙，开启民智的启蒙主义思想，为民请命的思想，利用和改造戏曲旧形式的艺术思想在田汉的心中扎了根。徐特立老师为民请命，"断指请愿"的精神使他永志不忘。当然，长沙也曾深深地刺痛了田汉：他最亲的舅父易象在长沙倒在军阀赵恒惕的枪下；爱妻易漱瑜人生凄凉，回天无力，长眠在歌棣塘他的怀中。那时他觉得自己是个外乡人，湖南不为不亲。他感到，"我所恨不得立刻回到他怀里的那个故乡，似乎比这个要光明些，要温暖些，我光景是回错了。"这对年轻的田汉来说，应当说也是一种历练。

长沙检验了田汉

抗战的烽火，激发了祖父强烈的爱国情怀和高昂斗志。期间他几次往返长沙。1937 年底，祖父采访淞沪抗战后辗转回到长沙，长沙的戏剧界、新闻界开会欢迎他，这里是他的故乡。他曾带着父亲田海男到八路军办事处看望恩师徐特立，向徐老提出要加强抗日宣传，在长沙办《抗战日报》的建议，得到了徐老的赞许。祖父的作风向来是说干就干，苦干穷干。他利用表舅在远东电影院楼上的两间房子，筹集了少量资金带领田洪、廖沫沙、张曙等亲友迅速筹备《抗战日报》，并于 1938 年 1 月 28 日创刊，发行后很受群众欢迎。祖父还让父亲田海男和同学黄仁宇担任《抗战儿童》周刊的记者和编辑。祖父支持父亲在《抗战儿童》的基础上组建"儿童剧团"开展抗日宣传活动。在他的指导下，父亲和陈明、柳铁城、罗瑛等人积极筹备，于 1938 年 4 月 10 日正式成立"儿童剧团"，随即开展富有成效的抗日宣传活动。

他在长沙和郭沫若见面，为郭沫若组织了规模很大的欢迎会，说服郭沫若到三厅任厅长，开展国共合作背景下的抗战文化动员。1938 年 10 月，祖父由武汉随三厅撤往长沙。一到长沙，他马上着手开展抗日戏剧活动，广泛联系湘剧艺人。他把在长沙的湘剧艺人和随三厅入湘的平剧艺人组织起来，举办“战时讲习班”。他亲自授课，宣传抗战思想；教授艺术理论，动员他们克服梨园旧习，在很大程度上改变了他们的精神风貌。之后，祖父把这些艺人分别组成了平剧和湘剧宣传队，赴内地做抗战宣传或随三厅撤到大后方。

日军占领武汉后，民国政府执行了所谓“焦土抗战”的举措，一场铺天盖地的大火，使长沙化作一片废墟。1938 年 11 月中旬，在周恩来号召下，祖父与洪深等人最先返回长沙，在一片哀嚎面前，奋力开展善后救济和灾害恢复工作。他们组织“掩埋死尸，抚慰居民，安插伤病，恢复交通，实在做了不少的工作”。看到长沙一片焦土，祖父以愤懑之情，写下对遭受空前浩劫的家乡抱有希望的诗句：“犹有不磨雄杰气，再从焦土建湖南”。随后他和廖沫沙又在长沙的焦土上创办了《新长沙报》，对安定居民发挥了重要作用。在他们的努力下，那些在大火中失去父母的孩子被收容起来，祖父组织人员教他们唱歌识字，让他们卖报，使他们的生活有了着落。1938 年 12 月至 1940 年 5 月，祖父在长沙和桂林一带开展抗日文化活动。期间，他以长沙会战为背景，创作了电影剧本《胜利进行曲》、京剧《新雁门关》；1939 年，在长沙首演湘剧《旅伴》，湘剧高腔《蒋世隆抢伞》《土桥之战》等。4 月 9 日，他组织平剧、湘剧宣传队云集长沙，大演抗战戏剧。他豪迈题诗：“演员四亿人，战线一万里。全球作观众，看我大史戏。”抗战中的长沙，凸显田汉家国情怀本色，于史上留下了深深的印记。

长沙见证了田汉

中华人民共和国成立后，祖父担任文化部戏曲改进局局长，艺术局局长，中国戏剧家协会主席等职，身份地位变了，但他的乡情并没有变。1956 年 5 月 22 日，他回到了长沙，这是中华人民共和国成立后他第一次回到家乡。他以人大代表的身份来湖南调研。还是像他原来的老样子、老习惯，一到湖南就扎进普通民众之中。

他关心艺人，这些艺人曾在抗日战争时期为抗日宣传做出过重要贡献。他在长沙几乎走遍了省市各个剧团，包括湘剧团、话剧团、民间歌舞团、花鼓剧团。他问寒问暖，鼓励艺人克服困难。他看到不少艺人生活十分艰苦，但即便如此，他们也没有忘记艺术工作。他们为祖父演戏，祖父给他们做报告，介绍了昆曲《十五贯》改编，提出了戏曲改革的想法。他向舅父的老朋友程潜省长提出建议，给生活困难的艺人以支持和帮助，并拿出自己的工资和稿费给孩子们、老艺人和遗孀。由于他积极向省市有关领导反映情况，省委给这些艺术团体和艺术家拨了款，及时解决了大问题。

他满怀深情地对长沙的艺术家们说：“抗日战争时期，大家都站在革命文化的前哨，有的同志还献出了宝贵的生命。现在剩下的人不多了。你们都是国家和人民的功臣。今天，我代表人民向你们表示感谢！”“过去你们爱国，现在全国解放了，希望你们在党的领导下，继续为社会主义奋斗！”返回北京后，他向文化部门的领导多次呼吁，必须切实关心并改善艺人的生活。他在戏剧报上发表了《必须切实关心并改善艺人的生活》一文，强调要珍惜演员的艺术生涯，为他们的艺术创作提供条件。他呼吁要尊重传统，尊重遗产，爱护艺术家的点滴进步和贡献。祖父田汉从启蒙开始就在内心深深种下了善良、诚实的种子，对人民、对艺术家有着深切的情感，他不仅说，而且做，他的家乡之行就是明晰的印证。

冒着敌人炮火前进的田汉

范正明 [1]

感谢田汉基金会、中国田汉研究会和长沙市文旅广电局举办这一次图片展览。我刚刚基本上都看了，特别是20世纪30年代的部分，很多是珍贵的历史材料、文史资料和照片。我算是接触田老照片比较多的，但是很多照片也没有看过。解放以后的一些照片，特别是与湖南、与长沙有关的一些照片，感到特别亲切。那时我们省文联和省剧协举办了几次田汉学术研讨会，田老住宅的重建，抗战时期演剧队的同志，基本上都到了长沙，看到这些同仁，感到很亲切。回忆80年代、90年代的活动，我觉得很有意义。

1998年，我开始写田汉《国歌》电影剧本。1998年我去北京拜访了夏衍同志，夏衍同志接见了我。夏衍第一句话就讲，田老是值得一写的，我非常支持你写田老的电影或电视剧。但是我的水平很低，田老的一生波澜壮阔、丰富多彩，究竟从哪一个角度来写？哪一阶段来写？我心里没有底。夏衍主要跟我谈了《义勇军进行曲》产生的过程。这个过程跟郭超秘书长去年在长沙谈的基本一致。当时，有一些传言，国歌的歌词是田汉在监狱的香烟纸上写的，这个夏衍都否定了。这对我有一个启发，我觉得电影可以围绕田老写《义勇军进行曲》这个问题来写。这样我心里就有一个底了。1999年我的剧本写出来了，当时由潇湘电影厂拍摄的。实事求是地讲，这个电影并不怎么成功，拍得比较注重大场面，对于田老的个性和细节描写，淡化了。尽管这样，这个电影在长沙老百姓中还是引起了很大的反响，看的人很多。

田老是我们长沙人。几乎每一个长沙人都了解田老，知道田汉这个人，所以当时中央电视台记者采访我，他说想请我谈谈田汉先生怎么写出《义勇军进行曲》的？怎么有“冒着敌人的炮火前进”这样的台词？其实我在研究这些题材的时候，研讨田老一些具体行动的时候，我有这么一个观念：田汉本身就是一个冒着敌人炮火前进的人。我举了两个例子。“一·二八”上海会战，中国的军队几十万，在上海会战中粉碎了日本狂妄的3个月灭亡中国的妄想，战争很激烈，不是一个阶段一个阶段的争夺。当时我们的田老刚刚才从南京监狱里出来，他委托他的弟弟把母亲送回湖南，但他自己却跑到上海前线去了。这时候，南京的官员、资本家纷纷向武

[1] 范正明：原湖南省戏剧家协会主席，著名的剧作家、国家一级编剧，电影《国歌》剧本作者。

汉撤退。唯独田汉跑到上海去了，冒着炮火前进。他不是一般的慰问，他到前线去拍了很多的镜头，写了很多的通讯宣传上海抗战。这个时候，田老在宣传上有一个创造。他跟夏衍讲，因为夏衍掌握了一个共产党的地下电影厂。他说，用文字的东西看得人太少，我建议，我们可以拍新闻短片，每天都有，发到全国去。这个新闻短片，就是田老在上海的时候创造出来的。这个时候的田老，在一次前线上，敌人的炮弹炸到他的汽车，汽车翻了，他也受了重伤住进了医院。这个事情说明，田汉是一个冒着炮火前进的人。

我再举一个例子。1944 年，长沙沦陷以后，日本人向广西进军。当时，田老在桂林，桂林全城向贵州、柳州等地疏散，敌人打到了泉州。这个时候，田老带领着桂林的文艺界的同志，奔赴泉州的前线慰问这些抗战的国军。人家往贵州、柳州疏散，唯独他带领一帮人到泉州的前线去慰问。我举了这两个例子，说明田老是一个冒着炮火前进的人。所以这个电影就是围绕这个主题写的。我从小就受田老的影响。田老 1942 年就讲了，我与湘剧有不解之缘，我是湘剧世家出生，我的岳父、父亲、爱人都是演员，都是在田老领导下的抗战宣传队工作，所以，我在 14 岁逃难的时候，抗战宣传队的这些老人讲了很多田老的故事，我非常的感动。我的岳父还保留了《江汉渔歌》复写本等剧本，我都把它拿过来了，我几乎可以背下来《江汉渔歌》的全部唱词，是田老引导我走上了戏剧之路。我之所以搞戏剧工作，除了家庭的关系以外，主要是受田老的影响。我崇拜他，我想成为一个田汉式的剧作家。我今年 91 岁了，没有做到，这条路是这么走过的。今天举行展览，田汉还有很多值得怀念的事情。但由于时间的关系，我就不多说了。

我眼中的田汉先生

左大玢[1]

20 世纪 50 年代，我们是年轻的一代，那时候刚刚学戏。中华人民共和国成立以后，湖南还没有正规的戏剧学校，湖南省文化局开办了一个戏剧训练班，招了中华人民共和国成立后第一批戏剧演员，主要就是学习湘剧，其它的剧种暂时还没有，湘剧打前阵，相当于是实验性质。

1954 年，我开始在训练班学习湘剧，我们班 18 人，9 男 9 女。1956 年，田汉先生到长沙调研，我们看见田汉先生了。那时候我 13 岁多，还很不懂事。有一天，田汉先生顺道来看望训练班的学员，我心想，那人是谁呀？虽然我们不认识他，但感觉田汉先生特别的亲切，他跟我们打招呼，“小朋友好呀！”还跟我们讲了湘剧的历史，以及为什么要学戏，并嘱咐我们，

[1] 左大玢：著名湘剧表演艺术家、国家一级演员、原湖南省文联副主席，电视剧《西游记》观世音菩萨扮演者。

"你们有时间的话好好练功，把功练好了，以后呢，我找个时间带你们到北京去见毛主席，给毛主席汇报演出。"当时，我们听了特别特别的高兴。他临走之前，还看了我们演的一场戏。训练班的学员那时候都还小，学戏的时间大约都是一年多两年不到，我们练了一些基本功给田汉先生看，后面又演了一场戏给他看，就是《李三娘打猎》一段。田汉先生看了特别的高兴，他临走的时候还留了 50 块钱给我们买肉吃。那个时候，50 块钱不像现在 50 块钱，一个月的工资也就是 30—40 块钱，我们特别的高兴。这是这一次见到田汉先生。

第二次见到田汉先生，是我们剧团到全国巡回演出。那时候，戏剧训练班的同学刚刚毕业，毕业以后，我一直在湘剧团工作。有一天，田汉先生突然把我们训练班十几个人接到北京去，给毛主席汇报演出。田汉先生陪着毛主席来看戏，我们演了一段《打猎》，还表演了一段基本功给毛主席看。田汉先生陪着他在台下看戏，我们剧团的同志呢，就在台上偷偷地偷看毛主席。演出现场，舞台监督管理得特别严格，我在边幕条子那里，想看看不见，场务人员严厉地说："不准看，你们站远一点，别人台下的人都看见了不好。"我们台上表演的演员中，有一个 10 岁的小演员，演一个小兵，他在台上因为偷看毛主席，忘记台词了，有一段唱词是"来来来，多多多，拜拜拜，多多多，小将军，你打你的猎"，他就不记得了，不停地重复唱着"多多多，拜拜拜，多多多，拜拜拜……"毛主席问田汉先生，"这小东西不记得台词了，是不是偷看我？"田汉先生说，"那可能是偷看您了。"

演出以后呢，虽然我开始没有见到毛主席，但是毛主席在乐池那边，跟乐队的人打招呼，那我们站在台子上就看见毛主席了。我是第一次见到毛主席、第二次见到田汉先生，非常非常的高兴。所以毛主席走了以后，我们抢着毛主席、田汉先生坐过的位置坐，好像特别特别光荣。回长沙以后，人家问，"你们见到毛主席没有？见到田汉先生没有？"我说，"见了，怎么没见？田汉先生陪着毛主席看我们演戏呢！"他说，握个手握个手，你们都跟毛主席握过手，我们跟你们握手，也沾点光荣。我们当时那种高兴的劲儿，现在回想起来，依然历历在目，恍如昨日。

1956 年的时候，田汉先生还带着我们剧团的小朋友去北京动物园去玩儿。田汉先生亲自带队，他走在前面，步伐非常快，比我们剧团的小朋友走得还快。他一边走一边向我们介绍，这个是什么动物，那个是什么动物。当时，我们第一次看见蟒蛇，真的那个蟒蛇，又大又长，盘踞着，挺吓人的。田汉先生说，有网罩着，别怕，看看就行了。他非常的耐心，所以我们印象特别深刻。

虽然与田汉先生的接触不是很多，但是他对我们的鼓励一直激励着我们不屈不挠、刻苦训练。排练的时候，我们的老师也讲，"你们不刻苦的话，田老临走的时候跟你们讲些什么话？不刻苦学习？"田汉先生对于我们，就是精神领袖，他讲了这些话，我们当然听啦。20 世纪 60 年代，湘剧训练班第一批学员十几个人毕业以后，在剧团里都是顶梁柱，而且它的剧种行当，花脸、旦角、书生都很齐全，在舞台上是一批非常优秀的演员。

虽然我与田汉先生见的次数很少、时间不长，但是我对田汉先生的印象相当深刻。他非常爱护我们。2017年，在天心阁又召开了一次听雨会，回忆了很多田汉先生以前的事情，我是听历史，也就是学习，因为我对这些还不太了解。但是，通过几次会议，刚才范老也说了很多事情，抗日战争时期的一些事情，是非常非常好的学习机会。通过学习，对于我们湘剧，对于传承下一代，一代一代传下去，是非常有好处的。

中国的戏剧魂——田汉

李鸿飚[1]

今年是中华人民共和国成立70周年，也是国歌诞生70周年。今天我们纪念国歌的歌词作者田汉，以弘扬国歌精神。田汉不仅是国歌的歌词作者，同时也是中国现代杰出的戏剧家，戏曲改革的先驱，中国戏剧运动的奠基人。他不仅对中国革命戏剧运动和戏曲改革事业做出了不可磨灭的贡献，同时对湖南戏剧的传承和发展产生了极为深远的影响。

田汉博学多才，心怀天下，对故乡的这一方人和这一方热土充满无限的深情

他出生在湖南长沙县的一个小乡村，这里交通不便，环境封闭。最有趣的事莫过于逢年过节、红白喜事请戏班子来唱戏。小时候的田汉经常看湘剧和皮影戏，这是当时长沙地区主要流行的两个剧种。从此，戏曲就深深地融入了他的心灵。他从看戏中学会了写戏，从看戏中，加深了对戏剧艺人的感情，这一份兴趣和情感也从此陪伴了他的一生。

抗战时期，作为三厅工作队负责人的田汉来到长沙，组织湘剧艺人进行抗日救亡活动。他在三公祠开办“歌剧演员战时训练班”，撰写《抗战形势》《抗战与戏剧》《剧人的职责》等文章，号召广大民众必须团结一致，抗击日寇。之后，他组织成立湘剧抗敌宣传队进行巡回演出，明确提出“发扬民族精神，鼓吹抗战情绪，消灭汉奸思想，减除宗教迷信”的口号。田汉作为一个具有强烈使命感和文化担当的知识分子，在国土沦丧的危险时期，时刻心系中华民族的前途。

抗战胜利之后，在湘春园戏院欢迎田汉回乡的会上，他得知湘剧抗敌宣传队在抗日救亡演出中的悲惨境遇。知名湘剧演员罗裕庭，是湘剧抗敌宣传队二队的领队，他把儿子送上抗日前线，牺牲在淞沪战场。他自己一直坚持抗敌宣传队的演出，后在耒阳进行抗日演出时，在剧场被日军俘虏，他大骂日寇绝食而亡。知名湘剧演员吴绍芝，是湘剧抗敌宣传队作协四队的领队，因抗敌宣传队生活艰苦，大多数演员营养不良，被迫离开演出队，但他不畏艰辛，一直坚持演出，最后在溆浦贫病而亡。田汉听到他们的事情，不禁泪如雨下，即席赋《怀吴绍芝、

[1] 李鸿飚：湖南省剧协副主席。

罗裕庭》七绝一首："梨园同有寸心丹，百战罗吴数二难。歌舞何须唱消歇，精忠今已照人间。"田汉把戏曲艺人视为自己的兄弟姐妹，感情真挚，催人泪下。

中华人民共和国成立初期，田汉以全国人民代表的身份来湘视察工作，他深入民间剧团，察看艺人宿舍和演出场所。还邀请湘剧老艺人在城南天心阁召开"听雨会"，听取对大家的意见。他撰写了多篇关心和改善艺人生活的调查报告，向省委省政府汇报。省委省政府领导非常重视，时任省长程潜，当即拨出专款，改善戏曲艺人的生活和演出条件。田汉作为一个传统的知识分子，一方面是不畏强者，勇于斗争；另一方面则是同情弱者，对广大民众的疾苦特别关心。

田汉在艺术上要求完美，兼收并蓄，对湖南戏剧秉持博采众长的开放态度，在革新中不断注入时代的新内容。

田汉主张戏曲的改革，早在抗战时期就进行了多次呼吁。为了把抗日救亡的内容用传统的戏曲形式表现出来，1938 年，田汉邀请部分湘剧老艺人在世界戏院座谈，指出："旧剧有近千年历史，经过历代修改，渗透了许多人民的意识形态进去，才成为拥有很多观众的戏，自有她存在的价值。我们只要把旧的形式加以新的抗战内容，照样可以用来做抗战的工具。"后来，还撰写了《关于旧剧改革》一文，阐述戏曲的继承、革新、发展问题。中华人民共和国成立前夕，田汉在织机街黄金戏院观看皮影戏《哪吒闹海》《五更劝夫》等节目后，即与皮影戏艺人研讨，指出皮影戏形式简单、活泼，内容生动，容易反映现实，为老百姓所喜爱，特别是少年儿童最为喜爱。今后要进一步改革内容与形式，使皮影艺术发展起来。

中华人民共和国成立之后，湖南木偶皮影戏在具有创作精神的新文艺工作者和技能娴熟的民间艺人的密切结合下，如：李海轩、李才易、刘玉生、易富梅、何德润、翟翊等，从此走上了专业表演艺术团体的创新之路。并逐步形成了自己独特的风格和地方色彩，以操纵稳健准确，表演细腻传神，造型精美生动，效果栩栩如生而闻名于世。他们在保留传统皮影技艺的基础上，创作了一批以动物形象为主的优秀剧目，如：皮影戏《龟与鹤》《两朋友》《采蘑菇》等。多次代表国家出访进行文化交流和参加国际艺术节，被法国《费加罗报》赞为"比金子还要贵重的皮影戏"。

中华人民共和国建设初期，田汉来到长沙，对湖南戏曲的改革、创新和发展提出了许多宝贵的建议，对一系列新编剧目在主题开掘、人物塑造上提出了自己详细的改进意见。有一次，他在看完胡华松、谢莲英、姚佩琼、全岳云主演的花鼓戏后，高度赞扬了传统喜剧《装疯吵嫁》，他说："湖南戏曲和中国戏曲中比得上莫里哀的确实不少，比莎士比亚的也不少，当然也还有超过的，可惜我们研究得太少，继承、革新、发展得太少了。"对湖南戏曲给予了高度的肯定，同时也提出了殷切的期望。

夏衍曾评价田汉是"现代的关汉卿""中国的'戏剧魂'"。不仅是认为田汉在中国现代戏剧史上有着不可替代的地位，同时更推崇田汉宽广的襟怀、蔚为大家的风度和积极向上的乐观主义精神，以及他的博学、深情、兼收并蓄和博采众长的艺术风格。所以说，只有田汉才能创作表现一个国家民族精神的国歌，才能用国歌来鼓舞一个民族的自信心，并且成为凝聚一个民族的精神力量。

戏剧人的精神偶像田汉

王林[1]

很荣幸，又一次参加纪念、缅怀田汉先生的活动。1993 年，在湖南剧院，是我们湖南第一次举行纪念田汉先生的活动。那一次，举行了田汉学术研讨会，还专门有一个田汉铜像的揭幕仪式，在剧院大厅搞的。相对而言，时代进步了，今天“不朽的人生——田汉生平事迹图片展”开幕仪式也更华丽了。现在，湖南剧院已经不存在了，但是那一次活动的印象一直深深地留在我的心中。

田汉先生的形象和精神就像刚才范正明老师讲的，一直在我们湖南戏剧人的心目中，一直在传承、鼓舞着我们湖南戏剧事业、湖南的戏剧人不断地前进和发展。那么，这么多年来，关于田汉先生的研究，包括围绕田汉先生所创作的戏剧作品，长沙市就出过 2 台大戏，一个是《田汉与湘剧抗敌演剧队》，一个是《田老大》，曹汝龙老师是《田老大》的田汉饰演者，包括范正明老师编剧的电影《国歌》，还有长沙市最近在创作的湘剧《国歌时刻》，是献礼中华人民共和国成立 70 周年的主题创作。这就说明，我们长沙的戏剧人一直把田汉先生作为一个精神偶像，一直在学习、传承田汉精神。

前面，谭（仲池）主席讲到了：一个民族不能忘记自己的英雄。那么，我们湖南的戏剧人也一直在田汉先生的精神引领下，坚持自己的事业不断前行。2018 年，我们湖南省艺术研究院承担了一个国家艺术基金的“曲词生花——曲词撰写人才培养”项目，培养戏曲编剧人才，来自全国各地的 30 名中青年编剧在这个培训班学习，其中，我们有一个课程设计，就是到长沙县的田汉文化园去参观学习，还去了浏阳市的欧阳予倩大剧院和陈列馆。田汉先生的精神也好，生平也好，作为一个进步文艺战士，他的一生都在发光发热，一直坚持不懈地为革命的文艺事业做了很多（贡献），不仅是创作，也包括戏剧运动、戏剧理论。田汉精神，它是一种文化财富，是湖南戏剧的文脉，一直在传承、影响着我们这些后来者。我们在不断地进行发掘，也不断地出人才出成果，也不断地继续前行我们的道路。

另外，还有很重要的一个方面，就是我们要加强对田汉先生的戏曲改革思想和理论的研究。目前看来，我们在这方面也还有一些欠缺。前阵子，在上海观摩学习中国艺术节的剧目，

[1] 王林：湖南省艺术研究院副院长。

有一个很明显的感受：随着时代的不断变化，党和政府的更高要求，近两年来，现代题材、现代戏剧目大量涌现，戏曲作为传统的艺术形式，如何适应新时代不断发展呢？因此，我们需要更加重视从田汉先生的戏曲改革理论中吸取更多的营养，帮助我们湖南的戏曲不断适应新的时代要求，也就是创造性转化和创新性发展。当然，这实际上也是整个中国戏曲要面对、思考的问题，这是当今戏剧发展的一个很重要的课题、长期的课题。我们需要花更多功夫更深入地进行研究，并且结合我们的创作实践，来不断地进步和提升。

深情缅怀田老大

曹汝龙[1]

今天一迈进这个会场，就让我感到时光倒流，一下回到了 3 年前（2016 年）的 9 月大型湘剧《田老大》在北京演出时的盛况。当时，湖南有 10 台优秀的湘剧剧目进京进行展演，湖南省文化厅把《田老大》这台戏作为缅怀田汉先生的献礼之作、湘剧进京的压轴之戏、攀登高峰的经典大戏。回想当时，随着以真想真情去缅怀，用一支笔、一本书、一台戏为中华民族复兴而呕心沥血的田老大剧情层层推进，台上田汉先生领导湘剧演员抗敌宣传，台下此起彼伏的热烈掌声，台后新闻媒体争相报道，作为扮演田汉的我，激动的心情久久不能平静。是演得好？是扮演得成功吗？也许是也许不是。我认为关键的关键是田汉先生，从一个农家子弟到梨园领袖、剧坛蒙祖，从文化名人到抗日先驱，从忧民之心到无与伦比的爱国之情，深深地打动和感染了观众。用中国评剧院李副院长的话说，你们塑造的是舞台形象，我们感受的是田汉精神。你们的演出，让我们认识到，他不仅是中国革命戏剧的奠基人，戏曲改革的领跑者，戏剧界的一代宗师，而且，他用一支笔，写出了民风民意民情，他用一台戏演出了爱国爱家爱人民，他以笔代枪，以舞台当炮台，揭露日本侵略者的侵华罪行，揭示了湘剧人同时也是戏曲人的民族情怀。这个戏太好了，田汉先生不愧是田老大。

的确，过去，田汉总是希望湘剧人用舞台唤醒民众。今天，我们也要用舞台，让我们了解田汉，解读田汉，怀念田汉，学习田汉，进一步渲染他强烈的民族危机意识，迫切的民族自救意志、不屈的奋斗精神和对艺人的厚德深情。所以，在扮演“田老大”这一人物时，我对自己的定位是用真切的内在情感和朴实的表演风格塑造出人见人感动、人见人敬重、人见人佩服、人见人亲切、人见人拥戴的人民艺术家，让观众透过他那深邃的镜片，感受他从中渗透出的情怀及折射出的忧国忧民之心。对于田汉先生的评价，郭沫若先生说过，田汉是戏剧界的开路先

[1] 曹汝龙：著名湘剧表演艺术家，中国戏曲文华奖、梅花奖的双奖得主，国家一级演员，长沙市戏剧家协会理事，现代湘剧《田老大》中田汉的饰演者，原长沙市湘剧院院长。

锋。曹禺先生称赞，田汉先生就像是一部中国戏剧史。夏衍先生赞誉，田汉先生是现代关汉卿，是中国的戏剧魂。洪深深情地说道，把整个心声完全献给戏曲运动的只有田汉一人。矛盾先生也曾由衷地赞叹，田汉是早期革命音乐的杰出组织者和领导人。

今年是中华人民共和国诞生 70 周年，也是国歌诞生 70 周年，我也幸运地伴随祖国和国歌诞生 70 周年，因为我是 1949 年出生的。今天我对田汉的敬佩，想用我在《田老大》中的唱腔来表达我的心情和结束我今天的发言。下面请听湘剧高腔：

寿昌我本是种田汉
来自草根在民间
世事弄人来做官
诚字当先敢直言
埋首诗书天地宽
与戏剧结下不解缘
使命不忘归故里
以戏明志在梨园

田汉与长沙

梁小进[1]

田汉是我国现代杰出的无产阶级革命文艺家，是一位对我国现代文化运动做出卓越贡献，产生广泛和深远影响的人物。他学贯中西，才华横溢，多才多艺，于戏剧、电影、音乐、诗歌，甚至翻译，无不精通，卓有成就，是一位很值得认真研究的重要人物。“田汉与长沙”学术研讨会，就是将田汉这位非凡卓绝的人物，放在他的家乡长沙的背景下，放在 20 世纪前半期的背景下，展开研究，进行探讨。20 年前，我所在的长沙市政协文史委编过一个关于田汉的专辑，书名叫《神州一代戏剧魂——忆田汉》，对田汉有一点粗浅的了解。另一个就是，我的祖父梁新民，在清朝末年和民国初年，与田汉先生同学，两人有较好的交情。光绪二十八年（1902），两人都在长沙选升小学堂读书，都是长沙名师李曙云的学生。民国元年（1912），都在长沙师范读书，又都是徐特立先生的学生，后来也都有过一些交往。我从小听祖父说过这些往事，所以对田老有所了解，非常敬仰。那么，“田汉在长沙”这一主题，内容丰富，题材

[1]　梁小进：湖南省文史研究馆馆员、长沙学院长沙文化研究所教授、长沙市历史文化名城建设推动委员会委员、湖南省历史学会常务理事、湖湘文化研究会常务理事、长沙市历史学会副理事长，曾任长沙市政协文史委员会副主任。

广泛。我认为包括两个方面：一是长沙对田汉的影响；二是田汉对长沙的作用。

长沙对田汉的影响

作为田汉的故乡，长沙，毫无疑问对他的影响是深刻的、多方面的。一方面，长沙急剧变化、风起云涌的时代变迁，戊戌变法及其以后的清末新政、立宪运动、辛亥革命、新文化运动，波涛汹涌、风云雷电，无一不触动着他的思想，使他在青少年时代就受到民主革命思想的熏陶。他先后在选升小学堂、修业中学、长沙师范学校读书，在这里受到很多人的影响。我认为，主要有以下几个人对他发生了影响：一是他的母亲。我们读他的书，感受到他的母亲宽厚仁慈，非常善良。田汉一生就像他妈妈，他的父亲很早就去世了，所以他早年跟随母亲，耳濡目染，受母亲的影响非常大。二是他的舅父易象。易象是一位民主革命家，非常喜欢小田汉，谆谆教诲。所以，他很小就有民主革命的思想。三是他的两位老师选升小学堂李曙云、长沙师范徐特立。而徐特立对他的影响特别大。因为田汉小时候家里很困难，读书时也很困难，没有钱买蚊帐。他曾和我祖父在北门城门口摆地摊，代人写家信，写对联。在这困难的时候，徐特立老师给了他很大的帮助。有时候没有钱交住宿费，他就住到伍家岭一个亲戚家里。徐特立对他影响很大。

另一方面，作为一位杰出的戏剧家，田汉的故乡长沙，也对他产生了相当的影响。田汉“对戏剧从小就有很深的爱好”，喜欢看乡下的“皮影戏”。他的叔叔喜欢看戏，经常带小田汉到街上、到庙里去看戏。家乡的花鼓戏、皮影戏、木偶戏，他都看过，也很是熟悉，也都深深地影响了他。民国初期，他在长沙师范学校读书，曾写作《新教子》《新桃花扇》等剧本。后来在上海写作的独幕话剧《获虎之夜》，其题材即来自家乡。

田汉对长沙的影响

家乡养育了田汉，成长了的田汉也反哺着家乡，对家乡产生了重要影响。田汉自 1916 年留学日本，几年后归国，主要在上海、南京等地活动，曾几度回长沙，但为时都不长。我这里主要讲两个时间节点。

第一个时间节点，是抗战时期，田汉回湘，在长沙有过多次活动。1938 年初，田汉在长沙创办《抗战日报》，参加抗日救亡运动。又任国民政府军委会政治部第三厅第六处处长，组织抗敌演剧队，开展抗日宣传演出。对推动长沙的戏剧的恢复、改革和发展起了很大作用。因为那个时候，艺人的地位很低，没人组织，戏台班子的生存非常困难。田汉来长沙后，深入艺人群体，关怀备至，并将他们组织起来，成立了多个演剧队进行演出。1938 年 11 月，长沙大火发生。在大火前夕，田汉和郭沫若就组织大家撤退到湘潭。但是，长沙大火后，周恩来命令他们返回长沙，参与长沙大火后的救灾赈济和火后重建工作。田汉曾作《重返劫后长沙》一诗：“衔枚荷重人千百，整瓦完垣户二三。犹有不磨雄杰气，再从焦土建湖南。”那种气概，让人久久不能忘。他对工作的投入，他和湖南国民党上层、湖南社会各界上层的关系都处理得很好。他担任了长沙市火灾救济委员会的副主任，后来省政府成立了长沙市火灾善后委员会，担任委员的都是中外名流，他是委员之一。长沙会战期间，他创作了不少抗战戏曲、电影剧本，率宣传队到各地宣传、慰问演出；曾驰驱湘北数百里，视察抗战前线，访问关麟征、覃异之等高级将领，组织拍摄电影《湘北大捷》（后更名为《胜利进行曲》）。

我分析，这部电影是纪录片。那么我在这里也提个建议，建议有关部门单位，想方设法，找到这部电影的拷贝。建议去上海档案馆查找这部电影，这里找不到到南京找，南京找不到到台湾找。这部电影反映了田汉在抗日战争时期的重要活动，保存了大量长沙的史实。他到了黄花、金井、芙蓉、隐居山……湘北前线，他到处都去了，现场拍摄国民党的高级将领、士兵，广大支援抗战的湖南民众，战场遗迹。我认为这部片子是非常宝贵的，不论是对于田汉研究、抗战研究还是长沙历史文化的研究，都具有十分重要的意义。我至今也没有看到，只知道这个事情。

第二个时间节点，是中华人民共和国成立以后。1949 年以后，田汉曾多次回长沙，视察文化工作，指导长沙的戏曲改革，关心长沙文化界的人士。当时有些演员还很困难，地位低下，田汉一点架子都没有，还在各种会议上为老艺人鼓与呼。他对艺人都很关心，有一次在湖南宾馆，两个老艺人从湘潭赶过来，传达室不让进，后来田老亲自发话才见到他们。他不忘旧友，曾多次找到我祖父，谈湘剧、京剧，谈戏剧改革的问题，请我祖父看湘剧。田汉对 1949 年以后长沙的戏曲改革、发展和繁荣，起了很大的作用。

发掘少年田汉的故事 丰富长沙的历史文化

陈先枢 [1]

少年田汉的故事，既能丰富长沙的历史文化，又能增加少年儿童教育的内容，启迪少年儿童的心智。我这里讲两个小故事。

一个是田汉七岁续古联。田汉老家在长沙县果园乡田家塅，毗邻靳江河，土地肥沃，素有鱼米之乡的美誉。田汉聪慧过人，舅父易象是他的启蒙老师，田汉后来回忆说，我能有些文学基础，全是因为舅父的教育，老先生是我的恩师。易象教书从不以死记挨背为乐，是以灵活运用为上，重在启发思维、融会贯通，他崇尚在生活中启迪独立思考，在实践中增长见识。一天，易象带小田汉去拜访朋友，两人沿靳江河而上，在靳江河和马岭河的汇合口，只见河水湍急，浪花翻滚，河中有巨大的石头搭起的长长的石板便桥方便行人过河。舅父带着田汉站在

[1] 陈先枢：湖南省文史研究馆馆员，长沙学院长沙文化研究所教授，湖湘文化研究会、湖南省历史学会常务理事，《文史拾遗》杂志副主编，长沙市历史学会副会长，长沙市档案学会副会长，长沙历史文化名城建设推动委员会委员。

桥上，一览秀丽的山光水色，说起地方流传已久的一副上联，“双江二口两搭桥”，接着叹息道，可惜至今无人对出。田汉深知舅父的意思，踮起脚眺望，就在这时，只见一只小船从东南向西溯流而上，一位渔人手持船篙独立船头，一派诗情画意。小田汉一看，文思涌动，喜上眉梢，当场吐出 7 个字，“单船独篙一支桨”。易象一听，得意地说，“好联妙联，7 岁童子续古联。”第二天，易象就将“双江二口两搭桥，单船独篙一支桨”的对联写好，送给一些学士，得联者无不拍案叫绝，一个个要争看 7 岁神童田汉。

还有一个故事就是，田汉的“窗户报”。田汉在长沙师范学校读书时，天资聪颖却顽皮。有一次田汉和几个同学写了一些打油诗贴在自修室的玻璃窗上，起名“窗户报”，其中有“特立狂涛骇浪中，宝刀血溅首元龙，黄竹村中鸡犬喧”等句，嵌入了徐特立、首元龙、黄竹村等教师的名字。事后，首、黄两位老先生很生气，要求校长徐特立训斥学生。徐特立一方面对田汉等学生进行尊师的教育，另一方面又鼓励他们要将聪明才智用在正道上，并肯定了他们创办“窗户报”的形式。田汉接受了校长的教导，于是在校园里涌现出更多内容健康形式多样的“窗户报”。田汉在长沙师范读书的时候，就对戏剧产生了浓厚的兴趣，这也得到了徐特立热情的鼓励和帮助。徐特立经常带田汉去观看话剧，并鼓励田汉等人自己创作表演话剧，还资助无钱买书的学生。田汉后来走上戏剧的道路，与徐特立的鼓励是分不开的。1947 年，徐特立在延安欢度 70 岁生日，田汉特意从上海寄了诗作祝贺，诗的最后写道：“学生遍天下，春风无不被；寒极暖亦近，雪深草弥翠”，充分体现了徐特立与田汉深厚的师生之情。

这里，仅仅列举了书中的两个故事，我希望长沙的教育工作者多发掘这样的故事，当然不只是田汉，还有很多的名人都值得写。这对我们的少儿教育是很有意义的事情，对编《田汉在长沙》也是有益的。

田汉故居的修复

柳肃[1]

今天在座的各位都是文学家、艺术家、戏剧家，我呢是一个建筑学家。我是专门研究古建筑的，是田汉故居的修复设计者。这是 2005 年的事情。我这里带了一些图片，这些图片非常珍贵，也许是再也看不到的一些图片。这是 2005 年我接手修复田汉故居的时候当时的场景（见下页上左图）。多年的政治运动，田汉故居被荡为平地，完全变成了一片农田。这就是当时的情景。我去的时候，据老人回忆，大概就是在这个位置，在这个田中间。所以我当时就先

[1] 柳肃：中国科学技术史学会建筑史专业委员会主任委员、国家文物局古建筑专家委员会委员、住建部传统村落专家委员会委员、湖南大学建筑学院教授。

田汉故居被毁后变成农田

考古发掘现场

拍了这个场景（见上左图）。然后就搞考古，果然就在这里。就把这片农田扒开，扒开以后考古发现了建筑的地基，因为是农田，没有深挖，一挖下去，下面建筑的地基全在这里，清清楚楚。然后请来长沙的考古队，在这个地基上面进行发掘，连建筑的墙基础、水沟都清楚地显露出来。这张图是从不同的角度看（见上右图）。

总而言之，这个建筑的基础是非常的清楚了，在这个基础之上，我开始做设计，这就是我当年做的效果图（见下左图）。为了真实起见，我就跟效果图设计公司讲，我们要把这个建筑复原出来。因为当时地基很清楚，建筑的格局哪间房哪间房都很清楚，完全按照它的尺寸给它恢复起来。但是，上面是什么样子呢，就请老人来回忆。因为这个建筑毁掉的时间并不太长，20 世纪 60 年代到 2005 年，毁掉才 40 年，所以，当地有 70 岁以上的老人都记得很清楚。当时我们开了几次座谈会，把 70、80 岁的老人全部请来，请他们一个个回忆当时上面的建筑是什么样子，包括屋顶是什么样子，墙壁是什么颜色。全部回忆出来以后，我再做出图来，我就请效果图公司把这个建筑的效果图合成到农田的这张照片中来。

2005 年 9 月份完成了这个设计，然后就开始建造。建起来后就跟我的效果图是完全一样，里面再做布展。这个是鸟瞰图，这个是布局。根据老人回忆，中间庭院不是空的，中间有一个

田汉故居复原设计效果图

修复后的田汉故居

罩庭，罩着的。本来按照道理，这中间应该是一个庭院。但是老人回忆，庭院中间有一个罩子罩着它，有一个屋顶的，不是一个空庭院。我只能根据老人的回忆，中间做出了罩庭。格局就这么定了，做完以后就是这个样子。我这些年连续的跟踪，就是建筑建成以后的跟踪，说实在的，环境是比较糟糕的。当时就是农田，什么都没有，所以后来呢，就继续在这个基础上做，又做了水塘等少量的周边景观。

大家今天看到的是一个庞大的，投资 2 个多亿的田汉文化园，就是建立在当初恢复故居这个基础上的。回想起来十多年前，完全是一片农田，今天变成了一个大家都觉得很好的，社会影响很大的田汉文化园。我就借着这几幅图片，和大家共同回忆下当时修复田汉故居的基本情况。

徐特立与田汉的一生情谊

梁堂华 [1]

长沙师范是田老的母校。在这里的 4 年多时间，对于他早年的求学历程来讲，是非常重要的一段。正是在长沙师范，田老开始了他的艺术创作，写下了戏剧处女作《新教子》。我主要研究徐特立先生，早在十年前，2009 年的时候，写了一篇《徐特立与田汉的一生情谊》。我对田老的了解并不多，主要是通过写那篇文章。那篇文章有这么一个特点——将田老与徐老的整个人生轨迹放到一起，结合着写。总的说来，田老与徐老的交往大致可从 5 个方面来谈。

同生危难时，共饮湘江水

一是相近的时空。徐老于 1877 年 2 月出生于长沙县五美乡，田老于 1898 年 3 月出生于长沙县东乡；徐老比田老大 21 岁，出生地相隔 40 公里。相同的时代与地域，对两人以后的发展有着非常深刻的影响。虽然他们当时一个年轻一个年幼，都身居乡下，但身处乱世，这注定了他们一生大部分时间都必须为苦难的中国而奋斗，他们后来走的都是这样一条道路。另外，湖湘文化中蕴含的英勇顽强、勇于反抗的斗争精神，以及心忧天下、敢为人先的创新意识，孕育出了一大批经邦济世的湖湘名人，也深深地陶冶了徐特立和田汉。

二是相似的家境。徐特立和田汉都出生于贫苦农民家庭。徐特立 4 岁丧母，全家依靠父亲和哥哥从事农活为生；12 岁过继，15 岁时过继后的伯祖母去世，于是与小他 10 个月的童养媳妻子一起操持家业。田汉先生同样，9 岁丧父，全家主要依靠母亲过活。所以，他们从小的生活经历非常相似。

三是同一个历史时期。满清末年，内忧外患、民不聊生，中国一步一步滑入半封建半殖民

[1] 梁堂华：长沙师范学院徐特立研究中心主任。

社会的深渊。几个重要的历史事件——1883 年中法战争、1894 年甲午战争、1900 年八国联军侵华、1901 年《辛丑条约》签订，都发生在他们年少成长的时期。

辛亥革命尽己力，长师成就师生缘

辛亥革命爆发时，徐特立已经 32 岁，他一心走教育救国的道路，先后创办了梨江高小、五美高小、长沙师范等。武昌起义爆发后，他非常积极，联络进步教员，宣传演讲，号召湖南支持起义。所以，在长沙起义成功后，他曾经短暂地担任湖南省临时议会的副议长，干了两个多月辞职，随后担任省教育司的科长，不久也辞职了。他觉得，还是应该回到教育界去，用教育来改革人心，这就创办了长沙县立师范学校，也就是今天长沙师范学院的前身。所以，这是作为老师的徐特立试图通过这种方式“尽己力”。而作为学生的田汉，当时年龄很小，才 13 岁，他参加了支援武汉的学生军，当过 3 个月的学生兵，准备去支援武汉的，后来局势变化，学生军解散，田汉考入了刚刚创办的长沙县立师范。下面这张照片就是长沙县立师范的诞生地——化龙池，今天是长沙市有名的“酒吧一条街”。

当时那里有一个善化学宫，办有善化第一高等小学校，徐老是校长。他就利用善化学宫的破旧教室、走廊，修葺一下，办起了长沙县立师范，田汉就是在这个时候考入了本科第一班。一个创办、一个入读，徐老和田老在这里结下了深厚的师生情谊。徐老当时对田老曾给予特别的关心和帮助，因为早在这之前，徐老已经认识田老。这是两年前，徐老到东乡视察田老就读的清源庵学堂，偶然看到田老作的诗文，非常赞赏。所以，田老考入长沙师范后，徐老对他特别关照，帮他买蚊帐，还将自己的购书折交给他，随他自己去书店买书。当时田老经常跑到长沙图书馆去读书，早上用一个铜板买个烧饼带去充饥，留一个铜板买门票，进去一看就是一整天。后来徐老知道了这事，就把自己的购书折给他，要他去书店选书，年底的时候徐老去结账。

在这里，徐老还支持田老办“窗户报”。田老小时候非常聪明，也很调皮，他与爱好诗文的同学黄芝冈、曹伯韩、周竹安、张怀等一起写一些打油诗：“特立狂涛骇浪中，宝刀血溅首元龙”，将徐特立、首元龙两位老师的名字嵌入其中；“黄竹村中鸡犬喧”，黄竹村是学校的另外一位老师。所以，首、黄两位先生看到后，非常恼火，认为这是对老师的极大不尊重。徐老知道后，一方面批评，另一方面因势利导、因材施教。因为他觉得，田汉调皮，但未必就是不尊敬老师，由此倒可以看出他的聪明以及对诗文的爱好。就这样，徐老一方面批评田汉，另一方面又支持鼓励他办“窗户报”。田汉就取《晋书·刘琨传》中的一句话：“吾枕戈待旦，志枭逆虏，常恐祖生先吾着鞭”，把自己的“窗户报”取名为《祖鞭报》，在上面写了一些议论时政的诗词、文章。徐特立是“窗户报”热情的读者，并且把一些好的诗文抄下来，发表在自己主办的《教育周刊》上，更大地激发了田汉及其他学生的创作热情。

徐特立还做了一件对日后田汉发展意义重大的事情，这就是支持、鼓励田汉写作戏剧。田汉是戏剧大师，他正是在就读长沙师范期间迈出了戏剧创作的第一步，写出了处女作《新教子》。田汉自己回忆：“13 岁入长沙师范时开始作剧，自然是把我那种幼稚的心中思想、感伤的新感情放在旧形式里。我在自编的《青年》杂志上及《长沙日报》上发表过写汉阳战死者新的家庭的《教子》。”同时，田汉在这里开始接触新戏。欧阳予倩和他的朋友们回乡组织文社，在文庙演《热血》等戏。田汉后来回忆：“校长徐先生也曾对我特别介绍过”，可惜，“我因为穷，事实上只看过放在外面的他们的布景，没有真看过他们的演戏。”但至少有一点，这激发了田汉对新剧的兴趣。

1914 年，田汉与同学黄芝冈等一起编了《青年》杂志，并在上面发表了两个剧本。遗憾的是，这两个剧本都已遗失，田汉自己也记不起剧本的名字了。

1915 年，田汉创作了戏曲剧本《新桃花扇》，这个剧本实际上是针对袁世凯窃国而写的。他仿照清朝孔尚任的《桃花扇》，构思上模仿梁启超的《新罗马传奇》。这个剧本连载于上海的《时报》副刊。大致剧情是：明末大文人侯朝宗的魂魄，几百年后来游金陵（也就是南京），邀请当年复社的几位老朋友听艺人柳敬亭演唱宣传爱国情感的鼓书，以此讽刺抨击袁世凯的卖国行径。其中这么两句唱词：“爱国志士几多不惜杀身来相劝？又有的为写血书斫脱指头尖”，实际上指的是 1909 年 12 月他的老师徐特立在修业学校断指血书的事件。

这是血书的照片，血书现在还收藏在国家博物馆。他把老师的这件事情写到剧中，可以看

出徐特立为民请命、断指请愿的精神对田汉的深刻影响。

从以上几点可以看出，就读长沙师范的4年多时间，对于田汉的戏剧创作是有着极其深刻的影响的。长沙县果园镇田汉文化园的田汉生平事迹展，对长沙师范一笔带过，甚至连照片都没有一张，我觉得是很不够的。

1916年夏，田汉以优异的成绩从长沙师范毕业，然后去日本留学。

先后确立革命志，齐为抗战鼓与呼

“确立革命志”指的是加入中国共产党。徐特立的思想一直是比较激进的，虽然他的年龄比较大，但他总是能跟上时代的步伐。1927年夏，在马日事变之后，白色恐怖最严重、革命处于最低潮的时候，徐特立加入中国共产党。也就是这个时候，不少党员被杀害，有些党员退党甚至叛党，徐特立作为一个50多岁的老教育家却在这个时候入党，这对党内其他同志是个极大的鼓励。后来陆定一专门写了一篇文章，文中写道：“人民教育家徐特立同志，就这样给全党同志上了第一课：困难时不要动摇，应当更坚定地奋斗，革命是一定胜利的。徐老给我们的教科书，就是他的入党。这本没有字的教科书，比什么教科书都好，也比什么教科书都重要。”田汉入党相对晚一点，他是1932年春在上海加入中国共产党的。瞿秋白参加了他的入党仪式。就这样，徐老、田老师生二人“先后确立革命志”，再就是“齐为抗战鼓与呼”，这指的是抗战时期两人几乎同一时间回到长沙，以长沙为中心，积极从事抗战宣传工作。田汉1937年11月回长沙，1940年5月离开；徐特立1937年12月回长沙，1940年7月离开。在这一时期，特别是1938年，两人有着非常密切的交往。至少有这么几件事：1938年1月16日，田汉发起欢迎茅盾和其他来湘文化人的茶话会，主持会议并致辞，徐特立参加会议并讲话；1月25日，徐特立应田汉、张以藩之邀请，参加文化界人士对推进抗战时期文化工作的茶话会；1月28日，在徐特立的支持和指导下，田汉创办《抗战日报》，邀请了另一位长沙师范校友廖沫沙一起办报，开展抗日宣传活动，徐特立多次在报纸上发表宣传抗战的文章；2月5日，徐特立、田汉、茅盾等43人一同被湖南省抗敌总会聘为宣传委员会委员……1938年以后，两人不时离开长沙又回长沙：徐特立1938年9月赴延安参加党的六届六中全会，1939年初回到长沙，随后去邵阳、衡阳等地，1940年上半年回长沙，7月底去衡阳，8月中旬回到延安；田汉1940年5月应召赴重庆，继续参加三厅的工作，从而离开长沙。

“海上举金尊，共为老人醉”

1947年1月，徐特立70寿庆。远在上海的田汉积极联系张澜、沈钧儒等60多位社会各界知名人士，在书有“长松特立，民众之望”的大红绸寿幛上签名祝寿，寄到延安。这些签名人士除了张澜、沈钧儒外，还有郭沫若、史良、马叙伦、沙千里、周建人、陈叔通、楚图南，等等。田汉还写了一首诗《懋师七十大寿》，其中写道：“懋师人中圣，乃产卑湿地。……辛亥创长师，艰难尝已备。……一片外婆心，满腹哀时泪。.……湘徐与皖陶，教育之双瑞。……

学生遍天下，春风吹无被。海上举金尊，共为老人醉”，表达了对老师的崇敬与感激之情。

“您我励残年，尽瘁此心血”

这句诗是徐特立1949年祝吴玉章70大寿贺诗中的一句，用于形容田汉与徐特立之间的情谊也未尝不可，讲的是1949年中华人民共和国成立之后他们在北京的交集。徐特立尽管年事已高，仍满怀激情、老当益壮地投入到国家的建设中，先后担任中央人民政府委员、中共中央委员、中宣部副部长、全国人大常委等职，直至生命的最后一刻——1968年11月28日在北京因病去世，享年91岁。田汉先后担任政务院文教委员会委员、文化部戏曲改进局局长、艺术事业管理局局长、中国文联副主席、中国戏剧家协会主席、第四届全国政协委员，第一、二届全国人大代表等职。他紧密团结广大戏剧工作者，为壮大戏剧队伍、繁荣戏剧创作、发展戏剧事业，做出了重大贡献。在他尊敬的老师徐特立辞世仅十几天后，田汉同样在北京去世，时年70岁，不同的是，他是因受迫害去世的。这位伟大的时代歌手、中华人民共和国国歌词作者、梨园领袖、中国现代的关汉卿、一代中国剧坛的骄傲，在监狱里、在诬陷中含冤而逝……应该说，这确实是一个悲剧，时代的悲剧。徐特立由于他的特殊身份和地位，虽然没有受到任何迫害，但去世时同样是心情抑郁的，他看到、听到、感觉到国家政治生活中太多不正常的现象，他为国事忧愁却无处倾诉。尽管他是毛主席的老师，他看到一些不正常的现象后一度想找毛主席谈谈，却也未能实现。1966年国庆节，他曾想在上天安门城楼的时候与毛主席说说话，特地提前守在电梯旁，可惜最后还是没能谈成。所以，他内心其实也是很抑郁的。

最后，借用文章的最后一句话，以表对徐老、田老深厚师生情谊的祝愿：“师生有缘，当聚九泉，再为他们深深爱着的国家、民族、人民和事业一起拼搏吧！”

为人民服务的田汉

周光 [1]

今天上午，“田汉在长沙”学术研讨会介绍了田汉先生的很多事迹，尤其是他与长沙的关系，田汉先生幼年的时候、少年的时候、青年的时候各方面的介绍，包括谭主席、范主席的介绍，使我学习到很多东西，收益非常大。以前我不研究田汉，但是这一次听了这么多关于田汉的事迹，我觉得对我是一种激励。作为一个伟大的艺术家，田汉先生的品格、觉悟、人品那是没得说的。通过这个会，我感受到的是：田汉先生做了艺术界的领导之后，他和艺术家的关系摆得非常正，那就是：我是为你们服务的，你们是为人民服务的。作为文艺界的领导，当时他已是文化部艺术局局长，同时还是中国戏剧家协会的主席。我也有幸在中国剧协工作过，因

[1] 周光：中国田汉研究会会长、中国剧协原副秘书长、中国文联戏剧艺术中心原主任。

此，作为中国田汉研究会，首先的任务是要研究田汉，同时，我们也要发扬光大田汉先生关爱艺术家的这样一种精神，想尽一切办法为艺术家搭建平台，让他们有能力去展示他们的才华，让他们如果有什么困难也要能够和我们提出来，通过我们的渠道来帮助艺术家解决他们的困难。这是我作为中国田汉研究会会长或者作为一个曾经在中国剧协工作过的工作人员，今后应当和必须做到的。我希望在有生之年，在我今后的生活工作中，以田汉先生为榜样，把我们为艺术家服务的所有工作，一步一步，脚踏实地地做好。

弘扬田汉精神 开创新时代文艺事业新篇章

李文格 [1]

今年是中华人民共和国成立 70 周年，也是国歌诞生 70 周年，在这个特殊的日子里，我们举办“不朽的人生——田汉生平事迹图片展”和“田汉在长沙”学术研讨会，回顾田汉先生光辉人生、发掘和弘扬田汉先生伟大精神，是对历史最好的缅怀，是对当下最好的观照，是献给伟大祖国母亲最好的礼物。田汉光辉的一生，是紧跟时代、追求真理、献身革命，为理想奋斗的一生；是忧国忧民、不屈不挠、敢于斗争，为民族奋斗的一生；是勤奋耕耘、开拓进取、勇于创新，为艺术献身的一生。

今天，我怀着非常崇敬的心情，参加“田汉在长沙”学术研讨会，收获非常大。特别是听了各位专家、教授回顾田汉的艺术成就、缅怀他的精神风骨，很受启发教育。我们学习缅怀田汉的革命历程和创作历程，继承传播他的爱国思想和艺术遗产，更要学习和弘扬他崇高的爱国精神、炽热的人民情怀、自觉的时代担当、坚定的艺术追求。

长沙是田汉的故乡，田汉是长沙的骄傲。近年来，长沙大力发掘弘扬田汉文化精神、打造田汉文化品牌，投资 2.8 亿元建成开放了田汉文化园，创作了湘剧《田老大》，目前，我们正在抓紧创作国庆献礼剧目《国歌时刻》（暂定名），深入开展“到人民中去”系列演艺惠民活动。下一步，我们将进一步深入学习贯彻习近平新时代中国特色社会主义思想，坚持以人民为中心的创作导向，秉承田汉先生的爱国爱家情怀、精业敬业精神，在深入生活、扎根人民中，创造无愧于时代、无愧于人民的文艺事业。

[1] 李文格：长沙市文化旅游广电局党组书记。

打造田汉名片 传承爱国情怀

赵柏林 [1]

听了各位领导、专家、老师的回顾和研究，我代表长沙市委宣传部表示感谢。一是感谢大家对田汉艺术人生的研究，二是感谢大家对田汉艺术精神的宣传，三是感谢大家对田汉先生艺术弘扬的创新和开拓。田汉是一代文艺巨匠，也是我们长沙人，如何更好地将田汉先生的思想、品格、精神永远激励长沙人？如何围绕田汉先生打造一张属于长沙的文化名片呢？

目前，长沙市在田汉故里高标准建设了田汉文化园，以田汉故居复原陈列为核心，新建田汉艺术中心、田汉艺术学院、古戏台及戏剧艺术街、游客服务中心等。硬件设施上来了，如何提升田汉文化名片的软实力呢？今年，长沙市计划申办"田汉青年戏剧奖"活动，中国戏剧家协会也基本认可了，每两年一次，放在长沙，甚至可以把活动启动仪式放在田汉文化园。中国剧协还要报文化部、中宣部等，最后再定下来。真正来讲，"田汉青年戏剧奖"放在长沙并以田汉命名，在全国将是非常有影响的，它将更好地传承田汉先生的艺术遗产，以丰富的艺术形式教育下一代，学习和弘扬田汉先生的精神风骨和爱国情怀，打造靓丽的田汉文化名片。下一步我们还要再争取，希望各位帮我们鼓与呼。

今年是中华人民共和国成立 70 周年，田汉先生是国歌的词作者。目前，国歌的作品有很多，电影、戏剧等各种表达的形式都有，在 70 周年盛世华诞之际，我们计划写一个湘剧，暂定的名字叫《国歌时刻》。为什么定这个名字？就是要告诫我们中华民族，长存忧患意识。当时，全国政协会议上定《义勇军进行曲》当国歌的时候，争论是非常激烈的，我们准备选那一段来展现。现在中华民族需要有这种忧患意识，时刻不忘初心，牢记使命。也请各位老师、专家多多研究一起完善。

[1] 赵柏林：长沙市委宣传部常务副部长。

第三章 国歌历程与田汉生平事迹巡回展

国歌创作 80 周年图片巡回展（长沙展）

2016 年 10 月 9 日上午，伴随着庄严雄壮的国歌声“伟大的历程——纪念国歌《义勇军进行曲》创作 80 周年图片巡回展”长沙展在田汉大剧院大厅举行开幕式，原湖南省政协副主席、湖南省文联主席谭仲池，湖南省委宣传部巡视员魏委，湖南省文化厅党组副书记、常务副厅长禹新荣等出席开幕式。长沙市委宣传部李卫政副部长、田汉基金会理事长田钢先生分别致辞，中国田汉研究会副会长兼秘书长郭超向长沙田汉大剧院捐赠 1949 年田汉在北京饭店所写的回忆《义勇军进行曲》的文章手稿影印件。

由文化巨匠田汉作词、人民音乐家聂耳作曲的《义勇军进行曲》创作于 1935 年，成为抗日战争时期中华民族救亡图存的战斗号角和世界反法西斯阵营的民族解放战歌，她蕴涵着中华民族独立自主、自强不息、锐意进取、凤凰再生的民族精神，她在不同历史时期给予中华儿女战胜困难、万众一心、开拓前进、实现中华民族伟大复兴的强大精神力量，被国际社会公认为是中华民族精神的象征。1949 年 9 月 27 日，第一届中国人民政治协商会议通过国歌决议案，确定《义勇军进行曲》为《中华人民共和国国歌》。

本次巡回展是在 2015 年国家艺术基金 4402 个申请项目中获得立项的，是首次以国歌《义勇军进行曲》伟大历程为主题的大型图片巡回展。本次巡回展分为“新的长城”“国家象征”“伟大号角”三部分，共展出 290 幅珍贵的历史图片和档案史料，真实地再现了《义勇军进行曲》在不同历史时期给予中华儿女以精神力量的感人情景。其中，还有 30 多幅中央档案馆收藏的机密档案，只有在这次的展览上才能看到。据巡回展总负责人、国歌研究专家郭超先生介绍：

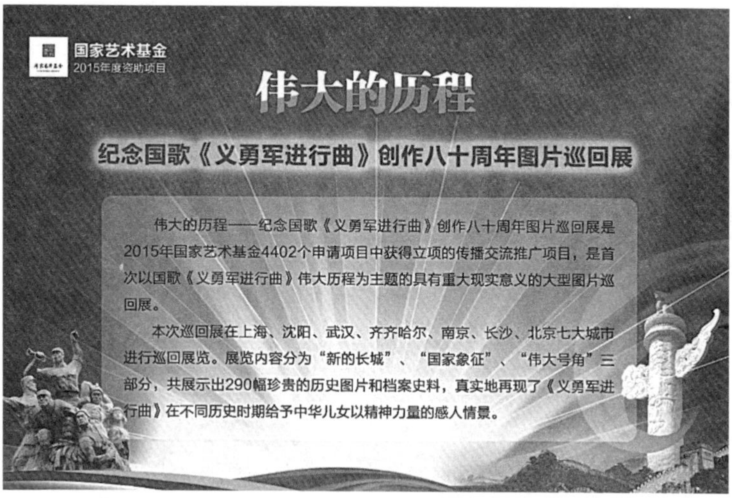

伟大的历程——纪念国歌《义勇军进行曲》创作 80 周年图片巡回展主题展板

巡回展总负责人郭超（戴眼镜者）向长沙市捐赠田汉《关于〈义勇军进行曲〉》文章手稿影印件

长沙田汉大剧院三楼展厅国歌图片巡回展观展现场

"所有机密档案上都盖有菱形章，是得到中央档案馆的授权，才能复印公开的。此前从未对外公开展示过。"

本次巡回展由国家艺术基金资助，分别在上海、沈阳、武汉、齐齐哈尔、南京、长沙、北京 7 座城市展出。长沙展由田汉基金会主办，湖南省文化厅支持，长沙市委宣传部、长沙市教育局、长沙市文广新局、长沙市广播电视台 (集团) 联合承办，在田汉大剧院三楼展厅展出。

本次国歌图片巡回展是弘扬民族精神、宣传爱国主义的一次有力举措，对提高广大人民群众、特别是广大青少年学生的民族尊严意识、国家意识和社会责任感，具有重大的现实意义。

田汉生平事迹图片巡回展（长沙展）

2019 年 5 月 29 日上午，"不朽的人生——田汉生平事迹图片巡回展"(长沙展)开幕式暨"田汉在长沙" 学术研讨会在长沙市图书馆举行。本次活动旨在庆祝中华人民共和国成立 70 周年，弘扬国歌精神，号召新时代广大干部群众学习和弘扬田汉先生崇高的爱国精神、炽热的人民情怀、自觉的时代担当、坚定的艺术追求。

本次巡回展是由中国田汉研究会发起并主办的第一次以图片形式全面展示田汉人生历程和创作历程的大型展览，先后在长沙、桂林、南京、北京、上海、重庆等城市巡回展出。长沙展由中国田汉研究会、田汉基金会、长沙市文化旅游广电局联合主办，长沙市图书馆承办。中国文联戏剧艺术中心副主任李翔，中国田汉研究会会长周光，田汉基金会理事长、田汉长孙田钢，中国田汉研究会副会长、秘书长、巡回展项目总负责人郭超，湖南省文联党组成员、副主席唐贵平，长沙市委常委、宣传部部长高山，湖南省剧协副主席李鸿飚、湖南省文化和旅游厅公共服务处副处长叶建武，湖南省艺术研究院副院长王林，长沙市委宣传部常务副部长赵柏林，长沙市文化旅游广电局党组书记李文格等领导出席开幕式。本次活动还特别邀请了原湖南省政协副主席、原省文联主席谭仲池，原湖南省戏剧家协会主席、著名剧作家、国家一级编剧、电影《国歌》剧本作者范正明，国家一级演员、原湖南省文联副主席左大玢等省内文史、戏曲界专家。

开幕式上，长沙市文化旅游广电局党组书记李文格致欢迎辞。他表示，长沙是田汉的故乡，田汉是长沙的骄傲。近年来，长沙大力发掘弘扬田汉文化精神，打造田汉文化品牌，建成开放了田汉文化园，创作了湘剧《田老大》，深入开展"到人民中去"系列演艺惠民活动。随后，中国田汉研究会会长周光致辞。他说，长沙是田汉先生的家乡，图书馆是人们探求真理的地方，"不朽的人生——田汉生平事迹图片巡回展" 意在通过直观的展示使更多人了解田汉、走近田汉、学习田汉，得到了中国文联、中国戏剧家协会以及长沙、上海、南京、桂林、重庆、北京等城市有关宣传和文化机构的大力支持。田汉基金会理事长、田汉长孙田钢向长沙市图书馆捐

出席展览开幕式及“田汉在长沙”学术研讨会的领导和专家合影（汤翠凤摄）

田汉长孙田钢向长沙市图书馆馆长王自洋赠送田汉相册（刘宇欣摄）

不朽的人生——田汉生平事迹图片展（长沙站）现场图（刘宇欣摄）

赠了田汉先生照片等珍贵的文献资料。

谭仲池先生、李翔主任、周光会长、田钢理事长、郭超秘书长、唐贵平主席、高山部长、叶建武处长、赵柏林副部长、李文格书记共同为展览揭幕，在鎏金启动台前用彩沙开启了“田汉在长沙”系列活动。开幕式由长沙市文化旅游广电局党组成员贺平生主持。

开幕式后，与会的领导、嘉宾一起参观了“不朽的人生——田汉生平事迹图片巡回展”长沙站展览，展览以 220 多幅史实图片和大量史料文字说明，再现了田汉同志富有革命精神、可歌可泣的人生历程。

编后记

长沙，是一座有着约3000年历史的文化名城，是屈原、贾谊、张仲景、欧阳询、杜甫、欧阳修、朱熹、辛弃疾、王阳明、王夫之等古代文化名人生活过的地方，也是田汉的故乡。生于长沙、长于长沙的田汉，一生为国家为民族做出过重大文化贡献，成为中华人民共和国国歌的词作者和中国新文艺运动的奠基者和领导者，成为享誉世界的文化名人。

1983年以来，在湖南省委省政府、长沙市委市政府、长沙县委县政府的支持下，在省、市、县三级党委宣传部的牵头和组织下，长沙多次举办了纪念田汉的活动，规划建筑了以田汉名字命名的纪念设施——田汉大剧院、田汉故居、田汉文化园，塑立了田汉铜像。30多年来的这一系列举措，不仅使长沙成为研究田汉、研究中国戏剧史的三个中心之一，而且使田汉故里成为名闻全国的文化旅游新镇。中国田汉研究会为感谢湖南省和长沙市、县30多年来的这一系列纪念田汉的文化盛举，适时推出《田汉在名城》丛书之《田汉在长沙》一书，以满足海内外关注长沙的读者的精神文化需求。

长沙是国务院公布的第一批24座历史文化名城之一。长沙人杰地灵，历史上产生过许多英雄豪杰，特别是在中国近代史上涌现出了若干政治、学术 、文化的旷世之才，值得后人大书特书。田汉作为中国现代史上的戏剧界的先驱者和文化界的先驱者，不仅是长沙的骄傲，也是我们中国人应该夸耀的一个存在。

《田汉在长沙》一书，主要是记述田汉在长沙的创作和所从事的社会活动。本书所言的长沙，其空间仅限于长沙县和长沙城，不涉及过去长沙府和现在长沙市所辖的除长沙县以外的其它市县。因此，本书所涉及的与田汉有直接关系的长沙的人和事，也仅限于长沙县和长沙城。

田汉著作编辑委员会拟定了《田汉在长沙》一书的编辑体例并委托长沙市图书馆负责“田汉长沙经历”和“长沙纪念田汉”两辑的组稿；田汉著作编辑委员会负责“田汉长沙作品”一辑的组稿和全书的统稿。鉴于田汉关于长沙的作品颇多，田汉著作编辑委员会决定选择重要的有代表性的作品收入本书，未能收入本书的作品，则以目录系之。本书第二辑所收的田汉作品，基本选自《田汉全集》和未收入《田汉全集》的原作。另外，本书所收的田汉照片和有关图片，来自田汉家属和组稿单位长沙市图书馆，在此一并致谢！特别是30多年来，长沙多次纪念田汉的活动有照片上百幅之多，由于本书篇幅所限，只能选择有代表性的收入，未能收入的部分还望有关各方理解。

本书能够按计划出版，要感谢湖南省委宣传部、长沙市委宣传部、市文化旅游广电局和长沙县委宣传部等单位多年来对中国田汉研究会和田汉研究给予的大力支持。要感谢长沙市图书馆王自洋馆长的精心组织和安排，感谢该馆龙耀华、魏海燕、邹瑜以及所有参与组稿的同志所付出的努力，使得组稿工作如期完成。要感谢中国戏剧出版社樊国宾总经理对出版有关田汉图书的一贯支持；要感谢武云常务副总经理组织力量克服新冠疫情所带来的实际困难，以及对本书定稿提出的有益建议和审读意见；要感谢郭峰编辑认真负责的工作精神。

最后要再次感谢中国戏剧出版社和田汉家乡多年来对中国田汉研究会编辑出版有关田汉的书籍所给予的全力支持。

中国田汉研究会

田汉著作编辑委员会

2020年6月